LES
ŒUVRES
COMPLETES
DE
VOLTAIRE

14

THE VOLTAIRE FOUNDATION
TAYLOR INSTITUTION
OXFORD

1989

THE
COMPLETE
WORKS
OF
VOLTAIRE

14

THE VOLTAIRE FOUNDATION
TAYLOR INSTITUTION
OXFORD

1989

© 1989 THE UNIVERSITY OF OXFORD

ISBN 0 7294 0360 2

The publications of the
Voltaire Foundation are printed
on durable acid-free paper

PRINTED IN ENGLAND
AT THE ALDEN PRESS
OXFORD

under the sponsorship of
sous le haut patronage de

L'ACADÉMIE FRANÇAISE

L'ACADÉMIE ROYALE DE LANGUE ET DE
LITTÉRATURE FRANÇAISES DE BELGIQUE

THE AMERICAN COUNCIL OF LEARNED SOCIETIES

THE BRITISH ACADEMY

L'UNION ACADÉMIQUE INTERNATIONALE

prepared with the kind co-operation of
réalisée avec le concours gracieux de

THE SALTYKOV-SHCHEDRIN
STATE PUBLIC LIBRARY
OF LENINGRAD

this volume prepared for the press by
ce volume préparé pour la presse par

ULLA KÖLVING
ANDREW BROWN
JANET GODDEN

1734–1735

TABLE OF CONTENTS

TABLE OF CONTENTS

LIST OF ILLUSTRATIONS

LIST OF ABBREVIATIONS

Al Fréron, *L'Année littéraire*
Arsenal Bibliothèque de l'Arsenal, Paris
Austin Humanities Research Center Library, University of
Texas at Austin
Bengesco *Voltaire: bibliographie de ses œuvres*, 1882-1890
Best *Voltaire's correspondence*, 1953-1965
Beuchot *Œuvres de Voltaire*, 1829-1840
Bh Bibliothèque historique de la ville de Paris
BL British Library, London
Bn Bibliothèque nationale, Paris
BnC *Catalogue général des livres imprimés de la Bibliothèque
nationale: auteurs*, tome 214, Voltaire, 1978
Bn F Bn, Manuscrits français
Bn N Bn, Nouvelles acquisitions françaises
Bodleian Bodleian Library, Oxford
Br Bibliothèque royale, Brussels
BV *Bibliothèque de Voltaire: catalogue des livres*, 1961
Cideville Papiers Cideville, Fonds de l'Académie de Rouen,
Bibliothèque municipale, Rouen
CL Grimm, *Correspondance littéraire*
CLT Grimm, *Correspondance littéraire*, 1877-1882
D Voltaire, *Correspondence and related documents*, Voltaire 85-
135, 1968-1977
Graffigny *Correspondance*, 1985-
ICL Kölving and Carriat, *Inventaire de la Correspondance littéraire
de Grimm et Meister*, 1984
ImV Institut et musée Voltaire, Geneva
Kehl *Œuvres complètes de Voltaire*, 1784-1789
Leningrad Saltykov-Shchedrin State Public Library, Leningrad
M *Œuvres complètes de Voltaire*, 1877-1885
Mln *Modern language notes*

Mlr   *Modern language review*

OC61   *Œuvres choisies de M. de Voltaire*, 1761

Palissot   *Œuvres de Voltaire*, 1792-1797

Registres   H. C. Lancaster, *The Comédie française, 1701-1774*, 1951

Rhl   *Revue d'histoire littéraire de la France*

SO58   *Supplément aux œuvres de M. de Voltaire*, 1758

Stockholm   Kungliga Biblioteket, Stockholm

Studies   *Studies on Voltaire and the eighteenth century*

Taylor   Taylor Institution, Oxford

Uppsala   Universitetsbiblioteket, Uppsala

VM   Leningrad, Voltaire library manuscripts

Voltaire   *Œuvres complètes de Voltaire* / *Complete works of Voltaire*, 1968- [the present edition]

KEY TO THE CRITICAL APPARATUS

The critical apparatus, printed at the foot of the page, gives variant readings from those manuscripts and editions listed on pages 101, 256-61, 349, 411 below. Each variant consists of some or all of the following elements:

– The number of the text line or lines to which the variant relates; headings, character names and stage directions bear the number of the preceding text line, plus a, b, c, etc.

– The sigla of the sources of the variant, as given on p.57-96, 248-56, 349 and 411-14. Simple numbers, or numbers followed by letters, generally stand for separate editions of the work in question; letters followed by numbers are normally collections of one sort or another, w being reserved for collected editions of Voltaire's works and т for collected editions of his theatre; an asterisk after the siglum indicates a specific copy of the edition, usually containing manuscript corrections.

– Editorial explanation or comment.

– A colon, indicating the start of the variant; any editorial remarks after the colon are enclosed within square brackets.

– The text of the variant itself, preceded and followed, if appropriate, by one or more words from the base text, to indicate its position.

Several signs and typographic conventions are employed:

– Angle brackets ⟨ ⟩ encompass deleted matter.

– Beta β stands for the base text.

– The paragraph sign ¶ indicates the start of a new paragraph.

– The forward arrow → means 'followed by', in the case of manuscript corrections subsequently adopted in print.

– Up ↑ and down ↓ arrows precede text added above or below the line, with + to terminate the addition, where necessary.

- A superior ^{V} precedes text in Voltaire's hand, ^{W} indicating that of Wagnière.
- A pair of slashes // indicates the end of a paragraph or other section of text.

Thus, 'il ⟨allait⟩ $^{W\uparrow}$⟨courait⟩$^+$ donc $^{V\downarrow}$β' indicates that 'allait' was deleted, that Wagnière added 'courait' over the line, that 'courait' was deleted and that Voltaire inserted the reading of the base text below the line. The notation 'w75G* (→κ)' indicates that a manuscript correction to the *encadrée* edition was followed in the Kehl editions.

ACKNOWLEDGEMENTS

The preparation of the *Complete works of Voltaire* depends heavily upon the expert help of the staff of numerous research libraries in Europe and North America. We wish to thank them for their generous and patient assistance.

Some have borne a greater burden than others, in particular the staff of the Bibliothèque nationale, the Bibliothèque de l'Arsenal and the Bibliothèque de la Comédie-Française, Paris; the Institut et musée Voltaire, Genève; the Taylor Institution Library, Oxford; and the Saltykov-Shchedrin State Public Library, Leningrad.

Other libraries that have supplied information or material for the present volume include: Österreichische Nationalbibliothek, Wien; Bibliothèque historique de la ville de Paris; Bibliothèque municipale, Reims; Bibliothèque municipale, Rennes; University of Aberdeen Library; Cambridge University Library; British Library; Westfield College Library, London; Bodleian Library, Oxford; Merton College Library, Oxford; Schloss Charlottenburg, Berlin; Gesamthochschul-bibliothek, Kassel; Universitäts- und Stadtbibliothek, Köln; Bayerische Staatsbibliothek, München; Kungliga Biblioteket, Stockholm; Universitetsbiblioteket, Uppsala; Zentralbibliothek, Luzern; Zentralbibliothek, Solothurn; New York Public Library; University of Texas Library, Austin.

We have also benefited from the help and advice of many colleagues and friends, notably Larissa Albina, Leningrad; Jean-Daniel Candaux, Genève; Sylvio Corsini, Lausanne; Robert L. Dawson, Austin; Cynthia Manley, Austin; François Moureau, Paris; Jeroom Vercruysse, Bruxelles; and Charles Wirz, Genève.

PREFACE

In the early months of 1734 Voltaire's public literary career might have seemed to an outside observer to be continuing along a familiar path. His new tragedy, *Adélaïde Du Guesclin*, had its first performance at the Comédie-Française on 18 January, and remained in the repertoire for a month, provoking mixed reactions and a good deal of controversy over some of its disconcertingly novel features, before Voltaire, himself dissatisfied, withdrew it for revision (the complex history of this play is analysed in Voltaire 10). That revision might have been more promptly undertaken, however, but for the untimely explosion, unauthorised by Voltaire, of what Gustave Lanson once aptly called 'la première bombe lancée contre l'Ancien Régime' (*Voltaire*, p.32). The *Lettres philosophiques* had been printed and ready for some months, in both the London ('Basle') and the Rouen ('Amsterdam') editions, but Voltaire had delayed their publication in the vain hope of somehow circumventing the official disapproval of which he had been warned (see René Pomeau, *D'Arouet à Voltaire*, Oxford 1985, p.323-27). The printers, however, understandably lost patience: the London edition was put on the market in March 1734 and when copies began to appear in France the Rouen printer, Jore, followed suit in April. The authorities reacted swiftly: Jore was sent to the Bastille, a *lettre de cachet* for Voltaire's arrest and imprisonment was issued on 3 May, and a few weeks later the Paris parlement formally condemned the book and gave orders for it to be burnt by the public executioner. By good fortune Voltaire was out of Paris at the time, attending the wedding festivities of his friend the duc de Richelieu near Autun. A friend sent him warning of the danger he was in, and he fled into hiding, possibly as far as Lorraine for a while, and then, before the year was out, with Mme Du Châtelet at Cirey. Nine years were to pass before he could again live openly in Parisian society.

As has often been said, the publication of the *Lettres philoso-phiques* revealed a new Voltaire to the world. The resulting upheaval ushered in what were to prove the happiest and in many ways the most creative years of his life, those spent with Mme Du Châtelet in the rural seclusion of Cirey, with their occasional forays to Brussels and to the court of Lorraine at Lunéville. If this withdrawal gave him further leisure to study, think and write, it did not mean, however, that he faded from the public view. After *Adélaïde Du Guesclin* Voltaire had no further new play performed at the Comédie-Française during 1734 and 1735, but *Zaïre* remained in their repertoire. His next tragedy, *La Mort de César*, had a first semi-public performance by the pupils of the Collège d'Harcourt in August 1735: a performance which, through a leaked manuscript, generated an unauthorised and inaccurate 'Amsterdam' edition of the text a few weeks later to Voltaire's great annoyance (D908: see Voltaire 8, p.88-90). Further editions of his previously published work continued however to proliferate, both within and outside France. *La Henriade* was twice reprinted in 1734, at London and Amsterdam. *L'Histoire de Charles XII* ran to four editions in 1734, and a fifth in 1735, all with foreign imprints. *Le Temple du Goût* was reprinted at Utrecht in 1734. And the *Lettres philosophiques*, benefiting from notoriety, were thrice reprinted in each of these years.

The texts presented in the present volume were certainly Voltaire's major preoccupation during 1734 and 1735, but they were far from being his only concern. His *Vie de Molière* was finished in the early months of 1734, and would have been published in that year as a preamble to a luxurious six-volume quarto edition of Molière, with illustrations by Boucher, for which it had been commissioned, but for the fact that the censor refused his approval, no doubt in the light of the scandal over the *Lettres philosophiques* (it was eventually published separately in 1739). Voltaire continued to work on *Samson*, the libretto for an opera undertaken in collaboration with the great Rameau which never in the end came to fruition. There is mention of this in Voltaire's correspondence in April 1734 (D719), and the project revives from time to time, notably from October to December 1735 (D928, D935 etc. to D973). *La Pucelle*, probably begun in 1730, had reached six cantos by December 1734 (D819), and grew to ten cantos by August 1735 (D906): and by the end of that year rumours that copies of at least five cantos had fallen into the hands of the authorities were alarming enough to bring Voltaire to the point of briefly fleeing abroad (D973, D984). Of greater consequence, however, is the steady progress being made on the writing of *Le Siècle de Louis XIV*, first conceived in 1733. In April 1734 Voltaire is still collecting material (D716); by January 1735 he is returning to the project with new vigour, and a clear conception of what is to be a novel breadth of approach to historiography (D837). Serious writing is begun by June, when Voltaire can claim to Cideville that this work is now his chief preoccupation: 'c'est là, la sultane favorite, les autres études sont des passades' (D885). By mid September the first thirty years of the reign (chapters 1 to 10 of the eventual published text) have been completed (D911), and in mid November the work is still moving strongly forward: 'je vais grand train dans le Siècle de Louis XIV' (D942).

Such multifarious literary and scholarly activities might seem more than enough to absorb all the time and energies even of Voltaire, but in fact there are at least the first signs, before the end of 1735, of further projects. He announces to Thiriot in early November (D935) that a new edition of his complete works is under way in Holland (the Amsterdam Ledet edition, w38, of which the first four volumes appeared in 1738-1739), 'voicy encore de la besogne pour moy'; and no doubt it was with this in view that he undertook the revision of *Le Temple du Goût* and 'beaucoup de pièces fugitives' which he describes as completed by December (D966). More significantly, it seems that Voltaire's interest in Newtonian physics was revived by the visit to Cirey in the autumn of 1735 of the young Venetian amateur scientist Francesco Algarotti, who brought with him, and discussed with Voltaire and Mme Du Châtelet, drafts of the dialogues he was to publish in 1737 as *Il Neutonianismo per le dame*. Here is one stimulus, at least, for the writing of *Les Eléments de la philosophie de Newton* which was to become a major preoccupation in the following year. In a letter to Thiriot, written during the course of Algarotti's visit, Voltaire paints an enthusiastic picture of the varied delights of life at Cirey which surely conveys something of the true atmosphere of these years, or at least of their happier moments: 'Nous avons icy le marquis Argalotti, jeune homme qui sait [...] son Locke et son Newton. Il nous lit des dialogues qu'il a faits sur des parties intéressantes de la philosophie. [...] Nous lisons quelques chants de Jeanne la pucelle, ou une tragédie de ma façon, ou un chapitre du siècle de Louis xiv. De là nous revenons à Newton et à Locke, non sans vin de champagne, et sans excellente chère, car nous sommes des philosophes très voluptueux' (D935).

W. H. B.

Alzire

---

critical edition

by

T. E. D. Braun

TO ANNE

INTRODUCTION

1. *Genesis and sources*

Alzire, ou les Américains was a child conceived in desperation. Voltaire, in hiding and under attack by the authorities as a result of the *lettre de cachet* that condemned his *Lettres philosophiques* in 1734, had to do something to put himself back in the good graces of the government and ecclesiastical censors. How better than through a play in which his religious beliefs would appear to be entirely orthodox, and in which no criticism of the government or the king could be found?

Evidently fearing attack if the *Lettres philosophiques*, already published in England, appeared in France against his will, Voltaire had begun work on this new play before the *lettre de cachet* forced him to flee (see D804, D965). He decided to set the scene in sixteenth-century Peru, and to contrast the religion of the Inca people with a fanatical but foreign brand of Catholicism, rejecting both in the course of the play in favour of a more tolerant and milder Catholicism.[1]

What did the *Lettres philosophiques* contain that could have led to their being condemned and burnt, and that put Voltaire's liberty, and perhaps even his life, in danger? Briefly stated, the book was an implied rejection of Catholicism as the only path to salvation, a criticism of some of the sacraments, doctrines, teachings, and practices of the Church. Its spirit of religious tolerance particularly enraged the Catholic clergy in France, for it was felt that tolerance led to indifference, and indifference to disbelief or to deism, or even to atheism.

---

[1] The religious dimensions of *Alzire* are discussed below, as are the detailed circumstances and history of the composition and evolution of the text. I would like to acknowledge the work of Fatima Husain, who provided me with considerable assistance in this section.

3

These criticisms led to the condemnation of the work. Voltaire, knowing the dangers that existed if the book were to be proscribed, had been careful not to have it published openly in France, although he had permitted its publication in England. He expressed his fears in a letter to Thiriot of July 1733 (D638):

je suis obligé de vous dire que je me crois perdu si elles paraissent. Vous savez mieux que moy que les bagatelles ont souvent des suites funestes. The lord keeper of the sceals is incensed against me. He believes j have despisd his autority and declind the tribunal of the litterary inquisition newly establish'd. He threatens me very seriously. He sais he will undo me if the letters come out into the world.

In fact, Jore had secretly printed the book against Voltaire's will and was in hiding, as Voltaire wrote to Cideville in September 1733.[2]

In the end the *lettre de cachet* was issued on 4 May 1734, shortly after Jore, apparently in need of money, had begun to sell the *Lettres philosophiques*. This forced Voltaire into hiding, flight and exile from the capital (see D736). Though he briefly and secretly returned to Paris in March 1735, he soon went back to Cirey to stay with Mme Du Châtelet. Before he could return openly to Paris he would have to re-establish his credentials as a Catholic, which he proposed to do with *Alzire*.

Why did Voltaire choose the new world in general, and Peru instead of Mexico, as the setting for his tragedy? His interest was drawn to the American continent for several reasons, not the least of which was La Condamine's projected trip to Quito (in the northern reaches of the Incan empire) to measure the earth at the equator. Discussions concerning this expedition, which was to determine whether the earth bulged slightly at the equator (as Newton's theory suggested it should), were known to the interested public in 1734. La Condamine left for South America in 1735, while Voltaire was revising his play, making it both tempting and

---

[2] D655. See Pierre M. Conlon, *Voltaire's literary career from 1728 to 1750*, Studies 14 (1961), p.32.

easy for him to exploit public interest with a new world setting. The Incan empire in particular suggested itself since along with the Aztec empire it was the best known of the Spanish colonies in the new world.[3] Moreover such a setting accorded well with Voltaire's restless search for new places and new epochs in which to set his tragedies. In addition to classical Greece and Rome he had already explored ancient Babylon, medieval France, and Palestine. More important, however, a play set in the Spanish colonies would allow him to contrast what he considered to be the noblest ideals of Christianity (represented by Las Casas, the benevolent and humanitarian missionary) and the vilest form of exploitation and avarice masked by religious zeal (represented by the legend and often the deeds of the conquistadors). Needless to say he was to defend the former concept as true Christianity, and attack the latter as false. It is nevertheless curious that the Las Casas figure, Alvarez, professes a version of Christianity that is remarkable for some of its deistic aspects. The stroke was a bold one, however, and on the whole successful, until the publication of another controversial work, *Le Mondain*, sent Voltaire once more across the border late in 1736.

In the 'Discours préliminaire' to *Alzire* Voltaire claimed that his new tragedy was 'toute d'invention'. This statement is at best

---

[3] Inevitably, however, the public – even the educated public – confused the two nations. The *Mercure de France* places the action of *Alzire* 'dans une Ville du Mexique' and speaks of 'l'heureuse union du sang de Montesume avec celui des Espagnols' (February 1736, p.347). Cideville praises the art of the playwright, because Voltaire allows his audience to hear 'des Mexiquains dire ce qu'ils pensent sur la religion, sur l'immortalité de l'âme, sur le gouvernment' (D1002). D'Argenson states that the subject of *Alzire* 'est pris de l'histoire de la conqueste du Mexique, et on suppose *Cortez* party d'Amérique ou mort' (*Notices sur les œuvres de théâtre*, ed. H. Lagrave, Studies 42 (1966), p.295). He also refers to Montèze as Montezuma. Marais wrote to Bouhier that the 'mœurs sont celles des Mexicains anciens', and refers to *Alzire* as 'une pièce mexicaine' (*Correspondance littéraire du président Bouhier*, ed. Henri Duranton (Saint-Etienne 1988), xiv.112, 117). Perhaps the audiences of the day placed both Mexico and Peru under the general rubric of 'Amérique' or 'nouveau monde'.

misleading, since there are clear literary precedents to the play both in his own work and in the works of other writers, and since the historical and cultural background was both fairly full and in general accurate. Some critics have, however, asserted that his facts are faulty. We must therefore ask: what was the extent of Voltaire's historical research and are the results of his research evident in the play? How much is the result of his imaginative creation? What are the main sources for *Alzire*, and which of his own earlier writings did he adapt for his new tragedy?

Historical research and local colour

Before beginning work on *Alzire* Voltaire had already established impressive historical credentials. Not only had he produced the *Histoire de Charles XII* and *La Henriade*, but he had set to work on *Le Siècle de Louis XIV*. He had also investigated French history for *Zaïre* and *Adélaïde Du Guesclin*, among other works. In these plays Voltaire made use of historical material to create an air of verisimilitude, even though fact is more often than not subordinated to the requirements of the tragedy, and historical accuracy is sacrificed to the needs of local colour and – in *Zaïre* – to a more effective presentation of the author's argument for religious tolerance. In short, history as such is essentially absent from them. R. E. Pike points out that Voltaire's technique in *Zaïre* is not unlike that developed by Victor Hugo in his historical dramas a century later.[4] Indeed from this point of view the debt of the Romantics to Voltaire is probably greater than has usually been allowed and deserves further study.

In *Alzire*, on the other hand, history is more than mere background; facts are woven into the fibre of the play, in dialogue, in notes, or in the characters' attitudes. Since the intolerance and cruelty of the Spaniards in the new world were widely known, the theme of religious toleration is well served by historical

[4] R. E. Pike, 'Fact and fiction in *Zaïre*', *PMla* 51 (1936), p.436-39.

accuracy. Voltaire did not, however, make use of authentically historical persons in *Alzire* as he had in *Zaïre* and *Adélaïde*; all the characters are of his own invention, though some are based on real people. The events of *Alzire* – the projected marriage of an Incan princess to a Spanish governor who is the son of the previous governor, an Indian uprising, the assassination of the governor by his Incan wife's former suitor – are also fictitious.

The principal historical sources of *Alzire* are Agustín de Zárate's *Historia del descubrimiento y conquista del Perú* (Antwerp 1555), of which Voltaire possessed a two-volume French translation, published in Amsterdam in 1717 (BV, no.3865), and, to a lesser extent, the *Commentarios reales* of Garcilaso de La Vega (Lisbon 1609, Cordoba 1617). References in the play itself and in the footnotes of the various early editions indicate that before writing *Alzire* Voltaire had studied the cultural history of the Incas in Zárate and possibly also in Garcilaso.[5]

Both historians place the conquest of Peru as beginning in 1525, a doubtful date and one not generally adopted in the eighteenth century (although Moreri's *Grand dictionnaire* accepts it). This is the date that Voltaire employs in a note to line 10 of *Alzire*. His reference to human sacrifice (1.64 and note) suggests that he relied primarily on Zárate, since Garcilaso – who though born after the Conquest had an Inca mother – said that this was not practised by the Incas during his lifetime.

Gusman refers to Zamore as a 'cacique' (1.311). Voltaire explains in a footnote that although the correct term for the ruling class of the Peruvian Indians is 'Inca', the Spanish preferred the other term, which they also used in Mexico. This explanation is derived from Zárate, in whose book Voltaire perhaps also found the term 'Castilian' used as a synonym for Spaniard; he uses the two words interchangeably in *Alzire*.

Voltaire's familiarity with the Indians of Peru was sufficient to permit him to comment pertinently on the character and culture

[5] See Merle E. Perkins, 'The documentation of Voltaire's *Alzire*', *Modern language quarterly* 4 (1943), p.433-36.

of the Incan civilisation. Gusman, for example, describes (1.45-64) the Peruvian people as a 'peuple orgueilleux' and 'Soumis au châtiment, fier dans l'impunité'. His view of reality often causes him to see his subjects in a less favourable light, for he says in the same speech that 'L'Américain farouche est un monstre sauvage' and adds that this people 'A besoin qu'on l'opprime, et sert avec contrainte', a view that Spain, like most colonial powers, had of the peoples it had vanquished. Gusman's father, Alvarez, corrects this view (1.85-106), pointing out that in Peru it is the Spanish who deserve to be called barbarians, and implying strongly that the Incas are by no means savages; in this he echoes the young Incan chieftain Zamore.

In a note to II.18, Voltaire gives further proof of his background knowledge: 'L'astronomie, la géographie, la géométrie étaient cultivées au Pérou. On traçait des lignes sur des colonnes pour marquer les équinoxes et les solstices.' This type of detail probably came from Garcilaso.[6] Needless to say the existence of these sciences suggests a civilisation with both a considerable level of sophistication and a long history. The pride of this conquered people, however inexplicable it may seem to Gusman, who considers the Indians to be mere savages and his marriage with Alzire to be below his station despite her Incan rank (see IV.37: 'J'ai déjà trop rougi d'épouser une esclave'), is perfectly understandable to Alvarez .

Another indication that Voltaire had consulted an authoritative source on Incan culture can be found in the same passage (II.15-20). Voltaire had learned that the Incan year began on the first day of winter (c. 22 June), and that the Incas could calculate the distance travelled by measuring the distance that the sun had appeared to travel in a given period of time.[7]

One further historical source might have been the life of

6 See Merle E. Perkins, p.434.
7 See the note to II.20 for a more detailed explanation of this method of calculating distances.

Bartolomé de Las Casas, who, as La Harpe suggested,[8] might
have been a model for Alvarez. Las Casas preached example as the
most efficacious means of conversion, and opposed the brutality of
the Spaniards and the enslavement of the Indians. Voltaire might
have been acquainted, directly or indirectly, with his works or
with his biography. It is also possible of course that Alvarez,
who represents the noblest ideals of Christianity as Voltaire
understood it, could have been fashioned after his own personal
and ideal vision of a perfect Christian.

Further historical material is incorporated into the lines of the
play or given in footnotes and includes information about Incan
military methods, forms of government, religious beliefs, legends
(for example, the founding of Cuzco), Spanish policies during
the Conquest, the destruction of the temple at Cuzco and the
construction of the new city of Los Reyes (now Lima). Furthermore the general cruelty of the conquistadors towards the indigenous populations, their greed, their insistence on religious conversions, and the like were accepted truths. If Las Casas – an
exception to the rule – served as the model for Alvarez, Gusman
is drawn after Pizarro.

In any case, it is clear that Voltaire's facts are accurate and are
derived from several authors. The background of the play is
relatively realistic, and sixteenth-century Peruvian culture is quite
accurately depicted: Montèze, Zamore, and Alzire are convincing
Incas, members of the elite ruling class. But perhaps because
Voltaire chose not to over-emphasise cultural differences (since
this would have proved to be a grave distraction from the play's
philosophical theme), *Alzire* does not abound in local colour. In
this sense Voltaire failed to provide the 'contraste des mœurs'
which he claimed to have put into the play (D804, D958, D965,
D1126).

This failure led many critics to judge Voltaire's Incas to be too
civilised, too European, for their taste. Some found it hard to

---

[8] *Lycée ou cours de littérature ancienne et moderne* (Paris 1840), ii.272-83, p.275.

believe that new world Indians could have been anything but naked savages wandering through virgin forests, carrying on constant warfare with neighbouring tribes; others thought of them as examples of man in the innocence of the golden age. Prévost was able to reconcile these two views in *Le Pour et contre*. We read on the one hand of the 'grossièreté mâle' and the 'vertueuse barbarie' of the 'Amériquains', and on the other of 'la tendresse, la constance et l'honneur, dans toute la simplicité de la nature, c'est-à-dire tels qu'ils doivent être avant la naissance du crime et dans l'âge d'or de l'innocence' (1736, viii.42), and so see the Peruvians as both crude barbarians and noble savages.

Collé claims that a parody of *Alzire* (*Les Sauvages* by Romagnesi and Riccoboni performed by the Italiens) suggests that the play should have contrasted the harshness of the Incas with the gallantry of the Spanish, but that Voltaire had reversed the roles of the two cultures:

> Le contraste à mes yeux paraît original:
> Le sauvage est galant et l'Espagnol brutal.[9]

These lines do not, however, appear in the printed text of *Les Sauvages*, although a somewhat similar idea is expressed at the end of scene vii, where the Frenchman Garnement (Gusman) says to Alzire:

> Mais votre caractère enfin se développe,
> Vous n'agissez que trop comme on fait en Europe.

Another parody, *Alzirette*, by Panard, Pontau and Parmentier, shares many of these perceptions and criticises *Alzire* for some of the same reasons as *Les Sauvages*.[10]

Writing at the end of the nineteenth century Henri Lion falls into the same trap of confusing myth and fact. Indeed, he seems to think that Peruvians are incapable of delicacy, subtlety, or

---

[9] Quoted in Charles Collé, *Correspondance inédite*, ed. Honoré Bonhomme (Paris 1864), p.453.
[10] See *Alzirette*, ed. Gustave L. Van Roosbroeck (New York 1929).

courtesy unless they have come into contact with Europeans: he asks whether Montèze and Alzire are not 'bien civilisés, pour des barbares d'Amérique, bien délicats dans leurs sentiments, bien fins dans l'expression de leurs pensées?'[11] He even seems to doubt whether an Inca prince is capable of love: 'L'Amérique seule pouvait-elle donner naissance à un tel jeune homme, surtout amoureux? Il serait puéril de l'affirmer' (p.107). And he adds:

comme il disserte sciemment sur la faiblesse et la force des Américains en face des Espagnols, comme il fait des retours mélancoliques sur leur situation, comme il sait lire dans le fond de son propre cœur, [...] comme il sait pénétrer enfin dans l'âme d'Alzire et souvent y lire malgré elle! C'est un barbare parfois déjà un peu civilisé; en tout cas, ce n'est pas plus un Américain, un Péruvien, qu'un barbare quelconque.

A recent critic, Michelle Buchanan, has gone so far as to say: 'Nothing in *Alzire* recalls a Peruvian background. The Peruvians in the play could be any people fighting for freedom. Even the name of the heroine, Alzire, it has been said, sounds more Arabic than Incan.'[12]

Though there is an element of truth in what these critics say, it is also true that they are less well informed than Voltaire himself, and are dealing more in myths than in facts. We must not forget that the principal Peruvian characters in the play are members of the ruling class, hardly savage in any sense. Even if Zamore can be thought of as an example of 'natural man', he is certainly not a noble savage; little wonder that he is irked by the Spaniards referring to his people as savages, as Gusman does early in the play (1.106). At least one European character in the play – Alvarez – understands better than do Voltaire's critics that the vanquished people's ruling class at least is highly civilised: 'Nous seuls en ces climats nous sommes les barbares', he says to his son (1.86).

---

[11] H. Lion, *Les Tragédies et les théories dramatiques de Voltaire* (Paris 1895), p.106.
[12] Michelle Buchanan, 'Savages, noble and otherwise, and the French Enlightenment', *Studies on eighteenth-century culture* 15 (1986), p.105.

To be sure, Voltaire was not alone in grasping what Prévost, Collé, Lion, Buchanan, and so many others could not and cannot understand. In an anonymous manuscript *Lettre sur Alzire* dated May 1736 we read:

bien des gens ne font pas pour ainsi dire de différences entre le Mexique et le reste de l'Amérique, et s'imaginent qu'il en était de cet Empire comme de mille petits états qui composent cette nouvelle partie du monde et dont les roitelets comptent à peine autant de sujets que nos rois comptent de gardes. Qu'ils ouvrent les historiens de la conquête des Indes Occidentales pour prendre une idée de la vaste puissance des Empereurs du Mexique et du Pérou, dont les peuples, savants dans la plupart des arts de l'Europe, étaient peut-être plus civilisés que certains peuples du Nord qui se font craindre. Ils verront qu'il ne leur manquait que nos vices pour être égaux en tous points aux Européens.[13]

Few of Voltaire's contemporaries could comprehend this, indeed many of our own contemporaries continue to associate all the indigenous peoples of the new world with barbarism and savagery. Unlike these critics, Voltaire had done some serious research before writing *Alzire*, and he gives clear evidence of being unaffected by the various myths concerning the culture of the American Indians in general and the Incas in particular, about whose history and civilisation he was well informed. His Peruvians, however European they may have seemed to others, were drawn true to life; as members of the ruling class of a highly complex society they would have felt more at home in Versailles than in the Ardennes. If Voltaire had paid more attention to local colour his critics could perhaps have accepted Alzire, Montèze and Zamore as authentic Incas, but this can hardly be a valid reproach to an author writing nearly a hundred years before the triumph of the Romantic theatre made local colour a matter of aesthetic doctrine.

---

[13] Bn F15046, quoted by Roosbroeck in the preface to *Alzirette*, p.74.

Literary sources

In addition to the use of Zárate and Garcilaso for the historical and cultural background to *Alzire*, Voltaire also drew on numerous literary sources. Some of these are related to the American theme, whereas others represent borrowings of structure, situations, characters, philosophic intent, or even lines. In some cases the borrowings are from French and English writers, mostly of the seventeeth century; in others Voltaire drew on his own dramatic work.

As Voltaire's use of historical sources indicates, he avoided the question of the nature / culture dichotomy that so many of his critics wanted to see in such a play. He opted instead for what he considered to be a more realistic approach to the Incan civilisation, and tried to use it naturally in the play's setting, characterisation and thematic treatment. Indeed, if there are savages in the play these are not the Indians but, metaphorically speaking, the European conquerors, and they are more ignoble than noble savages.

The 'nouveauté' of the setting seems to have concerned Voltaire considerably, even though the new world had been represented on the Parisian stage several times before 1736. Fifteen years earlier, on 17 June 1721, Louis-François Delisle de La Drevetière presented his *Arlequin sauvage* at the Théâtre des Italiens. In this play Arlequin, a Huron, is transported to Paris, where he soon begins to criticise and judge French society in the manner of Montesquieu's Persians, but with the difference that the Hurons live in complete freedom whereas the Persians live under a capricious tyrant. Furthermore, while in Montesquieu's novel (contemporaneous with Delisle's play), both societies are 'civilised' and France is seen as superior to Persia, the society of the 'savage' Indians in *Alzire* is shown to be preferable to that of the 'civilised' Europeans.[14] Another comedy, Pellegrin's *Le Nouveau*

---

[14] For more on this see Gilbert Chinard, *L'Amérique et le rêve exotique dans la littérature française au XVIIe et au XVIIIe siècle* (Paris 1934), p.225-44.

13

monde, played twenty-seven times in 1722 and 1723 (*Registres*, p.674-77). Even the Théâtre de la Foire made use of the new world theme with *La Sauvagesse* by Lesage and d'Orneval in 1732. At the Opéra the public had just seen Fuselier and Rameau's *Les Indes galantes* in 1735, an opera that remained successful throughout the century and that inspired a number of parodies, including *Les Indes chantantes* by Romagnesi and Riccoboni in 1735 and later, in 1751, *Les Indes dansantes* by Fuselier. In *Les Indes galantes* Zima prefers the simple love of a savage, Adario, to the sort of slavery she could expect from the Spaniard Alvar, or the infidelity she might encounter from the Frenchman Damon. If Voltaire borrowed anything from these productions it was perhaps the criticism of French society in *Les Lettres persanes* or *Arlequin sauvage* (although without Delisle's notion of the noble savage or either author's notion of the superiority of one civilisation over the other), and the name Alvarez adapted from Alvar (and perhaps even the names Alzire inspired by Zima, or Zamore inspired by a combination of Zima and Adario). The only previous French tragedy on the American theme had been Ferrier de La Martinière's *Montézume*, which survived no more than five public appearances and one court appearance in 1702, and which was never revived or published.[15]

In the fifteen years immediately preceding the production of *Alzire*, then, the French theatre-going public had become acquainted with the American theme, and Voltaire was introducing it to France only in the sense that Peru was the setting for the first time, and that no successful tragedy on the subject had yet been performed in Paris.

Voltaire may have echoed Racine in *Alzire*, consciously or not (for example, 1.29; III.23-24, 36; IV.34). He quoted directly from

---

[15] See *Registres*, p.601, and Henry C. Lancaster, *French tragedy in the time of Louis XV and Voltaire 1715-1734* (Baltimore 1950), p.192, and *Sunset: a history of Parisian drama in the last years of Louis XIV, 1701-1715* (Baltimore 1945), p.55-56.

Corneille's *Le Cid* at least twice (v.23, 249); and there are some resemblances between *Alzire* and *Polyeucte*, despite the obvious differences between the two plays. Most striking is the similarity of Alzire's situation to that of Pauline, who is married to one man but in love with another, and who learns to love and admire her husband only at his death. These similarities should not be exaggerated, though a frequently used hemistich, such as 'Je demeure immobile' (v.249), which Voltaire also uses elsewhere,[16] can only be a conscious borrowing.

Possible English sources include three lines from Rowe's *Tamerlane* (1702), III.v:

> Now learn the difference 'twixt thy Faith and mine:
> Thine bids thee lift thy dagger to my throat;
> Mine can forgive the wrong, and bid thee live.

La Place, in translating *Tamerlane*, comments 'deux grands hommes se rencontrent'.[17] Indeed, Voltaire has the dying Gusman say to Zamore (v.231-234):

> Des dieux, que nous servons, connais la différence:
> Les tiens t'ont commandé le meurtre et la vengeance;
> Et le mien, quand ton bras vient de m'assassiner,
> M'ordonne de te plaindre et de te pardonner.

Voltaire himself offers Pope's 'To err is human, to forgive divine' as an epigraph to *Alzire*, and suggests a French source for the quotation and the situation. In a letter to d'Argental, dated 4 January 1736 (D979), he says:

Il me paroit que ces paroles du duc François de Guise que j'ay employées dans la bouche de Gusman, *ta relligion t'enseigne à m'assassiner, et la mienne à te pardonner*, ont toujours excité l'admiration. Le duc de Guise étoit à peu près dans le cas de Gusman, persécuteur en bonne santé, et pardonant héroiquement quand il étoit en danger.

---

[16] Anne Wuest, '"Je demeure immobile" – hémistiche emprunté à Corneille', *Philological quarterly* 26 (1947), p.87-89.

[17] Quoted in Lancaster, *French tragedy*, i.192.

Lancaster suggests (*French tragedy*, i.192), that Voltaire might have 'combined in the verses his recollections of Rowe's verses and of Guise's generous retort'. It seems more likely, however, that Voltaire's only source for these lines is, as he said, the words of Guise.

A more important English source for *Alzire* was Dryden's *The Indian emperour* (1667). This point was first made in 1946 by Trusten Wheeler Russell, who described *Alzire* as an 'adaptation' of *The Indian emperour*. Dryden's play, he said, was a 'model' for Voltaire's, which was 'drawn after' and 'inspired' by it.[18] More recently Ahmad Gunny, following Russell, has argued that there are certain 'similarities in characterisation, in themes and incidents in both plays which are set in South America'. He added:

In *The Indian emperor*, there is a description of the torture of emperor Montezuma in act v, scene ii. Following French notions of *bienséance*, Voltaire does not actually show torture on stage, but simply mentions it in *Alzire* in act IV, scene iv, for instance. Some of the deistic theses that *Alzire* and *The Indian emperor* are made to prove are that a man's religion is insignificant and that all who worship God, whatever the manner, can understand one another. In both plays, the sham zeal of the Christian conquerors, who conceal their desire for gold behind lofty ideals of conversion, is denounced. The odds are generally weighted against the Christians who appear less noble than the native Americans, although Christian virtues are symbolised by Alvarez in *Alzire* and by Cortez in *The Indian emperor*.[19]

Russell's arguments have been refuted by H. C. Lancaster and

---

[18] T. W. Russell, *Voltaire, Dryden and heroic tragedy* (New York 1946; reprint 1966), p.75, 84, 96, 99. Albert Maillet, in his article 'Dryden et Voltaire', *Revue de littérature comparée* 18 (1938), p.272-86, also tried to show a direct intertextual relationship between the two plays. Lennart Breitholtz, *Le Théâtre historique en France jusqu'à la Révolution* (Wiesbaden 1952), attempted to prove that *Alzire* is essentially French classical tragedy.

[19] A. Gunny, *Voltaire and English literature: a study of English literary influences on Voltaire*, Studies 177 (1979), p.57.

Merle Perkins, and Gunny's by the present writer.[20] Gunny's unreliable command of geography, which puts Mexico in South America, underscores a weakness in his argument: the belief that Voltaire played as loosely with historical and cultural facts as did Dryden, who portrayed Cortez as a kindly gentleman. The entire tone of Dryden's play, indeed, is that of romance: the bloodthirsty greed and hypocritical zeal of the Spaniards is exaggerated in the same way as is Cortez's noble kindliness. Voltaire's characters, like the cultural, geographical and historical background to the tragedy, are based on fact. The religious question, moreover, is at the heart of *Alzire*, whereas in *The Indian emperour* it is an accessory to characterisation. Lancaster insists on the historicity of Voltaire's sources, and concludes that the 'plots of the two plays, their characters and their general tone are so distinctly different that I do not see how *Alzire* can possibly be called the adaptation of *The Indian emperour*'.[21] Russell and Gunny are wrong to see *Alzire* as a mere transposition to the French stage of an English Restoration tragedy,[22] but Gunny is right when he suggests that 'Voltaire was no doubt stimulated' by Dryden's play when he set out to write *Alzire*.

What Voltaire borrowed from Dryden was not the subject or

[20] H. C. Lancaster, in a review of Russell's book in *Mln* 62 (1947), p.492-95, and in *French tragedy*, i.192-93; Merle Perkins attacked both Russell's thesis and those of Maillet and Breitholtz in 'Dryden's *The Indian emperour* and Voltaire's *Alzire*', *Comparative literature* 9 (1957), p.229-37. On Gunny see T. E. D. Braun, '*Alzire* and *The Indian emperour*: Voltaire's debt to Dryden', *Studies* 205 (1982), p.57-63.

[21] *Mln* 62 (1947), p.493.

[22] It is curious that neither critic noticed that Voltaire used in *Zaïre* these lines from *The Indian emperour* (v.ii.83-87): 'to prove religion true / If either wit, or sufferings could suffice / All faiths afford the constant, and the wise. / And yet ev'n they by education sway'd / In age deffend what infancy obey'd'; or this couplet from *The Hind and the panther* (lines 1685-1686): 'The priest continues what the nurse began / As thus the child imposes on the man'; (see *Notebooks*, ed. Besterman, Voltaire 81, p.52, 63). These lines read, in *Zaïre*: 'La coutume, la loi, plia mes premiers ans / A la religion des heureux musulmans. / Je le vois trop: les soins qu'on prend de notre enfance / Forment nos sentiments, nos mœurs, notre créance. / [...] L'instruction fait tout' (i.103-106, 109).

the substance of his play, but its structure, 'a structure which breaks with French classical tradition and follows the pattern of *The Indian emperour*', as Perkins points out (p.234). This structure consists of a number of relatively free agents (seven in Dryden, five in Voltaire), all of whom present and defend a point of view, react to other ideas, and in some cases change their opinions (Alzire, Zamore and Gusman, whose thought evolves and becomes clearer in the course of the play, exemplify this capacity to grow and change, as does Alibech in Dryden's tragedy). With rare exceptions[23] they are not kept in the dark about relationships of birth, love interests, promises, feelings of gratitude, and so on (as are so many characters in French classical tragedies, *Phèdre* or *Andromaque*, for example, or indeed *Zaïre*), nor are they victims of reversals of fortune contrived and controlled by the author. The concentration on the conflict of ideas in both *The Indian emperour* and *Alzire* requires, however, the creation of a number of improbable circumstances that result in a sacrifice of verisimilitude and dramatic suspense. This is partly overcome in *Alzire* by an emotional heightening and an intensification of the debate, which makes Voltaire's tragedy stronger than Dryden's.

Alzire is, as a result, so unlike traditional French tragedy that Brumoy said of it, 'cela ne ressemble à rien'.[24] It was not an action play or a psychological drama, but a *pièce à thèse* considerably different from, say, Corneille's *Cinna* or *Polyeucte*, in that the action is subordinated to the debate. All the main characters, even the unquestioning religious conformist Montèze, are drawn into the religious discussion. As in Dryden's play, none of Voltaire's characters is fully developed as an individual: each is a lay figure whose interior life remains hidden from us and whose individuality is sacrificed to the exigencies of the religious debate.

---

[23] Such as Alvarez's and Zamore's failure to recognise each other and Zamore's ignorance of the fact that Gusman is Alvarez's son (*Alzire*), and that some love interests are hidden from some characters (*The Indian emperour*).

[24] P. Bonnefon, 'Lettres inédites du père Brumoy à Jean-Baptiste Rousseau', *Rhl* 13 (1906), p.129.

Dryden dramatises the opposing views of love and duty, and (in some characters) of life and honour; his characters act coherently in accordance with their principles and in full knowledge of the probable effects of their actions. Voltaire dramatises the opposing views of different interpretations of Christian beliefs and of 'natural' religion; his characters, too, act coherently in the same manner as Dryden's.

What Voltaire found in Dryden was, then, the use of a number of free agents explicitly responsible for their decisions,[25] the weaving of a story consisting of a complicated series of circumstances, where verisimilitude may be abandoned in the interests of philosophical truth, and an absence of trick reversals of fortune, accompanied by the characters' full understanding of their various positions and relationships.

In writing *Alzire*, which was first performed in 1736, Voltaire owed a significant amount, therefore, to his historical sources, as well as to Dryden and perhaps to Shakespeare. Yet his greatest debt was to his other plays, specifically to *Zaïre* (1732) in some respects, and especially to *Adélaïde Du Guesclin* (1734).

The principal themes of both *Alzire* and *Zaïre* are love and religion, love being dominant in *Zaïre* and religion in *Alzire*, which gives each of the two plays a characteristic tone. In both plays Voltaire tries to teach tolerance and humanity as a means of tempering fanaticism and religiously-inspired brutality. He does

---

[25] It is possible of course that both Dryden's and Voltaire's use of free agents may derive from Shakespeare (*King Lear*, *Macbeth*), but it is more likely that Voltaire found his free agents in Dryden. Even the name (although not the character) of Montèze is patently derived from Montezuma, which suggests Dryden rather than Shakespeare as a source. Still, just as he had made use of Dryden for *Zaïre* (see Gunny, p.56), a play clearly patterned at least in part on *Othello*, so his reading of Shakespeare may have reinforced his decision to adapt Dryden's free agents to his own purposes in *Alzire*.

this principally through the characters, the relationships existing among them, and the situations they face.[26]

Both eponymous heroines, young and attractive, are deeply in love with a non-European of a different religion from their own.[27] They are free from the prejudices of orthodox Christianity, and they are sincere, naturally good, and capable of appreciating personal merit without regard to official titles. Their lovers Orosmane and Zamore, non-Christians and non-Europeans, exemplify natural goodness. They are passionately in love and able to make great sacrifices to the objects of their love. Impetuous and active, these young men have earned their positions of leadership not only by their birth but also by their valour. Contrasted with them are young Christians who prevent the heroines from marrying the men of their choice: Nérestan by dissuading his sister from marrying Orosmane because of her conversion to Christianity, and Gusman by marrying Alzire himself. Fanatically Christian, both young men are disdainful of all non-Christians, whom they regard as enemies. Lusignan and Montèze, the heroines' fathers, also demand conformity to their religion, and believe in the moral superiority of the Christian over the infidel.

The similarities in these roles are balanced by differences. Orosmane is much more carefully drawn than the other characters in either play and, although motivated by generosity and natural

[26] Jack R. Vrooman pointed out some resemblance in the roles of some of the characters in *Voltaire's theatre: the cycle from Œdipe to Mérope*, Studies 75 (1970), p.118-20. This point is examined in some detail in T. E. D. Braun, 'Subject, substance and structure in *Zaïre* and *Alzire*', Studies 137 (1972), p.181-96. A somewhat different perspective is presented by Thomas M. Carr Jr, 'Dramatic structure and philosophy in *Brutus, Alzire* and *Mahomet*', Studies 143 (1975), p.7-48; *Alzire* is discussed on p.25-36.

[27] Zaïre, although raised a Muslim, seems curiously ignorant in matters of religion; and Orosmane, mindful of her European and Christian birth, does not treat her as a Turk and a Muslim. Furthermore, the *cri du sang* in this play is so strong, and Zaïre's uncertainty about her origin is so heightened by the cross she wears, that it cannot be said that she is, in her heart, of the same religion as Orosmane.

goodness, is torn by jealousy, an emotion that Voltaire analyses to some extent in *Zaïre*. Zamore's motivation, by contrast, springs from love and vengeance; his emotions are stated and illustrated, not analysed. Orosmane is clearly the major figure in *Zaïre*: he speaks about thirty-four per cent of the lines; Zamore, who speaks about twenty-three per cent of the lines, shares the spotlight with Alzire and Alvarez until the final scene, which belongs to Gusman.

Alzire, who wants to marry Zamore or at least belong to him spiritually, even though physically united to Gusman, does not conceal her true feelings from either man. Her predicament is brought about partly by political considerations (her marriage to Gusman will unite the Spanish and Incan peoples), and partly by her character and her actions. Not only does she openly repudiate Gusman, but she also bribes a guard to release Zamore from prison, and after Zamore has mortally wounded Gusman she defends him before Alvarez (who is Gusman's father and her father-in-law). She would rather die with Zamore than see him live in bad faith. All this she does consciously and willingly, as a free moral agent. Zaïre, on the other hand, is torn between duty to her father and love for Orosmane. She can neither resolve her inner conflict nor be free to act as she would like. As Vincent E. Bowen says,[28] the ending is 'foreshadowed and possible, but not in the least inevitable [...] Zaïre is not really a tragic figure at all, but rather a pathetic victim of circumstances'. The same cannot be said of Alzire, whose death would have been heroic and willed, and not a consequence of unforeseen circumstances.

The young Christians Gusman and Nérestan differ in their fanaticism. However disdainful Nérestan might be of the Turks, he does not appear ready to torture them, but Gusman has become hated by the Peruvians for his cruelty: indeed he has tortured Zamore. Watching Orosmane die, Nérestan begins to believe that Muslims are capable of generosity and greatness of soul. In this he seems to be a model for Zamore: as Nérestan receives a

---

[28] 'Voltaire and tragedy: theory and practice', *L'Esprit créateur* 7 (1967), p.265.

message of forgiveness, tolerance and love from Orosmane, so too Zamore receives this lesson from the dying Gusman. Although both young men speak about fourteen per cent of the lines in their respective plays, Gusman leaves a stronger impression of cruelty and false zeal, and of final acceptance of his father's principles of humanitarianism, whereas Nérestan is a relatively minor character motivated only by religious fanaticism.

It is perhaps in the character of the fathers that the extent of *Alzire*'s debt to *Zaïre* is most clear. Voltaire wanted to appeal to a religious sentiment in the audience by means of a sympathetic and virtuous old man. 'Les honnêtes gens', he said (D979), 'traitèrent le bon vieux Lusignan de capucin, quand je lus la pièce, et le gros du monde fondit en larmes à la représentation'. It might be in part for this reason that he split Lusignan's role in two (Montèze and Alvarez), thereby expanding it significantly. All three fathers instruct their children in the duties of Christianity: Montèze in his zeal resembles the fanatical side of Lusignan, whereas Alvarez, whose humane virtue is frequently mentioned, emphasises rather the warm paternal side of the old crusader. By the same token, however, the distance between the two plays can be gauged by the differences between Lusignan and Alvarez. While Alvarez's ideas are vindicated by Gusman's death-bed conversion and Zamore's reaction to his clemency, there is nothing in *Zaïre* to suggest that Lusignan's inflexibility has done anything but cause the final disaster. If Alvarez does not elicit the type of sentimental reaction of Lusignan in *Zaïre*, he nevertheless appeals to the generosity and idealism of the audience. If old Lusignan, who dies shortly after his release from a twenty-year captivity, is presented as an object of veneration, Alvarez is held up as a model for conduct.

There are other differences as well. Pike has shown that despite his historical knowledge Voltaire deliberately set *Zaïre* in an imaginary orient, in a court that was neither Muslim nor Christian, with a Muslim hero who repudiates Islamic traditions, at a non-

historic moment and with false local colour.[29] The historical
background is used differently in *Alzire*, as we have already seen.

In both *Alzire* and *Zaïre* the action is carried forward by the
double motives of love and religion, complicated by political
considerations, paternal authority and filial affection. Each heroine
is converted to Christianity at the behest of her father, and each
hopes to marry a non-Christian; Alzire remains faithful to her
intended bridegroom Zamore even after her marriage to Gusman.
In *Zaïre*, however, there is a blurring of motive. Lusignan and
Nérestan make their appeals to Zaïre not as Christians but as
father and brother; Zaïre is not torn by a religious conflict but by
the struggle between her love for Orosmane and her duty to
Lusignan. However tolerant Orosmane might be towards the
Christians, his tolerance ends when he believes that Zaïre has
betrayed him, and is renewed only when he discovers that she
has been faithful. In other words the question of religion, the
moral lesson of *Zaïre*, is really external to the play.[30]

This is not the case with *Alzire*. The whole play revolves around
the religious theme, although the motivation of the various
characters does not always stem from religious conviction, preju-
dice, or tolerance. Zamore, for instance, is moved by his love for
Alzire and his desire for vengeance; Gusman curbs some of his
intolerant cruelty out of respect for his father; even Alvarez seems
to be motivated in part by a sense of gratitude to the Indian who
had spared his life. Furthermore, since Voltaire's concept of
religion, as stated in the 'Discours préliminaire' and as exemplified
by Alvarez, is based on social virtues, the play's religious lesson
is also an indictment of political fanaticism (although *Alzire* is not
'une pièce politique', as Gilbert Chinard claims[31]).

If, despite the many resemblances between the two plays, *Alzire*
is not an American version of *Zaïre*, neither is it a sixteenth-

[29] R. E. Pike, 'Fact and fiction in *Zaïre*', p.436.
[30] Eleanor F. Jourdain makes this point forcefully in her *Dramatic theory and
practice in France 1690-1808* (New York 1921; reprint 1968), p.117-29.
[31] *L'Amérique et le rêve exotique*, p.242.

century version of *Adélaïde Du Guesclin* set in the new world, even if it owes much to the earlier tragedy, as we shall see. Lancaster points out many of the similarities in his *French tragedy* (i.190):

In each play the scene is laid in a city governed by a nobleman who holds in his power a woman whom he loves, though she prefers a captive; hostile forces are defeated in a sortie; a prominent rôle is given to an older man who supports the governor, though he disapproves of his actions, and seeks to win for him the hand of the heroine. Except in regard to this marriage, the ideas of the older man prevail at the end of each play and help bring about a striking change of fortune. In each play, too, the heroine thinks for a while that her lover is dead. When they first meet, Alzire's emotions affect her as Nemours is affected by his. Compare *Adélaïde*, II,3, and *Alzire*, III,4:

> Nemours (entre les bras de son écuyer):
> Adélaïde ... ô ciel! c'en est fait, je me meurs.

> Alzire (elle tombe entre les bras de sa confidente):
> Zamore! ... Je succombe; à peine je respire.

In each tragedy the governor discovers that a captive is his rival, condemns him to death, and at the end of the play changes his attitude towards him and allows him to marry the heroine. In each tragedy the action is delayed and, before it begins, a scene of recognition is effectively employed.

There are other similarities that Lancaster does not mention. Each heroine, a young woman who is courageous and outspoken, is forced to make a difficult choice. For Adélaïde this choice is essentially political (support for the king of France or for the king of England), whereas for Alzire it is both political (the preservation of the Incan empire, albeit under foreign dominion) and religious (conversion to Christianity), both of which would be sealed by marriage to Gusman. The older men, Coucy and Alvarez, are both wise counsellors striving to direct their young charges to act in a more generous and mature manner. Nemours and Zamore, passionately in love with Adélaïde and Alzire, are prepared to sacrifice their lives for the women they love and for their nation. The heroines' captors, Vendôme and Gusman, young and impetuous, end by pardoning their enemies and by yielding to the will of their mentors, thus effecting a kind of conversion (Vendôme in supporting the French king, and Gusman, in accepting Alvarez's God of forgiveness). Finally, Alzire and Zamore at the feet of their oppressor Gusman in the final scene of *Alzire* recall Adélaïde and Nemours at the feet of their oppressor Vendôme in the final scene of *Adélaïde*.

There are also striking similarities between the two plays at the verbal level. In addition to putting half a dozen or so direct quotations from *Adélaïde* into *Alzire* (as indicated in the notes to the text below), Voltaire uses certain rhymes excessively in both plays:[32] *jour / amour* and *séjour / amour* occur six times in *Adélaïde*, four times in *Alzire*; *aime / même* occur five times in *Adélaïde*, three times in *Alzire*; and *armes / larmes* and *alarmes / larmes* occur fully ten times in *Adélaïde* and three times in *Alzire*. The repetitive use of these and many other rhymes,[33] an unfortunate intertextual borrowing, is a characteristic weakness in both plays.

Voltaire was very fond of *Adélaïde*. He revised it extensively and he wrote three other versions of it (*Amélie ou le duc de Foix*, *Les Frères ennemis* – sometimes called *Le Duc d'Alençon* – and *Alamire*).[34] Since *Adélaïde* and *Alzire* are in a sense contemporaneous (work on *Alzire* was begun before the first performance of *Adélaïde*), it is not surprising that Voltaire should have made use of situations, characters, rhymes, lines and scenes from *Adélaïde* in *Alzire*, but there are also significant differences between the two plays as Lancaster points out (*French tragedy*, i.191):

In both love is predominant, but the part played by patriotism in one

[32] I am grateful to Tina Vignali for pointing out these identical rhymes, some of the direct quotations from one play to the other, and a number of the resemblances and differences between *Alzire* and *Adélaïde*.

[33] In *Adélaïde*, for example, *flamme / âme*, *moi / roi*, *peut-être / maître*, *coup / vous*, and *pas / appas* appear five times, and *yeux / odieux*, *yeux / précieux*, *jaloux / vous*, *fois / rois*, and *tendresse / faiblesse* are each used three times. In *Alzire*, the rhyme *Zamore / encore* is used an astonishing ten times, while *père / chère* and *sort / mort* are used five times, *secours / jours* appears four times, and *guerre / terre*, *crime / légitime*, *deux / yeux*, and *ancêtres / maîtres* are seen three times each.

[34] See *Adélaïde Du Guesclin*, ed. Michael Cartwright (Voltaire 10).

is taken by religion in the other. While both depart from the traditional Graeco-Roman subject, the scene of *Alzire* is laid, not in fifteenth-century France, but in sixteenth-century South America. The heroine, instead of the governor, has the longest rôle in the play, the rôle of the man she loves is lengthened, the governor's is greatly reduced. She is provided with two confidants instead of one and with a father who has no corresponding rôle in the earlier play. The changes enabled the author to profit by the appeal of sentiment, of ideas, and of the exotic, with the result that *Alzire* was much more warmly received than its predecessor and that the resemblance between the two plays has been usually overlooked.

An even greater difference between them lies, perhaps, in their conception: *Adélaïde* is a psychological play, full of pathos and emotional situations, while *Alzire* is primarily a discussion play, in which the action is subordinated to the presentation of several religious views. *Adélaïde* is structurally a French classical tragedy; *Alzire* is, as indicated above, an important departure from classical dramaturgy.

So far as the heroines are concerned, Alzire seems more real than Adélaïde in that her choices, like those in the real world, are not between simple black-and-white alternatives, as they are for Adélaïde in whom love and patriotism are virtually merged in a single emotion. Alzire must choose between Christianity and the religion of her ancestors, between the Incan and the Spanish civilisations, between a political marriage to a man she loathes and fidelity to the memory of her true love, all of which are interrelated but distinct. In this sense she is a multi-dimensional character; we even catch a glimpse of her inner life at times. And unlike the static Adélaïde, Alzire evolves, grows, changes, is dynamic: she questions her motives, learns more about her inner feelings, learns about her new religion, and in the end can liberate herself from the wise old counsellor Alvarez.

In a similar way Zamore has a moral dimension lacking in Nemours. Not only does the young Indian refuse to abandon his nation in favour of an invading conqueror, not only is he ready to lay down his life for his love – traits he shares with Nemours –

but he is also ready to sacrifice his life for his moral and religious principles (Nemours is not put to the test). Gusman's cruelty and fanaticism are more accentuated than Vendôme's, but in dying he shows himself to be even more generous than the Frenchman in that he pardons his assassin, a foreigner, whereas Vendôme pardons a brother he thought he had put to death. And Alvarez, unlike Coucy, is the father of the young man he counsels; while Coucy, unlike Alvarez, is in love with the heroine, whom he hopes to marry.

In spite of these important differences between *Alzire* and both *Adélaïde* and *Zaïre* this analysis shows that *Alzire* owes a very large debt indeed to *Adélaïde*. Voltaire was able to seize upon this hitherto unsuccessful tragedy as a basis for a play vindicating his religious beliefs, and by skilfully blending into it elements from English drama, notably from Dryden's *The Indian emperour*, together with the historical evidence that he was amassing for the *Essai sur les mœurs* and other works, he was able to compose a tragedy that was to be one of his most successful and frequently-staged works, and that, at least for a time, diverted attention from his unorthodox religious beliefs.

2. *Composition and evolution of the text*

As we have seen, Voltaire began to write *Alzire* late in 1733, before the opening of *Adélaïde Du Guesclin* on 18 January 1734 (see D804, D965). Sometime during 1734 he read the first scene to the actor Dufresne, but probably not before he had sent an outline of the play to Mme Dupin in March 1734 (D714). It was in all likelihood in June 1734 that Voltaire wrote to Formont asking that nothing at all be said about *Alzire*: 'Je vous prie', he writes, 'de ne point parler du voyage qu'a fait ma désolée muse tragique chez les Américains. C'est un nouveau projet dont Linant vit la première ébauche, et sur quoi je voudrais bien qu'il me gardât le secret' (D764). He explained the reasons for this veil of

secrecy in a letter to d'Argental of December 1734 (D804) which
deserves to be quoted at length:

Voulez vous si je ne reviens pas sitost que je vous envoye certaine
tragédie fort singulière que j'ay achevée dans ma solitude? C'est une
pièce fort crétienne qui poura me réconcilier avec quelques dévots. J'en
seray charmé pourvu qu'elle ne me brouille pas avec le parterre. C'est
un monde tout nouvau, ce sont des mœurs toutes neuves. Je suis
persuadé qu'elle réussiroit fort à Panama et à Fernambouc. Dieu veuille
qu'elle ne soit pas siflée à Paris. J'avois commencé cet ouvrage l'année
passée avant de donner Adélaide et j'en avois même lu la première scène
au jeune Crebillon et à Dufrene. Je suis assez sûr du secret de Dufrene
mais je doute fort de Crebillon. En tout cas je luy feray demander le
secret sauf à luy à le garder s'il le veut. Vous pouriez toujours faire
donner la pièce à Dufrene sans que Crebillon ny personne en sçût rien.
Le pis qui pouroit arriver seroit d'être reconnu après la première
représentation, mais nous aurions toujours prévenu les cabales. Les
examinateurs, ne sachant pas que l'ouvrage est de moy, le jugeroient
avec moins de rigueur, et passeroient une infinité de choses que mon
nom seul leur rendroit suspectes.

Voltaire's motives, tactics and intentions are quite clear. He
repeated them in two further letters to d'Argental later in the
same month (D813, D817).

Voltaire seems to have been unable to keep the secret himself,
however, since he asked Formont not to speak of his 'tragédie
amériquaine'. Formont refused to believe that Voltaire seriously
intended not to put on *Alzire*, saying 'si cela étoit il n'y auroit pas
de secret à demander' (D823). The actors already knew of the
play because of Voltaire's previous reading of one or more of the
early scenes to Dufresne in the presence of Crébillon fils. He had
also sent a detailed outline to Mme Dupin (see appendix, p.205),
and Mme Du Châtelet, needless to say, was another party to the
secret. In addition Linant, d'Argental and Pont de Veyle had read
the play long before its existence became public and both Formont
and Cideville also had early knowledge of it. Of all these people
Voltaire had doubts about the discretion only of Crébillon fils
and of Linant (D823, D841). Thiriot, who was at the time friendly

with both Voltaire and Le Franc de Pompignan, was apparently not aware of the writing of *Alzire* until much later, perhaps not before December 1735 when Voltaire began to accuse Le Franc of plagiarism.[35] On 8 December Voltaire wrote to Thiriot (D958):

J'avois commencé une tragédie où je peignois un tableau assez singulier du contraste de nos mœurs avec les mœurs du nouvau monde. On a dit il y a quelques mois mon sujet au s^r le Franc. Qu'a t'il fait? Il a versifié dessus, il a lu sa pièce à nos seigneurs les comédiens, qui l'ont envoyé à la révision.

Shortly thereafter he wrote in a similar vein to Formont: 'Le Franc m'a volé mon sujet et toutes mes situations' (D960). At one point Voltaire went so far as to accuse Le Franc of circulating purloined copies of *La Pucelle* with the intention of discrediting Voltaire so that his own *Zoraïde* might be put on before *Alzire* (see D984, n.2). There is no evidence that Le Franc did such a thing and, despite Besterman's judgment of the man in the note just cited, it seems unlikely that Le Franc was ever guilty of this kind of conduct.

For his part Le Franc seemed to believe that Voltaire was plagiarising him.[36] According to the *Nouvelles de la cour et de la ville*:

[35] For details on the argument between Le Franc and Voltaire, see T. E. D. Braun, *Un ennemi de Voltaire: Le Franc de Pompignan* (Paris 1972), p.79-87 and 274-78; – 'Voltaire's perception of truth in quarrels with his enemies', *Studies* 55 (1967), p.287-95; and – 'Voltaire's *Alzire* and Le Franc de Pompignan's *Zoraïde*: the history of a mystification', *Papers on language and literature* 5 (1969), p.252-66. The two men, despite the bitterness of the controversy, were to become correspondents for a brief period, from about 1738 to 1745 (see D1643, D1918, D1977). Their friendship is discussed briefly in T. E. D. Braun, 'A forgotten letter from Voltaire to Le Franc de Pompignan', *Studies* 51 (1966), p.231-34, and in *Un ennemi de Voltaire*, p.176-81. But when in 1760 their long-contained anger and suspicions once again became public, the old charges of plagiarism were renewed.

[36] At least, this is what can be inferred from Raynal's claim (CLT, i.213) that Voltaire had stolen the general idea for *Alzire* from Le Franc, and Clément's claim that Voltaire had reworked *Zoraïde* which Le Franc had entrusted to him (*Anecdotes dramatiques*, Paris 1775, i.40). In *Les Nouveaux Si et Pourquoi, suivis d'un*

Le Franc ayant lu aux comédiens la tragédie qui a pour titre *Zoraïde*, Dufrène, qui n'aime point Le Franc pour être bien avec sa femme, fit avertir secrètement Voltaire qu'on avait lu à la comédie une pièce de Le Franc qui ressemble beaucoup à son *Alzyre*.[37]

These charges and countercharges are without substance because *Alzire* and *Zoraïde* have nothing in common, as Prévost made clear in *Le Pour et contre*:

quelques personnes qui se croyent bien informées, prétendent que c'est sur de fausses Relations que M. de V... a pris l'allarme. Le sujet d'Alzire est tiré de l'Amérique, & l'autre des Indes Orientales. Les mœurs de ces deux extrémitez du monde ne sont pas plus opposées aux nôtres qu'elles le sont entr'elles. Le luxe & la mollesse, qui sont les vices dominans de l'Asie, doivent fournir des peintures & des caracteres qui n'ayent rien de semblable à la grossiereté mâle, & à la vertueuse barbarie des Amériquains.[38]

The *Mercure de France* noted in its review of *Alzire* (February 1736, p.358) that the action of *Zoraïde* 'se passe dans un nouveau Monde [...] et quelques personnes prétendent que c'est la seule ressemblance qui puisse se trouver entre ces deux Ouvrages'. Both these reports conform to the facts as they can be ascertained. And the actors did ask Le Franc to revise his manuscript, as Voltaire had stated (D958). Le Franc angrily withdrew his play, apparently destroyed the manuscript, and wrote an irate letter to the actors.[39] He also seems to have forced Mlle Dufresne not to

---

dialogue en vers, entre MM. Le Franc et de Voltaire, parodie de la scene II du II acte de la tragédie de Mahomet (Montauban 1760), the author of the *Nouveaux pourquoi* says that Le Franc's *Didon* had less success than *Alzire* because 'M. L. F. [Monsieur Le Franc] ne trouve pas le plan de ses Pièces tout fait' (p.13). On the other hand the author of the *Dialogue en vers*, after making charges similar to Clément's, has Voltaire tell Le Franc that indeed he had plagiarised *Zoraïde*, and would be willing to make restitution if Le Franc publicly professed incredulity (p.23-24). These texts and others can be found in Braun, *Un ennemi de Voltaire*, p.189-227.

[37] *Nouvelles de la cour et de la ville concernant le monde, les arts, les théâtres et les lettres, 1734-1738* (Paris 1879), p.69, dated 4 mars 1736. This matter is discussed on p.61, n.2 and p.69-71.

[38] *Le Pour et contre* (1736), viii.42.

[39] D965, commentary; *Le Pour et contre* (1736), viii.41.

appear in Voltaire's play as Alzire, even though 'Le rôle était fait pour elle' (D996). Le Franc's impetuous action allowed *Alzire* to be performed without further delay.

The play, then, evolved in three stages. A first draft was begun late in 1733, (attested by the outline Voltaire sent to Mme Dupin), and completed in 1734, as indicated by a letter written in May to Cideville (D748) in which he says that his present difficulties will not prevent him from completing his fourth act, by another letter written a month later to Formont (D764), and by letters to d'Argental written in December 1734 (D804, D813).

Revisions began immediately. D'Argental made criticisms, both favourable and unfavourable, as well as numerous suggestions. Voltaire sometimes followed his friend's advice but at times defended his position. D'Argental was pleased at first by Gusman's conversion at the end of the play, but he was concerned about how Zamore managed to find and kill him. Voltaire acknowledged this problem and suggested some solutions (D817):

Zamore avoit pris déjà l'épée d'un Espagnol pour ce bau chef d'œuvre. Si vous voulez il prendra encor les habits de l'Espagnol. J'avois fait endormir la garde peu nombreuse et fatiguée. Si vous voulez je l'enivre-ray pour la faire mieux ronfler.

In the final version of the play Zamore is disguised as a soldier (v.13-15), and Emire describes the Spaniards as sleeping, since they were 'Fatigués de carnage et de sang enivrés' (IV.119). D'Argental further wanted Montèze to be made into a melodramatic scoundrel, but Voltaire in this instance defended his character and refused.

After these revisions Voltaire said little about *Alzire* for quite a while. He mentioned it to Cideville in February 1735, but in June he said that he was not satisfied that his play was ready for the public and that he wanted to examine it carefully: 'Je la laisse reposer longtemps pour la revoir avec des yeux désintéressez, et

31

pour la corriger avec la sévérité d'un critique qui n'a plus la faiblesse de père' (D885).

The second wave of corrections, which constitutes the third step in the evolution of *Alzire*, immediately preceded the first public performance of the play. Believing that Le Franc had stolen the setting and situations of *Alzire*, Voltaire did what he could to have his tragedy acted as soon as possible. The first hint of his concern comes in the letter to Thiriot of December 1735 quoted above (D958). His letters were full of further alarms and accusations for the next few weeks. In mid December he sent a corrected manuscript of *Alzire* to d'Argental and Pont de Veyle, asking that they show it only to Thiriot (D962). In January 1736 he answered d'Argental on two points related to the criticisms his friend had made over a year before. In the first place, d'Argental had changed his mind about Gusman's conversion but Voltaire held his ground as we have seen, supporting his scene by reference to the generous act of the duc de Guise and by his belief that this final scene would make a great impact on the audience. The other point concerned Montèze, whom Voltaire now removed from the fourth act where he had seemed to be a 'sot père' (D979). Later in the month he wrote twice more to d'Argental. In the first letter (D991) he once again defended Montèze, whom d'Argental had always disliked. Voltaire had wanted to work in a second scene between Montèze and his daughter, but here he yielded to d'Argental's advice, a mistake that resulted in much criticism (see below, p.52). The second letter (D993), written shortly before the first performance, dealt with individual lines in the play.

Shortly after this Voltaire sent various stylistic corrections to Thiriot, urging him to make sure that the actors adopted the new and generally much better versions of several lines as well as a revised version of the fourth act.[40] Towards the end of February he wrote again to d'Argental, this time at great length (D1022), to say that he and Mme Du Châtelet had re-examined the play

---

[40] D1003, D1007, D1008, D1011, D1013, D1023 and D1030.

and insisted on certain corrections, especially in the dialogue between Gusman and Alzire (IV.ii) and in the final scene of the play, where Gusman's long speech had been considerably cut by the actors, who had also suppressed Montèze's appearance. A postscript listed other corrections to the final two acts. Copies of these corrections were also sent to the principal actors (D1024).

At the same time Voltaire was preparing the 'Discours préliminaire' and the 'Epître dédicatoire', thereby indicating his intention of publishing *Alzire* as quickly as possible (see D1027, D1035). In the second of these letters, written to Thiriot in March 1736, Voltaire continued to press for changes both on stage and in a future published version, particularly in the scenes with which he had been preoccupied. Some of these changes were not effected until the published version (see D1052), which Voltaire was able to send to some friends by 16 April (D1061).

It is clear that Voltaire worked hard to perfect his play. The composition and corrections were accomplished over a span of about two and a half years before the first published edition; final changes of importance were made for the 1738 edition. After drawing up a general outline and sketching a few scenes, Voltaire worked out a first version, which he corrected shortly after composition. He then allowed a year to go by before revising the text, in order to approach it more objectively. His corrections in late 1735 and early 1736, and then in 1738, gave the play its present form.

The changes that Voltaire made to *Alzire* are of various kinds. He corrected the versification considerably; these corrections can be traced in his letters to d'Argental and Thiriot and in the various editions of the play, especially those of 1736 and 1738, and they are indicated in the notes to the text and in the variants. Another kind of change can be studied only in the correspondence. As we have seen, Voltaire removed the opening scene of the third act, between Montèze and Alzire, and one or more scenes of the fourth act involving Montèze. As a result of these excisions, since Voltaire apparently did not write new scenes to replace those that had been deleted, the play was shortened by perhaps 350 lines, making

33

it a rather brief tragedy. *Alzire* has 1426 lines in its present form, though in a letter to d'Argental (D1022) Voltaire wrote of the necessity of correcting 1800 lines.

All this composition and revision suggests that Voltaire was a careful playwright. He generally knew when to accept and when to reject the criticism of his friends, although more than once he yielded to bad advice. At least so far as *Alzire* is concerned, the picture that Lion paints of Voltaire recklessly dashing off a play in a few days or a few weeks, blithely correcting his work by submissively following his friends' advice, simply does not hold.[41] Voltaire was a playwright of another stamp when he composed *Alzire*. He was, as a more recent critic has expressed it,

conscient de ce qu'il veut et de ce qu'il fait, poursuivant jusqu'au bout le but qu'il s'est fixé dès le début de son travail, cherchant sans cesse à améliorer la qualité dramatique et psychologique de sa tragédie, demandant certes les conseils de ses amis, mais demeurant toujours le maître de son œuvre et sachant faire valoir ses idées contre les leurs.[42]

3. *Genre and theme*

In the 'Epître dédicatoire' addressed to Mme Du Châtelet with which he prefaced *Alzire* Voltaire defined tragedy as 'un roman mis en action et en vers'. This definition, so unlike that of seventeenth-century classical tragedy, is indicative of Voltaire's constant experimentation with the *forme* and the *fond* of theatrical works. He recognised, for instance, that *L'Enfant prodigue*, first performed, like *Alzire*, in 1736 was not a comedy. Nor was it quite a *comédie larmoyante*. He preferred to think of it simply as a '*pièce de théâtre*' (D1036), and since he was always alive to public opinion it is not surprising that his plays reflect the taste of the

[41] H. Lion, *Les Tragédies et les théories dramatiques de Voltaire*, p.419.
[42] Jeanne R. Monty, 'Le travail de composition d'*Alzire*', *French review* 35 (1962), p.389.

times, which leaned heavily towards sentimental comedies and novels, often with strong moralistic overtones, and towards serious plays with melodramatic situations and characters. His 'tragedies' are so marked by sentimentalism on the one hand and philosophic ideas and moral themes on the other that they are not representative of classical tragedy at all. They are indeed *'pièces de théâtre'* of various types: melodramas, proto-Romantic dramas, *tragédies-opéras*, *tragédies-spectacles*, discussion plays – the list seems endless, although it does not include the *drame bourgeois* as Diderot defined it in his *Paradoxe sur le comédien*.[43] Voltaire's plays, however he labelled them, are marked by a high emotional tone, a sense of pageantry and spectacle, and an attempt at local colour and scenic realism, all of which replace the psychological analysis characteristic of seventeenth-century tragedies.

The changes that Voltaire worked into classical tragedy struck at the very heart of the genre. He was not content to replace its traditional introspective quality with a greater externalisation of conflict and more stage action, or to add a philosophical message to a Racinian tragedy. In *Alzire*, as earlier in *Œdipe, Zaïre* and *Adélaïde*, and later in 'tragedies' such as *Mérope, Mahomet* and *Sémiramis*, Voltaire 'not only implied a moral in his painting of life, but expressed it in the plot and in the words of his characters'.[44] In this, and in common with the writers of *drames, comédies sentimentales* and *comédies larmoyantes*, he departed both from Crébillon's practice of implying a moral by the presentation of vice,

---

[43] I have discussed this genre in 'From Diderot to Marivaux: awareness of the audience in the *comédie*, the *comédie larmoyante*, and the *drame*', *Diderot studies* 20 (1981), p.17-29, and I have applied the principles Diderot established for the genre to a number of plays in 'La conscience de la présence des spectateurs dans la comédie larmoyante et dans le drame', *Studies* 192 (1980), p.1527-34. It is in the characters' acknowledgment or non-acknowledgement of the audience that the *drame* and the different genres of comedy differ radically, as well as in certain character and situation types. To my knowledge no one has yet attempted a scientific analysis of the *drame* in relation to tragedy by applying Diderot's criteria. In any case, what Voltaire's plays share with the *comédie larmoyante* and with the *drame* is a powerful moral message and a tearful sentimentality.

[44] Eleanor F. Jourdain, *Dramatic theory*, p.117.

35

and from the Cornelian procedure of suggesting a moral by the exaltation of virtue.

Seen in this light the old formula 'classical tragedy + moral or philosophical lesson + sentimentality = Voltairean tragedy' is invalid so far as Voltaire's dramatic practice is concerned, though it may have a relevance to his theory. A more accurate formula would be: 'Voltairean tragedy is to classical tragedy what the *drame* is to classical comedy'. It is not a question of a mixed genre, but of a new one, a genre so altered as to be a separate entity. If this is so, it is pointless to apply the canons of one genre – classical tragedy – to another – Voltaire's non-comic theatre.

Voltaire's plays should therefore be approached without a backward glance at classical tragedy. Nor should the critic look too far ahead to the Romantic dramas of a future age. Yet in the plays that Voltaire labelled 'tragédies', critics have all too often deplored a 'decadence' in the genre; they have judged his plays according to classical canons; they have seen Voltaire's additions of philosophy and external action as killing the tragedy, and they have usually concluded that he was basically a classicist, unaware of how far his practice was from his theory.[45] The rights and wrongs of this are not, though, relevant here, for however Voltaire described it on the title page, *Alzire* is not a tragedy in the classical sense.

Voltaire's description of *Alzire* as a 'roman mis en vers et en action' shows how unclassical he was in practice and recalls the enumeration of the ingredients of an excellent play found in his

---

[45] See, for example, Jourdain, p.117-38; James Herbert Davis Jr, *Tragic theory and the eighteenth-century French critics* (Chapel Hill 1966), p.30-43; Bowen, 'Voltaire and tragedy', p.259-68; H. Francq, 'Voltaire et la tragédie', *Bulletin de l'association canadienne des humanités* 19 (1968), ii.29-36; Marcus Allen, 'Voltaire and the theater of involvement', *College language association journal* 10 (1967), p.319-32; Vrooman, *Voltaire's theatre*, p.48; David Williams, *Voltaire, literary critic*, Studies 48 (1966); Ronald S. Ridgway, *La Propagande philosophique dans les tragédies de Voltaire*, Studies 15 (1961), and Ridgway, *Voltaire and sensibility* (Montreal and London 1973), ch.6, 'Tearful tragedy', p.163-96, where the perspective is, despite some differences, similar to this.

Dissertation sur les principales tragédies anciennes et modernes qui ont paru sur le sujet d'Electre de Sophocle (M.v.170):

fable bien constituée; exposition claire, noble, entière; observation parfaite des règles de l'art; unité de lieu, d'action et de temps [...] conduite sage; mœurs ou caractères vrais, et toujours également soutenue.

This formula is of course applicable to comedies as well as to tragedies, and only the insistence on the unities gives it a distinctly classical *cachet*. But it omits one particular concern of Voltaire's, the presentation of a strong moral message.

The intent to instruct can be seen in the opening sentence of the 'Discours préliminaire': 'On a tâché dans cette tragédie, toute d'invention et d'une espèce assez neuve, de faire voir combien le véritable esprit de religion l'emporte sur les vertus de la nature.' A definition Voltaire once gave of 'la vraie comédie' underscores the moral side of the theatre in his eyes, and incidentally shows how close comedy and tragedy were in his practice: 'C'est l'art d'enseigner la vertu & les bienséances en action & en dialogues' (D9492). This is clearly the purpose of *Alzire*. But, as Eleanor Jourdain noted, the lesson is implicit rather than explicit. Voltaire tried to instruct the public in the virtues of what he considered to be the true spirit of religion, and in the religion of the true Christian, which consists, he says, in looking on all men as brothers, in doing good, and in forgiving them when they have erred ('Discours préliminaire'). He chose to teach these virtues in a play which he referred to as a tragedy, but which is really a discussion play, derived, we have seen, in part from French traditions, and in part from Dryden.[46]

---

[46] A final distinction between a play such as *Alzire* and classical tragedy lies in its structure. The characters in *Alzire* are not driven to their destiny by a blind force, an implacable deity, a tragic flaw in their characters or a basic vice of which they cannot purge themselves. On the contrary, they are all essentially good; even Gusman is more misguided than evil. They are all capable of directing their own lives, and are aware of their responsibilities. Their emotions are not controlled by, and do not dominate, their reason: rather, emotion and reason work together harmoniously in these characters, who are at once deeply emotional and unusually lucid. By the end of the third act they are all aware of

As we saw above, Voltaire wrote *Alzire* at least in part as a result of the public condemnation of the *Lettres philosophiques* in 1734 as an irreligious work. He avoided arrest by going into hiding, but his second line of defence was to write a Christian tragedy in which the orthodoxy of his views would cause his sins to be forgiven. *Alzire* was intended to preach against the false Christianity of the Spanish conquistadors, and to encourage the practice of what Voltaire called the true Christianity of brotherly love and forgiveness.[47]

The five principal characters represent five different approaches to religion, and the drama and action of the play arise from the tensions caused by the interplay of their attitudes and personalities within the situations that Voltaire has created for them. An examination of opposing religious beliefs and cultural practices can well be presented in this manner, and the historical nature of the conflict of ideas adds prestige and weight to the arguments. The spectators or readers, sympathising with Zamore and Alzire, respecting Alvarez, despising Montèze, and condemning Gusman, participate emotionally in a confrontation of religious attitudes. They see how the methods of Alvarez – humanitarianism and clemency – work conversions in Montèze and Alzire, while stimulating the admiration of Zamore. They also see how Gusman's inhuman cruelty and reprehensible conduct give rise to hatred, fear and a desire for revenge, and how he is debased by them. The fathers' attempt to unite the two worlds through the marriage of their children, although intended to bring about a peaceful settlement of disputes, indirectly emphasises the need

the others' feelings and they all know where the others stand on the important issues. Only Gusman's 'conversion' at the end, a *coup de théâtre*, surprises the audience. Even among those plays that Voltaire labelled tragedies, only *Adélaïde* shares these characteristics with *Alzire*.

[47] Marais was surely not the only person to see through Voltaire's plan, but it is his testimony we have: 'Le sujet est chrétien, et pris dans la tête du poète qui veut se raccomoder sur la religion', he writes to Bouhier, adding, 'Mais je crains bien les phrases anti-chrétiennes' (*Correspondance du président Bouhier*, xiv.112).

38

for such schemes to take account of underlying principles. Finally, Gusman's 'conversion' at the end of the play demonstrates the superiority of Voltairean deism by contrasting the advocacy of toleration for all religious beliefs with the teaching of those forms of religion that hold that there is but one path to God. The play's structure allows for a broader discussion of these ideas than would have been possible in a classical tragedy, for Voltaire is examining not psychology or the clash of characters but the impact of points of view on one another. He devises certain situations within the play which serve to highlight the conflict of ideas.

In act 1 Alvarez and Gusman discuss opposing concepts of government; their different ideas reflect their different ways of interpreting their religion and making it relevant to their lives. Alvarez's view of God is based on the clemency of Jesus, a God who pardons those who kill him, whereas Gusman's God is the avenging God of the Old Testament. Both men want to convert the Indians, and both sense a superiority of European over Incan culture, but their methods differ greatly. Voltaire casts Alvarez's ideas in a better light and makes the old man far more likeable than his son, so much so in fact that the audience shares Zamore's astonishment when he asks (III.157-158): 'Quoi! le ciel a permis / Que ce vertueux père eût cet indigne fils?' Nevertheless, Voltaire discomfits those who choose improper means for a proper end, who for a greater good would willingly sacrifice the personal happiness of others. Alvarez is guilty of this fault, as is Alzire's father Montèze, who – recently converted by Alvarez's example – hopes that the proposed wedding between an unwilling Alzire and an unworthy but eager Gusman will unite the two cultures and bring peace and a better life for his people. Alvarez is just as unfeeling as Montèze in this, and is equally as guilty. Alzire is aware that she is being sacrificed for the welfare of the Peruvians. The thought of marrying Gusman repels her, but she yields to her father's insistence and authority. She nevertheless tells Gusman that she still loves Zamore, and she urges Gusman to merit her love. Haughty, intolerant, cruel, and unfeeling, his attitudes clash with hers and with those of Alvarez.

The contrast of cultures, established in act I, is continued in act II, when Zamore tries to exhort his soldiers, who have failed in their rebellion and are now captives in Gusman's prisons. Zamore's strong words and desire for revenge balance Gusman's attitude, and are in direct contrast to the policy of justice and tolerance favoured by Alvarez. Unlike Gusman, however, Zamore is not a repulsive character; his desire for vengeance can be shared by the audience, who are aware of the rapacity and cruelty of the Spaniards. Whereas Gusman has come to Peru for plunder and to enslave its inhabitants, Zamore is attempting to drive the invaders out and to punish them for their crimes. But though a representative of natural religion, he is no more prepared to pardon his enemy than is the bloodthirsty Gusman. When Alvarez announces their liberation he exclaims (II.64): 'Tu parais Espagnol, et tu sais pardonner!' Ideas are expressed through situation: when Alvarez says that God, his religion, and gratitude have prompted his clemency, a bewildered Zamore asks him whether the other Spaniards worship a different god (II.71-76). In the tearful recognition scene that follows we learn that Zamore had once saved Alvarez's life on reports of the old man's goodness, which the young Inca admired. Alvarez's gratitude is thus explained.

For a brief moment peace seems possible. Then Montèze appears and tries to win Zamore over to the Spanish side and to convert him to Christianity. Failing in this he turns his back on Zamore, whose presence is an obstacle to the peace he has been trying to obtain by means of the marriage of Alzire and Gusman. Montèze therefore gives orders, citing the authority of Gusman, that Zamore and his followers must be closely guarded; Zamore's desire for vengeance returns with renewed vigour.

By now all the principal characters have been introduced, have expressed their ideas on religion and morality, and have interacted with one another. Thanks to the careful balancing of the characters the ideological conflict is sharpened and made more violent.

For most readers Alvarez and Zamore excite sympathy and admiration, Gusman antipathy, and Montèze distrust. Alzire is in a key position: although partly converted to Christianity she is still under the influence of her upbringing and still clings to her old beliefs. The evolution of her character and of her beliefs is crucial to the theme of the play.

Act III opens with Alzire, who believes that Zamore has died fighting the Spaniards, begging forgiveness from her lover's spirit which has been wronged by her marriage to Gusman. Her total sincerity is evident, as it is throughout the play. Her husband Gusman's cruelty is likewise evident when it is reported that he is preparing a war against his bride's people. Alzire seems to despair for the Peruvians, one of whom asks to see her. It is Zamore, and their recognition scene is even more touching than the earlier scene between Alvarez and Zamore. The young Inca tells Alzire that he had been tortured and left for dead by Gusman, who was greedily seeking gold, and that he has come to marry Alzire and to take revenge upon Gusman. He learns of her recent marriage and forgives her, but his desire for revenge is redoubled. At this point Gusman enters with Alvarez, and the three principal men recognise one another and acknowledge their interrelationship. The futility of the forced marriage is shown, since the two men who must be united if peace is to reign and if the true spirit of religion is to be established now confront one another and are more opposed than ever before.

Confronted by Zamore's accusations, Gusman appears to grow even more vain, greedy and cruel, Alvarez seems helpless, and Alzire's sincerity is once more beyond doubt as she describes her enduring love for Zamore, despite her marriage to Gusman who threatens to have Zamore summarily executed. But before Gusman can act, news of the Indian revolt reaches him, and he responds in a manner characteristic of both himself and the conquistadors (III.243-245):

Héros de la Castille, enfants de la victoire,

Ce monde est fait pour vous, vous l'êtes pour la gloire,
Eux pour porter vos fers, vous craindre et vous servir.

Zamore is led away, his rage stirred to a white heat. Alvarez promises his support to Alzire, who responds with a line (272), that brought tears to the eyes of the spectators:

Hélas, que n'êtes-vous le père de Zamore!

The first three acts have presented the various methods of Christian persuasion advocated by Alvarez, by Montèze, and by Gusman. The well-meaning methods of the older men have been measured against the feelings of the Peruvians, whom they have made to suffer psychologically, just as Gusman's ferocity has caused them to suffer physically. In this sense Alzire is as much a victim of Christian proselytising and intolerance as is Zamore. Since both kind and cruel methods of conversion affect the non-Christians so badly, both are rejected, by implication, as degrading.

Between acts III and IV Gusman has defeated the attacking Peruvians. Alvarez continues to implore his son to show mercy, but Gusman promises only to delay Zamore's execution. Alzire also pleads for Zamore's life, admitting once again that she still loves him. Gusman refuses to pardon either Alzire for her failure to love him or Zamore for his military actions, and leaves the scene with implied threats. Meanwhile Alzire has bribed a soldier to free Zamore, but she refuses to accompany him into exile since her marriage vows to Gusman commit her to staying with him. To Zamore's objection that her personal integrity transcends the dictates of any religion she replies (IV.167):

J'ai promis; il suffit: que t'importe à quel dieu.

After Zamore's angry departure Alzire, alone in her melancholy, tries to rise above Gusman's limited notion of a God of a particular nation, to Alvarez's concept of a universal God. The effort leads her to express an idea that Voltaire developed well and often

elsewhere, but that has a particular impact here because of the
poignancy of the situation (IV.195-200):

> Grand Dieu! conduis Zamore au milieu des déserts;
> Ne serais-tu le Dieu que d'un autre univers?
> Les seuls Européens sont-ils nés pour te plaire?
> Es-tu tyran d'un monde, et de l'autre le père?
> Les vainqueurs, les vaincus, tous ces faibles humains,
> Sont tous également l'ouvrage de tes mains.

Alzire is advocating the basic unity of humanity, and from this
point onwards her thought more closely parallels Voltaire's than
does that of Alvarez, for in the end Alvarez cannot accept the
thought that other religions might be as worthy as his own. The
act ends with reports of Zamore's having entered Gusman's palace
disguised as a Spanish soldier, and with Alzire's imprisonment.

The final act begins with the revelation that Zamore has found
Gusman and mortally wounded him. The lives of both Zamore
and Alzire are in danger; reconciliation between the two peoples
seems impossible. As the crisis deepens the various beliefs and
courses of action are examined in an intense series of scenes.
Alzire contemplates suicide, seeing nothing wrong in taking her
own life if in God's name her people can be slaughtered by the
conquerors. Zamore, in chains, is led into the room where she is
held captive; they find strength in each other's presence and Alzire
is now willing to die with Zamore. The heart-broken Alvarez
enters. He is disconsolate because his son is dying, killed by the
man to whom he himself owes life. He announces that the council
has decreed the death penalty for the young lovers, but that their
lives will be spared if Zamore is converted.

Zamore objects to a conversion without conviction, which
would be a betrayal of the gods he worships. He asks whether
Alvarez would have been converted to the Incan religion if this
had been made the price of his life two years earlier? Alvarez,
firm in his faith, would have been forced to refuse. When Alzire
is made to decide her fate and Zamore's she claims (V.185-192)
that a false conversion is more cowardice than error: we must be

sincere in our religion, and without God's grace our only recourse is to be faithful to our beliefs. She therefore chooses to die rather than to ransom Zamore's life at an unworthy price.

Voltaire's concept of the spirit of true religion (or the true spirit of religion) – already partially revealed through Alvarez's notion of a clement and kindly God and Alzire's search for a God who values sincerity rather than conformity – now finds an unexpected source of expression. Gusman, in a dramatic entrance lying mortally wounded on a stretcher, recognises the benevolent, universal God whom he had steadfastly refused to acknowledge from the opening scene of the play, and he forgives his assassin, just as Jesus forgave those who crucified him. Zamore, astonished by such virtue, is willing to investigate Christianity, which he thinks might be God's own religion.[48]

The earlier emphasis on doctrinal religious beliefs and rituals is now replaced by an emphasis on moral precept, and on individual actions based on it. One religion is seen as superior to another only if it makes its followers behave in a more moral fashion. True Christianity is presented, in the end, as a religion that teaches forgiveness, fraternal love, and humanitarianism rather than revenge and hatred; it is therefore on a higher plane than natural religion (which is seen as retributive, rendering good for good and evil for evil), and far more admirable than the doctrinal religion practised by the conquistadors. Scriptural teachings and Church dogmas are not mentioned and are not important in this definition of true Christianity, which indeed looks sus-

---

[48] Gusman's 'conversion' would be totally incredible if Voltaire had not prepared the ground for it. Throughout the play Gusman is very respectful of his father, and occasionally softens some of his own harshness (freeing prisoners, attempting to win Alzire's affections, etc.), although his principles remain unchanged. In addition, behind his façade of pride and brutality, he hides a 'cœur sensible', as he tells Alzire, and says he is not 'inflexible' (IV.93-94). In fact his real conversion had been effected some time earlier, but his behaviour does not change until, facing death and realising to what extent his life has been in conflict with Alvarez's version of Christianity, and indeed with his own beliefs, he repents. Seen in this light, his conversion is credible.

piciously like a kind of deism. Nor is conformity of belief important: what counts is sincerity and fidelity. Even Alvarez's version of Christianity is imperfect, for he believes in the inherent superiority of Christianity to other forms of belief, and insists on converting non-Christians to his religion, albeit by example rather than by force. Alzire's groping for a universal God, her insistence on sincerity in religious beliefs and her implied notion of tolerance and of parity among the various creeds are seen as superior to Alvarez's beliefs.

Voltaire's strategy worked. Though the clergy, or at least some of them, discovered deism where others saw Catholicism, the threat of prison was lifted, and audiences seemed to agree that Voltaire had written a truly Christian play.

4. Performances and revisions

Although *Alzire* was first performed publicly at the Comédie-Française on 27 January 1736 it had been privately staged two days earlier at Cirey. In a letter to Thiriot of 25 January (D996) Voltaire seemed moderately satisfied with the reception of the play:

Nous avons joué notre tragédie, mon charmant ami, et nous n'avons point été sifflés. Dieu veuille que le parterre de Paris soit aussi indulgent que celui des bons champenois!

The 'bons champenois' were probably members of the provincial nobility or upper bourgeoisie, and were few in number, fifty at the most. Mme Du Châtelet claimed later (December 1737; D1400) that only plays written at Cirey were performed at the château, which had two theatrical troupes, one for tragedies and one for comedies. It is not unlikely that Voltaire played Alvarez

45

at this performance, since he excelled in playing the role of a 'sentimental patriarch and defender of the true faith'.[49]

The premiere of *Alzire* at the Comédie-Française was a success: the cast played to an almost full house (1367 paying spectators). Subsequent performances also had good attendances, often over 1000 spectators; this was exceptional for the 1735-1736 season, which was a poor one for the troupe and in which only *Alzire* (and, at closure, *Polyeucte*) drew large audiences.[50] Since the public had to pay higher prices for *Alzire* until the end of February, we can conclude that the 'parterre' was indeed as indulgent as the 'bons champenois' who had seen the Cirey production of the tragedy. Before the Easter closure *Alzire* had enjoyed twenty performances at the Comédie (*Registres*, p.719-20), and two successful performances at court, 21 February and 15 March (see D996, n.1). The success of *Alzire* seems all the more astonishing when we remember that Voltaire was shocked at the version played by the actors and had tried to correct it.[51] *Alzire* remained in the repertory of the Comédie-Française until 1830, and its 328 performances make it the fifth most popular of Voltaire's plays.[52]

Critical reception of the play was no less favourable, at least at the outset. Desfontaines, calling himself Voltaire's 'admirateur' and 'ancien ami', speaks of the 'très-grand succès' of *Alzire*, which he had not yet seen. He goes on to say that he has been told that

les principales beautés de sa nouvelle Tragédie consistent dans des situations admirables, dans des surprises bien ménagées, dans des peintures du plus parfait et du plus haut coloris, et dans la noblesse des caractères bien soutenus, surtout de ceux d'Alvarés et de Zamore. On ajoute que le cinquième acte est au-dessus de tout.[53]

---

[49] See R. S. Ridgway, 'Voltaire as an actor', *Eighteenth-century studies* 1 (1967), p.265.

[50] *Registres*, p.601, and Lancaster, *French tragedy*, i.192.

[51] See above, p.32, also D1007, D1008, D1011, D1013, D1022, D1023, D1024, D1035, D1040, D1052.

[52] See Lancaster, *French tragedy*, i.196.

[53] *Observations sur les écrits modernes* (1736), iv.141-42.

This is high praise indeed from a bitter enemy. Desfontaines attacked Voltaire on numerous other occasions, but he had only good things to say in print about *Alzire*. In addition to the above remark he published the following poem by Gresset 'Sur la tragédie d'Alzire',[54] which, despite some slight criticism, contains high praise of the play:

> Quelques ombres, quelques défauts
> Ne déparent point une belle.
> J'ai vu trois fois l'Héroïne nouvelle
> Et trois fois j'y trouvai des agrémens nouveaux.
> Aux règles, me dit-on, la pièce est peu fidèle:
> Si mon esprit contr'elle a des objections,
> Mon cœur a des larmes pour elle;
> Les pleurs décident mieux que les réflexions;
> Le goût partout divers marche sans règle sûre;
> Le sentiment ne va point au hasard;
> On s'attendrit sans imposture;
> Le suffrage de la nature
> L'emporte sur celui de l'art.
> Oui, préférant à la règle sévère
> L'enchantement d'un délire divin,
> En dépit de Zoïle et du Censeur austère,
> Je compterai toujours sur un plaisir certain,
> Quand on réunira les Muses de Voltaire
> Avec les charmes de Gossin.

Gresset's preference for emotional rather than intellectual reaction is of course in keeping with the period's preference for sentimental novels such as *Manon Lescaut*, moralising comedies such as La Chaussée's *Le Préjugé à la mode* or Voltaire's own *L'Enfant prodigue*, and melodramatic tragedies such as *Zaïre*. Marais, too, notes the sentimental reaction of the public when he writes that 'il y a bien du touchant; on y pleure beaucoup'.[55] Le Blanc, however, thought that *Alzire* appealed more to reason than to sentiment, more to

---

[54] *Observations sur les écrits modernes* (1736), iv.255.
[55] *Correspondance du président Bouhier*, xiv.112.

the mind than to the heart.[56] He sensed that *Alzire* was, as we saw in the preceding section, an idea or discussion play rather than a tragedy in the classical sense.

Most critics, nevertheless, were content to be moved, like Gresset. Others were very sensitive to the author's intent, and their reactions were predictable. Thus Languet de Gergy, curé de Saint-Sulpice, finding (D1015) that the play was written for atheists and deists, could not agree

qu'une pièce composée en cinq actes, dont les quatre premiers, et les trois quarts du cinquième contiennent ouvertement, et insinuent délicatement des blasphèmes contre la Religion chrétiene soit le Triomphe de la Religion sinon des déistes qui est nulle ou arbitraire.

He claimed that while the Christians present weak arguments and give poor examples of virtue, Voltaire puts all the power and nobility he can into the speeches of Zamore and Alzire. He concluded that 'Cette Tragédie et son succez feront donc plus de mal que de bien, parce qu'ils feront plus d'incrédules que de chrétiens'. Brumoy wrote, somewhat less harshly, to Jean-Baptiste Rousseau about the same time (February 1736) that 'le public semble vouloir adopter une critique de Cour que voici: de l'amour sans intrigue, de l'esprit sans jugement, de la piété sans religion'.[57]

The *Mercure de France* gave a detailed outline of the play in its issue of February 1736, p.347-58. Its criticism is favourable ('les beautés de détail [...] y sont en trop grand nombre', p.347), and the editors attest to the play's wide public acceptance ('Le Concours est toûjours fort grand et le Poëme très-applaudi', p.358).

As might be expected Voltaire's friends and correspondents found *Alzire* much to their liking and approved his deistic beliefs and his opposition to certain practices of the established religion.

[56] Hélène Monod-Cassidy, *Un voyageur-philosophe au XVIIIe siècle: l'abbé Jean-Bernard Le Blanc* (Cambridge 1941), p.240.

[57] P. Bonnefon, 'Lettres inédites du père Brumoy', p.129. Marais repeats these very words in a letter to Bouhier (xiv.121), claiming that this is 'l'avis de Paris'.

Cideville describes Alvarez as 'un héros chrétien' who contrasts with the 'orgueilleux Gusman' who in turn becomes on his deathbed 'un modèle de grandeur d'âme et de religion'. He also enthuses that 'L'innocence, la fidélité, toutes les vertus y sont couronnées' (D1002). Linant wrote an ode on *Alzire* (D1010), which was published in April 1736 in the *Mercure de France* (p.661-63). Hervey's judgement contradicts Brumoy's. In *Alzire*, he says, 'il y a de la tandresse sans fadeur, de la Religion sans ridicule, & de bons caracters qui ne son pas hors de la nature'. But he warns Voltaire to moderate the expression of his feelings: 'ne pensez pas qu'un minister de L'église Romaine & de la France,[58] puisse jamais souffrir que vous vous déchainiez perpétuellement & impunément contre les abus de la Religion créthienne, & les inconvéniens du pouvoire despotic' (D1110). Crown Prince Frederick of Prussia believed that 'un christianisme mal entendu et guidé par le faux zèle, rend plus barbare et plus cruel que le paganisme même' (D1126); such was, according to Frederick, the religion of Gusman.

Prévost, writing in *Le Pour et contre*,[59] says that *Alzire* makes him tremble for Voltaire's rivals, who will not dare or will not be able to write comparable tragedies. Like Cideville and Frederick, Prévost praises *Alzire* for the 'noblesse' and the 'harmonie' of its versification, for the 'force' and 'tendresse' in the expression of sentiments, for the 'vraisemblance' and 'intérêt' in its subject, and for the 'vérité naturelle' in the 'caractères singuliers' of the principals. In a later article, however,[60] he gives a somewhat more balanced judgement, mixing high praise of the play with a discussion of some of its defects, such as the improbability of certain elements of the plot and the weaknesses he sees in certain details. He wonders, for example, whether true piety can be found in the heart of a governor of Peru, and implies that Alvarez, while behaving like a true Christian, does not behave like a believable

[58] Cardinal Fleury for example.
[59] *Le Pour et contre* (1736), viii.37-38.
[60] *Le Pour et contre* (1736), viii.97-107.

ex-governor. He also notes that Zamore is hardly heroic in stabbing Gusman without allowing him to defend himself, and that Montèze's action in arresting Zamore in the second act is reprehensible. He thinks that these easily corrigible defects prove that Voltaire has some reason for allowing them to remain in the play. He hopes, finally, that Voltaire will make some corrections both in the *scènes de reconnaissance* between Zamore and Alzire and Zamore and Alvarez, scenes 'qui ne causent point tout l'attendrissement auquel on devrait attendre', and in those places which lack verisimilitude or which are illogical, as well as in the versification, which he says contains 'un petit nombre de vers faibles'.

Critics favourable to the play comment on the 'opposition continuelle des mœurs simples et corrompuës de l'Amerique et de notre Europe', as Cideville expresses it (D1002). He goes on to say, in a poem praising the play,

> Nous ne voyageons point pour estre vertüeux [...]
> A nostre ambition, à nostre Politique,
> A nos vices brillans il oppose les mœurs
> De la vertüeuse Amerique
> Et dans une Leçon publique
> Nous corrige en touchant nos cœurs.

The exotic setting, the myth of the noble savage, the sense of decadence in European society, all appealed to the sensitivities of a large number of Voltaire's contemporaries. Modern post-Romantic readers cannot be stirred by the exoticism of the play as men and women of the eighteenth century could be: the exotic elements seem too subdued to be effective. Perhaps this is what Voltaire wanted; in any case, his Incas are not savages in any sense of the word, nor are they 'noble savages'. On the contrary, although Voltaire says in the 'Discours préliminaire' that he is attempting to demonstrate the superiority of the true religious spirit over natural virtues, that is to show how civilised man can be superior to man in the state of nature, he never actually shows us natural man. Nor do the contrasts between decadent European and virtuous Peruvian societies seem so pointed as they once did;

for if the barbaric cruelty of the Spaniards, exemplified by Gusman, proves the decadence of Europe, Alvarez's striking virtue and compassion neutralise the impression. Similarly, the weakwilled collaborator Montèze softens the image given by Zamore of a wilful although virtuous leader motivated only by elemental passions such as love, hatred and vengeance. Yet all these elements had an effect on the audience for whom the play was intended.

Three parodies of *Alzire* appeared: *Alzirette* by Panard, Pontau and Parmentier, which was presented on 18 February 1736 to little acclaim; then, *Les Sauvages* by Romagnesi and Riccoboni, first put on by the Italiens on 5 March 1736, which enjoyed considerable success, since it had two Paris editions in 1736 and was also printed in Amsterdam with *Alzire*; and an anonymous marionnette production called *La Fille obéissante*. Though these works are all slight, their very existence gives added proof of the popularity of *Alzire*. The main literary interest in these parodies, however, lies in the fact that they pointed out many of the 'invraisemblances' in the plot and helped to direct the shafts of several critics in the eighteenth century and later.

Collé, for instance, questions (p.457) Alzire's being alone on the stage just after the marriage ceremony (III.i):

Par quel hasard est-il possible qu'Alzire puisse se trouver seule, exactement seule, le jour de ses noces, au moment précis où elle sort de la cathédrale? Où sont donc son mari, son père, son beau-père? sa cour espagnole et sa cour américaine? ses dames d'honneur, ses duègnes?

A few lines later he wonders about the nature of the room where Alzire, in her touching monologue, prays to Zamore's spirit: 'On pourrait encore lui demander dans quel endroit Alzire débite ce soliloque inouï, où est le lieu de la scène?' He goes on to question (p.461) the likelihood of Emire and Céphane's knowing so much about a nameless captive (III.iii):

Par quel hasard ces pénétrantes demoiselles ont-elles eu le temps de l'observer de si près? Comment savent-elles tous les détails dans lesquels elles entrent, par pure complaisance pour l'auteur? Comment ont-elles deviné, par déférence pour lui, *ces ordres secrets* de Montèze? quel autre que l'auteur a pu les mettre au fait de ces *ordres secrets*?

Commenting on the final scene of the play, Collé says that it would have been perfect in every way if Alzire had been allowed to justify her actions, to prove that she had not been Zamore's accomplice and to convince Gusman of her innocence (p.463-64). In short, *Alzire* is for Collé a 'beau monstre' for which he ironically predicts a bright future (p.467), and about which he composed the following satirical lines just after the play's premiere (p.466):

> Alzire est une c...
> Alvarès fait des harangues;
> Zamore est un assassin
> Et ses amis sont sans langues.[61]
> Gusman est un petit brutal
> Qui fait tantôt bien, tantôt mal.
> A l'égard de Montèse,
> Son rôle est une *fadaise*.[62]

Some of the criticisms of Collé and others were brought about by Voltaire's method of polishing his play, as we saw earlier. The role of Montèze caused a lot of trouble. Voltaire had said in the outline of *Alzire* sent to Mme Dupin in March 1734: 'Montèze [...] fait un pauvre personnage. Il est content des vainqueurs, cela peut rouler sur la religion pour sa justification' (appendix, p.205). In December 1734 he told d'Argental that Montèze cannot be made a scoundrel (D817):

Pour qu'un homme soit un coquin, il faut qu'il soit un grand personage [...] Montèze quoyque père de la signora n'est qu'un subalterne dans la pièce. Il ne peut jamais faire un rôle principal, il n'est là que pour faire sortir le caractère d'Alzire.

But although Montèze is not one of the principal characters he is

---

[61] Collé adds the note: 'Troupe d'Americains qui ne parlent point, à l'exception d'un seul qui parle trop'.
[62] Montèze was named Fadèze in *Les Sauvages*.

nevertheless an important one. Unfortunately Voltaire followed d'Argental's advice and weakened the role by suppressing a second scene between father and daughter at the beginning of the third act[63] (incidentally contributing to Collé's weaponry, since now Alzire is indeed inexplicably alone at the beginning of the act – Montèze was to have cut short their dialogue to attend a meeting of the Council, which would have explained Alzire's being left alone and rendered her interview with Zamore more plausible), and further cutting him out of the fourth act.

D'Argenson, who had read a manuscript copy of the play before the first performance, criticised certain aspects of the characters' psychological make-up:

trop de bigoterie dans *Alvarez* et dans *Montèze* (ou Montezuma); surtout ce dernier est trop dévot, il est inhumain à l'égard de sa fille quand il passe outre à son mariage avec *Gusman*, voyant *Zamore* resuscité; *Alvarez*, vertueux et humain au possible, est trop peu touché par la mort de son fils, il ne veut que la conversion du meurtrier, il prêche en apostre.[64]

D'Argenson also believed, like d'Argental, that Gusman's 'conversion' at the end of the play would not be accepted by the public. Voltaire, who appears to have been unaffected by the other criticisms from d'Argenson, defended the ending of his tragedy in a letter to d'Argental (D979), saying that he had made Gusman repeat the words of François de Guise (see above, p.15-16), and adding that religion has a greater effect in a good play than in a church. He further explained why he thought this scene would be striking and well received.

S'il y a un côté respectable et frapant dans notre rellligion, c'est ce

---

[63] In D991, Voltaire says of Montèze: 'Ce n'est point un bas et lâche politique, c'est un homme devenu Européan et crétien, qui fait tout pour sa fille, qui ne veut que son bonheur.[...] Cette nouvelle Leçon que reçoit Alzire de son père [i.e., in the suppressed scene at the beginning of act III] sur ses nouveaux devoirs, produit encor dans son cœur un combat qui rend son entrevue avec son amant plus intéressente. L'absence du père qui est au conseil rend cette entrevue vraisemblable'.

[64] D'Argenson, *Notices sur les œuvres de théâtre*, p.295.

pardon des injures qui d'ailleurs est toujours héroique quand ce n'est pas un effet de la crainte. Un homme qui a la vangeance en main et qui pardone passe par tout pays pour un héros. Et quand ce héroisme est consacré par la relligion il en devient plus vénérable au peuple qui croit voir dans ces actions de clémence quelque chose de divin.

Where Voltaire insisted on maintaining the integrity of the play as he had written it and as Mme Du Châtelet had approved it he was vindicated by popular success. But, as we have seen, where he yielded to d'Argental against his better judgement numerous improbabilities and structural weaknesses resulted which were easy targets for parodists and hostile critics.

Among these latter, few found greater delight in pointing out the defects of *Alzire* than did Jean-Marie-Bernard Clément.[65] His book devotes a full chapter to 'Invraisemblances de la tragédie d'Alzire' (i.64-76), and has additional scattered comments throughout. Though some of his criticism is favourable, he is inclined to damn with faint praise, as when he says (ii.178): 'Deux ou trois scènes d'*Alzire*, de *Mahomet* et de *Tancrède*, vous offriront quelques-unes de ces beautés locales dont Voltaire a trop négligé d'orner ses autres Pièces.' For the most part, however, Clément's underlying bad faith and basically negative judgement of Voltaire's theatre mar what could have been a worthwhile critical effort. This can be seen in the tone of the opening sentence of the chapter on 'Invraisemblances de la tragédie d'Alzire', where he lays bare his ill will (i.64):

On seroit bien embarrassé de trouver un Roman, ou même un Conte de Fée, dans lequel les incidents & les situations fussent amenés avec aussi peu d'apparence de raison, que dans cette Tragédie.

Clément's criticism continues in this vein for some twelve pages. In particular, he notes that suspension of disbelief is strained to the limit. The reader or spectator must suppose, for instance, that Zamore does not know that Alzire has been in the new city built by the Spaniards during his three years' absence, and that Montèze

---

[65] *De la tragédie, pour servir de suite aux Lettres à Voltaire* (Amsterdam 1784).

has been converted to Christianity; that no one has recognised Zamore, a captured sovereign whom Gusman has tortured and left for dead; that Gusman's father Alvarez, who had been governor of the colony at the time, was unaware of his son's atrocities; that Zamore never learned that Alvarez, whose life he had saved, was Gusman's father although he seems to know both men; that Zamore knows nothing about Alzire's forthcoming marriage to Gusman although he came to Lima to find her and take revenge on Gusman. These improbabilities, and others, must be assumed before the action of the play begins. Clément relentlessly exposes innumerable other weaknesses, ending his attack with some reflections (i.76) on the death-bed scene in act v. The interest, he says, 'qu'un Personnage commence à exciter dans une dernière scène, ne saurait être assez vif, pour faire entièrement oublier l'insipidité du rôle qu'on lui a vu jouer; & l'homme que nous avons méprisé, parvient difficilement à nous toucher'.[66]

By contrast, it is difficult to imagine a more enthusiastic appraisal of Voltaire's theatre in general and of *Alzire* in particular than La Harpe's.[67] While criticising certain 'négligences' in Voltaire's style and pointing out every conceivable 'invraisemblance' in the play, La Harpe concentrated on the strengths of Voltaire's dramaturgy. He praised Voltaire's use of thematic material, which he called 'un hommage solennel aux droits de l'humanité', and defined Voltaire's spirit as made up of 'des maximes de tolérance civile [...] des leçons d'humanité et [...] le désir de rendre utiles aux hommes les plaisirs de l'imagination'. He went on to say:

[66] This criticism might be compared to that of Collé, himself generally hostile to Voltaire, who comments (*Correspondance inédite*, p.463): 'On trouvera dans peu de tragédies un dénoûment aussi beau et aussi satisfaisant que celui-ci. Il est pris dans le fond même du sujet et dans le caractère du héros de la pièce, qui est un chrétien'. Collé goes on to praise Voltaire for this 'pathétique et heureux dénoûment'.

[67] In both the *Lycée* (1840), ii.272-83, and in the *Commentaire sur le théâtre de Voltaire* (Paris 1814), p.151-70. According to the publisher (p.viii-ix), Voltaire had a manuscript copy of the *Commentaire* at Ferney, in which he made only minimal marginal notes; but he did not incorporate La Harpe's suggestions in the later editions of the plays.

L'objet principal d'*Alzire* est [...] de faire voir que [l'esprit philosophique] est le complément et la perfection de [l'esprit du christianisme], et a de plus l'avantage inestimable de donner à la vérité, dans un autre ordre de choses, un fondement et une sanction qu'elle ne peut avoir ici-bas. Le dénoûment de la pièce est le triomphe de la religion; le caractère de la religion en est le modèle.[68]

So far as the surprise conversion of Gusman at the end of the play is concerned, La Harpe could find only good things to say:

L'empire que prend sur nous la religion, au moment où la mort ouvre devant nous l'avenir, lui a permis de déroger à la loi générale, qui ordonne qu'un caractère soit le même à la fin de la pièce qu'il était au commencement. [...] Les paroles mémorables du duc de Guise à ce protestant qui voulut l'assassiner au siège de Rouen ne pouvaient être plus heureusement placées ni mises en plus beaux vers.[69]

Voltaire himself could not have put it better. It should be noted that whereas the *Commentaire*, upon which the *Lycée* was based, was written by the 'pre-conversion' La Harpe, the *Lycée* was published after his conversion. Despite the evolution in his religious and philosophic outlook La Harpe continued to see the moral and religious values of *Alzire* in the same favourable light as during his days as a *philosophe*. La Harpe's praise extends to the versification, to Alzire's philosophising, to local colour, and to the contrast of European and Peruvian *mœurs*.

The defects in *Alzire*, he says, are discovered only on reflection – after a performance, that is, but not during it (ii.281). Voltaire could allow the 'invraisemblances' to remain because (ii.282):

au théâtre les situations sont si fortes et si attachantes, que l'on ne songe guère à examiner comment elles sont amenées. Les acteurs pensent et parlent si bien dès qu'ils sont sur la scène, que l'on oublie tout le reste; et le cœur est si ému, que la raison n'a pas le temps de faire une objection.

After its initial run *Alzire* continued to be performed regularly

[68] *Lycée* (1840), ii.273.
[69] *Lycée* (1840), ii.280.

throughout the eighteenth and into the nineteenth century. As noted above, it had a total of over 300 performances at the Comédie-Française. It was also shown outside France. In 1760, for instance, Louise Dorothea of Meiningen, duchess of Saxe-Gotha, was planning to stage *Alzire* and asked Voltaire for advice on costume (D8691). His response (D8709) suggests that, despite his knowledge of historical events, he was unfamiliar with the dress of the Incas. Nevertheless his Indians were very colourful and made quite a contrast with the Spaniards. Specifically, he recommended

une espèce d'habit à la romaine pour Zamore et ses suivants, le corselet orné d'un soleil, et des plumes pendantes aux lambrequins, un petit casque garni de plumes qui ne soit pas un casque ordinaire. [...]
Si on peut avoir pour Alzire une juppe garnie de plumes par devant, une mante qui descende des épaules et qui traîne, la coeffure en cheveux, des poinçons de diamant dans les boucles, voylà la toilette finie. Pour Alvares et son fils, le mieux serait l'ancien habit à l'espagnole, la veste courte et serrée, la golille, le manteau noir doublé de satin couleur de feu, les bas couleur de feu, le plumet de même. Monteze vêtu comme les américains.

It might be said in Voltaire's defence that at least he tried to do something to create an illusion of exotic dress. Local colour was practically non-existent on the French stage before his time. Indeed the false local colour created by these costumes contrasts sharply with the accuracy of the historical facts that are in other ways a strong feature of the play.

5. *Manuscripts and editions*[70]

No original manuscripts of *Alzire* appear to have survived, apart from a single leaf in a secretarial hand with holograph additions, giving the text of IV.166a-182 and V.53-68, the latter with variants.

[70] This section was compiled by Andrew Brown.

This manuscript, at the Bibliothèque historique de la ville de Paris (MS Rés.2025, f.1) is referred to in the critical apparatus as MS1 and is reproduced below, p.103.

A copy by Lekain of the role of Zamore, made in the early 1750s, is preserved at the Comédie-Française (Ms. 20014 (4); our siglum is MS2). It offers variants at II.3, 12, 17, 30, 66, 97, 111, 154, 168, 176, 194, 206, 226, 266, 274, 287, 288; III.84-85, 114, 247-250; IV.168, 169; V.75, 162, 171, 202-204 and 256.

The Institut et musée Voltaire holds an old copy made from a collected edition of Voltaire's works (MSV5, p.85-172). The manuscript of Voltaire's 'Plan' of *Alzire* is probably in private hands: see appendix (p.205-10).

The first edition of *Alzire* (36P1) was printed in Paris and published there by Jean-Baptiste-Claude Bauche, with or without one of the two versions of the 'Epître' to Mme Du Châtelet (E36A, E36C). A second Bauche edition, with revisions, appeared in the same year (36P2); there were also two English printings (36L1, 36L2) and four printings of unknown orgin (36X1-4), all based on 36P1.[71] The text of 36P2 was further revised by Voltaire for the Amsterdam edition (36AM), which served as a basis, with emendations, for the Amsterdam *Œuvres* of 1738 (w38). Subsequent editions revised by Voltaire are w42, w46, w48D, w51, w56 and w75G. The latter provides the base text for the present edition.

36P1

ALZIRE, / *OU* / LES AMERICAINS. / *TRAGEDIE* / *de M*. DE VOLTAIRE. / Reprefentée à Paris pour la premiere fois / le 27 Janvier 1736. / Errer eft d'un mortel, pardonner eft divin. / Duren. trad. de Pope. / Le

---

[71] Five 1736 editions of *Alzire* are listed by Theodore Besterman, 'Some eighteenth-century Voltaire editions unknown to Bengesco', *Studies* 111 (1973), p.30-31. The nature of the descriptions given and the presence of at least two misprints in his text makes it difficult to match these five entries with the actual books, now in the library of the Taylor Institution. After weighing various possibilities, it is our view that Besterman numbers 34, 35, 36 and 39 all refer to different copies of the same edition, 36L2, with or without the 'Epître'. Number 37 is certainly a copy of 36L1.

prix eſt de trente ſols. / [*woodcut, 62 x 37 mm*] / A PARIS, / Chez JEAN-BAPTISTE-CLAUDE BAUCHE, / près les Auguſtins, à la deſcente du Pont-Neuf, / à S. Jean dans le Deſert. / [*rule, 66 mm*] / M. DCC. XXXVI. / *AVEC PRIVILEGE DU ROY.* /

8°. sig. π^4 (– π2-3) a⁴ ã⁴ π3 A-E⁸ (– C6, + π2); pag. [*12*] viij [*2*] 79 [80]; $4 signed, roman (– ã3-4); sheet catchwords.

[*1*] title; [*2*] 'On trouve chez le même libraire […]'; [*3-4*] Privilège; [*5-12*] A madame la marquise Du Chastelet; [i]-viij Discours préliminaire; [*1*] Errata; [*2*] Personnages; [1]-79 Alzire, ou les Américains, tragédie; [80] Approbation.

The collation given above is partly notional, since most of the surviving copies of this, the first edition of *Alzire*, differ in the presentation of the preliminary pages. The title and the 'Privilège' were certainly conjugate (π1, π4); the leaf with the errata and list of characters (π3) was printed with the cancel for C6 (π2); these four leaves together appear to have formed a single section (π^4). The 'Epître' to Mme Du Châtelet (a⁴) may precede or follow the 'Discours' (ã⁴), or may be absent; there were at least three different separate printings of the 'Epître', two of which (E36A, E36B) differ substantially from the traditional text. The last item of the errata (for p.78) was corrected on the press and some copies therefore have 'vertu!' in place of the erroneous 'vertus!'. Most copies were signed by Bauche on p.[1].

Variants from the base text in the 'Discours' occur at: l.10, 11, 20, 21, 37, 42, 59-60, 70, n.*a*, 85, 93-94, 95, 101, 112, 113-114 and 117-118; and in the play at: I.2, 7, 10, n.*a*, 14, n.*b*, 16, 21, 50, n.*c*, 75, 79, 95, 99, 100, 104, 105, 126, 145, 162, 191-192, 197, 211, 231, 287, 288, 319; II.66, 97, 156, 218, 261; III. 64, 103, 127-128, n.*a*, 216, 260; IV.71, 109, 155, 167, 168, 182; V.19, 21, 29, 58, 59-62 and 256a.

Bn: 8° Yth 463 (π^4 intact as printed; C6 not cancelled; the 'Epître' is E36C); – 8° Yth 464 (lacks the 'Epître' and π3); – 8° Yth 466 (uncut copy; lacks the 'Epître'); – Rés. Z Beuchot 77 (the 'Epître' is E36C); – Rés. Z Beuchot 92 (lacks the 'Epître'); – Rés. Z Bengesco 41 (lacks π4; the 'Epître' is E36A); ImV: D Alzire 1736 / 1 (the 'Epître' is E36B); Taylor: V3 A5 1736 (2) (the 'Epître' is E36C).

E36A

The first printing of the 'Epître', of which only one copy is known. The headpiece on the first page measures 86 x 25 mm (it is the same as that which appears on p.[1] of 36P2); line 3 reads 'DU CHATELET.'; the collation is ã⁴; there is no 'Approbation'. The text varies from that of E36C at l.7, 19, 23, 43-44, 46, 48, 54, 56, 57-58, 59-60, 69-70, 73-74, 75, 81, 93, 94, 102, 103, 106, 112-113, 114-115, 133, 134 and 135.

Bn: Rés. Z Bengesco 41 (see above, 36P1).

E36B

This edition was printed in England by Woodfall, who was also responsible for 36L2 (see Keith I. Maslen, 'Some early editions of Voltaire printed in London', *The Library*, 5th ser., 14 (1959), p.291) and is found in association with copies of 36P1 and 36L1. The unframed headpiece measures 73 x 23 mm; line 3 reads 'DU CHATELET.'; the collation is a⁴; there is no 'Approbation'; the text is that of E36A. On this printing, see Charles Wirz, 'L'Institut et musée Voltaire en 1983', *Genava* n.s. 32 (1984), p.179.

For copies, see 36P1 and 36L1.

E36C

The final 1736 version of the 'Epître', printed in France and found in association with copies of 36P1. The headpiece measures 85 x 26 mm; line 3 reads 'DU CHASTELET.'; the collation is ã⁴; the 'Approbation' appears on the last page.

The text varies from that of the base text at l.19, 31, 48, 54, 56, 64, 65, 68, 69-70, 75, n.*a*, 101, n.*b*, 103, 129 and 141.

For copies, see 36P1.

36P2

ALZIRE, / *OU* / LES AMERICAINS. / *TRAGEDIE* / *de M*. DE VOL-TAIRE. / Repréſentée à Paris pour la premiere fois / le 27 Janvier 1736. / Errer eſt d'un mortel, pardonner eſt divin. / Duren. trad. de Pope. / Le prix eſt de trente ſols. / [*woodcut, 62 x 37 mm*] / A PARIS, / Chez JEAN-BAPTISTE-CLAUDE BAUCHE, / près les Auguſtins, à la deſcente du Pont-Neuf, / à S. Jean dans le Deſert. / [*rule, 76 mm*] / M. DCC. XXXVI. / *AVEC PRIVILEGE DU ROY.* /

8°. sig. π1 ã⁸ A-E⁸; pag. [*10*] vij [viii] 80; $4 signed, roman; sheet catchwords (– ã).

[*1*] title; [*2*] 'On trouve chez le même libraire [...]'; [*3-10*] A madame la marquise Du Chastelet; [i]-vij Discours préliminaire; [viii] Personnages; [1]-80 Alzire, ou les Américains, tragédie; 80 Approbation (and imprint, 'De l'Imprimerie de Joseph Bullot').

The title may be distinguished from that of 36P1 by the longer rule and by the use of a normal italic *U* in line 2, rather than the swash *U* found in 36P1.

The text is based on that of E36C and 36P1, with revisions to the 'Epître' at l.19 and 69-70; to the 'Discours' at l.93-94 and 95; and to the play at I.7, 10, 50, 95, 99, 104, 105, 145, 162, 191-192, 231, 288; II.67, 97, 156; IV.71, 109 and V.173.

Bn: Rés. Z Bengesco 42; Arsenal: 8° GD 4941; Taylor: V3 A5 1736 (1).

36L1

ALZIRE, / *OU* / LES AMERICAINS. / *TRAGEDIE* / *de M.* DE VOLTAIRE. / Repreſentée à Paris pour la premiere / fois le 27 Janvier, 1736. / Errer eſt d'un mortel, pardonner eſt divin. / Duren. trad. de Pope. / Le prix eſt de trente ſols. / [*woodcut, face in cartouche surmounted by bird, 50 x 34 mm*] / A PARIS, / Chez JEAN-BAPTISTE-CLAUDE BAUCHE, / près les Auguſtins, à la deſcente du Pont-Neuf, / à S. Jean dans le Deſert. / [*rule, 53 mm*] / M. DCC. XXXVI. / *AVEC PRIVILEGE DU ROI.* /

8°. sig. a⁸ A-E⁸; pag. [*6*] viij [ix-x] 79 [80]; $4 signed, roman (sigs a, A-B), arabic (sigs C-E) (– a1-3, B2; a4 signed 'a', a5 'aiij'); sheet catchwords.

[1-2] blank; [*3*] title; [*4*] 'On trouve chez le même libraire [...]'; [*5-6*] Privilège du roi; [i]-viij Discours préliminaire; [ix] Errata; [x] Personnages; [1]-79 Alzire, ou les Américains, tragédie; [80] Approbation.

An English edition, with press figures: '1' on A7*v*, '4' on A8*v* and B6*v*; the Bodleian copy also has '4' on a5*r* and '1' on a5*v*.

According to Maslen, p.291, sheets a, A and B of this edition were printed by Bowyer.

The text follows 36P1.

ImV: D Alzire 1736 / 2; – D Alzire 1736 / 2w; Taylor: V3 A5 1736 (4); – V3 A5 1736 (5) (uncut); Bodleian: G Pamph. 4 (4) (uncut); Jean-Daniel Candaux, Geneva (with copy of E36B loosely inserted).

36L2

ALZIRE, / *OU* / LES AMERICAINS, / *TRAGEDIE* / *de M.* DE VOL-
TAIRE. / Reprefentée à Paris pour la premiere fois / le 27 Janvier 1736. /
Errer eft d'un mortel, pardonner eft divin. / Duren. trad. de Pope. / La
[*sic*] prix eft de trente fols. / [*woodcut, floral design with two birds, 45 x
25 mm*] / A PARIS / Chez JEAN-BAPTISTE-CLAUDE BAUCHE, / près les
Auguftins, à la defcente du Pont-Neuf, / à S. Jean dans le Defert. / [*rule,
86 mm*] / M. DCC. XXXVI. / *AVEC PRIVILEGE DU ROY.* /

8°. sig. π^2 a^4 ^{1}a^4 A-E^8; pag. [*12*] vij [viii] 79 [80]; $4 signed, roman (–
a3-4, 1a3-4); sheet catchwords.

[*1*] title; [*2*] 'On trouve chez le même libraire [...]'; [*3-4*] Privilège
du roy; [*5-12*] A madame la marquise Du Chatelet; [i]-vij Discours
préliminaire; [viii] Personnages; [1]-79 Alzire, ou les Américains, tragédie; [80] Approbation.

An English edition, with press figures: '1' on B5v, C7r, D8r; '2' on A7r;
'3' on D8v; '4' on B8v. The pierced initial on the first page of the 'Epître'
is the same as that found in E36B, which Maslen attributes firmly to the
printer Woodfall.

The text follows 36P1, as corrected by the errata.

ImV: D Alzire 1736 / 3; Taylor: V3 A5 1736 (3); – V3 A5 1736 (6) (lacks
a^4, the 'Epître'); – V3 A5 1736 (7) (lacks a^4); – V3 A5 1736 (8) (uncut;
lacks a^4).

36AM

ALZIRE, / OU LES / AMÉRICAINS, / *TRAGÉDIE* / DE / M. DE VOL-
TAIRE, / Reprefentée pour la premiere fois le 27. / Janvier 1736. / *Errer
eft d'un mortel, pardonner eft divin.* / DUREN. trad. de POPE. / [*intaglio
engraving, motto* 'Serere ne dubites' *for Desbordes and* 'L'espérance me
guide' *for Ledet*] / *A AMSTERDAM,* / Chez JAQUES DESBORDES.
[*or* Chez ETIENNE LEDET, & COMPAGNIE.] / M. DCC. XXXVI. /
Avec Privilège. / [*lines 1, 3, 6 and 12 in red*]

8°. sig. *^{8} **^{8} A-F^8 (– A1; F8 blank); pag. XXVII [xxviii-xxxii] 3-93
[94]; $5 signed, arabic (– *1); page catchwords.

[i] title; [ii] blank; [iii]-XV A madame la marquise Du Chatelet; [xvi]-
XXVII Discours préliminaire; [xxviii-xxxi] Privilegie; [xxxii] Acteurs; 3-
93 Alzire, ou les Américains, tragédie; [94] Corrections.

As first printed, this edition consisted solely of A-F⁸; A1*r* was the title 'ALZIRE, / OU LES / AMERICAINS, / *TRAGEDIE* / DE / M. DE VOLTAIRE, / Reprefentée pour la premiere fois le 27. / Janvier 1736. / *A AMSTERDAM*, / Chez ETIENNE LEDET, & COMPAGNIE. / M. DCC. XXXVI.' with 'Acteurs' on the verso. Only one copy is known (ImV: D Alzire 1736 / 4; lacks F8, blank) and it is not clear if the edition was formally published in this form.

The final version is also found with a woodcut (56 x 44 mm, the same as that on p.21 of the edition) in place of the engraving, followed by the imprint '*A LONDRES*, / Chez CHARLES HOGUEL, & COMPAGNIE. / Libraires dans le Strand, à l'Enfeigne de / Juvenal. M. DCC. XXXVI.' (Austin). The word 'Juvenal.' is indeed on the same line as the date.

The text follows that of 36P2, with the following exceptions: the 'Epître', l.48, 54, 56 and 140; the 'Discours', l.59-60 and 117; the play, I.2, n.*a* and *b*, 21, n.c, 75, 100, 126, 171, 211, 287, 319, 326; II.66, III.64, IV.109, 182 and v.173.

Bn: 16° Yf 332 (3) (Ledet; uncut copy); – Rés. Z Beuchot 93 (Desbordes; large paper copy; F8 absent; *5 signed '5'); ImV: D Alzire 1736 / 4 (see above); Taylor: V3 A5 1736 (9) (Desbordes); – V3 A5 1736 (10) (Ledet); Austin: PQ 2077 A5 1736 f (Hoguel).

36XI

ALZIRE, / OU / LES AMERICAINS, / *TRAGEDIE* / *De Mr.* DE VOLTAIRE. / Reprefentée à Paris pour la premiere fois / le 27. Janvier 1736. / *Errer eft d'un Mortel, pardonner eft Divin.* / Duren. trad. de Pope. / [*woodcut, 41 x 30 mm*] / A PARIS, / Chez JEAN-BAPTISTE-CLAUDE BAUCHE, / près les Auguftins, à la defcente du Pont-Neuf, / à S. Jean dans le Défert. / [*rule, 70 mm*] / M. DCC. XXXVI. / *Avec Approbation & Privilége du Roi.* /

8°. sig. K2 π⁴ B-I⁴ K1; pag. [2] 74; $1 signed (– K2; + I2, signed 'Iij'); only catchword on B4*v*.

[*1*] title; [2] blank; j-vij Discours préliminaire; [8] Personnages; [9]-79 Alzire, ou les Américains, tragédie.

A French edition, probably provincial, based on 36P1. Sig. K acts as a wrap-around cover.

The copy listed is followed by *Les Sauvages, parodie de la tragédie d'Alzire* (Paris 1736), produced by the same printer.

Arsenal: Rf 14276 (1).

36x2

ALZIRE / *OU* / LES AMERICAINS. / *TRAGEDIE* / *de M.* DE VOL-TAIRE. / Repreſentée à Paris pour la premiere / fois le 27. Janvier 1736. / *Errer eſt d'un mortel, pardonner eſt divin.* / *Duren trad. de Pope.* / [*woodcut, 49 x 36 mm*] / A AMSTERDAM, / *AUX DEPENS DE LA COMPAGNIE.* / M. DCC. XXXVI. /

12°. sig. ã⁸ A-F⁴,⁸ G⁴; pag. [*16*] '96'[=80] (p.33-80 misnumbered '49' through '96' except that p.51 is numbered '21'); sig. ã 4 signed, roman (− ã1); sigs A-G $2,4 signed, roman; sheet catchwords.

[*1*] title; [2] blank; [*3-9*] A madame la marquise Du Chastelet; [*10-15*] Discours préliminaire; [*15*] Approbation; [*16*] Personnages; [1]-'96'[=80] Alzire ou les Américains, tragédie.

BnC 717 is no doubt correct to attribute this edition to Rouen.

It follows the cancelled text of 36P1, but with the errata corrected; that for l.197 has been misunderstood, giving 'Ainsi que le Perou, le Potose, Alzire est sa conquête'.

Bn: Rés. Z Beuchot 94.

36x3

ALZIRE, / *OU* / LES AMERICAINS, / *TRAGEDIE* / *de M.* DE VOL-TAIRE. / Repréſentée à Paris pour la premiere fois / le 27. Janvier 1736. / Errer eſt d'un mortel, pardonner eſt divin. / *Duren. trad. de Pope.* / *Avec la Parodie,* / *De Meſſieurs* ROMAGNESI & RICCOBONI. / [*type ornament*] / A AMSTERDAM, / Chez J. RYCKHOF, Fils, Libraire. / [*rule, 48 mm*] / M. DCC. XXXVI. /

12°. sig. π⁴ A-F⁸,⁴; pag. [2] v [vi] 72; $4,2 signed, arabic; sheet catchwords.

[*1*] title; [2] blank; [i]-v Discours préliminaire; [vi] Personnages; [1]-72 Alzire, ou les Américains, tragédie.

The text follows the cancelled text of 36P1, but with the errata corrected.

The parody announced on the title is a separate edition of *Les Sauvages* in 39 pages, with the same imprint and date.

Bn: 8°. Yth 20532; Arsenal: Rf 14278.

36x4

ALZIRE, / *OU* / LES AMERICAINS. / *TRAGEDIE* / *de M*. DE VOLTAIRE, / Reprefentée à Paris pour la premiere / fois le 27. Janvier 1736. / Errer eft d'un mortel, pardonner eft divin. / *Duren. trad. de Pope*. / Le prix eft de trente fols. / [*woodcut, 40 x 30 mm*] / A LONDRES. / [*rule, 59 mm*] / M. DCC. XXXVI. /

12°. sig. ã⁶ A-C⁶ [D⁶] E-M⁴,²; pag. [2] viij [ix-x] '96'[=84] (p.69 not numbered; p.37-84 numbered '49' through '96'); $2 signed, roman (– ã1, C2, F2, H2, K2, M2; + A3-4, B3, C3 signed 'C3'; ã2 signed 'ã', B2 'B2'); sheet catchwords (– ã, B, C).

[*1*] title; [*2*] blank; [i]-viij Discours préliminaire; [ix] Vers de l'auteur de Ver-Vert sur Alzire, tragédie de M. de Voltaire; [x] Personnages; [1]-'96'[=84] Alzire, ou les Américains, tragédie.

This edition follows the cancelled text of 36P1, with the errata corrected. It offers the same misreading of the errata for I.197 as 36X2.

Robert L. Dawson, Texas.

W37

OEUVRES / DE MONSIEUR / DE / VOLTAIRE. / SUIVANT LA / NOUVELLE EDITION / D'AMSTERDAM de 1733. / *Revuë, corrigée & augmentée par l'Auteur*. / TOME TROISIEME. / [*woodcut, 65 x 45 mm*] / A BASLE. / [*rule, 86 mm*] / Chez JEAN BRANDMULLER & FILS. / M. DCC. XXXVII. / [*lines 1, 4, 9 and 11 in red*]

8°. sig. π1 A-Y⁸ Z⁶; pag. [2] 364 (p.86 numbered '160'); $5 signed, arabic (– A1, O1, V5; E4 signed 'B4'); direction line '*Tome III.*' (– A, O); page catchwords.

[*1*] title; [*2*] blank; [1]-208 other texts; [209] O1*r* 'ALZIRE, / OU LES / AMERICAINS, / *TRAGEDIE*. / DE MONSIEUR / DE / VOLTAIRE, / Repréfentée pour la prémière fois le 27. Jan- / vier 1736. / *Errer eft d'un mortel, pardonner eft divin*. / DUREN. trad de POPE. / [*woodcut, 38 x 28 mm*] / A BASLE. / [*rule, 86 mm*] / M. DCC. XXXVII.'; [210] blank; [211]-217

A madame la marquise Du Chastelet; [218]-223 Discours préliminaire; 224 Acteurs; [225]-312 Alzire, ou les Américains, tragédie; [313]-364 Le Temple du goût.

The text of *Alzire* is based upon 36AM.

Stockholm: Litt. fransk.

w38

OEUVRES / DE / M. DE VOLTAIRE. / Nouvelle Edition, / *Revue, corrigée & confidérablement augmentée, / avec des Figures en Taille-douce. / TOME TROISIÈME.* / [*intaglio engraving*] / A AMSTERDAM, / Chez JAQUES DESBORDES. [*or* Chez ETIENNE LEDET & Compagnie.] / M. DCC. XXXVIII. [*or* M. DCC. XXXIX.] / [*lines 1, 3, 7 and 9 in red*]

8°. sig. *² A-Aa⁸ Bb⁸ (– Bb2.7 = D3, D2 of volume 2; – Bb3.6 = F1, F2); pag. [*4*] XIX [xx] 372 (p.335 numbered '333' in some copies); $5 signed, arabic (– *1, Bb4); no volume indication in direction line; page catchwords (p.[*4*] 'AVER-').

[*1*] title; [2] blank; [*3-4*] Pièces contenues dans le tome III; [i]-[xx], [1]-114 Zaïre; [115] I4r 'L'ALZIRE, / OU LES / AMÉRICAINS, / *TRAGÉDIE.* / I4'; [116] blank; [117]-124 A madame la marquise Du Chastelet; [125]-131 Discours préliminaire; [132] Acteurs; [133]-228 Alzire, ou les Américains, tragédie; [229]-372 other texts.

The text of *Alzire* was revised by Voltaire for this edition and it differs from 36AM as follows: 'Epître', n.a, 103, 106; 'Discours', 117; the play, I.35-36, 64, 171, 254; II.218; III.64, 216, 260; IV. 109; v.19, 58, 59-62 and 256a. In the Hénault copy, line I.254 has been added by hand, II.67 corrected to read 'destin' and IV.59-62 deleted in pencil.

Bn: Rés. Z Beuchot 4 (3) (Ledet, 1738; Hénault's copy, with manuscript corrections made by or for Voltaire); Ye 9213 (Ledet, 1738); Taylor: V1 1739 (Desbordes, 1739).

w39

OEUVRES / DE / M. VOLTAIRE, / *CONTENANT* / ALZIRE, LA MORT DE CESAR, / et Lettres Angloises. / *Nouvelle Edition, revûë, corrigée, & enrichie de / Figures en Taille-douce.* / [*intaglio engraving, motto* 'NON MORUNT HAEC MONUMENTA MORI', *plate size 63 x 54 mm*] / A AMSTER-

DAM, / *AUX DE'PENS DE LA COMPAGNIE.* / M. DCC. XXXIX. / [*lines 1, 3, 5, 9 and 11 in red*]

8°. sig. π1 A-I⁸ K⁴; pag. [2] 152 (p.139 numbered '339'); \$4 signed, arabic (− A1, K3-4); sheet catchwords.

[*1*] title; [2] blank; [1] A1*r* 'ALZIRE / *OU* / LES AMERICAINS, / *TRA-GEDIE.*'; [2] blank; 3-9 A madame la marquise Du Chastelet; 10-15 Discours préliminaire; 16 Personnages; 17-88 Alzire ou les Américains, tragédie; [89]-152 La Mort de César, tragédie.

An edition based upon w38.

Bn: Rés. Z Bengesco 470 (3).

w40

OEUVRES / DE / Mᴿ. DE VOLTAIRE. / Nᴏᴜᴠᴇʟʟᴇ Eᴅɪᴛɪᴏɴ, / *Revuë, corrigée & confidérablement augmentée / avec des Figures en Taille-douce.* / TOME TROISIE'ME. / [*intaglio engraving, motto* 'SERERE NE DUBI-TES'] / A AMSTERDAM, / Aux Dépens de la Compagnie. / M. DCC. XL. / [*lines 1, 3, 7 and 9 in red*]

12°. sig. π1 A-P¹² Q²; pag. 'XVIII'[=xix] [xx] 343 (p.88 numbered 86, 237 '137'); \$6 signed, arabic (− I5, Q2; O3 signed 'N3', O5 'N5'); direction line '*Tome III.*' (sig. C '*Tome II.*'); sheet catchwords.

[*1*] title; [2] blank; [i-ii] Pièces contenues dans le tome III; [iii]-[xx], [1]-114 Zaïre; [115] F8*r* 'L'ALZIRE, / OU LES / AMÉRICAINS, / *TRAGÉ-DIE.*'; [116] blank; [117]-124 A madame la marquise Du Chastelet; 125-131 Discours préliminaire; [132] Acteurs; 133-216 Alzire, ou les Américains, tragédie; [217]-343 other texts.

Based on w38.

Arsenal: 8° BL 34045 (3).

w41c

ŒUVRES / DE / M. DE VOLTAIRE. / NOUVELLE EDITION, / *Revûe, corrigée & confidérablement / augmentée, avec des Figures en / Taille-douce.* / TOME TROISIEME. / [*typographic ornament*] / A AMSTERDAM, / Aux dépens de la Compagnie. / MDCCXLII. /

[*half-title*] ŒUVRES / DE / M. DE VOLTAIRE. / TOME TROISIE'-ME. /

12°. sig. π^2 A-O^{12}; pag. [4] 314 22; \$6 signed, arabic (O2 signed '*', O3 '*2', O4 '*3', O5 '*4', O6 '*5'); direction line 'Tome III.' (sig. E 'ome III.'); sheet catchwords.

[1] half-title; [2] blank; [3] title; [4] blank; 1 Pièces contenues dans le tome III; 2-106 Zaïre; [107] E6r 'L'ALZIRE, / OU LES / AMERICAINS, / TRAGÉDIE. / E6'; [108] blank; [109]-118 A madame la marquise Du Chastelet; [119]-123 Discours préliminaire; 124 Acteurs; 125-202 Alzire, ou les Américains, tragédie; [203]-314, [1]-22 other texts.

This edition, based mainly upon w38 but containing a number of spurious or unauthorised texts, was suppressed at Voltaire's request. After the addition of errata and the substitution of cancels it was reissued in 1742, with Voltaire's approval: see below, w42.

Bn: Rés. Z Bengesco 471 (3).

w41R

OEUVRES / DE / M^R. DE VOLTAIRE. / Nouvelle Edition, / Revuë, corrigée & confidérablement augmentée, / avec des Figures en Taille-douce. / TOME TROISIE'ME. / [intaglio engraving] / A AMSTERDAM, / Aux Dépens de la Compagnie. / M. DCC. XLI. / [lines 1, 3, 7 and 9 in red]

12°. sig. $\pi 1$ A-P^{12} Q^2; pag. [2] XX 344 (p.54 numbered '4', 265 '165', 297 '197'); \$6 signed, arabic (– Q2); direction line 'Tome III.'; page catchwords.

[1] title; [2] blank; I-II Pièces contenues dans le tome III; III-XX, 1-144 1-114 Zaïre; [115] F8r 'L'ALZIRE, / OU LES / AMÉRICAINS, / TRAGE'DIE.'; [116] blank; 117-124 A madame la marquise Du Chastelet; 125-131 Discours préliminaire; 132 Acteurs; 133-216 Alzire, ou les Américains, tragédie; [217]-344 other texts.

Another edition based upon w38.

Bn: Rés. Z Beuchot 6 (2,1).

w42

[engraved title] ŒUVRES / MÉLÉES DE M^R. / de Voltaire / Nouvelle Edition / Revûe / sur toutes les précedentes / et Confidérablement / Augmentée. / Tome III. / A Geneve / Chez Bousquet / 1742. /

12°. sig. $\pi 1$ A-N^{12} O^2 (± A1, F9, H6); pag. [2] 314 [315-316] (p.295

numbered '195'); $6 signed, arabic (– O2; A1 signed 'A*', F9 'Tome III. *', H6 'Tome III. M6*'); direction line 'Tome III.'; sheet catchwords.

[1] title; [2] blank; 1 Pièces contenues dans le tome III; 2-106 19-106 Zaïre; [107] E6r 'L'ALZIRE, / OU LES / AMERICAINS, / TRAGÉDIE. / E6'; [108] blank; [109]-118 A madame la marquise Du Chastelet; [119]-123 Discours préliminaire; 124 Acteurs; 125-202 Alzire, ou les Américains, tragédie; [203]-314 other texts; [315-316] Errata du troisième volume.

A reissue, with cancels, of the sheets of w41C. The cancel at F9 restores I.254 while that at H6 provides new readings at IV.93-94 and 95-98. The second of these readings makes doubtful sense, given the absence of the name of Alzire.

The Stockholm copy carries manuscript corrections by Voltaire on p.141, 148 and 162, for I.326, II.120 and III.62.

Bn: Rés. Z Beuchot 51; – Z 2456; Stockholm: Litt. fr. (presented by Voltaire to Louisa Ulrica).

W43

OEUVRES / DE / M^R. DE VOLTAIRE. / Nouvelle Édition, / Revue, corrigée & confidérablement augmentée, / avec des Figures en Tailles-douces. / TOME TROISIEME. / [woodcut] / A AMSTERDAM et A LEIPZIG, / Chez ARKSTÉE et MERKUS. / MDCCXLIII. / [in red and black]

8°. sig. *² A-Aa⁸ Bb⁸ (– Bb2.7 = D3, D2 of volume 2; – Bb3.6 = F1, F2); pag. [4] XIX [xx] 372; $5 signed, arabic (– *1); page catchwords.

[1] title; [2] blank; [3-4] Pièces contenues dans le tome III; [i]-[xx], [1]-372 as w38.

A reissue of w38 with new prelims.

Universitäts- und Stadt-Bibliothek, Köln: 1955 G 1260 (lacks X6).

45P

ALZIRE, / OU / LES AMERICAINS, / TRAGEDIE / De Mr. DE VOLTAIRE. / DEUZIE'ME E'DITION. / Errer eft d'un Mortel, pardonner eft Divin. / Duran. Trad. de Pope. / [woodcut, bowl of fruit within floral cartouche, 60 x 39 mm] / A PARIS, / Chez Jean-Baptiste-Claude Bauche, / près les Auguſtins, à la deſcente du Pont-Neuf, / à S. Jean dans le Déſert. / [*triple rule, 59 mm*] / M. DCC. XLV. / *Avec Approbation & Privilége du Roi.* /

8°. sig. A-G⁴ (G4 blank); pag. 54; $1 signed, arabic (– A1; + A2); sheet catchwords.

[1] title; [2] blank; [3]-7 Discours préliminaire; [8] Personnages; [9]-54 Alzire, ou les Américains, tragédie.

Description based upon information kindly supplied by Cynthia Manley.

Austin: PQ 2077 A5 1745.

w46

OEUVRES / DIVERSES / DE MONSIEUR / DE VOLTAIRE. / *NOU- / VELLE EDITION*, / Recueillie avec ſoin, enrichie de Piéces / Curieuſes, & la ſeule qui contienne / ſes véritables Ouvrages. / *Avec Figures en Taille- / Douce.* / TOME TROISIÉME. / [*woodcut, armillary sphere, 28 x 34 mm*] / A LONDRES, / Chez JEAN NOURSE. / M. DCC. XLVI. / [*lines 1, 4, 10 and* 'JEAN NOURSE.' *in red*]

[*half-title*] OEUVRES / DIVERSES / DE MONSIEUR / DE VOL- TAIRE. / [*treble rule, 70 mm*] / *TOME TROISIEME.* /

12°. sig. π² *¹² **⁶ B-X¹² Y⁶ (± M6; Y6 blank); pag. [4] XXXI [xxxii] 492 [493-494] (p.334 numbered '335', 363 '263'); $6 signed, arabic (– **4; **3 signed '**5', **5 'Tome III. A', **6 'A2'); direction line '*Tome III.*' (+ M6 cancel; sig. F 'Tome III.'); page catchwords.

[*1*] half-title; [2] blank; [*3*] title; [*4*] blank; [i]-[xxxii], [1]-94 [1]-94 Zaïre; [95] E1*or* 'ALZIRE, / OU LES / AMERICAINS. / *TRAGEDIE*, / Repreſentée pour la premiere fois / le 27. Janvier 1736.'; [96] blank; [97]-104 A madame la marquise Du Chastelet; [105]-111 Discours préliminaire; [112] Acteurs; [113]-191 Alzire, ou les Américains. Tragé- die; [192] blank; [193]-492 other texts; [493-494] Fautes à corriger.

Voltaire probably had a hand in this edition (see *Lettres philosophiques*, ed. G. Lanson and A. M. Rousseau, Paris 1964, i.xviii). The text of *Alzire* follows the tradition set by w38, with new readings at: 'Epître', l.103 and 106; 'Discours', l.11; the play, 1.254; iii.103; iv.155; v.21, 29 and 160.

Bn: Rés. Z Beuchot 8 (3).

W48D

OEUVRES / DE / M^r. DE VOLTAIRE / *NOUVELLE EDITION* / REVUE, CORRIGÉE / ET CONSIDERABLEMENT AUGMENTÉE / PAR L'AUTEUR / ENRICHIE DE FIGURES EN TAILLE-DOUCE. / *TOME CINQUIEME.* / [*engraving, plate size 81 x 72 mm*] / *A DRESDE 1748.* / CHEZ GEORGE CONRAD WALTHER / LIBRAIRE DU ROI. / *AVEC PRIVILEGE.* / [*lines 1, 3, 5, 7, 9, 11 and 13 in red*]

8°. sig. π^2 A-Gg^8 Hh^4 ($\pm$ V5); pag. [*4*] 488 (p.289 numbered '189'); $5 signed, arabic (– Hh4); direction line 'VOLT. Tom. V.'; page catchwords.

[*1*] title; [*2*] blank; [*3*] Table des pièces contenues dans le tome V; [*4*] blank; [1]-112 Zaïre; [113] H1*r* 'ALZIRE, / OU LES / AMERICAINS. / TRAGEDIE, / *Repréſentée pour la premiere fois le 27. Janvier* / *1736.* / VOLT. Tom. V. H'; [114] blank; 115-120 A madame la marquise Du Chastelet; 121-125 Discours préliminaire; [126] Acteurs; [127]-200 Alzire, ou les Américains. Tragédie; [201]-488 other texts; 488 Fautes à corriger.

An edition produced with Voltaire's participation. *Alzire* follows w46, with new readings at: 'Épître', l.65, 69-70, 75, 103, 106; 'Discours', l.11, 20, 21, 42, 59-60, n.*a*, 113-114, 117-118; the play, I.64, n.*c*, 254, 326; II.67; III.103, n.*a*, 6; IV.155, 167; V.21, 29, 160.

Bn: Rés. Z Beuchot 12 (5); Taylor: V1 1748 (5).

W48R

[COLLECTION / *COMPLETE* / DES ŒUVRES / *de Monsieur* / DE VOLTAIRE, / NOUVELLE ÉDITION, / *Augmentée de ſes dernieres Pieces de Théâtre,* / *& enrichie de 61 Figures en taille-douce.* / TOME TROISIEME. / PREMIÈRE PARTIE. / [*typographic ornament*] / *A AMSTERDAM,* / AUX DÉPENS DE LA COMPAGNIE. / [*thick-thin rule, 48 mm*] / M. DCC. LXIV. /-]

12°. sig. π1 A-T^{12} V^2 (– A10; A9 + *A^6; O11 + *O^2); pag. [*2*] XXX 312 [313-314] *315 315* *31|5 315* 315-440 (p.110 numbered '101'); $6 signed, arabic (– V2; *A1 signed '*Tome III. *A7', *A2 '*A8', *A3 '*A9', *O1 '*Tome III. *O7'); direction line '*Tome III.*'; page catchwords.

[*1*] title; [*2*] blank; [i]-XXX, [1]-114 [1]-114 Zaïre; [115] F8*r* 'L'ALZIRE, / OU LES / AMÉRICAINS, / TRAGÉDIE.'; [116] blank; 117-124 A madame la marquise Du Chastelet; 125-131 Discours préliminaire; 132 Acteurs; [133]-230 Alzire, ou les Américains, tragédie; [231]-440 other texts.

No copy of the original (1748) issue of this edition is known. It was suppressed at Voltaire's request (see D3667, D3677, D3669, D3884), but the sheets reappeared in 1764, under new titles, and with corrections, additions and supplementary volumes. The description given above is that of the 1764 version; the sheets of *Alzire* date from 1748.

Gesamthochschul-bibliothek, Kassel: 1948 C 266 (4).

50B

ALZIRE, / OU LES / AMÉRICAINS, / *TRAGÉDIE* / EN VERS ET EN CINQ ACTES / *De Monſieur* DE VOLTAIRE. / Repréſentée pour la premiére fois le 27. / Janvier 1736. / *Errer eſt d'un mortel, pardonner eſt divin.* / DUREN. trad. de POPE. / [*woodcut, three indians with cargo, 56 x 35 mm*] / A PARIS. / [*rule, 71 mm*] / Et ſe vend à BRUXELLES, / Chez PHILIPPE-JOSEPH LEMMENS, Imprimeur / & Libraire ruë de l'Evêque. 1750. /

8°. sig. A-H⁴; pag. 63; $2 signed, arabic (– A1); sheet catchwords.

[1] title; [2] Acteurs [3]-63 Alzire, ou les Américains, tragédie.

The third of six plays issued under a collective title: 'NOUVEAU / RECUEIL / CHOISI ET MÊLÉ / DES MEILLEURES PIECES / DU / NOUVEAU THEATRE / FRANÇOIS / ET / ITALIEN, / Auſſi de pluſieurs Auteurs Modernes. / TOME V. [*sic, for* 'VI.'] / [*woodcut, as on title of Alzire*] / A PARIS, / [*rule, 72 mm*] / Et ſe vend à BRUXELLES, / Chez PHILIPPE JOSEPH LEMMENS, Imprimeur / & Libraire ruë de l'Evêque. 1749. / [*lines 1, 3, 5, 7, 9, 11, 12 and* 'BRUXELLLES,' *in red*]'; on the verso, Pièces contenues en ce sixième tome.

Arsenal: Rec. 17 VI (3).

W50

LA / HENRIADE / ET AUTRES / OUVRAGES / *DU MÊME AUTEUR.* / NOUVELLE EDITION, / Revuë, corrigée, avec des augmentations conſiderables, / particuliéres & incorporées dans tout ce Recueil, / *Enrichi de* 56. *Figures.* / TOME CINQUIE'ME. / [*woodcut, face in framed sun-burst, 43 x 30 mm*] / A LONDRES, / *AUX DE'PENS DE LA SOCIETE'.* / M. DCC. LI. / [*lines 2, 4, 6, 10, 11 and 13 in red*]

[*half-title*] OEUVRES / DE / MONSIEUR / DE VOLTAIRE. / *TOME CINQUIE'ME.* /

12°. sig. π^2 *^{2} A-L^{12} $^1\pi^2$ M-V^{12} X^4 $^2\pi$1; pag. [8] XXXIV 230 [4] [231-232] 233-453 [454-455] (p.134 numbered '234', 152 '252', 293 '193', 351 '451'); $6 signed, arabic (– *2, X3-4; K3 signed 'K'); direction line 'VOLT. *Tome V.*'; page catchwords.

[1] half-title; [2] blank; [3] title; [4] blank; [5-8] Table des pièces et titres contenus au tome cinquième; [i]-XXXIV, [1]-114 Zaïre; [115] G3r 'ALZIRE, / OU LES / AMÉRICAINS, / *TRAGÉDIE. / Reprefentée pour la premiére fois / le 27. Janvier* 1736. / G3'; [116] blank; 117-124 A madame la marquise Du Chastelet; 125-131 Discours préliminaire; 132 Acteurs; [133]-230 Alzire, ou les Américains, tragédie; [1-4], [231]-453 other texts; [454] blank; [455] Errata du tome V.

There is no evidence that Voltaire was involved in the preparation of this edition.

ImV: A 1751 / 1 (5).

W51

ŒUVRES / DE / M. DE VOLTAIRE. / NOUVELLE EDITION, / Confidérablement augmentée, / *Enrichie de Figures en taille-douce.* / TOME V. / [*typographic ornament*] / [*thick-thin rule, 57 mm*] / M. DCC. LI. / [*thin-thick rule, 57 mm*] / [*lines 1, 3, 5, 7 and 8 in red*]

[*half-title*] ŒUVRES / DE / M. DE VOLTAIRE. /

12°. sig. π^2 A-Ll^{8,4}; pag. [4] 408 (p.232 numbered '32'); $4,2 signed, roman; direction line '*Tome V.*' (sig. V '*Tome V*'); sheet catchwords.

[1]-124 Zaïre; [125] L3r 'ALZIRE, / OU LES / AMÉRICAINS, / *TRAGÉDIE,* / Repréfentée pour la premiére fois / le Vendredi 27. Janvier 1736. / L iij'; [126] blank; [127]-136 A madame la marquise Du Chastelet; [137]-145 Discours préliminaire; [146] Acteurs; [147]-224 Alzire, ou les Américains, tragédie; [225]-408 other texts.

An edition produced in Paris by Michel Lambert, with the collaboration of Voltaire. New readings (some of them unique) are found in 'Discours' at l.113-114 and in the play at II.51, III.178 and V.160.

Taylor: V1 1751 (5).

52V

ALZIRE, / OU / LES AMERICAINS, / TRAGEDIE / *DE M. DE VOL-TAIRE.* / [*woocdut, bowl of flowers, 44 x 37 mm*] / *VIENNE EN AUTRI-*

CHE, / Chez Jean Pierre van Ghelen, / Imprimeur de la Cour de Sa Majefté Imperiale, / & Royale. / [*rule, 77 mm*] / MDCCLII. /

8°. sig. A-E⁸ F⁴ (F4 blank?); pag. 86; $5 signed, arabic (– A1); page catchwords.

[1] title; [2] Personnages; [3]-86 Alzire, ou les Américains, tragédie.

Taylor: V3 A5 1752 (lacks F4, blank?).

w52

OEUVRES / DE / Mʳ DE VOLTAIRE / *NOUVELLE EDITION* / REVUE, CORRIGE'E / ET CONSIDERABLEMENT AUGMEN-TE'E / PAR L'AUTEUR / ENRICHIE DE FIGURES EN TAILLE-DOUCE. / *TOME SEPTIEME.* / [*intaglio engraving, as volume 2*] / *A DRESDE 1752.* / CHEZ GEORGE CONRAD WALTHER / LI-BRAIRE DU ROI. / *AVEC PRIVILEGE.* / [*lines 1, 3, 5, 7, 9, 11 and 13 in red*]

12°. sig. π² A-Nn⁸,⁴ Oo⁴ (± A4); pag. [4] 440 (p.350 numbered '450', 351 '451', 352 '452'; p.158 not numbered); $5,3 signed, arabic (E5 signed 'Ee5'); direction line 'VOLT. Tom. VII.' (+ A4 cancel; M1 '. Tom. VII.'); page catchwords.

[1] title; [2] blank; [3] Table des pieces contenues dans le tome VII; [4] blank; [1]-96 Zaïre; [97] I1r 'ALZIRE, / OU LES / AMERICAINS. / TRAGEDIE. / *Repréſentée pour la premiere fois le / 27. Janvier 1736.* / VOLT. Tom. VII. I *EPI-*'; [98] blank; 99-104 Epître à madame la marquise Du Chastelet; 105-109 Discours préliminaire; [110] Acteurs; [111]-172 Alzire, ou les Américains, tragédie; [173]-440 other texts; 440 Fautes à corriger.

At the foot of p.440, 'Imprimé à Leipsic chez Jean Gottlob Immanuel Breitkopf, 1752.'

A new edition by the publisher of w48D, in a smaller format. Differs from the preceding editions at 'Epître', l.31, 64, 68, 129; 'Discours', l.10, 101, 112, 113-114; II.51, 261; III.178.

Bn: Rés. Z Beuchot 14 (7); Vienna: *38.L.1.

T53

Le Théâtre de M. de Voltaire. Nouvelle édition qui contient un recueil complet de toutes les pièces de théâtre que l'auteur a données jusqu'ici. Amsterdam, chez François-Canut Richoff, près le comptoir de Cologne, 1753.

Only volume 4 of this edition is known, containing *Samson, Pandore, La Prude, Rome sauvée* and *Le Duc de Foix.*

55A

ALZIRE, / OU / LES AMERICAINS, / *TRAGEDIE.* / De M. de VOLTAIRE. / Repréfentée à Munich / en 1755. /

8°. sig. A-E⁸ F⁴; pag. 88; $5 signed, arabic (– A1, E5, F4); page catchwords.

[1] title; [2] Personnages; [3]-88 Alzire ou les Américains, du cuisson [*sic*] tragédie.

One of several plays issued under a collective title: 'LE / THEATRE / BAVAROIS / ou / RECUEIL / DES PLUS / CELEBRES PIECES / DU THEATRE / REPRESENTÉES à MUNIC. / [*rule, 50 mm*] / TOME I. / [*line of type ornaments, 77 mm*] / à *Augsbourg* / Chez MERZ & MAIER. 1755.'

I can offer no explanation for the two extraneous words on p.[3] (see above).

ImV: D Alzire 1755 / 1; Bayerisches Staatsbibliothek, München: Bav. 4010 (XIII,4) (with collective title).

56P

ALZIRE / OU / *LES AMERICAINS,* / TRAGEDIE / *DE M. DE VOLTAIRE,* / *Repréfentée pour la premiere fois par* / les Comédiens Ordinaires du Roi, / le 27. *Janvier 1736.* / Errer eft d'un Mortel, pardonner eft divin. / *Duren. trad. de Pope.* / [*thick-thin rule, 59 mm*] / Le Prix eft de 30 fols. / [*thin-thick rule, 59 mm*] / [*type ornament*] / A PARIS, / Chez DUCHESNE, Libraire, rue S. Jacques, / au-deffous de la Fontaine S. Benoît, / au Temple du Goût. / [*thick-thin rule, 57 mm*] / M. DCC. LVI. / *Avec Approbation & Privilége du Roi.* /

8° and 12°. sig. π² E-H¹²; pag. [4] [97]-192; $6 signed, arabic (– G5); direction line for volume 3; page catchwords.

[1] half-title; [2] Avertissement; [3] title; [4] blank; [97]-106 Epître à

Mme du Châtelet; 107-113 Discours préliminaire; [114] Acteurs; [115]-192 Alzire, ou les Américains, tragédie.

The chain-lines of π^2 are vertical.

This is part of an unknown collected edition, known only through such 'offprints'. Many of the plays in Duchesne's 1764 edition of the theatre were also issued separately and this may be a manifestation of a similar venture. Were the collection limited to the theatre, however, one would normally expect to find *Alzire* in volume 1 or 2, rather than in 3, as is the case here.

Description based upon information kindly supplied by Cynthia Manley.

Austin: PQ 2077 A5 1756.

w56

OUVRAGES / DRAMATIQUES / AVEC / *LES PIECES RELATI-VES A CHACUN.* / TOME SECOND. / [*woodcut, lyre and trumpets, 75 x 62 mm*] / [*thick-thin rule, 57 mm*] / *MDCCLVI.* / [*lines 2, 4 and rule in red*]

[*half-title*] COLLECTION / COMPLETTE / DES / ŒUVRES / *de Mr. de VOLTAIRE,* / PREMIERE EDITION. / *TOME HUITIEME.* /

8°. sig. π^2 A-Cc^8 Dd^6; pag. [4] 428 (p.7 not numbered; p.267 numbered '67'); \$4 signed, arabic; direction line '*Théatre* Tom. II.' (sigs R, Y, Bb '*Theatre* Tom. II.'); page catchwords.

[*1*] half-title; [2] blank; [*3*] title; [*4*] blank; [1]-118 Zaïre; [119] H4*r* 'ALZIRE, / OU LES / AMERICAINS, / *TRAGEDIE,* / *Représentée pour la premiére fois le 27.* / *Janvier* 1736. / H4'; [120] blank; 121-127 Epître à madame la marquise Du Chastelet; 128-133 Discours préliminaire; [134] Acteurs; [135]-210 Alzire, ou les Américains, tragédie; [211]-426 other texts; 427-428 Ouvrages dramatiques contenus dans ce volume: avec les pièces qui sont rélatives à chacun.

The first printing of the Cramer *Collection complette*, produced under Voltaire's supervision, with minor changes to the text of *Alzire* at 1.16 and 79.

Bn: Z 24583.

W57G1

OUVRAGES / DRAMATIQUES / AVEC / *LES PIECES RELATI-VES A CHACUN.* / TOME SECOND. / [*woodcut, globe in cartouche, 86 x 76 mm*] / [*thick-thin rule, 58 mm*] / *MDCCLVII.* / [*lines 2, 4 and rule in red*]

[*half-title*] COLLECTION / COMPLETTE / DES / ŒUVRES / *de Mr. de VOLTAIRE,* / PREMIERE EDITION. / *TOME HUITIEME.* /

8°. sig. π^2 A-Cc^8 Dd^6; pag. [*4*] 428 (p.17 numbered '255'); $4 signed, arabic; direction line '*Théatre* Tom. II.' (sigs A, E, M, S, Z, Dd '*Théâtre* Tom. II.'); page catchwords.

[*1*] half-title; [*2*] blank; [*3*] title; [*4*] blank; [1]-118 Zaïre; [119] H4*r* 'ALZIRE, / OU LES / AMERICAINS, / *TRAGEDIE,* / *Repréfentée pour la premiére fois le 27.* / *Janvier* 1736. / H4 *EPI-*'; [120] blank; 121-127 Epître à madame la marquise Du Chastellet; 128-133 Discours préliminaire; [134] Acteurs; [135]-210 Alzire, ou les Américains, tragédie; [211]-426 other texts; 427-428 Ouvrages dramatiques contenus en ce volume: avec les pièces qui sont rélatives à chacun.

This new edition of w56 may be distinguished from the other 1757 Cramer setting of this volume by the woodcuts: p.16 'a'; p.64 'g'; p.82 'j' (for reproductions, see Voltaire 48, p.105-106).

Leningrad: 11-74; Taylor: V1 1757 8A (lacks π1); Bodleian: 27524 e 81.

W57G2

OUVRAGES / DRAMATIQUES / AVEC / *LES PIECES RELATI-VES A CHACUN.* / TOME SECOND. / [*woodcut, globe in cartouche, 86 x 76 mm*] / [*thick-thin rule, 58 mm*] / *MDCCLVII.* / [*lines 2, 4 and rule in red*]

[*half-title*] COLLECTION / COMPLETTE / DES / ŒUVRES / *de Mr. de VOLTAIRE,* / PREMIERE EDITION. / *TOME HUITIEME.* /

8°. sig. π^2 A-Cc^8 Dd^6; pag. [*4*] 428 (p.322 numbered '332'); $4 signed, arabic; direction line '*Théatre* Tom. II.' (sig. G '*Thèatre* Tom. II.'; sig. Dd '*Théâtre* Tom. II.'); page catchwords.

[*1*] half-title; [*2*] blank; [*3*] title; [*4*] blank; Zaïre; [119] H4*r* 'ALZIRE, / OU LES / AMERICAINS, / *TRAGÉDIE,* / *Repréfentée pour la première fois* / *le 27. Janvier* 1736. / H4 *EPI-*'; [120] blank; 121-127 Epître à

madame la marquise Du Chastelet; 128-133 Discours préliminaire; [134] Acteurs; [135]-210 Alzire, ou les Américains, tragédie; [211]-426 other texts; 427-428 Ouvrages dramatiques contenus en ce volume: avec les pièces qui sont rélatives à chacun.

See the entry next above. Woodcuts in this setting include: p.16 'i'; p.64 'j'; p.82 'g'.

Taylor: V1 1757 8A.

W57P

ŒUVRES / DE / M. DE VOLTAIRE, / SECONDE EDITION / Confidérablement augmentée, / *Enrichie de Figures en taille-douce.* / TOME III. / Contenant fes Piéces de Théâtre. / [*typographic ornament*] / [*thick-thin rule, 57 mm*] / M. DCC. LVII. / [*thin-thick rule, 57 mm* / [*lines 1, 3, 5, 7 and 9 in red*]

[*half-title*] ŒUVRES / DE / M. DE VOLTAIRE. /

12°. sig. π^2 A-Ll^{8,4} Mm^8; pag. [*4*] 423 (p.76 numbered '67', 129 '119', 289 '382', 298 '220'); \$4,2 signed, roman (H3 signed 'Gg iij', I11 'I'); direction line '*Tome III.*'; sheet catchwords.

[*1*] half-title; [*2*] blank; [*3*] title; [*4*] Pièces contenues dans ce volume; [1] A1*r* 'ALZIRE, / OU LES / AMERICAINS, / *TRAGEDIE*, / Repréfentée pour la première fois le 27 / Janvier 1736. / *Tome III.* A'; [2] blank; 3-10 Epître à madame la marquise Du Chastelet; 11-17 Discours préliminaire; 18 Acteurs; [19]-86 Alzire, ou les Américains, tragédie; [87]-423 other texts.

An edition produced in Paris by or for Michel Lambert. The text of the play is based on Lambert's w51, but the prefatory material is based on Cramer's w56.

Bn: Z 24644 (on the title, the 'U' of 'ŒUVRES' inverted).

59P

ALZIRE, / *OU* / LES AMERICAINS, / *TRAGÉDIE* / DE Mr. DE VOL-TAIRE. / NOUVELLE ÉDITION. / [*rule, 80 mm*] / *Errer eft d'un mortel*; *pardonner eft divin.* / Duren. trad. de Pope. / [*rule, 82 mm*] / [*woodcut, bowl of fruit, 38 x 37 mm*] / A PARIS, / Par la Compagnie des Libraires. / [*thick-thin rule, 58 mm*] / M. DCC. LIX. /

8°. sig. π^4 B-G^4; pag. 56; $1 signed (– A1); sheet catchwords (– A).

[1] title; [2] Personnages; iij-vij Discours préliminaire; [9]-56 Alzire, ou les Américains, tragédie.

Taylor: V3 A5 1759.

60A

ALZIRE / *OU LES* / AMÉRICAINS, / *TRAGÉDIE.* / Par M. de VOL-
TAIRE. / *Repréſentée ſur le Théâtre des Comédiens François* / *ordinaires du Roi.* /
[*type ornament*] / A AVIGNON, / Chez *LOUIS CHAMBEAU*, Imprimeur-
Libraire, / près les R. R. P. P. Jéſuites. / [*triple rule, 40 mm*] / M. DCC.
LX. /

8°. sig. A-E^4 F^2; pag. 44; $2 signed, arabic (– A1, F2); sheet catchwords.

[1] title; [2] Acteurs; [3]-44 Alzire, ou les Américains, tragédie.

Bn: 8° Yth 34883; Arsenal: Rf 14280; Austin: PQ 2077 Z3 1763.

60G

ALZIRE / OU / LES AMÉRICAINS, / TRAGEDIE / DE Mr. DE VOL-
TAIRE. / ET / L'ECOLE / DES MERES, / COMEDIE / DE Mr. DE MARI-
VAUX. / *Repréſentées au Théatre de la Cour* / pour / L'ANNIVERSAIRE DE LA
NAISSANCE / DE S.A.S MONSEIGNEUR LE DUC / DE SAXE-GOTHA ET
ALTEN- / BOURG, &c. / [*rule, 56 mm*] / *Le 25. Avril 1760.* / [*thick-thin rule,
composed of six elements, 68 mm*] / A GOTHA / Imprimé par J. CHRISTOFLE
REYHER. /

8°. sig. A-K^8; pag. 157; $5 signed, arabic (– A1); sheet catchwords.

[1] title; [2] blank; [3] A2r 'ALZIRE, / OU / LES AMERICAINS, /
TRAGEDIE. / A2'; [4] Acteurs [with the names of the actors]; [5]-96
Alzire, ou les Américains, tragédie; [97]-157 L'Ecole des mères, comédie.

ImV: D Alzire 1760 / 1 (lacks K8).

RP62

*Recueil de pieces diverses en prose et en vers, tirées des auteurs les plus celebres:
à l'usage de la jeunesse tant de l'un que de l'autre sexe, par Henri Martin
Godefroi Koester, prorecteur au College de Weilbourg.* Francfort, Jean Auguste
Raspe, 1762.

Alzire occupies p.425-504.

Jean-Daniel Candaux, Geneva.

64A

ALZIRE / *OU LES* / AMÉRICAINS, / *TRAGÉDIE.* / Par Monſieur DE VOLTAIRE. / *Repréſentée ſur le Théâtre des Comédiens François* / *Ordinaires du Roi* / [*woodcut, spray of flowers, 57 x 54 mm*] / A AVIGNON, / Chez *LOUIS CHAMBEAU*, Imprimeur-Libraire, / près les RR. PP. Jéſuites. / [*treble rule, 51 mm*] / M. DCC. LXIV. /

8°. sig. A-E⁴ F²; pag. 44; $2 signed, arabic (– A1, F2); sheet catchwords.

[*1*] title; [2] Acteurs; [3]-44 Alzire, ou les Américains, tragédie.

Arsenal: Rf 14281.

T64A

[*within ornamented border*] / LE / THEATRE / DE / M. DE VOLTAIRE. / *NOUVELLE EDITION.* / Qui contient un Recuëil complet de toutes / les Piéces de Théâtre que l'Auteur a / données juſqu'ici. / TOME SE-COND. / [*woodcut, two cherubs embracing, 32 x 23 mm*] / *A AMSTER-DAM,* / Chez FRANÇOIS-CANUT RICHOFF, / près le comptoir de Cologne. / [*thick-thin rule, 44 mm*] / M. DCC. LXIV. /

12°. sig. a² A-Gg⁸·⁴ Hh⁶; pag. [4] 370 (p.138 numbered '318', 208 '108', 209 '109', 244 '44', 291 '29'); $4,2 signed, arabic (– a1, K2, Hh4; a2 signed 'Aij'); direction line '*Théâtre. Tome II.*'; sheet catchwords.

[*1*] title; [2] blank; [*3-4*] Table des ouvrages dramatiques contenus en ce volume: avec les pièces qui sont rélatives à chacun; [1]-102 Zaïre; [103] I4*r* 'ALZIRE, / OU LES / AMERICAINS, / *TRAGEDIE.* / *Repréſen-tée pour la premiére fois le* / 27. *Janvier* 1736. / I4'; [104] blank; 105-111 Epître à madame la marquise Du Chastelet; 112-117 Discours préliminaire; [118] Acteurs; 119-183 Alzire, ou les Américains, tragédie; [184] blank, but for catchword 'MÉROPE.'; [185]-371 other texts.

ImV: BC 1764 / 1 (2); BL: 11735 aa 1 (2).

T64G

LE / THÉATRE / DE MONSIEUR / *DE VOLTAIRE.* / NOUVELLE ÉDITION, / *QUI contient un Récueil complet de tou-* / *tes les Pièces que l'Auteur a données* / *juſqu'à ce jour.* / TOME SECOND. / [*woodcut, two cherubs and suspended globe, 28 x 22 mm, as in volume 6*] / *A GÉNÉVE*, / Chez les Freres CRAMER, Libraires. / [*thick-thin rule, composed of 3 elements, 46 mm*] / M. DCC. LXIV. /

12°. sig. *π*1 A-Aa⁶ Bb²; pag. [*2*] 291 [292] (p.14 numbered '41'); \$3 signed, roman (– Bb2; O2 signed Niij', P2 'Piij'); direction line '*Tome II.*' (sigs E, L, Bb '*Tome II*'; sig. Y '*Tome II.*'); sheet catchwords.

[*1*] title; [*2*] blank; 1-205 other texts; [206] blank; [207] S2*r* 'ALZIRE, / *OU LES* / AMÉRICAINS. / *TRAGEDIE*. / *Repréfentée pour la premiere fois le 27. Jan-* / *vier* 1736. / Sij'; [208] blank; 219-215 A madame la marquise Du Chatelet; 216-221 Discours préliminaire; [222] Acteurs; 223-291 Alzire, ou les Américains, tragédie; [292] Table des pièces contenues dans le II. volume.

The imprint is spurious.

Arsenal: Rf 14092 (2).

T64P

ŒUVRES / *DE* / THÉÂTRE / *DE* / M. DE VOLTAIRE, / *De l'Académie Françaife, de celle de Berlin*, / *& de la Société Royale de Londres, &c*. / TOME SECOND. / [*woodcut, 30 x 21 mm*] / A PARIS, / Chez DUCHESNE, Libraire, rue Saint Jacques, / au-deffous de la Fontaine Saint Benoît, / au Temple du Goût. / [*thick-thin rule, 47 mm*] / M. DCC. LXIV. / *Avec Approbation & Privilége du Roi*. / [*lines 1, 3, 5, 8, 9 and 13 in red*]

[*half-title*] THÉÂTRE / *DE* / M. DE VOLTAIRE. / *TOME II*. /

12°. sig. *π*² ¹*π*1 A-C¹² D⁶ E-R¹² S⁶; pag. [*6*] 408 (no errors); \$6 signed, arabic (– D4-6, S4-S6); direction line '*Tome II.*'; sheet catchwords.

[*1*] half-title; [*2*] blank; [*3*] title; [*4*] blank; [*5*] Table des pièces contenues dans ce second volume; [*6*] blank, but for catchword: 'ALZIRE.'; [1] A1*r* 'ALZIRE, / *OU LES* / AMERICAINS, / *TRAGÉDIE* / EN CINQ ACTES, / *Repréfentée pour la première fois, par* / *les Comédiens ordinaires du Roi*, / *le 27 Janvier* 1736. / *Tome II.*   A'; [2] blank; 3-10 Epître à madame la marquise Du Chastelet; 11-17 Discours préliminaire; 18 Acteurs; [19]-84 Alzire, ou les Americains, tragédie; [85]-408 other texts.

On p.408, 'A MONTARGIS, / de l'Imprimerie de J. BOBIN. 1763.'

This Duchesne edition of the theatre was much decried by Voltaire; it was reissued in 1767 (see T67).

Leningrad: 11-100; Zentralbibliothek, Luzern: B 2172 (2).

81

w64G

OUVRAGES / DRAMATIQUES, / *AVEC* / LES PIÉCES RELATIVES / A CHACUN. / *TOME SECOND.* / [*woodcut, lute and lyre within cartouche, 60 x 37 mm*] / [*thick-thin rule, 69 mm*] / M. DCC. LXIV. /

[*half-title*] COLLECTION / COMPLETTE / DES / ŒUVRES / *de Mr. de VOLTAIRE*, / DERNIERE EDITION. / *TOME HUITIEME.* /

8°. sig. A-Gg⁸ Hh²; pag. 483 (p.401 numbered '201'; p.422 numbered '22' in Merton copy); $4 signed, arabic (– A1-2, Hh2); direction line '*Théâtre*. Tom. II.' (sigs C, Q, Dd '*Théatre*. Tom. II.'; sig. Hh '*Théâtre. Tom. II.*'); page catchwords.

[1] half-title; [2] blank; [3] title; [4] blank; [5]-122 Zaïre; [123] H6*r* 'ALZIRE, / OU LES / AMERICAINS, / *TRAGÉDIE*, / *Repréſentée pour la premiere fois le* / 27. *Janvier* 1736. / *EPITRE*'; [124] blank; 125-132 Epître à madame la marquise Du Chastelet; 132-137 Discours préliminaire; [138] Acteurs; [139]-206 Alzire, ou les Américains, tragédie; [207]-480 other texts; 481-483 Table des pièces contenues dans ce volume.

Another Cramer edition in the tradition of w56. It introduces an error at v.170.

Leningrad: 11-6; Merton College, Oxford: 36 f 10.

w64R

The first twelve volumes of this edition consist of the sheets of w48R: see above.

T66

[*within ornamented border*] LE / THEATRE / DE / M. DE VOLTAIRE. / *NOUVELLE ÉDITION.* / Qui contient un Recueil complet de toutes / les Piéces de Théâtre que l'Auteur a / données juſqu'ici. / TOME SECOND. / [*woodcut, basket of fruit and foliage suspended from bracket, 30 x 25 mm*] / *A AMSTERDAM*, / Chez FRANÇOIS-CANUT RICHOFF, / près le Comptoir de Cologne. / [*thick-thin rule, 42 mm*] / M. DCC. LXVI. /

12°. sig. π² A-Q¹² (Q10-12 blank; π1 presumed blank); pag. [4] 378 (p.215 numbered '21', 219 '129', 302 '203'); $6 signed, arabic; direction line '*Théâtre. Tome II.*' (sigs C, E, H, I, P '*Théatre. Tome II.*'; sigs D, L

'*Theatre. Tome II.*'; sig. A '*Thèatre. Tome II.*'; sig. B '*Thatre. Tome II.*'; sig.
G '*Theatre Tome II.*'); sheet catchwords.

[*1-2*] presumed blank; [*3*] title; [*4*] blank; [1]-102 Zaïre; [103] E4r
'ALZIRE, / OU LES / AMÉRICAINS, / *TRAGÉDIE*, / *Repréſentée pour
la premiere fois / le 27 Janvier 1736*. / E4'; [104] blank; 105-112 Epître à
madame la marquise Du Chastelet; 113-119 Discours préliminaire; [120]
Acteurs; [121]-182 Alzire, ou les Américains, tragédie; [183]-376 other
texts; 377-378 Table des pièces contenues dans ce second volume.

University of Aberdeen Library: MH 84256 T (2) (lacks π1).

T67

ŒUVRES / *DE THEATRE* / DE / M. DE VOLTAIRE, / Gentilhomme
Ordinaire du Roi, de / l'Académie Françaiſe, / &c. &c. / *NOUVELLE
ÉDITION*, / *Revûe & corrigée exactement ſur l'Édition / de Genève in-4°.* /
TOME SECOND. / [*typographical ornament*] / *A PARIS*, / Chez la Veuve
Duchesne, Libraire, rue Saint- / Jacques, au-deſſous de la Fontaine
Saint- / Benoît, au Temple du Goût. / [*thick-thin rule, 53 mm*] / M. DCC.
LXVII. /

12°. sig. π² A-C¹² D⁶ E-R¹² S⁶; pag. [*4*] 408; $6 signed, arabic (– D4-
6, S4-S6); direction line '*Tome II.*'; sheet catchwords.

[*1*] title; [2] blank; [*3*] Table des pièces contenues dans ce second
volume; [*4*] Errata de ce second volume [affects p.192, 226]; [1]-408 see
T64P.

Only the prelims are different from T64P, of which this is a reissue.

Bn: Rés. Yf 3388; BL: C 69 b 10 (2).

68P

ALZIRE, / OU / LES AMERICAINS, / *TRAGÉDIE*. / De Monſieur de
Voltaire. / *Errer eſt d'un Mortel, pardonner eſt Divin.* / Duran. Trad. de
Pope. / [*woodcut, fruit and foliage, 47 x 21 mm*] / A PARIS, / Chez Jean-
Baptiste-Claude Bauche, / près les Auguſtins, à la deſcente du Pont- /
Neuf, à S. Jean dans le Déſert. / [*thick-thin rule, 79 mm*] / M DCC.
LXVIII. / *Avec Approbation & Privilege du Roi.* /

8°. sig. A-F⁴; pag. 48; $2 signed, roman (– A1); sheet catchwords.

[1] title; [2] Acteurs; [3]-48 Alzire, ou les Américains, tragédie.

Description based upon information kindly supplied by Cynthia Manley.
Austin: PQ 2077 A5 1768.

T68

LE / THÉATRE / *DE* / M. DE VOLTAIRE. / *NOUVELLE ÉDI-TION.* / Qui contient un Recueil complet de toutes / les Pieces de Théâtre que l'Auteur a / données juſqu'ici. / *TOME SECOND.* / [*wood-cut, similar to volume 1, transposed left to right, 30 x 24 mm*] / *A AMSTER-DAM,* / Chez FRANÇOIS CANUT RICHOFF, / près le Comptoir de Cologne. / [*ornamented rule, 38 mm*] / M. DCC. LXVIII. /

A reissue of T66, using the same sheets under a new title page.

Bn: Yf 4258.

W68

THEATRE / Complet / DE / *M^R. DE VOLTAIRE.* / [*rule, 128 mm*] / TOME PREMIER. / [*rule, 127 mm*] / *CONTENANT* / OEDIPE, MA-RIAMNE, BRUTUS, LA MORT / DE CESAR, ZAYRE, ALZIRE, avec toutes / les piéces rélatives à ces Drames. / [*rule, 119 mm*] / *GENEVE.* / [*thin-thick rule, 119 mm*] / M. DCC. LXVIII. /

[*half-title*] COLLECTION / Complette / DES / *ŒUVRES* / DE / M^R. DE VOLTAIRE. / [*thick-thin rule, 119 mm*] / *TOME SECOND.* / [*thin-thick rule, 119 mm*] /

4°. sig. π^2 A-Yyy^4 Zzz1; pag. 546 (p.219 numbered '223', 314 '14'); $3 signed, roman; direction line '*Tom. III. & du Théâtre le premier.*' (sigs Cc-Ee, Zzz 'Tom. *III.* & du Théâtre le premier.'); sheet catchwords.

[*1*] half-title; [*2*] blank; [*3*] title; [*4*] blank; [1]-5 Avertissement; [6]-466 other texts; [467] Nnn2r 'ALZIRE, / OU LES / AMERICAINS, / *TRAGÉDIE.* / [*rule, 119 mm*] / *Repréſentée pour la première fois le 27. Janvier 1736.* / [*rule, 120 mm*] / Nnn ij'; [468] blank; 469-473 Epître à madame la marquise Du Chastelet; 474-477 Discours préliminaire; [478] Acteurs; 479-544 Alzire, ou les Américains, tragédie; 545-546 Table des pièces contenues dans ce troisième volume.

The Cramer quarto edition, supervised by Voltaire. The text of *Alzire* follows that of w64G.

Taylor: VF.

69A

ALZIRE / *OU LES* / AMÉRICAINS, / *TRAGÉDIE*. / Par Monſieur DE
VOLTAIRE. / *Repréſentée ſur le Théâtre des Comédiens François* / *Ordinaires
du Roi*. / [*woodcut, spray of flowers, 57 x 54 mm*] / A AVIGNON, / Chez
Louis Chambeau, Imprimeur-Libraire, / près le Collège / [*treble rule, 60
mm*] / M. DCC. LXIX. /

8°. sig. π^4 B-E^4 F^2; pag. 44 (p.32 numbered '23'; p.5 not numbered); \$2
signed, arabic (– B2, D2, F2); page catchwords.

[1] title; [2] Acteurs; [3]-44 Alzire, ou les Américains, tragédie.

Arsenal: Rf 14282.

69C

ALZIRE, / OU LES / AMÉRICAINS, / *TRAGÉDIE*, / Par Mr. DE VOL-
TAIRE. / *Repréſentée ſur le Théâtre de la Cour, par* / *les Comédiens François
ordinaires du Roi,* / *le* 1769. / Suivant la nouvelle édition in 4°. 1768. / [*type
ornaments*] / [*thick-thin rule, 82 mm*] / A COPENHAGUE, / Chez CL.
PHILIBERT, / Imprimeur-Libraire. / [*rule, 80 mm*] / MDCCLXIX. / *Avec
Permiſſion du Roi*. /

8°. sig. A-E^8; pag. 79; \$5 signed, arabic (– A1); page catchwords.

[1] title; [2] Acteurs; [3]-9 Epître à madame la marquise Du Chastelet;
9-14 Discours préliminaire; [15]-79 Alzire, ou les Américains, tragédie.

Cambridge University Library: Yorke d 82 (2).

69L

ALZIRE, / *OU* / LES AMÉRICAINS, / *TRAGÉDIE*, / Par M. De Vol-
taire; / *Repréſentée pour la premiere fois le* 27 / *Janvier* 1736. / [*woodcut, spray
of flowers, 44 x 36 mm*] / A LIEGE, / Chez D. de Boubers, Imprimeur-
Libraire, / ſur le Pont d'Iſle, à la Ville de Bruxelles. / [*rule, 62 mm*] / M.
DCC. LXIX. /

8°. sig. A-C^8 D^4; pag. 54; \$4 signed, arabic (– A1, D3-4); sheet
catchwords.

[1] title; [2] Acteurs; [3]-54 Alzire, ou les Américains, tragédie.

See J. Vercruysse, 'Quelques éditions liégoises de Voltaire peu connues',
Livres et Lumières au pays de Liège (1730-1830) (Liège 1980), p.174-75.

Bibliothèque municipale, Rennes: 73667.

T70

LE / THEATRE / *DE* / M. DE VOLTAIRE, / *NOUVELLE EDITION.* /
Qui contient un recueil complet de toutes / les Pieces de Théâtre que
l'Auteur a don- / nées juſqu'ici. / *TOME SECOND.* / [*woodcut, shell in
scroll frame, 49 x 30 mm*] / *A AMSTERDAM,* / Chez FRANÇOIS CANUT
RICHOEF, / près le Comptoir de Cologne. / [*thick-thin rule, 55 mm*] / M.
DCC. LXX. /

12°. sig. π1 A-Q¹² (Q10-12 blank); pag. [2] 378 (219 numbered '119');
$6 signed, arabic; direction line '*Théatre. Tome II.*' (sig. N '*Théâtre Tome
II.*'); sheet catchwords.

[*1*] title; [2] blank; [1]-102 Zaïre; [103] E4*r* 'ALZIRE, / OU LES / AMÉRI-
CAINS, / *TRAGÉDIE.* / *Repréſentée pour la premiere fois* / *le 27 Janvier
1736.* / E4'; [104] blank; 105-112 Epître à madame la marquise Du
Chastelet; 113-119 Discours préliminaire; [120] Acteurs; [121]-182 Alzire, ou les Américains, tragédie; [183]-376 other texts; 377-378 Table
des pièces contenues dans ce second volume.

Bn: Yf 4264.

W70G

OUVRAGES / DRAMATIQUES, / *AVEC* / LES PIÉCES RELATIVES /
A CHACUN. / *TOME SECOND.* / [*woodcut, lute and lyre within cartouche,
60 x 37 mm*] / [*thick-thin rule, 70 mm*] / M. DCC. LXX. /

[*half-title*] COLLECTION / COMPLETTE / DES / ŒUVRES / DE / MR.
de *VOLTAIRE.* / DERNIERE EDITION. / *TOME HUITIEME.* /

8°. sig. A-Gg⁸ Hh²; pag. 483 (no errors); $4 signed, arabic (– A1-2,
Hh2); direction line '*Théatre.* Tom. II.' (– A; sigs B, F, G, O, P, X, Z,
Bb, Cc, Ff, Gg '*Théâtre.* Tom. II.'; sigs I, V '*Théâtre* Tom. II.'; sig. Hh
'Théâtre. *Tom. II.*'); page catchwords.

[1] half-title; [2] blank; [3] title; [4] blank; [5]-122 Zaïre; [123] H6*r*
'ALZIRE, / OU LES / AMERICAINS, / *TRAGÉDIE.* / *Repréſentée pour
la première fois le* / 27. *Janvier* 1736.'; [124] blank; 125-132 Epître à madame
la marquise Du Chastelet; 132-137 Discours préliminaire; [138] Acteurs;
[139]-206 Alzire, ou les Américains, tragédie; [207]-480 other texts; 481-
483 Table des pièces contenues dans ce volume.

Another Cramer printing of the 1756 *Collection complette.*

Taylor: V1 1770G / 1 (8).

W71

THEATRE / *COMPLET* / DE / *M^R. DE VOLTAIRE*, / [*rule, 73 mm*] / TOME PREMIER. / [*rule, 73 mm*] / *CONTENANT* / ŒDIPE, MA-RIAMNE, BRUTUS, LA MORT / DE CESAR, ZAYRE, ALZIRE, avec toutes / les piéces rélatives à ces Drames. / [*woodcut, beached ship, 36 x 27 mm*] / *GENEVE*, / [*ornamented rule, 36 mm*] / M. DCC. LXXI. /

[*half-title*] COLLECTION / *COMPLETTE* / DES / *ŒUVRES* / DE / M^R. DE VOLTAIRE. / [*ornamented rule, 74 mm*] / *TOME SECOND*. / [*ornamented rule, 74 mm*] /

12°. sig. π^2 A-T^{12} V^4; pag. [*4*] 464; \$6 signed, arabic (– L2, V3-4); direction line '*Tome III. & du Théâtre le premier.*' (sigs A, E, F '*Tome* III. *& du Théâtre le premier.*'); sheet catchwords.

[*1*] half-title; [*2*] blank; [*3*] title; [*4*] blank; [1]-5 Avertissement; [6]-398 other texts; [399] R8r 'ALZIRE, / OU LES / AMERICAINS, / *TRAGÉ-DIE*. / [*ornamented rule, 69 mm*] / *Repréſentée pour la première fois le 27 Janvier 1736*. / [*ornamented rule, 69 mm*]'; [400] blank; '40'[=401]-405 Epître à madame la marquise Du Chastelet; 406-410 Discours prélimi-naire; 410 Acteurs; 411-462 Alzire, ou les Américains, tragédie; 463-464 Table des pièces contenues dans ce troisième [*sic*] volume.

An edition by Plomteux of Liège, based on w68.

Uppsala: Litt. fr.

72

[*within ornamented border*] ALZIRE, / *OU LES* / AMÉRICAINS, / *TRA-GÉDIE*. / Par M. DE VOLTAIRE. / [*woodcut, 36 x 27 mm*] / [*ornamented rule, 40 mm*] / M. DCC. LXXII. /

8°. sig. A-D^8 E^4; pag. 72.

Description based upon information kindly supplied by Jeroom Vercruysse.

New York Public Library; Jeroom Vercruysse.

72P

ALZIRE, / *OU* / LES AMÉRICAINS, / *TRAGÉDIE*, / De Monſieur de VOLTAIRE. / [*ornamented rule, 85 mm*] / *Errer eſt d'un mortel, pardonner eſt divin.* / Duran. Trad. de Pope. / [*ornamented rule, 85 mm*] / [*type ornament*] / *A PARIS*, / Chez DIDOT l'aîné, Libraire & Imprimeur, rue Pavée, / près du Quai des Auguſtins. / [*ornamented rule, 70 mm*] / M. DCC. LXXII. /

8°. sig. A-F⁴; pag. 47; $2 signed, roman (– A1); sheet catchwords.

[1] title; [2] Acteurs; [3]-47 Alzire, ou les Américains, tragédie.

Arsenal: Rf 14283.

W70L (1772)

THÉATRE / COMPLET / *DE* / Mᴿ. DE VOLTAIRE. / LE TOUT REVU ET CORRIGÉ / PAR L'AUTEUR MEME. / TOME SECOND, / *CONTENANT* / ZAYRE, ALZIRE, MÉROPE, / ET LE FANATISME. / [*woodcut, Corsini 106 bis*] / *A LAUSANNE*, / CHEZ FRANÇ. GRASSET ET COMP. / [*ornamented rule, 80 mm*] / M. DCC. LXXII. /

[*half-title*] *COLLECTION* / COMPLETTE / *DES* / ŒUVRES / *DE* / Mᴿ. DE VOLTAIRE. / [*ornamented rule, 82 mm*] / *TOME QUINZIEME.* / [*ornamented rule, 82 mm*] /

8°. sig. a-b⁸ c² A-Z⁸; pag. XXXV [xxxvi] 368 (p.227 not numbered); $5 signed, arabic (– a1-2, c2); direction line '*Théatre.* Tom. II.' (sigs c, F, K, M, N, Q, T '*Théâtre.* Tome II.'; sigs A, C, I, L, S '*Théâtre* Tom. II.'); sheet catchwords.

[1] half-title; [2] blank; [3] title; [4] blank; [5]-80 Zaïre; [81] F1*r* 'AL-ZIRE, / *OU LES* / AMERICAINS, / *TRAGÉDIE*, / Repréſentée pour la premiere fois le / 27. Janvier 1736. / *Théâtre.* Tome II. F'; [82] blank; 83-89 Epître à madame la marquise Du Chastelet; 90-95 Discours préliminaire; [96] Acteurs; 97-166 Alzire, ou les Américains, tragédie; [167]-368 other texts.

Also issued with a cancel half-title: 'THÉATRE / COMPLET / DE / Mᴿ. DE VOLTAIRE. / [*ornamented rule, 79 mm*] / *TOME SECOND.* / [*ornamented rule, 79 mm*]'.

The theatre volumes of the Grasset edition were revised by Voltaire but the text of *Alzire* follows w64G.

Taylor: V1 1770L (15).

W72P

ŒUVRES / *DE M. DE VOLTAIRE.* / [*thick-thin rule, 75 mm*] / THÉA-TRE. / TOME SECOND, / Contenant / *ZAÏRE, ALZIRE, OU LES*

AMÉRICAINS; / *MÉROPE, LE FANATISME,* ou / *MAHOMET.* /
[*woodcut, cupid with torch, 30 x 24 mm*] / *A NEUFCHATEL.* / [*ornamented
rule, 61 mm*] / M. DCC. LXXIII. /

[*half-title*] *ŒUVRES* / DE THÉATRE / *DE M. DE VOLTAIRE.* / TOME
SECOND. /

12°. sig. A-T¹² V⁶ (V5-6 blank); pag. [*4*] 464; $6 signed, roman (– P5,
V4-6); direction line 'Th. *Tome II.*'; sheet catchwords.

[*1*] half-title; [*2*] blank; [*3*] title; [*4*] blank; [1]-136 Zaïre; [137] F9*r*
'ALZIRE, / OU LES / AMÉRICAINS, / *TRAGÉDIE;* / *Repréfentée, pour
la première fois,* / *le* 27 *Janvier* 1736.'; [138] blank; 139-148 Epître à
madame la marquise Du Chastelet; 149-157 Discours préliminaire; [158]
Personnages; [159]-232 Alzire, ou les Américains, tragédie; [233]-464
other texts.

Another edition based on w68, attributed to Panckoucke.

Arsenal: Rf 14095 (2).

w72X

OUVRAGES / DRAMATIQUES, / *AVEC* / LES PIECES RELATIVES /
A CHACUN. / *TOME SECOND.* / [*typographic ornament*] / [*ornamented
rule, 63 mm*] / M. DCC. LXXII. /

[*half-title*] COLLECTION / COMPLETTE / DES / ŒUVRES / DE /
Mᴿ. DE VOLTAIRE, / DERNIERE ÉDITION. / *TOME HUITIE-
ME.* /

8°. sig. A-Ff⁸; pag. 463 (p.201 numbered '200', 205 '204'); $4 signed,
arabic (– A1-2, C4; T3 signed 'S3', T4 'T', V3 'V4', Bb4 'Bb2', Ee3
'Eo3'); direction line '*Théatre.* Tom. II.' (sigs A, Y, Aa, Cc '*Théatre.*
Tom. II.'; sigs K, N, Q '*Théatre.* Tom. II.'); page catchwords.

[1] half-title; [2] blank; [3] title; [4] blank; [5]-113 Zaïre; [114] blank;
[115] H2*r* 'ALZIRE, / OU LES / AMÉRICAINS, / *TRAGÉDIE.* / *Repréfentée pour la première fois* / *le* 27 Janvier 1736. / H2'; [116] blank; 117-
122 Epître à madame la marquise Du Chastelet; 123-127 Discours
préliminaire; [128] Acteurs; [129]-193 Alzire, ou les Américains, tragédie;
[194] blank; [195]-460 other texts; 461-463 Table des pièces contenues
dans ce volume.

The last printing of the Cramer *Collection complette*. It is not known if this edition was produced for Cramer or by a competitor: its appearance suggests a French origin, but it is often found mixed with volumes of the Geneva-printed w70G.

Stockholm: Litt. fr.

73P

ALZIRE, / OU / LES AMÉRICAINS, / *TRAGÉDIE* / De Monſieur de VOLTAIRE. / *Errer eſt d'un Mortel, pardonner eſt Divin.* / Duran. Trad. de Pope. / *Conforme à l'Edition in-4°. donnée par l'Auteur.* / [*woodcut, fruit and foliage, 47 x 21 mm*] / A PARIS, / Chez JEAN-BAPTISTE-CLAUDE BAUCHE, près les Auguſ- / tins, à la deſcente du Pont-Neuf, à S. Jean dans / le Déſert. / [*thick-thin rule, 51 mm*] / M. DCC. LXXIII. / *Avec Approbation & Privilege du Roi.* /

8°. sig. A-F⁴; pag. 48; $2 signed, roman (– A1); sheet catchwords.

[1] title; [2] Acteurs; [3]-48 Alzire, ou les Américains, tragédie.

Arsenal: Rf 14284.

T73

THÉATRE / COMPLET / DE / Mᴿ. DE VOLTAIRE. / LE TOUT REVU ET CORRIGÉ / PAR L'AUTEUR MÊME. / TOME SECOND. / *CONTENANT* / LA MORT DE CÉSAR, ZAYRE, / ET ALZIRE. / [*typographical ornament*] / *A AMSTERDAM,* / Chez les LIBRAIRES ASSOCIÉS. / [*ornamented rule, 66 mm*] / M. DCC. LXXIII. /

12°. sig. π1 A-L¹² M⁴; pag. [2] 271 (the '1' of p.137 misplaced); $6 signed, arabic (– M3-4); direction line '*Tome II.*' (sig. B '*Tome I.*'); sheet catchwords.

[1] title; [2] blank; [1]-180 other texts; [181] H7r 'ALZIRE, / *OU LES* / AMÉRICAINS, / *TRAGÉDIE.* / Repréſentée pour la premiere fois / le 27 Janvier 1736.'; [182] blank; 183-190 Epître à madame la marquise Du Chastelet; 190-196 Discours préliminaire; 196 Acteurs; 197-270 Alzire, ou les Américains, tragédie; 271 Table des pièces contenues dans ce second volume.

Zentralbibliothek, Solothurn: Qb 2566 (2).

74ᴬ

ALZIRE / *OU LES* / AMÉRICAINS, / *TRAGÉDIE* / Par Monſieur DE VOLTAIRE. / *NOUVELLE ÉDITION*, / Revue & corrigée. / [*woodcut, spray of flowers, 65 x 41 mm*] / *A AMSTERDAM;* / Et ſe trouve à Lyon, chez Castaud / Libraire, Place de la Comédie. / [*thick-thin rule, 59 mm*] / M. DCC. LXXIV. /

8°. sig. A-G⁴; pag. 55; $2 signed, arabic (– A1); sheet catchwords.

[1] title; [2] Acteurs; [3]-55 Alzire, ou les Américains, tragédie.

Description based upon information kindly supplied by Cynthia Manley.

Austin: PQ 2077 A5 1774.

T74

COLLECTION / *DE* / TRAGÉDIES, COMÉDIES, / ET DRAMES / *CHOISIS* / DES PLUS CÉLEBRES AUTEURS MODERNES. / [*rule, 60 mm*] / *TOME CINQUIEME.* / [*rule, 59 mm*] / [*woodcut, including vase of flowers, 47 x 43 mm*] / *A LIVOURNE* 1774. / [*ornamented rule, 81 mm*] / Chez Thomas Masi et Compagnie, / Editeurs & Imprimeurs-Libraires. / *Avec Approbation.* /

8°. sig. A-Aa⁸ Bb⁶ (Bb6 blank); pag. 393 [394]; $4 signed, arabic (– A1, I4, K4, N4, O3; Q3 signed 'P3', Q4 'P4'); direction line '*Tom. V.*' (– A); sheet catchwords.

[1] title; [2] blank; [3]-63 text by another author; [64] blank; [65] E1*r* 'ALZIRE / OU LES / *AMÉRICAINS*, / *TRAGÉDIE.* / Par Monſieur DE VOLTAIRE. / *Tom. V.* E'; [66] Acteurs; [65]-134 Alzire ou les Américains, tragédie; [135]-393 texts by other authors; [394] Table des pièces contenues dans ce cinquième volume.

Arsenal: Rondel Rec. 45 V.

W75G

[*within ornamented border*] OUVRAGES / *DRAMATIQUES*, / PRÉCÉ-DÉS ET SUIVIS / DE TOUTES LES PIÉCES QUI LEUR / SONT RELATIFS. [*sic*] / [*rule, 75 mm*] / TOME SECOND. / [*rule, 75 mm*] / M. DCC. LXXV. /

[*half-title, within ornamented border*] TOME TROISIÉME. /

8°. sig. π^2 A-Bb^8 Cc^2 (Cc2 blank); pag. [*4*] 402 (no errors); $4 signed, roman (– Cc2); direction line '*Théatre*. Tom. II.' (no variations); sheet catchwords.

[*1*] half-title; [*2*] blank; [*3*] title; [*4*] blank; [1]-116 39-116 Zaïre; [117] H3*r* 'ALZIRE, / OU / LES AMERICAINS, / *TRAGÉDIE*. / [*rule, 74 mm*] / *Repréſentée pour la première fois le 27 Jan-* / *vier* 1736. / [*rule, 75 mm*] / H iij'; [118] blank; 119-125 Epître à madame la marquise Du Chastelet; 126-131 Discours préliminaire; [132] Acteurs; 133-200 Alzire, ou les Américains, tragédie; [201]-400 other texts; 401-402 Table des pièces contenues dans ce volume.

The Cramer *encadrée* edition, the last to be revised by Voltaire and which provides the base text for the present edition. Voltaire corrected certain volumes by hand in preparation for a further edition and rectified the error in *Alzire* at v.170. The printed text of *Alzire* is identical to that of w64G and w68.

Taylor: VF; – V1 1775 (3).

w75x

[*within ornamented border*] OUVRAGES / *DRAMATIQUES*, / Précédés et suivis / *DE TOUTES LES PIÉCES QUI LEUR* / *SONT RELATI-VES*. / [*rule, 74 mm*] / TOME SECOND. / [*rule, 72 mm*] / [*typographic ornament*] / [*ornamented rule, 78 mm*] / *M. DCC. LXXV*. /

[*half-title, within ornamented border*] ŒUVRES / DE / *M^R. DE VOL-TAIRE*. / [*rule, 71 mm*] / TOME TROISIÈME. / [*rule, 70 mm*] /

8°. sig. π^2 A-Bb^8 Cc^2 (Cc2 blank); pag. [*4*] 402 (p.52 numbered '5fl', the '3' of '239' inverted (not Bn), 302 '202', 325 '324', 351 '251', 391 '291'); $4 signed, roman (– Cc2); direction line '*Théatre*. Tom. II.' (sigs A, Z Bb '*Théatre*. Tome II.'; sigs D, E, G-I '*Théatre* Tom. II.'; sig. Cc '*Théatre*, Tom. II.'); sheet catchwords.

[*1*] half-title; [*2*] blank but for border; [*3*] title; [*4*] blank but for border; [1]-116 Zaïre; [117] H3*r* 'ALZIRE, / OU / LES AMÉRICAINS, / *TRAGÉDIE*. / [*rule, 78 mm*] / *Représentée pour la premiere fois le 27 Janvier 1736*. / [*rule, 78 mm*] / H iij'; [118] blank but for border; 119-125 Epître à madame la marquise Du Chastelet; 126-131 Discours préliminaire; [132] Acteurs; 133-200 Alzire, ou les Américains, tragédie; [201]-400 other texts; 401-402 Table des pièces contenues dans ce volume.

An imitation of w75G, possibly produced for Panckoucke. The theatre volumes follow the text of w75G.

Bn: Z 24832; Taylor: VF (lacks Cc2; has half-title of volume 2).

76

[*within ornamented border*] / ALZIRE, / *OU LES* / AMÉRICAINS, / *TRA-GÉDIE*. / Par M. DE VOLTAIRE. / [*woodcut, 33 x 28 mm*] / [*ornamented rule, 50 mm*] / M. DCC. LXXVI. /

8°. sig. A-D⁸ E⁴; pag. 72; $4 signed, roman (– A1, E3-4); sheet catchwords.

[1] title; [2] Acteurs; [3]-72 Alzire, ou les Américains, tragédie.

Arsenal: fonds Taylor.

T76

[*within ornamented border*] THÉATRE / COMPLET / *DE* / *M. DE VOL-TAIRE*. / Divisé en 9 Volumes. / [*rule, 78 mm*] / *TOME SECOND*. / [*rule, 77 mm*] / [*typographical ornament*] / *A GENEVE*. / [*thick-thin rule, 74 mm*] / 1776. /

A reissue of the sheets of w75G under a title apparently produced by the printer of w75X.

Westfield College, London: 8599.

T76X

THÉATRE / COMPLET / DE MONSIEUR / DE VOLTAIRE. / TOME DEUXIEME. / *Contenant* Alzire, *ou* les Américains, / Mérope, le Fana-tisme, *ou* / Mahomet le Prophète, / Sémiramis, Oreste, *avec toutes les Pièces relatives à ces Drames.* / [*woodcut, spray of flowers, 51 x 35 mm*] / [*ornamented rule, 47 mm*] / M. DCC. LXXVI. / [*lines 1, 3, 5 and date in red*]

8°. sig. π1 A-Nn⁸ Oo⁴ Pp1; pag. [2] 586 (not checked for errors); $4 signed, roman (– N3, Oo3-4; O4 signed arabic 'O4'); direction line '*Théatre. Tom. II.*' (sigs B, E, L, R, T, V, Y, Bb, Ee, Hh, Ii, Ll, Nn-Pp '*Théatre. Tome II.*'; sigs N, Q '*Théâtre. Tom. II.*'; sig D '*Théatre. Tom II.*'); sheet catchwords.

[1] title; [2] blank; [1] A1*r* 'ALZIRE, / *OU LES* / AMÉRICAINS, /

TRAGÉDIE. / [*rule, 73 mm*] / *Repréſentée pour la première fois le 27 Janvier* / *1736.* / [*rule, 73 mm*] / *Théatre. Tom. II.* A'; [2] blank; [3]-10 Epître à madame la marquise Du Chastelet; [11]-17 Discours préliminaire; [18] Acteurs; [19]-88 Alzire, ou les Américains, tragédie; [89]-584 other texts; 585-586 Table des pièces contenues dans ce second volume.

Arsenal: Rf 14096 (2).

T77

THÉATRE / *COMPLET* / DE M. DE VOLTAIRE; / *NOUVELLE ÉDITION,* / *Revue & corrigée par l'*AUTEUR. / TOME SECOND. / CONTE-NANT / LA MORT DE CÉSAR, ZAÏRE, ALZIRE / *ou* LES AMERI-CAINS. / [*woodcut, as volume 1, but inverted*] / *A AMSTERDAM,* / Chez les LIBRAIRES ASSOCIÉS. / [*thick-thin rule, 55 mm*] / M. DCC. LXXVII. /

12°. sig. π1 A-L¹²; pag. [2] 262 [263]; $6 signed, arabic; direction line '*Tome II.*'; sheet catchwords.

[1] title; [2] blank; [1]-171 other texts; [172] blank; [173] H3r 'ALZIRE, / OU LES / AMÉRICAINS, / *TRAGÉDIE.* / Repréſentée pour la première fois / le 27 Janvier 1736. / H3'; [174] blank; 175-181 Epître à madame la marquise Du Chastelet; 182-187 Discours préliminaire; [188] Acteurs; 189-262 Alzire, ou les Américains, tragédie; [263] Table des pièces contenues dans ce second volume.

Stockholm: Litt. Fr. Dram.

78P

ALZIRE / *OU LES* / AMÉRICAINS, / *TRAGÉDIE* / EN CINQ AC-TES, / *ET EN VERS.* / Par Monſieur De VOLTAIRE. / *Repréſentée ſur le Théâtre des Comédiens François* / *Ordinaires du Roi.* / [*ornamented rule, 82 mm*] / *NOUVELLE ÉDITION.* / [*ornamented rule, 82 mm*] / [*woodcut, emblems of the arts, 43 x 32 mm*] / *A PARIS,* / Chez DIDOT, l'aîné, Imprimeur / & Libraire, Rue Pavée. / [*ornamented rule, 63 mm*] / *M. DCC. LXXVIII.* /

8°. sig. A-E⁴ F²; pag. 44 (p.10 not numbered); $2 signed, arabic (– A1, F2); sheet catchwords.

[1] title; [2] Acteurs; [3]-44 Alzire ou les Américains, tragédie.

Bayerisches Staatsbibliothek, München: PO Gall. 659 w (3).

T78

LES / CHEF-D'ŒUVRES / DRAMATIQUES / *DE* / M. DE VOL-
TAIRE. / *TOME PREMIER,* / Contenant / La Mort de César, Zayre, /
Alzire, Brutus. / [*type ornament*] / *A GENÈVE.* / [*rule, 60 mm*] / M. DCC.
LXXVIII. /

[*half-title*] *LES* / CHEF-D'ŒUVRES / DRAMATIQUES / *DE* / M. DE
VOLTAIRE. / *TOME PREMIER.* /

12°. sig. π^2 $^1\pi^2$ $^2\pi^{12}$ B-M^{12} N^4; pag. viij 296; $5 signed, arabic (– C4,
K1, N4; M5 signed 'M3'); direction line '*Tome I.*'; sheet catchwords.

[i] half-title; [ii] blank; [iii] title; [iv] blank; [v]-viij Avis de l'éditeur; [1]-
140 other texts; [141] F1*1r* 'ALZIRE, / *OU* / LES AMÉRIQUAINS, /
TRAGÉDIE, / Repréfentée pour la première fois / le 27 janvier 1736.';
[142] Acteurs; [143]-216 Alzire, ou les Américains; [217]-296 Brutus.

Reissued in the following year with a change of imprint: '[...] / [*type
ornament*] / *A PARIS,* / Chez la Veuve Duchesne, Libraire, rue / Saint-
Jacques, au Temple du Goût. / [*rule, 61 mm*] / M. DCC. LXXIX.'

Bn: Yf 4306 (1778); – Yf 4309 (1779).

K84

OEUVRES / COMPLETES / DE / VOLTAIRE. / TOME SECOND. /
[*swelled rule, 38 mm*] / DE L'IMPRIMERIE DE LA SOCIÉTÉ LITTÉ-
RAIRE- / TYPOGRAPHIQUE. / 1784.

8°. sig. π1 a^2 A-Dd^8 Ee^4 Ff^1; pag. [2] iv 441 [442]; $4 signed, arabic (–
a2, Ee3-4); direction line '*Théâtre. Tom. II.*' (sigs a, C-G, S, Z, Cc-Ff
'*Théâtre.* Tome II.'); sheet catchwords.

[*1*] title; [2] blank; [i] a1*r* 'THEATRE. / *Théâtre.* Tome II.   a'; [ii] blank;
[iii]-iv Table des pieces contenues dans ce volume; [1]-360 other texts;
[361] Z5*r* 'ALZIRE / OU / LES AMERICAINS, / *TRAGEDIE.* / Repréfentée, pour la première fois, le 27 / janvier 1736.'; [362] blank; [363]-
369 Epître à madame la marquise Du Chastelet; [370]-375 Discours
préliminaire; [376] Personnages; [377]-441 Alzire ou les Américains,
tragedie; [442] Variantes d'Alzire.

The first setting of the Kehl edition follows w75G, except at l.120 of the
'Discours' and v.5 and 21 of the play.

Taylor: VF.

к85

OEUVRES / COMPLETES / DE / VOLTAIRE. / TOME SECOND. / [*swelled rule, 38 mm*] / DE L'IMPRIMERIE DE LA SOCIÉTÉ LITTÉ-RAIRE- / TYPOGRAPHIQUE. / 1785.

[*half-title*] OEUVRES / COMPLETES / DE / VOLTAIRE. /

8°. sig. π^2 a^2 A-Dd^8 Ee^4 Ff^2 (Ff2 blank); pag. [2] iv 441 [442] (p.223 numbered '225'); $4 signed, arabic (– a2, Ee3-4); direction line '*Théâtre.* Tome II.'); sheet catchwords.

[*1*] half-title; [*2*] blank; [*3*] title; [*4*] blank; [i] a1*r* 'THEATRE. / *Théâtre.* Tome II. a'; [ii] blank; [iii]-iv Table des pieces contenues dans ce volume; [1]-360 other texts; [361] Z5*r* 'ALZIRE / OU / LES AMERI-CAINS, / *TRAGEDIE.* / Repréſentée, pour la première fois, le 27 / janvier 1736.'; [362] blank; [363]-369 Epître à madame la marquise Du Chatelet; [370]-375 Discours préliminaire; [376] Personnages; [377]-441 Alzire ou les Américains, tragedie; [442] Variantes d'Alzire.

In this second setting of the Kehl edition, 'auguste' replaces 'août' and 'et' is substituted for '&'. It differs textually from к84 at 1.79.

Taylor: VF.

6. *Translations*

Alzire was translated into several languages and was often published outside France during the eighteenth and early nineteenth centuries. This list is by no means exhaustive; further information will be found in various specialised books and articles devoted to Voltaire bibliography.[72]

---

[72] Sources include: Hywel Berwyn Evans, 'A provisional bibliography of English editions and translations of Voltaire', *Studies* 8 (1959), p.9-21, no.94-101; Donald Shier, 'Aaron Hill's translation of Voltaire's *Alzire*', *Studies* 67 (1969), p.45-57; Theodore Besterman, 'A provisional bibliography of Italian editions and translations of Voltaire', *Studies* 18 (1961), p.263-310, no.19-22 and 33-42; Roman Alvarez and Theodore E. D. Braun, 'Two eighteenth-century Spanish translations of Voltaire's *Alzire*: the "connaturalización" of a text', *Studies* 242 (1986), p.127-44; Francisco Lafarga, *Voltaire en Espagne (1734-1835)*, Studies

English

Alzira. A tragedy. As it is acted at the Theatre-Royal in Lincoln's Inn Fields. London, John Osborn, 1736. pag. xvi.56. Translated by Aaron Hill. The 'Epître' to Mme Du Châtelet was replaced by a dedication to Frederick Prince of Wales (D1088, n.4). In June 1736 Hill wrote defensively to Voltaire about his hastily produced translation (D1082); although this translation is indeed very poor it was frequently reprinted or re-edited throughout the century.

An otherwise unknown man named Barnewall wrote to Voltaire from Turin in August 1756 about his hope of producing an English translation and asking for details of the existing translation of which he had only just heard and of which, he claimed, he could obtain no news from London (D6956).

Italian

Alzira tragedia del Signor di Voltaire. Bologna, Lelio dalla Volpe, 1737. pag. 101 [*sic* for 104]. Translated by Goseffo Canonico Francia.

Alzira, O sia gli Americani. Tragedia del Signor di Voltaire tradotta dal Francese [*c.* 1750]. pag. 104. Translated by Girolamo Gastaldi. No title page; perhaps a fragment of a larger work. In 1761 Gastaldi sent Voltaire a copy of his translation, together with a long and thoughtful letter about the tragic theatre and the role of the translator. Voltaire was impressed; he replied in the same spirit and commented on Gastaldi's translation in a letter to Chauvelin (D10066, D10093, D10103).

Alzira tragedia del Signor di Voltaire trasportata dal verso Francese. Arezzo, Michele Bellotti, 1751. pag. 82 [*sic* for 84]. Translated by Lorenzo

261 (1989), p.113-22, 173; Besterman, 'Provisional bibliography of Portuguese editions of Voltaire', *Studies* 76 (1970), p.20; Jeroom Vercruysse, 'Bibliographie provisoire des traductions néerlandaises et flamandes de Voltaire', *Studies* 116 (1973), p.19-64, no.16-20; Hans Fromm, *Bibliographie Deutscher Übersetzungen aus dem Französischen 1700-1948* (Baden-Baden 1950-1953); Besterman, 'A provisional bibliography of Scandinavian and Finnish editions and translations of Voltaire', *Studies* 47 (1966), p.53-92, no.14-16 and 18-22. No translations of *Alzire* have been published during the twentieth century, though it is interesting to note that in 1978 West German television broadcast a play which revolved around the staging of a modern performance of *Alzire* in Germany.

Guazzesi Aretino. Dedicated to Filippo Venuti. This translation was reprinted in Guazzesi's *Raccolta di alcuno tragedie trasportate della lingua francesce nell'italiana*, Pisa 1762, of which he sent a copy to Voltaire (D11469 and n.1). The book remained at Ferney (BV, no.2981).

L'Alzira, ovvero gli Americani, tragedia del Sig. di Voltaire, trasportata in versi Italiani. Venezia, Giammaria Bassaglia, 1767. pag. 64. Translated by Dionisio Gravisi di Capodistria.

Alzira tragedia di Voltaire. Venezia, Antonio Curti q. Giacomo, 1796. pag. xxiv.103. Translated by Mattheo Franzoia. This translation was republished in Venice in 1800 and in Milan in 1829.

L'Alzira ovvero gli Americani, tragedia del Voltaire tradota in versi Italiani. Parma, Gozzi, 1797. pag. viii.97. Translated by Giuseppe Maria Pagnini.

L'Alzira tragedia de Voltaire. Parma, Bodoni, 1797. pag. viii.106. Translated by Luigi Landriani.

Alzira o gli Americani. Tragedia del sig. de Voltaire. Viareggio, Antonio Angeloni, 1874. pag. 74. Translated by Filippo Chiarella.

An otherwise unidentified translation is mentioned by Voltaire in a letter to d'Albaret of April 1760 (D8842).

Spanish

El Triunfo de la moral christiana o los Americanos. Tragedia francesca. Madrid, Imprenta Real, 1788. pag. 120. Translated by Bernardo María de Calzada. The translator made various modifications as a precaution against censorship by the Inquisition. There is no evidence that this play was ever performed.

La Elmira. Tragedia moderna en cinco actos. México 1788. pag. 97. Translated by Juan Pisón y Vargas. This translation also contains modifications made to avoid censorship by the Inquisition. It was successfully performed both in Mexico and in Madrid.

Elmira o la Americana. Tragedia en cinco actos. Valencia, De Mompié, 1820. pag. 71 [*sic* for 72]. This is very similar to the previous item.

Alzira, tragedia en cinco actos en verso; escrita en Francés por Voltaire traducida en español. Barcelona, José Torner, 1822. pag. 83. Translated by T. Bertrán.

La Alzira. Baile heroico pantomimo, para representarse en el Teatro de los Caños del Peral de Madrid. Madrid, Blas Román, s.d. [1796?]. pag. 16.

Portuguese

Alzira ou os Americanos, tragedia de Monsieur de Voltaire. Lisboa, Joze da Silva Nazareth, 1785. pag. 79.

Alzira, ou os Americanos, tragedia de Voltaire. Lisboa, Typografia Rollandiana, 1788. pag. 79.

Dutch

D'Amerikanen oft Alzire Treur-Spel. Op den Zin. Brussel, G. Jacobs, 1739. pag. viii.52. Translated by F. de La Fontaine. Dedicated to the archduchess Marie-Elizabeth. Free verse translation.

Alzire, of de Amerikanen; Treurspel. Gevolgd naar het Fransche van den Heere de Voltaire, in Sijbrand Feitama's *Nagelaten dichtwerken,* Amsterdam, Pieter Meijer, 1764. Feitama's verse translation dates from 1736. It was republished in Utrecht in 1770 and in Amsterdam in 1781 and 1803.

German

Alzire oder: Die Amerikaner. Dresden, Hilscher, 1738. Translated by J. F. Koppen.

Alzire, oder die Amerikaner; aus dem Französischen von Herrn Voltaire übersetzt. Hamburg, Felginer und Bohn, 1739. Translated by Jakob Friedrich Lamprecht.

Alzire, oder die Amerikaner. Ein Trauerspiel ... Aus dem Französischen übersetzt. Leipzig, Breitkopf, 1741, reprinted in *Die Deutsche Schaubühne,* ed. J. C. Gottsched, Leipzig 1746. Translated by Luise A. V. Gottsched. This translation was reprinted in Vienna in 1751 and 1752.

Alzire, oder die Amerikaner, aus dem Französischen des Herrn von Voltaire. Wien 1766, reprinted in 1767 in the *Neue Sammlung von Schauspielen,* Wien. Translated by Peter von Stüven. Voltaire refers to the success of this translation as early as 1751 (D4632). It was reprinted in Vienna in 1766 and 1767.

Alzire. Ein Schauspiel. Wien, Kurzböck, 1775. Translated by Johann Friedrich Kepner. This play was performed and republished in Munich in 1776.

Alzire. Trauerspiel in Versen. Wien 1783. Translated by Friedrich Wilhelm

99

Gotter. This translation was reprinted in *Friedrich Wilhelm Gotter: Gedichte*, Gotha 1787, and seems to have been frequently reissued.

Alzire. Trauerspiel in fünf Aufzügen. Karlsruhe, Marx, 1817. Translated by Franz von Maltitz.

Alzire oder die Amerikaner. Ein Trauerspiel in fünf Aufzügen. Braunschweig 1827. Translated by K. Fuchs.

Danish

Alzire eller Amerikanerne Sorgespil i fem optog af Herr Voltaire, in *Forsog i de stionne og nyttige Videnskaber samlede ved et patriotisk Selskab*, p.[133-248]. Kiobenhavn, Nicolaus Moller, 1772. Translated by Th. Stockfleth. This translation was reissued singly in 1773.

Alzire eller Americanerne. Tragedie i fem acter af Voltaire. Kiel, C. F. Mohr, 1832. pag. vi.73. Translated by Johann Heinrich von Buchwald.

Swedish

Alzir, eller Amerikanerne. Tragedie. Stockholm, Johann A. Carlbohm, 1778. pag. 66.

Russian

Alzire. 1762. Translated by D. I. Fonvisin and published in his *Œuvres complètes*, Moscow 1888.

Alzire. 1786, reprinted in 1798 and 1811. Translated by P. M. Karabanov. This play seems to have been performed.

Hungarian

Álzír, vagy az Ámérikánusck. Komáromban 1790. pag. xix.348. Prose translation by J. Péczely the elder.

Polish

Alcyra, albo Amerikanie, Warsaw 1780. Translated by Ignacy Lachnicki.

7. Editorial principles

The base text is w75G, and variants are drawn from 36P1, 36P2, 36AM, w38, w42, w46, w48D, w51, w52, w56, w57G1, w57P, w64G, w68, w70L, k84 and k85. Except when otherwise stated, the siglum w38 stands also for w42 and k indicates k84 and k85.

The following error in the base text has not been recorded in the variants: 'Cephale' for 'Cephane' (Acteurs).

Modernisation of the base text

The spelling of the names of persons and places has been respected and the original punctuation retained. The accent has been added to Monteze and italics have not been used for the names of persons.

The following aspects of orthography and grammar in the base text have been modified to conform to modern usage:

1. Consonants
   - the consonant *p* was not used in: tems, nor in its compound: longtems
   - the consonant *t* was not used in syllable endings *-ans* and *-ens*: agrémens, brûlans, géans, savans, sentimens, etc.
   - double consonants were used in: allarmes, appellé, fidelle (but also: fidèle), jetter
   - a single consonant was used in: couroux, falait
   - archaic forms were used, as in: bienfaicteur, boulevarts, domté, étendart, hazarder, indomté, nuds, promt, solemnel

2. Vowels
   - *y* was used in place of *i* in: asyle, ayeul, croyaient, déploye, enyvré, Payen, satyre, satyrique
   - archaic forms were used, as in: enfraindre, Européans

3. Accents
The acute accent
   - was used in place of the grave in: piéce, piége, rachéterions, siécle, siége
   - was not used in: desespéré, desespoir, deshonorer, revérant

The grave accent
- was not used in: déja, hola

The circumflex accent
- was not used in: ame, disparait, épitre, futes, grace, idolatrie, infame, plait, théatre
- was used in: Chrêtien, diadême, plûpart, toûjours, vîte

The dieresis
- was used in: éblouït, jouï, jouïr, obéïr, obéïssance, obéïssans, poëme, poëte

4. Capitalisation
- initial capitals were attributed to: Cacique, Chrêtien, Comte, Dame, Dieux, Don, Empire, Inca, Madame, Océan, Payen, Prince, Reine, Religion, Roi, Secrétaire d'Etat, Sémipélagien, Seigneur, Soleil, Souverain, Zone
- and to adjectives denoting nationality: Américain, Castillan, Espagnol, Romain

5. Points of grammar
- agreement of the past participle was not consistent
- the final –s was not used in the second person singular of the imperative: appren, connai, crain, fai, pren, sui, vien, voi, etc.
- the plural in –x was used in: loix

6. Various
- the ampersand was used
- the hyphen was used in: au-devant, au-lieu, aussi-tôt, genre-humain, grands-hommes, tour-à-tour
- monsieur was abbreviated: Mr.

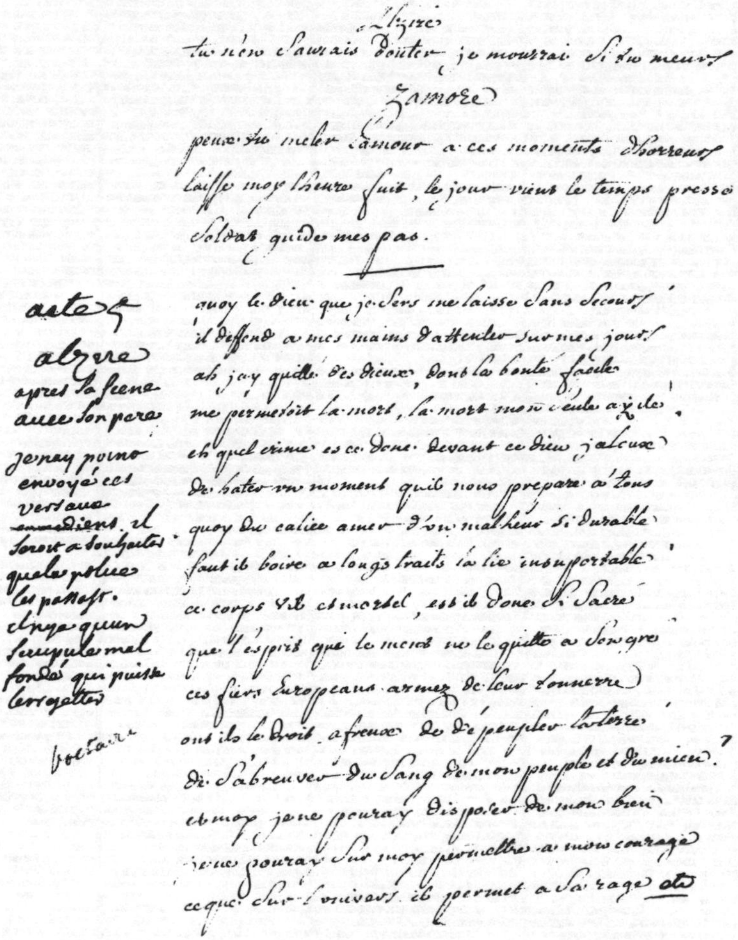

Alzire
tu n'en saurais douter; je mourrai si tu meurs

Zamore
peux-tu mêler l'amour a ces moments d'horreur
laisse moy l'heure fuit, le jour vient le temps presse
soldat guide mes pas.

[left margin note]
aste
alzire
après la scene
avec son pere
je n'ay point
envoyé ces
vers aux
comediens il
seront a souhaiter
quelque police
les pattoff.
il n'ya qu'un
scrupule mal
fondé qui puisse
les rejetter

voltaire

quoy le dieu que je sens me laisse sans secours
il deffend a mes mains d'attenter sur mes jours
ah j'ay quitté des dieux, dont la bonté facile
me permettoit la mort, la mort mon seul asile
eh quel crime es ce donc. devant ce dieu j'aleuse
de hater un moment qu'il nous prepare a tous
quoy du calice amer d'un malheur si durable
faut il boire a longs traits la lie insuportable
ce corps vil et mortel, est il donc si sacré
que l'esprit qui le meut ne le quitte a son gré
ces fiers Européans armez de leur tonnerre
ont ils le droit affreux de dépeupler la terre
de s'abreuver du sang de mon peuple et du mien
et moy je ne pourray disposer de mon bien
... pourray sur moy permettre a mon courage
ce que sur l'univers il permet a sa rage ôté

1. *Alzire, ou les Américains*: manuscript fragment with holograph note, MS I (Bibliothèque historique de la ville de Paris).

ALZIRE,

O U

LES AMERICAINS

TRAGEDIE

de M. DE VOLTAIRE.

Reprefentée à Paris pour la premiere fois
le 27 Janvier 1736.

Errer eft d'un mortel, pardonner eft divin.
Duren. trad. de Pope,

Le prix eft de trente fols.

A PARIS,

Chez JEAN-BAPTISTE-CLAUDE BAUCHE,
près les Auguftins, à la defcente du Pont-Neuf,
à S. Jean dans le Defert.

M. DCC. XXXVI.

AVEC PRIVILEGE DU ROY.

ALZIRE,

OU

LES AMÉRICAINS,

TRAGÉDIE.

Représentée pour la première fois
le 27 janvier 1736.

ÉPÎTRE
À MADAME LA MARQUISE
DU CHASTELET

Madame,

Quel faible hommage pour vous,[1] qu'un de ces ouvrages de poésie, qui n'ont qu'un temps, qui doivent leur mérite à la faveur passagère du public, et à l'illusion du théâtre, pour tomber ensuite dans la foule et dans l'obscurité!

Qu'est-ce en effet qu'un roman mis en action et en vers,[2] devant celle qui lit les ouvrages de géométrie avec la même facilité que les autres lisent les romans; devant celle qui n'a trouvé dans Locke, ce sage précepteur du genre humain, que ses propres sentiments et l'histoire de ses pensées; enfin aux yeux d'une personne, qui née pour les agréments, leur préfère la vérité?

Mais, Madame, le plus grand génie, et sûrement le plus désirable, est celui qui ne donne l'exclusion à aucun des beaux-arts. Ils

a-c   E36A-W51: À MADAME LA MARQUISE DU CHASTELET
7   E36A: même rapidité que

[1] Voltaire was at this moment installed in the estate of Mme Du Châtelet at Cirey, where she corrected his manuscripts and gave him necessary counsel and support. The entire 'Epître' may be seen as one of Voltaire's most powerful statements of the right of women to pursue scholarly interests, and indeed of the essential intellectual equality of sexes. And it is not by chance that Voltaire chose to dedicate *Alzire* to a woman, and to this woman in particular: for it is Alzire and not the men, not even Alvarez, who presents the author's religious thought; and it is worth noting that Alzire, like Mme Du Châtelet, is a woman of penetrating intellect and keen sensitivity. It is possible that Mme Du Châtelet was in some ways the model for Alzire; if so, *Alzire* would be a remarkable tribute to her.

[2] This definition of a tragedy or of a serious drama casts some light on Voltaire's dramaturgy and explains some of the play's weaknesses. See our introduction, p.35.

sont tous la nourriture et le plaisir de l'âme: y en a-t-il dont on doive se priver? Heureux l'esprit que la philosophie ne peut dessécher, et que les charmes des belles-lettres ne peuvent amollir, qui sait se fortifier avec Locke, s'éclairer avec Clarke et Newton, s'élever dans la lecture de Cicéron et de Bossuet, s'embellir par les charmes de Virgile et du Tasse!

Tel est votre génie, Madame; il faut que je ne craigne point de le dire, quoique vous craigniez de l'entendre. Il faut que votre exemple encourage les personnes de votre sexe et de votre rang, à croire qu'on s'ennoblit encore en perfectionnant sa raison, et que l'esprit donne des grâces.

Il a été un temps en France, et même dans toute l'Europe, où les hommes pensaient déroger, et les femmes sortir de leur état, en osant s'instruire. Les uns ne se croyaient nés que pour la guerre, ou pour l'oisiveté; et les autres, que pour la coquetterie. Le ridicule même que Molière et Despréaux[3] ont jeté sur les femmes savantes, a semblé dans un siècle poli, justifier les préjugés de la barbarie. Mais Molière, ce législateur dans la morale et dans les bienséances du monde, n'a pas assurément prétendu, en attaquant les femmes savantes, se moquer de la science et de l'esprit. Il n'en a joué que l'abus et l'affectation; ainsi que dans son *Tartuffe*, il a diffamé l'hypocrisie, et non pas la vertu.

Si, au lieu de faire une satire contre les femmes, l'exact, le solide, le laborieux, l'élégant Despréaux avait consulté les femmes de la cour les plus spirituelles, il eût ajouté à l'art et au mérite de ses ouvrages si bien travaillés, des grâces et des fleurs, qui leur eussent encore donné un nouveau charme. En vain, dans sa satire

15

20

25

30

35

40

19   E36C: et de Tasse!
23   E36A: qu'on s'embellit encore
31   E36A-W51:   barbarie. ¶Mais

[3] Nicolas Boileau-Despréaux, *Satire X, contre les dames* (1693). Boileau makes fun of Marguerite Hessein, dame de La Sablière in this satire. Her teachers of mathematics, physics and astronomy were Joseph Sauveur (1653-1716) and Gilles Personne de Roberval (1602-1675), of the Académie des sciences.

des femmes, il a voulu couvrir de ridicule une dame qui avait appris l'astronomie; il eût mieux fait de l'apprendre lui-même.

L'esprit philosophique fait tant de progrès en France depuis quarante ans, que si Boileau vivait encore, lui qui osait se moquer d'une femme de condition, parce qu'elle voyait en secret Roberval   45
et Sauveur, serait obligé de respecter et d'imiter celles qui profitent publiquement des lumières des Maupertuis, des Réaumurs, des Mairans, des Dufays et des Clairauts;[4] de tous ces véritables savants, qui n'ont pour objet qu'une science utile, et qui en la rendant agréable, la rendent insensiblement nécessaire à notre   50
nation. Nous sommes au temps, j'ose le dire, où il faut qu'un poète soit philosophe, et où une femme peut l'être hardiment.

Dans le commencement du dernier siècle les Français apprirent à arranger des mots. Le siècle des choses est arrivé. Telle qui lisait autrefois Montagne, l'*Astrée*, et les *Contes de la reine de Navarre*,   55
était une savante. Les Deshoullières et les Daciers,[6] illustres dans différents genres, sont venues depuis. Mais votre sexe a encore tiré plus de gloire de celles qui ont mérité qu'on fît pour elles le

---

43-44   E36A: L'esprit philosophique, qui en tous pays a toujours succédé à celui des belles-lettres, fait tant de progrès en France depuis quarante ans dans tous les esprits, excepté dans ceux qui seront toujours *peuple*, que si Boileau
    46   E36A: Sauveur, il serait
    48   E36C, 36P2:   Dufay, des
    54   E36C, 36P2:   siècle des idées est[5]
    56   E36C, 36P2:   savante. Les La Fayette, les Deshoullières
    57-58   E36A: sexe aurait encore tiré

---

[4] Jean-Jacques Dortous de Mairan (1678-1771), physicist and astronomer of great repute in his time; Charles-François de Cisternay Du Fay (1698-1739), physicist who was a pioneer in the study of electricity; Alexis-Claude Clairault (1713-1765), mathematician whose *Eléments de géométrie* (1741) was written for Mme Du Châtelet.

[5] This phrase is referred to by Mme Du Châtelet in D1088, of 15 June 1736.

[6] Antoinette Deshoulières (1637-1694) wrote pastoral poetry; Anne Lefebvre Dacier (1647-1720) translated the *Iliad* and the *Odyssey*, and was a principal participant in the Querelle des Anciens et des Modernes.

livre charmant des *Mondes*, et les *Dialogues sur la lumière*[7] qui vont
paraître, ouvrage peut-être comparable aux *Mondes*.   60
    Il est vrai, qu'une femme qui abandonnerait les devoirs de son
état pour cultiver les sciences, serait condamnable, même dans
ses succès; mais, Madame, le même esprit qui mène à la connaissance de la vérité, est celui qui porte à remplir ses devoirs. La
reine d'Angleterre,[8] l'épouse de Georges II, qui a servi de média-   65
trice entre les deux plus grands métaphysiciens de l'Europe,
Clarke et Leibnitz, et qui pouvait les juger, n'a pas négligé pour
cela un moment les soins de reine, de femme et de mère. Christine,[9]
qui abandonna le trône pour les beaux-arts, fut au rang des grands
rois, tant qu'elle régna. La petite-fille du grand Condé,[10] dans   70
laquelle on voit revivre l'esprit de son aïeul, n'a-t-elle pas ajouté
une nouvelle considération au sang dont elle est sortie?
    Vous, Madame, dont on peut citer le nom à côté de celui de
tous les princes, vous faites aux lettres le même honneur. Vous

59-60   E36A: *lumière* du marquis Algaroti, ouvrage
64   E36A-W51:   devoirs. ¶La
65   E36A-W46:   d'Angleterre, qui a
68   E36A-W51:   mère. ¶Christine
69-70   E36C: fut un grand roi, tant
        E36A, 36P2-W46:   fut une grande reine, tant
73-74   E36A: nom après celui des plus grands princes

    [7] The first reference is to Bernard Le Bovier de Fontenelle's *Entretiens sur la
pluralité des mondes* (1686); the second to Francesco Algarotti's *Il Neutonianismo
per le dame*, written about 1733.
    [8] Caroline of Ansbach (1683-1737), wife of George II. It was in 1715, over a
decade before her coronation in 1727, that she encouraged Gottfried Wilhelm
Leibniz whom she had met in her youth in Berlin, to undertake a correspondence
with Samuel Clarke. The two men, in a famous debate, discussed principles of
natural philosophy and religion, in particular the question of God, space and
time.
    [9] Christina (1626-1689), queen of Sweden, daughter of Gustavus Adolphus,
reigned from 1632 until her abdication in 1654.
    [10] Louise de Bourbon, duchesse Du Maine (1676-1753), whom Voltaire knew
at her salon at Sceaux.

en cultivez tous les genres. Elles font votre occupation dans l'âge 75
des plaisirs. Vous faites plus; vous cachez ce mérite étranger au
monde, avec autant de soin que vous l'avez acquis. Continuez,
Madame, à chérir, à oser cultiver les sciences, quoique cette
lumière, longtemps renfermée dans vous-même, ait éclaté malgré
vous. Ceux qui ont répandu en secret des bienfaits, doivent-ils 80
renoncer à cette vertu, quand elle est devenue publique?

Eh! pourquoi rougir de son mérite? L'esprit orné n'est qu'une
beauté de plus. C'est un nouvel empire. On souhaite aux arts la
protection des souverains: celle de la beauté n'est-elle pas au-
dessus? 85

Permettez-moi de dire encore, qu'une des raisons, qui doivent
faire estimer les femmes qui font usage de leur esprit, c'est que
le goût seul les détermine. Elles ne cherchent en cela qu'un
nouveau plaisir, et c'est en quoi elles sont bien louables.

Pour nous autres hommes, c'est souvent par vanité, quelquefois 90
par intérêt, que nous consumons notre vie dans la culture des
arts. Nous en faisons les instruments de notre fortune; c'est une
espèce de profanation. Je suis fâché qu'Horace dise de lui:

L'indigence est le Dieu qui m'inspira des vers.[a]

La rouille de l'envie, l'artifice des intrigues, le poison de la 95
calomnie, l'assassinat de la satire (si j'ose m'exprimer ainsi)
déshonorent parmi les hommes une profession, qui par elle-même
a quelque chose de divin.

Pour moi, Madame, qu'un penchant invincible a déterminé aux

---

[a] ――― Paupertas impulit audax
        ut versus facerem.
   Horat. Epist. Libr. II. *Epist.* 2. *vers.* 51.

75 E36C, 36P2-W46: Elles sont votre
81 E36A: quand elle est malgré eux devenue
93 E36A: profanation. Et je suis
94 E36A, the Latin text of the note is run on in the text
n.*a* E36A, absent
    E36C, 36P2, 36AM: facerem.//

arts dès mon enfance, je me suis dit de bonne heure ces paroles,   100
que je vous ai souvent répétées, de Cicéron, ce consul romain
qui fut le père de la patrie, de la liberté et de l'éloquence:^b 'Les
lettres forment la jeunesse, et font les charmes de l'âge avancé.
La prospérité en est plus brillante. L'adversité en reçoit des
consolations; et dans nos maisons, dans celles des autres, dans   105
les voyages, dans la solitude, en tout temps, en tous lieux, elles
font la douceur de notre vie.'[11]

Je les ai toujours aimées pour elles-mêmes; mais à présent,
Madame, je les cultive pour vous, pour mériter, s'il est possible,
de passer auprès de vous le reste de ma vie, dans le sein de la   110
retraite, de la paix, peut-être de la vérité, à qui vous sacrifiez dans
votre jeunesse les plaisirs faux, mais enchanteurs du monde;
enfin pour être à portée de dire un jour avec Lucrèce, ce poète
philosophe dont les beautés et les erreurs vous sont si connues:

> Heureux, qui retiré dans le temple des sages,   115
> Voit en paix sous ses pieds se former les orages,
> Qui contemple de loin les mortels insensés,

---

^b Studia adolescentiam alunt, senectutem oblectant, secundas res
ornant, adversis perfugium ac solatium praebent; delectant domi, non
impediunt foris, pernoctant nobiscum, peregrinantur, rusticantur.

---

101   E36A, E36C: répétées, de ce consul
102   E36A, the Latin text of the note is run on in the text; the note reads
simply: Cicéron.
n.*b*   E36C: rusticantur. Ciceron.//
103   36A: et sont le charme de
      E36C, 36P2:   et font le charme de
      w38:   et sont les charmes de
106   E36A, w38:   en tous temps
112-113   E36A: faux et enchanteurs du monde, pour jouir d'une amitié pure
et respectable, que vous préférez à ces commerces dangereux, du moins frivoles,
qu'on honore si faussement du nom de société; enfin
114-115   E36A, the Latin text of the note is run on in the text

---

¹¹ Cicero, *Pro archia poeta*, vii.16.

De leur joug volontaire esclaves empressés,
Inquiets, incertains du chemin qu'il faut suivre,
Sans penser, sans jouir, ignorant l'art de vivre, 120
Dans l'agitation consumant leurs beaux jours,
Poursuivant la fortune et rampant dans les cours!
O vanité de l'homme! ô faiblesse! ô misère![c] [12]

Je n'ajouterai rien à cette longue épître, touchant la tragédie
que j'ai l'honneur de vous dédier. Comment en parler, Madame, 125
après avoir parlé de vous? Tout ce que je puis dire, c'est que je
l'ai composée dans votre maison et sous vos yeux. J'ai voulu la
rendre moins indigne de vous, en y mettant de la nouveauté, de
la vérité et de la vertu. J'ai essayé de peindre[d] ce sentiment
généreux, cette humanité, cette grandeur d'âme qui fait le bien et 130
qui pardonne le mal, ces sentiments tant recommandés par les
sages de l'antiquité, et épurés dans notre religion, ces vraies lois
de la nature, toujours si mal suivies. Vous avez ôté bien des

[c] *Sed nil dulcius est, bene quam munita tenere*
Edita doctrina sapientûm templa serena;
Despicere unde queas alios, passimque videre
Errare, atque viam palanteis quaerere vitae;
Certare ingenio, contendere nobilitate;
Noctes atque dies niti praestante labore
Ad summas emergere opes, rerumque potiri.
O miseras hominum mentes! O pectora caeca!

[d] Tout cela n'était pas un vain compliment, comme la plupart des
épîtres dédicatoires. L'auteur passa en effet vingt ans de sa vie à cultiver,
avec cette dame illustre, les belles-lettres et la philosophie; et tant qu'elle
vécut, il refusa constamment de venir auprès d'un souverain qui le
demandait, comme on le voit par plusieurs lettres insérées dans cette
collection.

129 E36A-W51, note *d* absent
133 E36A: suivies. J'ai tâché d'être plus homme que poète. Vous avez

[12] Lucretius, *De rerum natura*, ii.7-14.

défauts à cet ouvrage, vous connaissez ceux qui le défigurent encore.[13] Puisse le public, d'autant plus sévère qu'il a d'abord été plus indulgent, me pardonner, comme vous, mes fautes!

Puisse au moins cet hommage, que je vous rends, Madame, périr moins vite que mes autres écrits! Il serait immortel, s'il était digne de celle à qui je l'adresse.[14]

Je suis, avec un profond respect, etc.

134 E36A: ouvrage, et vous
135 E36A: plus sévère à la longue qu'il
141 E36A, E36C, 36P2: respect, / Madame, / V***
        36AM-W51: respect, / Madame, / Votre très humble et très / obéissant serviteur, / de Voltaire.

[13] Mme Du Châtelet made numerous suggestions concerning *Alzire*. See the correspondance of 1735 and 1736, *passim*.
[14] In a letter to Thiriot (D1027) Voltaire explains why he chose to write this 'Epître' in prose rather than in verse.

DISCOURS PRÉLIMINAIRE[1]

On a tâché dans cette tragédie, toute d'invention et d'une espèce assez neuve, de faire voir combien le véritable esprit de religion l'emporte sur les vertus de la nature.[2]

La religion d'un barbare consiste à offrir à ses dieux le sang de ses ennemis. Un chrétien mal instruit n'est souvent guère plus 5 juste. Etre fidèle à quelques pratiques inutiles, et infidèle aux vrais devoirs de l'homme: faire certaines prières, et garder ses vices: jeûner, mais haïr, cabaler, persécuter; voilà sa religion. Celle du chrétien véritable est de regarder tous les hommes comme ses

[1] Voltaire had originally intended to dedicate this 'Discours' to Thiriot and to place it *after* the text of the play as a sort of postface. When published, the 'Discours' preceded the text and was addressed to no one (see D1003, D1006, etc.). In the 'Discours' Voltaire prepared a skilful defence of himself, designed to disarm his critics by putting them on the defensive. The charges against him, especially those of irreligion, were dangerous, and the assaults on his character (as he recognised all too well) could only strengthen the case against him. Hence his need to present himself to the public in a better light. Perhaps, as I suggest in the introduction, his need to write a religious tragedy was not unrelated to the attacks on his religious orthodoxy.

After a brief discussion of the nature of true christianity, Voltaire points with some pride to the humanitairian qualities which characterise his writings, and passes to a discussion of the attacks mounted against his religious orthodoxy and even his belief in God that were occasioned by his publication of *La Ligue* and *La Henriade*. Many of the remarks he makes in the 'Discours préliminaire' are repeated virtually verbatim in his *Discours en réponse aux invectives et outrages de ses détracteurs* (1736), which he chose not to publish; in both *discours* he stops short of declaring himself orthodox, dismissing the charges by a rhetorical device. Voltaire moves from these charges to those of professional jealousy, and defends himself once again by pressing a counterattack, declaring himself to be a friend, even a father, of all honest artists.

[2] Voltaire touches briefly here on the genre of *Alzire* and the play's philosophical message; see above, p.37-38, note 46.

frères, de leur faire du bien et de leur pardonner le mal.[3] Tel est   10
Gusman au moment de sa mort; tel Alvarès dans le cours de sa
vie; tel j'ai peint Henri IV même au milieu de ses faiblesses.

On retrouvera dans presque tous mes écrits cette humanité qui
doit être le premier caractère d'un être pensant: on y verra (si
j'ose m'exprimer ainsi) le désir du bonheur des hommes, l'horreur   15
de l'injustice et de l'oppression; et c'est cela seul qui a jusqu'ici
tiré mes ouvrages de l'obscurité où leurs défauts devaient les
ensevelir.

Voilà pourquoi la *Henriade* s'est soutenue malgré les efforts de
quelques Français jaloux, qui ne voulaient pas absolument que la   20
France eût un poème épique.[4] Il y a toujours un petit nombre de
lecteurs, qui ne laissent point empoisonner leur jugement du
venin des cabales et des intrigues, qui n'aiment que le vrai, qui
cherchent toujours l'homme dans l'auteur. Voilà ceux devant qui
j'ai trouvé grâce. C'est à ce petit nombre d'hommes que j'adresse   25
les réflexions suivantes; j'espère qu'ils les pardonneront à la
nécessité où je suis de les faire.

Un étranger s'étonnait un jour à Paris d'une foule de libelles
de toute espèce, et d'un déchaînement cruel, par lequel un homme[5]
était opprimé. Il faut apparemment, dit-il, que cet homme soit   30
d'une grande ambition, et qu'il cherche à s'élever à quelqu'un de
ces postes qui irritent la cupidité humaine et l'envie. Non, lui
répondit-on; c'est un citoyen obscur, retiré, qui vit plus avec
Virgile et Locke qu'avec ses compatriotes, et dont la figure n'est

10 36P1-w51: mal. ¶Tel
11 36P1-w38: tel est Alvarès
20 36P1-w46: ne veulent pas
21 36P1-w46: France ait un

[3] It would be difficult to distinguish Christianity so defined from Voltairean
deism. But the play does in fact illustrate these qualities and does show how
this form of Christianity is superior to natural religion.
[4] See O. R. Taylor's edition of *La Henriade* (Voltaire 2, p.56-60 and 79-86)
for a discussion of this point.
[5] The reference is obviously to Voltaire himself.

118

pas plus connue de quelques-uns de ses ennemis, que du graveur 35
qui a prétendu graver son portrait. C'est l'auteur de quelques
pièces qui vous ont fait verser des larmes, et de quelques ouvrages
dans lesquels, malgré leurs défauts, vous aimez cet esprit d'humanité, de justice, de liberté qui y règne. Ceux qui le calomnient, ce
sont des hommes pour la plupart plus obscurs que lui, qui 40
prétendent lui disputer un peu de fumée, et qui le persécuteront
jusqu'à sa mort, uniquement à cause du plaisir qu'il vous a donné.
Cet étranger se sentit quelque indignation pour les persécuteurs,
et quelque bienveillance pour le persécuté.

Il est dur, il faut l'avouer, de ne point obtenir de ses contempo- 45
rains et de ses compatriotes ce que l'on peut espérer des étrangers
et de la postérité. Il est bien cruel, bien honteux pour l'esprit
humain, que la littérature soit infectée de ces haines personnelles,
de ces cabales, de ces intrigues, qui devraient être le partage des
esclaves de la fortune. Que gagnent les auteurs en se déchirant 50
mutuellement? Ils avilissent une profession qu'il ne tient qu'à eux
de rendre respectable. Faut-il que l'art de penser, le plus beau
partage des hommes, devienne une source de ridicule, et que les
gens d'esprit, rendus souvent par leurs querelles le jouet des sots,
soient les bouffons d'un public dont ils devraient être les maîtres? 55

Virgile, Varius, Pollion, Horace, Tibulle, étaient amis; les mo-
numents de leur amitié subsistent, et apprendront à jamais aux
hommes, que les esprits supérieurs doivent être unis. Si nous
n'atteignons pas à l'excellence de leur génie, ne pouvons-nous
pas avoir leurs vertus? Ces hommes sur qui l'univers avait les 60
yeux, qui avaient à se disputer l'admiration de l'Asie, de l'Afrique,
de l'Europe, s'aimaient pourtant et vivaient en frères; et nous, qui
sommes renfermés sur un si petit théâtre, nous dont les noms à
peine connus dans un coin du monde, passeront bientôt comme
nos modes, nous nous acharnons les uns contre les autres pour 65

37 36PI: larmes, de quelques
42 36PI-W46: donné. ¶Cet
59-60 36PI: ne pouvons-nous au moins avoir
    36AM, W38, W46: ne pouvons-nous pas au moins avoir

un éclair de réputation, qui hors de notre petit horizon ne frappe
les yeux de personne. Nous sommes dans un temps de disette;
nous avons peu, nous nous l'arrachons. Virgile et Horace ne se
disputaient rien, parce qu'ils étaient dans l'abondance.

On a imprimé un livre, *de Morbis Artificum*: *des maladies des*   70
artistes.[6] La plus incurable est cette jalousie et cette bassesse. Mais
ce qu'il y a de déshonorant, c'est que l'intérêt a souvent plus de
part encore que l'envie à toutes ces petites brochures satiriques
dont nous sommes inondés. On demandait, il n'y a pas longtemps,
à un homme qui avait fait je ne sais quelle mauvaise brochure   75
contre son ami et son bienfaiteur, pourquoi il s'était emporté à
cet excès d'ingratitude? Il répondit froidement: Il faut que je vive.[a]

De quelque source que partent ces outrages, il est sûr qu'un
homme qui n'est attaqué que dans ses écrits, ne doit jamais
répondre aux critiques; car si elles sont bonnes, il n'a autre chose   80
à faire qu'à se corriger; et si elles sont mauvaises, elles meurent
en naissant. Souvenons-nous de la fable de Boccalini.[7] 'Un voya-

---

[a] Ce fut l'abbé Guiot des Fontaines, qui fit cette réponse à M. le
comte d'Argenson, depuis secrétaire d'Etat de la guerre.

---

70   36P1-W57P: *Artificum*: de la maladie des
n.*a*   36P1-W46, note *a* absent (added in W48D)
     K: la guerre, à quoi le comte d'Argenson répliqua: Je n'en vois pas la
nécessité.

---

[6] Bernardo Ramazzini, *De morbis artificum diatriba* (Modena 1701). This book
deals with the diseases of craftsmen or artisans, and not, as Voltaire states, with
the disease of artists. He undoubtedly chose to translate *artifex* as *artiste* in order
to denigrate the talent of the writers and journalists to whom he was referring.

[7] Trajano Boccalini, author of *De' Ragguagli di Parnasso* (Milano 1612, 1613),
the first *centuria* of which was translated by Th. de Fougasses as *Les Cent premières
nouvelles et advis de Parnasse* (Paris 1615). Voltaire's quotation ends the hundredth
ragguaglio of the first *centuria*. It is quite appropriate to his point, since it is a
fable in which Boccalini intended to demonstrate that an author should not lend
credibility to the invidious attacks of his base critics by replying to their charges.
Voltaire's point is that critics should be answered only when they attack the
author personally rather than his writings.

geur, dit-il, était importuné dans son chemin du bruit des cigales; il s'arrêta pour les tuer; il n'en vint pas à bout, et ne fit que s'écarter de sa route. Il n'avait qu'à continuer paisiblement son voyage; les cigales seraient mortes d'elles-mêmes au bout de huit jours.'

Il faut toujours que l'auteur s'oublie; mais l'homme ne doit jamais s'oublier, *se ipsum deserere turpissimum est*.[8] On sait que ceux qui n'ont pas assez d'esprit pour attaquer nos ouvrages, calomnient nos personnes; quelque honteux qu'il soit de leur répondre, il le serait quelquefois davantage de ne leur répondre pas.[9]

On m'a traité dans vingt libelles d'homme sans religion; et une des belles preuves qu'on en a apportées, c'est que, dans *Œdipe*, Jocaste dit ces vers:

Les prêtres ne sont point ce qu'un vain peuple pense,
Notre crédulité fait toute leur science.[10]

85

90

95

85   36P1: s'écarter de son chemin. Il
93-94   36P1: pas. ¶Il y a une de ces calomnies répétée dans vingt libelles au sujet de la belle édition anglaise de la Henriade. Il ne s'agit là que d'un vil intérêt; ma conduite prouve assez combien je suis au-dessus de ces bassesses. Je ne souillerai point cet écrit d'un détail si avilissant: on trouvera chez Bauche libraire, une réponse satisfaisante. Mais il y a d'autres accusations que l'honneur oblige à repousser. ¶On m'a
94   36P1: dans ces libelles
95   36P1: qu'on a porté c'est

   [8] 'To abandon oneself is a most shameful thing'. It is not clear whether Voltaire is himself responsible for this Latin expression or whether he found it in one of his readings.
   [9] This *réponse* was not made public until 1739; for details, see *La Henriade*, Voltaire 2, p.325 and 628.
   [10] *Œdipe*, IV.i. In the *Discours en réponse aux invectives* Voltaire speaks in almost identical terms of these charges of irreligion, quoting the author of a *Réponse à l'Apologie du nouvel Œdipe, par M. M****(Paris 1719) as saying: 'Voilà la confession de foi d'un athée'. The author of this *Réponse*, Auguste Poubeau de Bellechaume, referring to these two lines, says (p.21): 'Cela s'appelle n'avoir aucun reste de religion'. Bellechaume also attacked Voltaire's orthodoxy in his *Lettre critique, ou paralelle des trois poëmes épiques anciens* [...] *avec La Ligue, ou Henri le Grand, poëme*

Ceux qui m'ont fait ce reproche, sont aussi raisonnables pour le moins que ceux qui ont imprimé, que la *Henriade*, dans plusieurs endroits *sentait bien son semi-pélagien.* On renouvelle souvent cette accusation cruelle d'irréligion, parce que c'est le dernier refuge des calomniateurs. Comment leur répondre? comment s'en consoler, sinon en se souvenant de la foule de ces grands hommes, qui depuis Socrate jusqu'à Descartes ont essuyé ces calomnies atroces? Je ne ferai ici qu'une seule question: Je demande, qui a le plus de religion, ou le calomniateur qui persécute, ou le calomnié qui pardonne?[11]

Ces mêmes libelles me traitent d'homme envieux de la réputation d'autrui; je ne connais l'envie que par le mal qu'elle m'a voulu faire. J'ai défendu à mon esprit d'être satirique, et il est impossible à mon cœur d'être envieux. J'en appelle à l'auteur de *Radamiste* et d'*Electre*,[12] qui par ces deux ouvrages m'inspira le premier le désir d'entrer quelque temps dans la même carrière: ses succès ne m'ont jamais coûté d'autres larmes que celles que

100

105

110

115

101   36P1-W51:   *semi-pélagien.* ¶On
112   36P1-W51:   envieux. ¶J'en
113-114   36P1-W46:   Electre, dont les ouvrages m'ont inspiré les premiers le désir

    W48D: m'inspira les premiers le désir

épique, par M. de Voltaire (Paris 1724); see Voltaire 2, p.57-58. For the charge of semi-pelagianism mentioned in the next sentence, see the anonymous letter to the *Mémoires de Trévoux* (D410).

[11] Voltaire returns here to the definition of 'true christianity' which he had offered at the end of the second paragraph of the 'Discours'. By this rhetorical device he can disarm his critics without replying to them directly.

[12] Prosper Jolyot de Crébillon.

l'attendrissement m'arrachait aux représentations de ses pièces; il
sait qu'il n'a fait naître en moi que de l'émulation et de l'amitié.

J'ose dire avec confiance, que je suis plus attaché aux beaux-
arts qu'à mes écrits: sensible à l'excès dès mon enfance pour tout
ce qui porte le caractère de génie, je regarde un grand poète, un   120
bon musicien, un bon peintre, un sculpteur habile (s'il a de la
probité), comme un homme que je dois chérir, comme un frère
que les arts m'ont donné. Les jeunes gens, qui voudront s'appliquer aux lettres, trouveront en moi un ami; plusieurs y ont trouvé
un père. Voilà mes sentiments; quiconque a vécu avec moi sait   125
bien que je n'en ai point d'autres.

Je me suis cru obligé de parler ainsi au public sur moi-même
une fois en ma vie. A l'égard de ma tragédie, je n'en dirai rien.
Réfuter des critiques est un vain amour-propre; confondre la
calomnie est un devoir.   130

---

117   36AM: amitié [with note:] L'auteur n'a jamais répondu aux invectives
de personne qu'à celles du poète Roussau, homme ennemi de tout mérite,
calomniateur de profession, reconnu et condamné pour tel, livré par la justice
à la haine de tous les honnêtes gens, comme le cadavre d'un criminel qu'il est
permis de disséquer pour l'utilité publique.[13]

117-118   36PI-W46: amitié. ¶L'auteur[14] ingénieux et digne de beaucoup de
considération qui vient de travailler sur un sujet à peu près semblable à ma
tragédie, et qui s'est exercé à peindre ce contraste des mœurs de l'Europe et de
celles du nouveau monde, matière si favorable à la poésie, enrichira peut-être
le théâtre de sa pièce nouvelle. Il verra si je serai le dernier à lui applaudir, et
si un indigne amour-propre ferme mes yeux aux beautés d'un ouvrage. ¶J'ose

120   K: caractère du génie

[13] Voltaire explains why he withdrew this note in W38 and later editions, and
speaks of Rousseau's calumnies in D1291, D1248, D1308, D1309. The note is
another indication of the close connection between the 'Discours préliminaire'
and the *Discours en réponse aux invectives*.

[14] Jean-Jacques Le Franc de Pompignan; the reference is to his lost *Zoraïde*
(see above, p.29).

ACTEURS[1]

D. GUSMAN, gouverneur du Pérou.

D. ALVARÈS, père de Gusman, ancien gouverneur.

ZAMORE, souverain d'une partie du Potoze.

MONTÈZE, souverain d'une autre partie.

ALZIRE, fille de Montèze.   5

EMIRE,
CEPHANE, } suivantes d'Alzire.

Officiers espagnols.

Américains.

La scène est dans la ville de Los-Reyes, autrement Lima.   10

a K: Personnages

[1] At the first performance the principal roles were played by Dufresne (Zamore), Grandval (Gusman), Sarrazin (Alvarez), and Mlle Gaussin (Alzire). Legrand probably played Montèze (see D1023, where he is listed along with some of the other principals).

ACTE PREMIER

SCÈNE PREMIÈRE

ALVARÈS, GUSMAN

ALVARÈS

Du conseil de Madrid l'autorité suprême
Pour successeur enfin me donne un fils que j'aime.
Faites régner le prince, et le Dieu que je sers,
Sur la riche moitié d'un nouvel univers:
Gouvernez cette rive en malheurs trop féconde,   5
Qui produit les trésors et les crimes du monde.
Je vous remets, mon fils, ces honneurs souverains,
Que la vieillesse arrache à mes débiles mains.
J'ai consumé mon âge au sein de l'Amérique;
Je montrai le premier au peuple du Mexique[a]   10
L'appareil inouï, pour ces mortels nouveaux,
De nos châteaux ailés qui volaient sur les eaux.
Des mers de Magellan jusqu'aux astres de l'Ourse,

---

[a] L'expédition du Mexique se fit en 1517, et celle du Pérou en 1525.
Ainsi Alvarès a pu aisément les voir. Los-Reyes, lieu de la scène, fut
bâti en 1535.

---

c   36P1, 36P2, w57P: D. ALVARÈS, D. GUSMAN
      36AM-w56, w70L: ALVARÈS, D. GUSMAN
2   36P1, 36P2: me nomme un fils que j'aime
7   36P1: fils, les honneurs
10   36P1: aux peuples du Mexique
n.a   36P1, 36P2: Il est très aisé qu'Alvarès se soit trouvé à ces deux
expéditions, la conquête du Mexique ayant été commencée en 1517, et celle du
Pérou en 1525.

Les vainqueurs castillans[b] ont dirigé ma course;
Heureux, si j'avais pu, pour fruit de mes travaux,   15
En mortels vertueux changer tous ces héros!
Mais qui peut arrêter l'abus de la victoire?
Leurs cruautés, mon fils, ont obscurci leur gloire,
Et j'ai pleuré longtemps sur ces tristes vainqueurs,
Que le ciel fit si grands, sans les rendre meilleurs.   20
Je touche au dernier pas de ma longue carrière,
Et mes yeux sans regret quitteront la lumière,
S'ils vous ont vu régir sous d'équitables lois,
L'empire du Potoze et la ville des rois.

GUSMAN

J'ai conquis avec vous ce sauvage hémisphère;   25
Dans ces climats brûlants j'ai vaincu sous mon père;
Je dois de vous encore apprendre à gouverner,
Et recevoir vos lois plutôt que d'en donner.

ALVARÈS

Non, non, l'autorité ne veut point de partage.
Consumé de travaux, appesanti par l'âge,   30
Je suis las du pouvoir; c'est assez si ma voix
Parle encor au conseil, et règle vos exploits.
Croyez-moi, les humains, que j'ai trop su connaître,
Méritent peu, mon fils, qu'on veuille être leur maître.

[b] On sait quelles cruautés Fernand Cortez exerça au Mexique, et Pizaro au Pérou.

14   36P1, 36P2, 36AM: Cortez, Herman, Pizare [36AM: Pizaro] ont
n.*b*   36P1, 36P2: Rien n'est plus connu que les exploits et les barbaries de Ferdinand Cortez et des Pizare.
    K: Pizare
16   36P1-W52, W57P: En chrétiens vertueux
21   36P1, 36P2: aux derniers pas

Je consacre à mon Dieu, négligé trop longtemps,   35
De ma caducité les restes languissants.
Je ne veux qu'une grâce, elle me sera chère;
Je l'attends comme ami, je la demande en père.
Mon fils, remettez-moi ces esclaves obscurs,
Aujourd'hui par votre ordre arrêtés dans nos murs: 40
Songez que ce grand jour doit être un jour propice,
Marqué par la clémence, et non par la justice.

GUSMAN

Quand vous priez un fils, seigneur, vous commandez;[1]
Mais daignez voir au moins ce que vous hasardez.
D'une ville naissante encor mal assurée   45
Au peuple américain nous défendons l'entrée:
Empêchons, croyez-moi, que ce peuple orgueilleux
Au fer qui l'a dompté n'accoutume ses yeux;
Que méprisant nos lois, et prompt à les enfreindre,
Il ose contempler des maîtres qu'il doit craindre.   50
Il faut toujours qu'il tremble, et n'apprenne à nous voir,
Qu'armés de la vengeance, ainsi que du pouvoir.
L'Américain farouche est un monstre sauvage,
Qui mord en frémissant le frein de l'esclavage;
Soumis au châtiment, fier dans l'impunité,   55
De la main qui le flatte il se croit redouté.
Tout pouvoir, en un mot, périt par l'indulgence,
Et la sévérité produit l'obéissance.

35-36   36P2, 36AM:
          Je consacre à mon Dieu trop longtemps négligé
          Les restes languissants de ma caducité
50   36PI: Il n'ose

[1] Voltaire, while saying that he intended to do what he could to 'rendre Gusman plus tolérable', thought nevertheless that Grandval (who played the role) 'a outré' his character, making 'féroce' what Voltaire had meant to be merely 'sévère' (D1039).

Je sais qu'aux Castillans il suffit de l'honneur,
Qu'à servir sans murmure ils mettent leur grandeur: 60
Mais le reste du monde, esclave de la crainte,
A besoin qu'on l'opprime, et sert avec contrainte.
Les dieux même adorés dans ces climats affreux,
S'ils ne sont teints de sang, n'obtiennent point de vœux.[c]

ALVARÈS

Ah! mon fils, que je hais ces rigueurs tyranniques!   65
Les pouvez-vous aimer, ces forfaits politiques,
Vous, chrétien, vous choisi pour régner désormais
Sur des chrétiens nouveaux au nom d'un Dieu de paix?
Vos yeux ne sont-ils pas assouvis des ravages,
Qui de ce continent dépeuplent les rivages?   70
Des bords de l'Orient n'étais-je donc venu
Dans un monde idolâtre, à l'Europe inconnu,
Que pour voir abhorrer sous ce brûlant tropique,
Et le nom de l'Europe, et le nom catholique?
Ah! Dieu nous envoyait, par un contraire choix,   75
Pour annoncer son nom, pour faire aimer ses lois;
Et nous de ces climats destructeurs implacables,
Nous et d'or et de sang toujours insatiables,
Déserteurs de ses lois qu'il fallait enseigner,

---

[c] On immolait quelquefois des hommes en Amérique; mais il n'y a presque aucun peuple qui n'ait été coupable de cette horrible superstition.

---

64   w38, w46: teints du sang
n.c, 1-3 36P1, 36P2: Au Mexique et au Pérou on immolait des hommes à ce qu'on appelait la divinité; et ce qu'il y a de plus horrible, c'est que presque tous les peuples de la terre ont été coupables de pareils sacrilèges par religion.
n.c, 1   36AM-W46: immolait des
         36AM-W46: n'y a aucun
75   36P1, 36P2: par un plus heureux choix
      K: quand de nous il fit choix
79   36P1-W52, W57P, K84: de ces lois

Nous égorgeons ce peuple, au lieu de le gagner.　　　80
Par nous tout est en sang, par nous tout est en poudre,
Et nous n'avons du ciel imité que la foudre.
Notre nom, je l'avoue, inspire la terreur;
Les Espagnols sont craints, mais ils sont en horreur:
Fléaux du nouveau monde, injustes, vains, avares,　　85
Nous seuls en ces climats nous sommes les barbares.
L'Américain farouche en sa simplicité,
Nous égale en courage, et nous passe en bonté.
Hélas, si comme vous il était sanguinaire,
S'il n'avait des vertus, vous n'auriez plus de père.　　90
Avez-vous oublié, qu'ils m'ont sauvé le jour?
Avez-vous oublié, que près de ce séjour
Je me vis entouré par ce peuple en furie,
Rendu cruel enfin par notre barbarie?
Tous les miens, à mes yeux, terminèrent leur sort.　　95
J'étais seul, sans secours, et j'attendais la mort:
Mais à mon nom, mon fils, je vis tomber leurs armes.
Un jeune Américain, les yeux baignés de larmes,
Au lieu de me frapper, embrassa mes genoux.
'Alvarès, me dit-il, Alvarès, est-ce vous?　　100
Vivez, votre vertu nous est trop nécessaire:
Vivez, aux malheureux servez longtemps de père:
Qu'un peuple de tyrans, qui veut nous enchaîner,
Du moins par cet exemple apprenne à pardonner.
Allez, la grandeur d'âme est ici le partage　　105
Du peuple infortuné qu'ils ont nommé sauvage.'
Eh bien, vous gémissez: je sens qu'à ce récit
Votre cœur, malgré vous, s'émeut et s'adoucit.

95　36P1:　Deux des miens
99　36P1:　Suivi de tous les siens, embrassa
100　36P1, 36P2, with note:　On trouve un pareil trait dans une Relation de
la nouvelle Espagne.
104　36P1:　Par cet exemple un jour apprenne
105　36P1:　est du moins le partage

L'humanité vous parle, ainsi que votre père.
Ah! si la cruauté vous était toujours chère,[2]   110
De quel front aujourd'hui pourriez-vous vous offrir
Au vertueux objet qu'il vous faut attendrir,
A la fille des rois de ces tristes contrées,
Qu'à vos sanglantes mains la fortune a livrées?
Prétendez-vous, mon fils, cimenter ces liens   115
Par le sang répandu de ses concitoyens?
Ou bien attendez-vous que ses cris et ses larmes
De vos sévères mains fassent tomber les armes?

GUSMAN

Eh bien! vous l'ordonnez, je brise leurs liens;
J'y consens; mais songez qu'il faut qu'ils soient chrétiens; 120
Ainsi le veut la loi: quitter l'idolâtrie,
Est un titre en ces lieux pour mériter la vie:
A la religion gagnons-les à ce prix:
Commandons aux cœurs même, et forçons les esprits.
De la nécessité le pouvoir invincible   125
Traîne aux pieds des autels un courage inflexible.[3]
Je veux que ces mortels, esclaves de ma loi,

111   36P1: pourriez-vous offrir [errata: β]
126   36P1, 36P2: Traîne au pied des

[2] Charles Collé, in the 'Fragments inédits' (*Correspondance inédite*, ed. H. Bonhomme, Paris 1864, p.447) writes: 'La *cruauté* n'est jamais *chère*, même aux gens cruels. L'auteur voulait dire: "Ah! si vous ne renoncez pas à votre cruauté, etc." Mais le cruel ne l'a pas dit.'
[3] Collé (p.448) remarks: 'On a déjà fait remarquer que les vers finissant par deux épithètes qui riment font trop apercevoir la nécessité de rimer. Du reste, ces deux vers ont bien un autre défaut plus grave, celui de contenir un contresens; car si le *courage* est *inflexible*, rien ne peut le fléchir, pas même la *nécessité*. Il eût fallu mettre: un courage flexible'. Collé's comment is well made, but his proposed correction would not be in keeping with the unbending nature of Gusman's character.

Tremblent sous un seul Dieu, comme sous un seul roi.[4]

ALVARÈS

Ecoutez-moi, mon fils; plus que vous je désire,
Qu'ici la vérité fonde un nouvel empire,   130
Que le ciel et l'Espagne y soient sans ennemis;
Mais les cœurs opprimés ne sont jamais soumis.
J'en ai gagné plus d'un, je n'ai forcé personne,
Et le vrai Dieu, mon fils, est un Dieu qui pardonne.

GUSMAN

Je me rends donc, seigneur, et vous l'avez voulu;   135
Vous avez sur un fils un pouvoir absolu:
Oui, vous amolliriez le cœur le plus farouche:
L'indulgente vertu parle par votre bouche.
Eh bien, puisque le ciel voulut vous accorder
Ce don, cet heureux don, de tout persuader,   140
C'est de vous que j'attends le bonheur de ma vie.[5]
Alzire contre moi par mes feux enhardie,
Se donnant à regret, ne me rend point heureux.
Je l'aime, je l'avoue, et plus que je ne veux;[6]
Mais enfin je ne peux, même en voulant lui plaire,   145
De mon cœur trop altier fléchir le caractère;
Et rampant sous ses lois, esclave d'un coup d'œil,
Par des soumissions caresser son orgueil.

145   36P1: je ne puis

[4] Collé (p.448) comments: 'Ces deux vers, dans la bouche d'un Espagnol,
sont de la plus grande beauté. Ils peignent cette nation dans le nouveau monde.
Et depuis, à Madrid, Philippe II doit avoir dit souvent, en prose, le fond de ces
deux vers'.
[5] This line is repeated in *Mahomet*, I.ii.
[6] Collé (p.449) calls this line 'un vers de comédie'.

Je ne veux point sur moi lui donner tant d'empire.[7]
Vous seul, vous pouvez tout sur le père d'Alzire;   150
En un mot, parlez-lui pour la dernière fois;
Qu'il commande à sa fille, et force enfin son choix.
Daignez... Mais c'en est trop, je rougis que mon père
Pour l'intérêt d'un fils s'abaisse à la prière.

ALVARÈS

C'en est fait. J'ai parlé, mon fils, et sans rougir.   155
Montèze a vu sa fille, il l'aura su fléchir.
De sa famille auguste en ces lieux prisonnière,
Le ciel a par mes soins consolé la misère.
Pour le vrai Dieu Montèze a quitté ses faux dieux.
Lui-même de sa fille a dessillé les yeux.   160
De tout ce nouveau monde Alzire est le modèle;
Les peuples incertains fixent les yeux sur elle;
Son cœur aux Castillans va donner tous les cœurs;
L'Amérique à genoux adoptera nos mœurs;
La foi doit y jeter ses racines profondes;   165
Votre hymen est le nœud qui joindra les deux mondes.
Ces féroces humains, qui détestent nos lois,
Voyant entre vos bras la fille de leurs rois,
Vont d'un esprit moins fier, et d'un cœur plus facile,
Sous votre joug heureux baisser un front docile;   170
Et je verrai, mon fils, grâce à ces doux liens,
Tous les cœurs désormais espagnols et chretiens.
Montèze vient ici. Mon fils, allez m'attendre

162   36PI: fixent leurs yeux
171   36AM: grâces à

[7] Collé (p.449) says that Gusman, '*qui aime plus qu'il ne veut*, n'aime rien que lui, et ce n'est pas là la *manière d'aimer* des Espagnols; il a plutôt celle d'un soudan'. He maliciously adds that these four lines belong to *Zaïre*: 'ils seraient dans le caractère d'Orosmane, que l'auteur a fait amoureux comme un Espagnol. Gusman et lui devraient troquer leur façon d'aimer'.

Aux autels, où sa fille avec lui va se rendre.[8]

SCÈNE II

ALVARÈS, MONTÈZE

ALVARÈS

Eh bien! votre sagesse et votre autorité   175
Ont d'Alzire en effet fléchi la volonté?

MONTÈZE

Père des malheureux, pardonne si ma fille,
Dont Gusman détruisit l'empire et la famille,
Semble éprouver encore un reste de terreur,
Et d'un pas chancelant marche vers son vainqueur.   180
Les nœuds qui vont unir l'Europe et ma patrie,
Ont révolté ma fille en ces climats nourrie.
Mais tous les préjugés s'effacent à ta voix;
Tes mœurs nous ont appris à révérer tes lois.
C'est par toi que le ciel à nous s'est fait connaître.   185
Notre esprit éclairé te doit son nouvel être.
Sous le fer Castillan ce monde est abattu;
Il cède à la puissance, et nous à la vertu.
De tes concitoyens la rage impitoyable
Aurait rendu comme eux leur Dieu même haïssable: 190
Nous détestions ce Dieu qu'annonça leur fureur;
Nous l'aimons dans toi seul, il s'est peint dans ton cœur.

191-192   36P1:   Je détestai ce Dieu [...] / Je l'aimai dans toi

---

[8] This *enjambement* is a rare example in the versification of *Alzire*.

Voilà ce qui te donne, et Montèze, et ma fille.
Instruits par tes vertus, nous sommes ta famille.
Sers-lui longtemps de père, ainsi qu'à nos Etats.   19
Je la donne à ton fils, je la mets dans ses bras;
Le Pérou, le Potoze, Alzire est sa conquête:
Va dans ton temple auguste en ordonner la fête:
Va, je crois voir des cieux les peuples éternels
Descendre de leur sphère, et se joindre aux mortels.   20
Je réponds de ma fille, elle va reconnaître,
Dans le fier don Gusman, son époux et son maître.

ALVARÈS

Ah! puisque enfin mes mains ont pu former ces nœuds,
Cher Montèze, au tombeau je descends trop heureux.
Toi, qui nous découvris ces immenses contrées,   20
Rends du monde aujourd'hui les bornes éclairées.
Dieu des chrétiens, préside à ces vœux solennels,
Les premiers qu'en ces lieux on forme à tes autels;
Descends, attire à toi l'Amérique étonnée.
Adieu, je vais presser cet heureux hyménée: 21
Adieu, je vous devrai le bonheur de mon fils.

SCÈNE III

MONTÈZE seul.

Dieu, destructeur des dieux que j'avais trop servis,
Protège de mes ans la fin dure et funeste.
Tout me fut enlevé, ma fille ici me reste;

197 36P1, 36AM: Ainsi que le Potose [errata: β]
211 36P1, 36P2: je te devrai

Daigne veiller sur elle, et conduire son cœur. 215

SCÈNE IV

MONTÈZE, ALZIRE

MONTÈZE

Ma fille, il en est temps, consens à ton bonheur;
Ou plutôt, si ta foi, si ton cœur me seconde,
Par ta félicité fais le bonheur du monde:
Protège les vaincus, commande à nos vainqueurs,
Eteins entre leurs mains leurs foudres destructeurs: 220
Remonte au rang des rois, du sein de la misère;
Tu dois à ton état plier ton caractère:[9]
Prends un cœur tout nouveau; viens, obéis, suis-moi,
Et renais Espagnole en renonçant à toi.
Sèche tes pleurs, Alzire, ils outragent ton père. 225

ALZIRE

Tout mon sang est à vous: mais si je vous suis chère,
Voyez mon désespoir, et lisez dans mon cœur.

MONTÈZE

Non, je ne veux plus voir ta honteuse douleur.
J'ai reçu ta parole, il faut qu'on l'accomplisse.

ALZIRE

Vous m'avez arraché cet affreux sacrifice. 230

[9] Beuchot, in a note to La Mort de César, I.i, 'Tout homme à son état doit plier son courage', cites two further parallels: Eriphyle, II.i, 'Pliez à votre état ce fougueux caractère' and Oreste, I.iii, 'Pliez à votre état ce superbe courage'.

135

Mais quel temps, justes cieux, pour engager ma foi!
Voici ce jour horrible où tout périt pour moi,
Où de ce fier Gusman le fer osa détruire
Des enfants du soleil le redoutable empire.
Que ce jour est marqué par des signes affreux!   235

MONTÈZE

Nous seuls rendons les jours heureux ou malheureux.
Quitte un vain préjugé, l'ouvrage de nos prêtres,
Qu'à nos peuples grossiers ont transmis nos ancêtres.

ALZIRE

Au même jour, hélas! le vengeur de l'Etat,
Zamore, mon espoir, périt dans le combat,   240
Zamore, mon amant, choisi pour votre gendre.

MONTÈZE

J'ai donné comme toi des larmes à sa cendre;
Les morts dans le tombeau n'exigent point ta foi;
Porte, porte aux autels un cœur maître de soi;
D'un amour insensé pour des cendres éteintes,   245
Commande à ta vertu d'écarter les atteintes.
Tu dois ton âme entière à la loi des chrétiens;
Dieu t'ordonne par moi de former ces liens:
Il t'appelle aux autels, il règle ta conduite;
Entends sa voix.

ALZIRE

                Mon père, où m'avez-vous réduite!   25
Je sais ce qu'est un père, et quel est son pouvoir.
M'immoler quand il parle est mon premier devoir,
Et mon obéissance a passé les limites,

231   36P1:   Mais quels temps

Qu'à ce devoir sacré la nature a prescrites.
Mes yeux n'ont jusqu'ici rien vu que par vos yeux.   255
Mon cœur changé par vous abandonna ses dieux.
Je ne regrette point leurs grandeurs terrassées,
Devant ce Dieu nouveau, comme nous abaissées.
Mais vous, qui m'assuriez, dans mes troubles cruels,
Que la paix habitait au pied de ses autels,   260
Que sa loi, sa morale, et consolante et pure,
De mes sens désolés guérirait la blessure,
Vous trompiez ma faiblesse. Un trait toujours vainqueur
Dans le sein de ce Dieu vient déchirer mon cœur.
Il y porte une image à jamais renaissante;   265
Zamore vit encore au cœur de son amante.
Condamnez, s'il le faut, ces justes sentiments,
Ce feu victorieux de la mort et du temps,
Cet amour immortel ordonné par vous-même;
Unissez votre fille au fier tyran qui m'aime;   270
Mon pays le demande, il le faut, j'obéis:
Mais tremblez en formant ces nœuds mal assortis;
Tremblez, vous qui d'un Dieu m'annoncez la vengeance,
Vous qui me condamnez d'aller en sa présence,
Promettre à cet époux, qu'on me donne aujourd'hui,   275
Un cœur qui brûle encor pour un autre que lui.

MONTÈZE

Ah! que dis-tu, ma fille? épargne ma vieillesse;
Au nom de la nature, au nom de ma tendresse,
Par nos destins affreux, que ta main peut changer,
Par ce cœur paternel, que tu viens d'outrager,   280
Ne rends point de mes ans la fin trop douloureuse.
Ai-je fait un seul pas que pour te rendre heureuse?
Jouis de mes travaux; mais crains d'empoisonner

254 w38, omitted (restored by cancel in w42)
270 k: qui l'aime;

Ce bonheur difficile où j'ai su t'amener.
Ta carrière nouvelle, aujourd'hui commencée,   285
Par la main du devoir est à jamais tracée.
Ce monde gémissant te presse d'y courir,
Il n'espère qu'en toi: voudrais-tu le trahir?
Apprends à te dompter.

ALZIRE

                        Faut-il apprendre à feindre?
Quelle science, hélas!

SCÈNE V

GUSMAN, ALZIRE

GUSMAN

                    J'ai sujet de me plaindre,   290
Que l'on oppose encore à mes empressements
L'offensante lenteur de ces retardements.[10]

287   36P1, 36P2: Ce monde en gémissant
288   36P1: Il n'a d'appui que toi, voudras-tu le trahir?

[10] Collé (p.451) censures this abrupt and discourteous opening sentence. 'Le début de Gusman avec Alzire est singulier', he says. 'C'est l'*amant bourru*. On ne saurait être plus dur, plus haut, plus grossier et moins Espagnol que l'est Gusman. Il manque de civilité au point d'adresser la parole à Alzire sans l'appeler *Princesse* ou *Madame*. Je défie que dans une tragédie on puisse montrer un seul exemple d'une telle impolitesse. Cela est d'autant plus étrange que le vers se trouve fait en ôtant la cheville *encor* et en y substituant *Madame*: J'ai sujet de me plaindre, *Madame, qu'on oppose à mes empressements*, etc'. However, it is possible that Voltaire, in order to emphasise the harshness and the crudeness of Gusman's character, chose this act of impoliteness as his means to do so.

J'ai suspendu ma loi, prête à punir l'audace
De tous ces ennemis dont vous vouliez la grâce.
Ils sont en liberté; mais j'aurais à rougir,   295
Si ce faible service eût pu vous attendrir.
J'attendais encor moins de mon pouvoir suprême;
Je voulais vous devoir à ma flamme, à vous-même:
Et je ne pensais pas, dans mes vœux satisfaits,
Que ma félicité vous coutât des regrets.   300

                          ALZIRE

Que puisse seulement la colère céleste
Ne pas rendre ce jour à tous les deux funeste!
Vous voyez quel effroi me trouble et me confond:
Il parle dans mes yeux, il est peint sur mon front.
Tel est mon caractère: et jamais mon visage   305
N'a de mon cœur encor démenti le langage.
Qui peut se déguiser pourrait trahir sa foi:
C'est un art de l'Europe: il n'est pas fait pour moi.

                          GUSMAN

Je vois votre franchise; et je sais que Zamore
Vit dans votre mémoire, et vous est cher encore.   310
Ce cacique^d obstiné, vaincu dans les combats,
S'arme encor contre moi de la nuit du trépas.
Vivant je l'ai dompté, mort doit-il être à craindre?
Cessez de m'offenser, et cessez de le plaindre;
Votre devoir, mon nom, mon cœur, en sont blessés;   315
Et ce cœur est jaloux des pleurs que vous versez.

                          ALZIRE

Ayez moins de colère, et moins de jalousie;

---

^d Le mot propre est *Inca*: mais les Espagnols accoutumés dans
l'Amérique septentrionale au titre de *Cacique*, le donnèrent d'abord à
tous les souverains du nouveau monde.

Un rival au tombeau doit causer peu d'envie.
Je l'aimai, je l'avoue, et tel fut mon devoir.
De ce monde opprimé Zamore était l'espoir.   32o
Sa foi me fut promise, il eut pour moi des charmes,
Il m'aima: son trépas me coûte encor des larmes.
Vous, loin d'oser ici condamner ma douleur,
Jugez de ma constance, et connaissez mon cœur;
Et quittant avec moi cette fierté cruelle,   32
Méritez, s'il se peut, un cœur aussi fidèle.

SCÈNE VI

GUSMAN seul.

Son orgueil, je l'avoue, et sa sincérité,
Etonne mon courage, et plaît à ma fierté.
Allons, ne souffrons pas que cette humeur altière
Coûte plus à dompter que l'Amérique entière.[11]   33
La grossière nature, en formant ses appas,
Lui laisse un cœur sauvage, et fait pour ces climats.[12]

319   36P1, 36P2: Je l'aimais
326   36AM-W46: un amour si fidèle.
326b 36P1, 36P2, no stage direction

---

[11] 'Quoique cette idée paraisse hyperboliquement rendue, elle tient au caractère et au génie fastueux de la langue espagnole. Je ne pense pas qu'on doive
le blâmer' (Collé, p.454). Collé goes on to remark that Corneille often had his
Spanish characters make use of such 'rodomontades' and 'fanfaronnades', but
had his Romans speak a different language. He defends Voltaire for this speech:
'il faut [...] faire parler à chacun sa langue'.
[12] In an earlier reading of line 331, Voltaire had put 'La nature grossière'. He
intended to replace these two lines by the following:
        Je crains moins ce cœur simple et plein de vérité
        Que le fard dangereux d'un dehors emprunté.
Probably on Thiriot's advice, he kept the original version, modified (D1011).

Le devoir fléchira son courage rebelle;
Ici tout m'est soumis, il ne reste plus qu'elle;
Que l'hymen en triomphe: et qu'on ne dise plus,   335
Qu'un vainqueur et qu'un maître essuya des refus.

Fin du premier acte.

ACTE II

SCÈNE PREMIÈRE

ZAMORE, AMÉRICAINS

ZAMORE

Amis de qui l'audace, aux mortels peu commune,
Renaît dans les dangers, et croit dans l'infortune;
Illustres compagnons de mon funeste sort,
N'obtiendrons-nous jamais la vengeance ou la mort?
Vivrons-nous sans servir Alzire et la patrie,   5
Sans ôter à Gusman sa détestable vie,
Sans punir, sans trouver cet insolent vainqueur,
Sans venger mon pays qu'a perdu sa fureur?
Dieux impuissants! Dieux vains de nos vastes contrées!
A des dieux ennemis vous les avez livrées: 10
Et six cents Espagnols ont détruit sous leurs coups
Mon pays, et mon trône, et vos temples, et vous.
Vous n'avez plus d'autels, et je n'ai plus d'empire;
Nous avons tout perdu, je suis privé d'Alzire.
J'ai porté mon courroux, ma honte et mes regrets   15
Dans les sables mouvants, dans le fond des forêts;
De la zone brûlante, et du milieu du monde,
L'astre du jour[a] a vu ma course vagabonde,

---

[a] L'astronomie, la géographie, la géométrie étaient cultivées au Pérou. On traçait des lignes sur des colonnes pour marquer les équinoxes et les solstices.

3   MS2: de mon malheureux sort,
12 MS2: Mon palais, et
17 MS2: De la zone enflammée, et

142

Jusqu'aux lieux où, cessant d'éclairer nos climats,
Il ramène l'année, et revient sur ses pas.[1]   20
Enfin votre amitié, vos soins, votre vaillance
A mes vastes désirs ont rendu l'espérance;
Et j'ai cru satisfaire, en cet affreux séjour,
Deux vertus de mon cœur, la vengeance et l'amour.
Nous avons rassemblé des mortels intrépides,   25
Eternels ennemis de nos maîtres avides;
Nous les avons laissés dans ces forêts errants,
Pour observer ces murs bâtis par nos tyrans.
J'arrive, on nous saisit: une foule inhumaine
Dans des gouffres profonds nous plonge et nous enchaîne.   30
De ces lieux infernaux on nous laisse sortir,
Sans que de notre sort on nous daigne avertir.
Amis, où sommes-nous? Ne pourra-t-on m'instruire,
Qui commande en ces lieux, quel est le sort d'Alzire?
Si Montèze est esclave, et voit encor le jour?   35
S'il traîne ses malheurs en cette horrible cour?
Chers et tristes amis du malheureux Zamore,
Ne pouvez-vous m'apprendre un destin que j'ignore?

UN AMÉRICAIN

En des lieux différents, comme toi mis aux fers,
Conduits en ce palais par des chemins divers,   40
Etrangers, inconnus chez ce peuple farouche,

---

30 MS2: gouffres affreux nous

[1] A literal interpretation of these lines would indicate that Zamore went as
far north as the Tropic of Cancer, where the sun would be at the Peruvian
winter solstice (22 June). This would appear to be an unlikely trip, as it would
have taken Zamore north of Mexico City. But if it means the distance from
equinox or the equator (the 'milieu du monde') to solstice or the Tropic of
Cancer (the 'lieux où cessent d'éclairer nos climats'), or this distance used as
an approximation, Zamore's wanderings could have taken him to an area north
of present-day Bogotá, a quite possible trip from Cuzco.

Nous n'avons rien appris de tout ce qui te touche.
Cacique infortuné, digne d'un meilleur sort,
Du moins si nos tyrans ont résolu ta mort,
Tes amis avec toi, prêts à cesser de vivre,   45
Sont dignes de t'aimer, et dignes de te suivre.

ZAMORE

Après l'honneur de vaincre, il n'est rien sous les cieux
De plus grand en effet qu'un trépas glorieux;
Mais mourir dans l'opprobre et dans l'ignominie,
Mais laisser en mourant des fers à sa patrie,   50
Périr sans se venger, expirer par les mains
De ces brigands d'Europe, et de ces assassins,
Qui de sang enivrés, de nos trésors avides,
De ce monde usurpé désolateurs perfides,
Ont osé me livrer à des tourments honteux,   55
Pour m'arracher des biens plus méprisables qu'eux;
Entraîner au tombeau des citoyens qu'on aime,
Laisser à ces tyrans la moitié de soi-même,
Abandonner Alzire à leur lâche fureur;
Cette mort est affreuse, et fait frémir d'horreur.   60

SCÈNE II

ALVARÈS, ZAMORE, AMÉRICAINS

ALVARÈS

Soyez libres, vivez.

51   w51: Mais périr sans vengeance
60b   36p1, 36p2: ALVARÈS, ZAMORE, SUITE

144

ZAMORE

Ciel! que viens-je d'entendre!
Quelle est cette vertu que je ne puis comprendre?
Quel vieillard, ou quel dieu vient ici m'étonner?
Tu parais Espagnol, et tu sais pardonner!
Es-tu roi? Cette ville est-elle en ta puissance?   65

ALVARÈS

Non; mais je puis au moins protéger l'innocence.

ZAMORE

Quel est donc ton destin, vieillard trop généreux?

ALVARÈS

Celui de secourir les mortels malheureux.

ZAMORE

Eh, qui peut t'inspirer cette auguste clémence?

ALVARÈS

Dieu, ma religion, et la reconnaissance.   70

ZAMORE

Dieu? ta religion? Quoi ces tyrans cruels,
Monstres désaltérés dans le sang des mortels,
Qui dépeuplent la terre, et dont la barbarie
En vaste solitude a changé ma patrie,

---

66 MS2, 36P1, 36P2: Non, mais j'y puis
67 36P2-W46: ton dessein²

---

² Compare with *Adélaïde*, v.v.196 (Voltaire 10, p.303): 'Quel est donc ton dessein'.

Dont l'infâme avarice est la suprême loi,   75
Mon père, ils n'ont donc pas le même Dieu que toi?

ALVARÈS

Ils ont le même Dieu, mon fils; mais ils l'outragent;
Nés sous la loi des saints, dans le crime ils s'engagent.
Ils ont tous abusé de leur nouveau pouvoir;
Tu connais leurs forfaits, mais connais mon devoir.   80
Le soleil par deux fois a d'un tropique à l'autre
Eclairé dans sa marche et ce monde et le nôtre,[3]
Depuis que l'un des tiens, par un noble secours,
Maître de mon destin, daigna sauver mes jours.
Mon cœur dès ce moment partagea vos misères;   85
Tous vos concitoyens sont devenus mes frères;
Et je mourrais heureux si je pouvais trouver
Ce héros inconnu qui m'a pu conserver.

ZAMORE

A ses traits, à son âge, à sa vertu suprême,
C'est lui, n'en doutons point: c'est Alvarès lui-même.   90
Pourrais-tu parmi nous reconnaître le bras
A qui le ciel permit d'empêcher ton trépas?

ALVARÈS

Que me dit-il? Approche. O ciel! ô Providence!
C'est lui, voilà l'objet de ma reconnaissance.
Mes yeux, mes tristes yeux affaiblis par les ans,   95
Hélas! avez-vous pu le chercher si longtemps?

[3] Alvarez seems to mean that about a year and a half have passed: the sun's apparent voyage from one tropic to the other and back would take one year; in six months it would have gone to the other tropic for the second time. The tropics are those of Cancer and Capricorn, of course; but it is impossible to conclude from the text which was the first tropic referred to.

Mon bienfaiteur! mon fils,[b] parle, que dois-je faire?
Daigne habiter ces lieux, et je t'y sers de père.
La mort a respecté ces jours que je te dois,
Pour me donner le temps de m'aquitter vers toi.   100

ZAMORE

Mon père, ah! si jamais ta nation cruelle
Avait de tes vertus montré quelque étincelle!
Crois-moi, cet univers aujourd'hui désolé,
Au-devant de leur joug sans peine aurait volé.
Mais autant que ton âme est bienfaisante et pure,   105
Autant leur cruauté fait frémir la nature:
Et j'aime mieux périr que de vivre avec eux.
Tout ce que j'ose attendre, et tout ce que je veux,
C'est de savoir au moins si leur main sanguinaire
Du malheureux Montèze a fini la misère;   110
Si le père d'Alzire... hélas! tu vois les pleurs,
Qu'un souvenir trop cher arrache à mes douleurs.

ALVARÈS

Ne cache point tes pleurs, cesse de t'en défendre:
C'est de l'humanité la marque la plus tendre.
Malheur aux cœurs ingrats, et nés pour les forfaits,   115
Que les douleurs d'autrui n'ont attendris jamais!
Apprends que ton ami plein de gloire et d'années,
Coule ici près de moi ses douces destinées.

ZAMORE

Le verrai-je?

[b] Il l'embrasse.

97   MS2, 36P1, no note; with stage direction: *En l'embrassant.*
      36P2, K, no note; with stage direction: (*il l'embrasse.*)
111   MS2: S'il vit, s'il est esclave... hélas

ALVARÈS

Oui; crois-moi, puisse-t-il aujourd'hui
T'engager à penser, à vivre comme lui!   120

ZAMORE

Quoi! Montèze! dis-tu?

ALVARÈS

Je veux que de sa bouche
Tu sois instruit ici de tout ce qui le touche,
Du sort qui nous unit, de ces heureux liens,
Qui vont joindre mon peuple à tes concitoyens.
Je vais dire à mon fils, dans l'excès de ma joie,   125
Ce bonheur inouï que le ciel nous envoie.
Je te quitte un moment; mais c'est pour te servir,
Et pour serrer les nœuds qui vont tous nous unir.

SCÈNE III

ZAMORE, AMÉRICAINS

ZAMORE

Des cieux enfin sur moi la bonté se déclare;
Je trouve un homme juste en ce séjour barbare.   130
Alvarès est un dieu qui, parmi ces pervers,
Descend pour adoucir les mœurs de l'univers.
Il a, dit-il, un fils: ce fils sera mon frère;
Qu'il soit digne, s'il peut, d'un si vertueux père.
O jour! ô doux espoir à mon cœur éperdu!   13

Montèze, après trois ans, tu vas m'être rendu.[4]
Alzire, chère Alzire, ô toi que j'ai servie,
Toi pour qui j'ai tout fait, toi l'âme de ma vie,
Serais-tu dans ces lieux? hélas! me gardes-tu
Cette fidélité, la première vertu?   140
Un cœur infortuné n'est point sans défiance...
Mais quel autre vieillard à mes regards s'avance?

SCÈNE IV

MONTÈZE, ZAMORE, AMÉRICAINS

ZAMORE

Cher Montèze, est-ce toi que je tiens dans mes bras?
Revois ton cher Zamore échappé du trépas,
Qui du sein du tombeau renaît pour te défendre;   145
Revois ton tendre ami, ton allié, ton gendre.
Alzire est-elle ici? parle, quel est son sort?
Achève de me rendre ou la vie ou la mort.

MONTÈZE

Cacique malheureux! sur le bruit de ta perte,
Aux plus tendres regrets notre âme était ouverte.   150
Nous te redemandions à nos cruels destins,
Autour d'un vain tombeau que t'ont dressé nos mains.

---

140   36P1: ta première [errata: β]

---

[4] Zamore has not seen Montèze for three years, since the fall of Cuzco. Within this period he has wandered northward, perhaps as far as the central area of present day Colombia, and has presumably had several skirmishes with the Spanish, including the one in which he saved Alvarez (II.81-84).

149

Tu vis; puisse le ciel te rendre un sort tranquille!
Puissent tous nos malheurs finir dans cet asile!
Zamore, ah! quel dessein t'a conduit dans ces lieux?   155

ZAMORE

La soif de me venger, toi, ta fille, et mes dieux.

MONTÈZE

Que dis-tu?

ZAMORE

Souviens-toi du jour épouvantable,
Où ce fier Espagnol, terrible, invulnérable,
Renversa, détruisit, jusqu'en leurs fondements,
Ces murs que du soleil ont bâtis les enfants;[c]   160
Gusman était son nom. Le destin qui m'opprime
Ne m'apprit rien de lui que son nom et son crime.
Ce nom, mon cher Montèze, à mon cœur si fatal,
Du pillage et du meurtre était l'affreux signal.
A ce nom, de mes bras on m'arracha ta fille;   165
Dans un vil esclavage on traîna ta famille:
On démolit ce temple, et ces autels chéris,
Où nos dieux m'attendaient pour me nommer ton fils:
On me traîna vers lui; dirai-je à quel supplice,
A quels maux me livra sa barbare avarice,   170
Pour m'arracher ces biens par lui déifiés,
Idoles de son peuple, et que je foule aux pieds!

[c] Les Péruviens, qui avaient leurs fables comme les peuples de notre
continent, croyaient que leur premier Inca, qui bâtit Cusco, était fils du
soleil.

154 MS2: Mais que viens-tu chercher dans ce funeste asile!
156 36PI: de te venger
168 MS2: Où mes dieux

Je fus laissé mourant au milieu des tortures.
Le temps ne peut jamais affaiblir les injures:
Je viens après trois ans d'assembler des amis,   175
Dans leur commune haine avec nous affermis:
Ils sont dans nos forêts, et leur foule héroïque
Vient périr sous ces murs, ou venger l'Amérique.

MONTÈZE

Je te plains; mais hélas! où vas-tu t'emporter?
Ne cherche point la mort, qui voulait t'éviter.   180
Que peuvent tes amis, et leurs armes fragiles,
Des habitants des eaux dépouilles inutiles,
Ces marbres impuissants en sabres façonnés,
Ces soldats presque nus et mal disciplinés,
Contre ces fiers géants, ces tyrans de la terre,   185
De fer étincelants, armés de leur tonnerre,
Qui s'élancent sur nous, aussi prompts que les vents,
Sur des monstres guerriers pour eux obéissants?
L'univers a cédé; cédons, mon cher Zamore.

ZAMORE

Moi fléchir, moi ramper, lorsque je vis encore!   190
Ah, Montèze, crois-moi, ces foudres, ces éclairs,
Ce fer, dont nos tyrans sont armés et couverts,
Ces rapides coursiers, qui sous eux font la guerre,
Pouvaient à leur abord épouvanter la terre.
Je les vois d'un œil fixe, et leur ose insulter;   195
Pour les vaincre il suffit de ne rien redouter.
Leur nouveauté, qui seule a fait ce monde esclave,
Subjugue qui la craint, et cède à qui la brave.
L'or, ce poison brillant qui naît dans nos climats,

---

176   MS2: Dans la commune
194   MS2, 36P1: Ont pu de [MS1: dès] leur abord [36P1 errata: β]

Attire ici l'Europe, et ne nous défend pas.[5]   200
Le fer manque à nos mains: les cieux, pour nous avares,
Ont fait ce don funeste à des mains plus barbares;[6]
Mais pour venger enfin nos peuples abattus,
Le ciel, au lieu de fer, nous donna des vertus.[7]
Je combats pour Alzire, et je vaincrai pour elle.   205

MONTÈZE

Le ciel est contre toi: calme un frivole zèle.
Les temps sont trop changés.

ZAMORE

                              Que peux-tu dire, hélas?
Les temps sont-ils changés, si ton cœur ne l'est pas?
Si ta fille est fidèle à ses vœux, à sa gloire?
Si Zamore est présent encore à sa mémoire?   210
Tu détournes les yeux, tu pleures, tu gémis!

MONTÈZE

Zamore infortuné!

ZAMORE

Ne suis-je plus ton fils?

206 MS2: Quitte un espoir si vain, calme

[5] Voltaire originally had these following lines (D1007), which he replaced by lines 199-204:
    Si le fer, et l'airain manquent à nos climats,
    L'audace, la vertu ne nous manqueront pas.
[6] Earlier versions of the first hemistich read: 'Ont donnez ce métaille' and 'Ont fait ce don cruel' (D1007).
[7] An earlier version of these lines reads (D1007):
    Mais ce fer étranger qui seul nous a vaincus
    Ne sera pas toujours plus fort que les vertus.

Nos tyrans ont flétri ton âme magnanime;
Sur le bord de la tombe ils t'ont appris le crime.

MONTÈZE

Je ne suis point coupable, et tous ces conquérants,   215
Ainsi que tu le crois, ne sont point des tyrans.
Il en est que le ciel guida dans cet empire,
Moins pour nous conquérir qu'afin de nous instruire;
Qui nous ont apporté de nouvelles vertus,
Des secrets immortels, et des arts inconnus,   220
La science de l'homme, un grand exemple à suivre,
Enfin, l'art d'être heureux, de penser, et de vivre.

ZAMORE

Que dis-tu? quelle horreur ta bouche ose avouer?
Alzire est leur esclave, et tu peux les louer!

MONTÈZE

Elle n'est point esclave.

ZAMORE

                    Ah! Montèze! ah! mon père!   225
Pardonne à mes malheurs, pardonne à ma colère;
Songe qu'elle est à moi par des nœuds éternels:
Oui, tu me l'as promise aux pieds des immortels;
Ils ont reçu sa foi, son cœur n'est point parjure.

MONTÈZE

N'atteste point ces dieux, enfants de l'imposture,   230

218   36P1, 36P2, 36AM, with note: On voit que Montèze, persuadé comme
il l'est, ne fait point une lâcheté en refusant sa fille à Zamore: il doit trop aimer
sa religion et sa fille, pour la céder à un idolâtre qui ne pourrait la défendre.
226   MS2: à mes chagrins, pardonne

Ces fantômes affreux, que je ne connais plus;
Sous le Dieu que j'adore ils sont tous abattus.

ZAMORE

Quoi! ta religion? quoi, la loi de nos pères?

MONTÈZE

J'ai connu son néant, j'ai quitté ses chimères.
Puisse le Dieu des dieux, dans ce monde ignoré,   235
Manifester son être â ton cœur éclairé!
Puisses-tu mieux connaître, ô malheureux Zamore!
Les vertus de l'Europe, et le Dieu qu'elle adore!

ZAMORE

Quelles vertus! cruel! les tyrans de ces lieux
T'ont fait esclave en tout, t'ont arraché tes dieux?   240
Tu les as donc trahis pour trahir ta promesse?
Alzire a-t-elle encore imité ta faiblesse?
Garde-toi…

MONTÈZE

          Va, mon cœur ne se reproche rien;
Je dois bénir mon sort, et pleurer sur le tien.

ZAMORE

Si tu trahis ta foi, tu dois pleurer sans doute.   245
Prends pitié des tourments que ton crime me coûte;
Prends pitié de ce cœur enivré tour à tour
De zèle pour mes dieux, de vengeance et d'amour.
Je cherche ici Gusman, j'y vole pour Alzire;
Viens, conduis-moi vers elle, et qu'à ses pieds j'expire.   250
Ne me dérobe point le bonheur de la voir.
Crains de porter Zamore au dernier désespoir;
Reprends un cœur humain, que ta vertu bannie…

SCÈNE V

MONTÈZE, ZAMORE, GARDES

UN GARDE *à Montèze*.

Seigneur, on vous attend pour la cérémonie.

MONTÈZE

Je vous suis.

ZAMORE

Ah! cruel, je ne te quitte pas.   255
Quelle est donc cette pompe où s'adressent tes pas?
Montèze...

MONTÈZE

Adieu; crois-moi, fuis de ce lieu funeste.

ZAMORE

Dût m'accabler ici la colère céleste,
Je te suivrai.

MONTÈZE

Pardonne à mes soins paternels.
     aux gardes.
Gardes, empéchez-les de me suivre aux autels.   260
Des païens, élevés dans des lois étrangères,
Pourraient de nos chrétiens profaner les mystères:
Il ne m'appartient pas de vous donner des lois:

253b   36P1-W52, W57P: MONTÈZE, ZAMORE, SUITE
261   36P1-W51, W57P: Ces païens

Mais Gusman vous l'ordonne, et parle par ma voix.

SCÈNE VI

ZAMORE, AMÉRICAINS

ZAMORE

Qu'ai-je entendu? Gusman! O trahison! ô rage!   265
O comble des forfaits! lâche et dernier outrage!
Il servirait Gusman! l'ai-je bien entendu?
Dans l'univers entier n'est-il plus de vertu?
Alzire, Alzire aussi sera-t-elle coupable?
Aura-t-elle sucé ce poison détestable,   270
Apporté parmi nous par ces persécuteurs,
Qui poursuivent nos jours et corrompent nos mœurs?
Gusman est donc ici? que résoudre et que faire?

UN AMÉRICAIN

J'ose ici te donner un conseil salutaire.
Celui qui t'a sauvé, ce vieillard vertueux,   275
Bientôt avec son fils va paraître à tes yeux.
Aux portes de la ville obtiens qu'on nous conduise.
Sortons, allons tenter notre illustre entreprise:
Allons tout préparer contre nos ennemis,
Et surtout n'épargnons qu'Alvarès et son fils.   280
J'ai vu de ces remparts l'étrangère structure,
Cet art nouveau pour nous, vainqueur de la nature;
Ces angles, ces fossés, ces hardis boulevards,
Ces tonnerres d'airain grondant sur les remparts,

266 MS2: forfaits ainsi que de l'outrage!
274 MS2: ici recevoir un

Ces pièges de la guerre, où la mort se présente,   285
Tout étonnants qu'ils sont, n'ont rien qui m'épouvante.
Hélas! nos citoyens, enchaînés en ces lieux
Servent à cimenter cet asile odieux;
Ils dressent d'une main dans les fers avilie,
Ce siège de l'orgueil et de la tyrannie.   290
Mais, crois-moi, dans l'instant qu'ils verront leurs
                             vengeurs,
Leurs mains vont se lever sur leurs persécuteurs;
Eux-mêmes ils détruiront cet effroyable ouvrage,
Instrument de leur honte et de leur esclavage.
Nos soldats, nos amis, dans ces fossés sanglants,   295
Vont te faire un chemin sur leurs corps expirants.
Partons, et revenons sur ces coupables têtes
Tourner ces traits de feu, ce fer et ces tempêtes,
Ce salpêtre enflammé, qui d'abord à nos yeux
Parut un feu sacré, lancé des mains des dieux.   300
Connaissons, renversons cette horrible puissance,
Que l'orgueil trop longtemps fonda sur l'ignorance.

ZAMORE

Illustres malheureux, que j'aime à voir vos cœurs
Embrasser mes desseins, et sentir mes fureurs!
Puissions-nous de Gusman punir la barbarie!   305
Que son sang satisfasse au sang de ma patrie!
Triste divinité des mortels offensés,
Vengeance, arme nos mains, qu'il meure, et c'est assez;
Qu'il meure... mais hélas! plus malheureux que braves,
Nous parlons de punir, et nous sommes esclaves.   310
De notre sort affreux le joug s'appesantit.
Alvarès disparaît, Montèze nous trahit.
Ce que j'aime est peut-être en des mains que j'abhorre;

287   MS2: J'ai vu nos
288   MS2: servir à

157

Je n'ai d'autre douceur que d'en douter encore.
Mes amis, quels accents remplissent ce séjour?   315
Ces flambeaux allumés ont redoublé le jour.
J'entends l'airain tonnant de ce peuple barbare;
Quelle fête, ou quel crime est-ce donc qu'il prépare?
Voyons si de ces lieux on peut au moins sortir,
Si je puis vous sauver, ou s'il nous faut périr.   320

Fin du second acte.

ACTE III

SCÈNE PREMIÈRE

ALZIRE *seule.*

Mânes de mon amant, j'ai donc trahi ma foi!
C'en est fait, et Gusman règne à jamais sur moi!
L'Océan, qui s'élève entre nos hémisphères,
A donc mis entre nous d'impuissantes barrières;
Je suis à lui, l'autel a donc reçu nos vœux,   5
Et déjà nos serments sont écrits dans les cieux!
O toi, qui me poursuis, ombre chère et sanglante,
A mes sens désolés ombre à jamais présente,
Cher amant, si mes pleurs, mon trouble, mes remords,
Peuvent percer ta tombe, et passer chez les morts;   10
Si le pouvoir d'un Dieu fait survivre à sa cendre
Cet esprit d'un héros, ce cœur fidèle et tendre,
Cette âme qui m'aima jusqu'au dernier soupir,
Pardonne à cet hymen où j'ai pu consentir.
Il fallait m'immoler aux volontés d'un père,   15
Au bien de mes sujets, dont je me sens la mère,
A tant de malheureux, aux larmes des vaincus,
Au soin de l'univers, hélas! où tu n'es plus.[1]
Zamore, laisse en paix mon âme déchirée
Suivre l'affreux devoir où les cieux m'ont livrée;   20
Souffre un joug imposé par la nécessité;
Permets ces nœuds cruels, ils m'ont assez coûté.

---

[1] Cf. Virgile, *Georgicon*, iv.498: 'Invalidasque tibi tendens, heu! non tua, palmas.' Collé (p.457) correctly calls the final hemistich 'un beau trait de passion'.

SCÈNE II

ALZIRE, ÉMIRE

ALZIRE

Eh bien! veut-on toujours ravir à ma présence
Les habitants des lieux si chers à mon enfance?[2]
Ne puis-je voir enfin ces captifs malheureux,   25
Et goûter la douceur de pleurer avec eux?

ÉMIRE

Ah! plutôt de Gusman redoutez la furie,
Craignez pour ces captifs, tremblez pour la patrie.
On nous menace, on dit qu'à notre nation
Ce jour sera le jour de la destruction.[3]   30
On déploie aujourd'hui l'étendard de la guerre;
On allume ces feux enfermés sous la terre;
On assemblait déjà le sanglant tribunal;
Montèze est appelé dans ce conseil fatal;
C'est tout ce que j'ai su.

ALZIRE

                        Ciel, qui m'avez trompée!   35
De quel étonnement je demeure frappée![4]

---

[2] Moland notes the resemblance of these lines to those in Racine, *Phèdre*, I.i:
    Et depuis quand, Seigneur, craignez-vous la présence
    De ces paisibles lieux si chers à votre enfance?
[3] Collé comments (p.458): 'Alzire, sur cette nouvelle, doit sortir de la scène
(quelque part où elle soit, car on ne sait où elle est); elle doit courir à son père,
à son mari, à Alvarès, pour défendre la cause de ces malheureux dont elle ne
parle au commencement de cette scène que pour préparer son entrevue avec
Zamore; ou plutôt c'est l'auteur qui l'a fait songer à eux, lorsqu'elle dit d'être
occupée de tout autre chose'.
[4] Moland notes the resemblance of this line to one in Racine, *Esther*, III.v:
'D'un juste étonnement je demeure frappée'.

Quoi! presque entre mes bras, et du pied de l'autel,
Gusman contre les miens lève son bras cruel!
Quoi! j'ai fait le serment du malheur de ma vie!
Serment, qui pour jamais m'avez assujettie!   40
Hymen, cruel hymen! sous quel astre odieux
Mon père a-t-il formé tes redoutables nœuds?

SCÈNE III

ALZIRE, ÉMIRE, CÉPHANE

CÉPHANE

Madame, un des captifs, qui dans cette journée
N'ont dû leur liberté qu'à ce grand hyménée,
A vos pieds en secret demande à se jeter.   45

ALZIRE

Ah! qu'avec assurance il peut se présenter!
Sur lui, sur ses amis, mon âme est attendrie:
Ils sont chers à mes yeux, j'aime en eux la patrie.
Mais quoi! faut-il qu'un seul demande à me parler?

CÉPHANE

Il a quelques secrets, qu'il veut vous révéler.   50
C'est ce même guerrier, dont la main tutélaire
De Gusman votre époux sauva, dit-on, le père.

ÉMIRE

Il vous cherchait, madame, et Montèze en ces lieux
Par des ordres secrets le cachait à vos yeux.
Dans un sombre chagrin son âme enveloppée,   55

Semblait d'un grand dessein profondément frappée.

CÉPHANE

On lisait sur son front le trouble et les douleurs.
Il vous nommait, madame, et répandait des pleurs;
Et l'on connaît assez, par ses plaintes secrètes,
Qu'il ignore, et le rang, et l'éclat où vous êtes.[5]   60

ALZIRE

Quel éclat, chère Emire! et quel indigne rang!
Ce héros malheureux peut-être est de mon sang;
De ma famille au moins il a vu la puissance;
Peut-être de Zamore il avait connaissance.
Qui sait, si de sa perte il ne fut pas témoin?   65
Il vient pour m'en parler: ah quel funeste soin!
Sa voix redoublera les tourments que j'endure;
Il va percer mon cœur, et rouvrir ma blessure.
Mais n'importe, qu'il vienne. Un mouvement confus
S'empare malgré moi de mes sens éperdus.   70
Hélas! dans ce palais arrosé de mes larmes,
Je n'ai point encore eu de moment sans alarmes.[6]

64 36P1, 36P2: Sans doute de Zamore
    36AM, omitted

[5] Collé asks (p.461): 'Quel autre que l'auteur a pu les mettre [Céphane et Emire] au fait de ces *ordres secrets*? Comment, aussi, ont-elles pu lire dans les yeux et dans les mouvements du captif son chagrin, et surtout son *grand dessein* et ses *plaintes secrètes*?'

[6] Collé remarks with justice (p.460): 'Alzire ne semble pas, dans cette scène troisième, avoir entendu un mot de ce qui lui a été dit dans la précédente. Elle paraît être de la plus belle indifférence sur la *destruction* de sa nation.' He goes on to say that at the very least she should indicate that she intends to question him about what Emire has just told her and to say that she will do what she can to help her compatriots.

SCÈNE IV

ALZIRE, ZAMORE, ÉMIRE

ZAMORE

M'est-elle enfin rendue? Est-ce elle que je vois?

ALZIRE

Ciel! tels étaient ses traits, sa démarche, sa voix.
Elle tombe entre les bras de sa confidente.
Zamore... Je succombe; à peine je respire.[7]   75

ZAMORE

Reconnais ton amant.

ALZIRE

                Zamore aux pieds d'Alzire!
Est-ce une illusion?

ZAMORE

                Non; je revis pour toi;
Je réclame à tes pieds tes serments et ta foi.
O moitié de moi-même! idole de mon âme!
Toi qu'un amour si tendre assurait à ma flamme,   80
Qu'as-tu fait des saints nœuds qui nous ont enchaînés?

ALZIRE

O jours! ô doux moments d'horreur empoisonnés!
Cher et fatal objet de douleur et de joie!

---

[7] Cf. *Adélaide*, II.iii.116: NEMOURS (*retombant entre les bras de son écuyer*): 'Adélaïde... ô ciel... c'en est fait, je me meurs' (Voltaire 10, p.238).

Ah! Zamore, en quel temps faut-il que je te voie?
Chaque mot dans mon cœur enfonce le poignard.   85

ZAMORE

Tu gémis et me vois!

ALZIRE

Je t'ai revu trop tard.

ZAMORE

Le bruit de mon trépas a dû remplir le monde.
J'ai traîné loin de toi ma course vagabonde,
Depuis que ces brigands, t'arrachant à mes bras,
M'enlevèrent mes dieux, mon trône et tes appas.   90
Sais-tu que ce Gusman, ce destructeur sauvage,
Par des tourments sans nombre éprouva mon courage?
Sais-tu que ton amant, à ton lit destiné,
Chère Alzire, aux bourreaux se vit abandonné?
Tu frémis. Tu ressens le courroux qui m'enflamme.   95
L'horreur de cette injure a passé dans ton âme.
Un dieu sans doute, un dieu, qui préside à l'amour,
Dans le sein du trépas me conserva le jour.
Tu n'as point démenti ce grand dieu qui me guide;
Tu n'es point devenue Espagnole et perfide.   10c
On dit que ce Gusman respire dans ces lieux;

84   MS2, between 84 and 85:
       Que de malheurs, ô ciel!
                ZAMORE
                    Ils sont tous oubliés.
       Ces pleurs, que malgré moi je répands à tes pieds,
       L'amour seul les arrache à mon âme attendrie.
       Je lis dans tes regards le bonheur de ta vie.
                ALZIRE

98   36PI: conserve le jour [errata: β]

Je venais t'arracher à ce monstre odieux.
Tu m'aimes: vengeons-nous; livre-moi la victime.

ALZIRE

Oui, tu dois te venger, tu dois punir le crime;
Frappe.

ZAMORE

Que me dis-tu? Quoi, tes vœux! quoi, ta foi!   105

ALZIRE

Frappe; je suis indigne et du jour et de toi.

ZAMORE

Ah Montèze! ah cruel! mon cœur n'a pu te croire.

ALZIRE

A-t-il osé t'apprendre une action si noire?
Sais-tu pour quel époux j'ai pu t'abandonner?

ZAMORE

Non, mais parle: aujourd'hui rien ne peut m'étonner.   110

ALZIRE

Eh bien! vois donc l'abîme où le sort nous engage:
Vois le comble du crime, ainsi que de l'outrage.

ZAMORE

Alzire!

103   MS2, 36P1-w38: ma victime.

ALZIRE OU LES AMÉRICAINS

ALZIRE

Ce Gusman...

ZAMORE

Grand Dieu!

ALZIRE

                              Ton assassin,
Vient en ce même instant de recevoir ma main.

ZAMORE

Lui?

ALZIRE

Mon père, Alvarès, ont trompé ma jeunesse;   1
Ils ont à cet hymen entraîné ma faiblesse.
Ta criminelle amante, aux autels des chrétiens,
Vient presque sous tes yeux de former ces liens.
J'ai tout quitté, mes dieux, mon amant, ma patrie:
Au nom de tous les trois, arrache-moi la vie.[8]   1
Voilà mon cœur, il vole au-devant de tes coups.

ZAMORE

Alzire, est-il bien vrai? Gusman est ton époux!

114 MS2: Vient dans ce
119 36PI: J'ai trahi mon amant, les dieux et ma patrie [cancel: β]

[8] Adélaïde says to Nemours in *Adélaïde*, III.iii.188 (Voltaire 10, p.175): 'Aux yeux de votre frère arrachez-moi la vie.' This locution ('arracher la vie') seems to have appealed to Voltaire, who repeated it in *Adélaïde*, v.154 (Voltaire 10, p.299) and *Alzire*, III.216.

ALZIRE

Je pourrais t'alléguer, pour affaiblir mon crime,
De mon père sur moi le pouvoir légitime;
L'erreur où nous étions, mes regrets, mes combats,   125
Les pleurs que j'ai trois ans donnés à ton trépas:
Que des chrétiens vainqueurs esclave infortunée,
La douleur de ta perte à leur Dieu m'a donnée:
Que je t'aimai toujours, que mon cœur éperdu
A détesté tes dieux, qui t'ont mal défendu.   130
Mais je ne cherche point, je ne veux point d'excuse,
Il n'en est point pour moi, lorsque l'amour m'accuse.
Tu vis, il me suffit. Je t'ai manqué de foi;
Tranche mes jours affreux, qui ne sont plus pour toi.
Quoi! tu ne me vois point d'un œil impitoyable?   135

ZAMORE

Non, si je suis aimé, non, tu n'es point coupable:
Puis-je encor me flatter de régner dans ton cœur?

ALZIRE

Quand Montèze, Alvarès, peut-être un dieu vengeur,
Nos chrétiens, ma faiblesse, au temple m'ont conduite,
Sûre de ton trépas, à cet hymen réduite,   140
Enchaînée à Gusman par des nœuds éternels,
J'adorais ta mémoire au pied de nos autels.
Nos peuples, nos tyrans, tous ont su que je t'aime;
Je l'ai dit à la terre, au ciel, à Gusman même;
Et dans l'affreux moment, Zamore, où je te vois,   145
Je te le dis encor pour la dernière fois.

127-128 36PI:
         Qu'à la foi des chrétiens si je suis engagée,
         Sous ce culte divin mon devoir m'a rangée. [cancel: β]
130   36PI: détesté des dieux [cancel: β]

ZAMORE

Pour la dernière fois Zamore t'aurait vue!
Tu me serais ravie aussitôt que rendue!
Ah! si l'amour encor te parlait aujourd'hui!…

ALZIRE

O ciel! c'est Gusman même, et son père avec lui.   150

SCÈNE V

ALVARÈS, GUSMAN, ZAMORE, ALZIRE, SUITE

ALVARÈS *à son fils.*

Tu vois mon bienfaiteur, il est auprès d'Alzire.
à Zamore.

O toi! jeune héros, toi par qui je respire,
Viens, ajoute à ma joie, en cet auguste jour;
Viens avec mon cher fils partager mon amour.

ZAMORE

Qu'entends-je? lui, Gusman! lui, ton fils, ce barbare?   15

ALZIRE

Ciel! détourne les coups que ce moment prépare.

ALVARÈS

Dans quel étonnement…

ZAMORE

Quoi! le ciel a permis

Que ce vertueux père eût cet indigne fils?

GUSMAN *à Zamore.*

Esclave, d'où te vient cette aveugle furie?
Sais-tu bien qui je suis?[9]

ZAMORE

           Horreur de ma patrie!   160
Parmi les malheureux que ton pouvoir a faits,
Connais-tu bien Zamore, et vois-tu tes forfaits?

GUSMAN

Toi!

ALVARÈS

Zamore!

ZAMORE

         Oui, lui-même, à qui ta barbarie
Voulut ôter l'honneur, et crut ôter la vie;
Lui que tu fis languir dans des tourments honteux,   165
Lui dont l'aspect ici te fait baisser les yeux.
Ravisseur de nos biens, tyran de notre empire,
Tu viens de m'arracher le seul bien où j'aspire:
Achève, et de ce fer, trésor de tes climats,
Préviens mon bras vengeur, et préviens ton trépas.   170
La main, la même main, qui t'a rendu ton père,

---

160   36P1: L'horreur de ma patrie [errata: β]

[9] Echo of Corneille, *Le Cid*, ii.ii.413, where this hemistich is found; similarly
line 162 recalls, from the same scene, 'Connais-tu bien don Diègue?' (line 400).

Dans ton sang odieux pourrait venger la terre;[a]
Et j'aurais les mortels et les dieux pour amis,
En révérant le père, et punissant le fils.

ALVARÈS *à Gusman*.

De ce discours, ô ciel, que je me sens confondre!   175
Vous sentez-vous coupable, et pouvez-vous répondre?

GUSMAN

Répondre à ce rebelle, et daigner m'avilir,
Jusqu'à le réfuter, quand je le dois punir!
Son juste châtiment, que lui-même il prononce,
Sans mon respect pour vous eût été ma réponse.   180

A Alzire.

Madame, votre cœur doit vous instruire assez,
A quel point en secret ici vous m'offensez;
Vous, qui, sinon pour moi, du moins pour votre gloire,
Deviez de cet esclave étouffer la mémoire;
Vous, dont les pleurs encore outragent votre époux;   185

---

[a] *Père* doit rimer avec *Terre*, parce qu'on les prononce tous deux de même.[10] C'est aux oreilles et non pas aux yeux qu'il faut rimer. Cela est si vrai, que le mot *Paon* n'a jamais rimé avec *Phaon*, quoique l'orthographe soit la même: et le mot *encore* rime très bien avec *abhorre*, quoiqu'il n'y ait qu'un *r* à l'un et qu'il y ait *rr* à l'autre. La poésie est faite pour l'oreille: un usage contraire ne serait qu'une pédanterie ridicule et déraisonnable.   5

---

n.*a*, 4   36P1-W57P: et ce mot
n.*a*, 5   36P1-W52, W57P: ait deux *rr* à
        K: ait deux à
n.*a*, 6   36P1-W46: ridicule.//
178   W51, W57P: quand je dois le punir?

[10] This note is a reply to a criticism made by Cideville (see D1002 and n.2).

Vous, que j'aimais assez pour en être jaloux.[11]

ALZIRE

A Gusman. A Alvarès.

Cruel! Et vous, seigneur! mon protecteur, son père:

A Zamore.

Toi! jadis mon espoir en un temps plus prospère,
Voyez le joug horrible où mon sort est lié,
Et frémissez tous trois d'horreur et de pitié.   190

En montrant Zamore.

Voici l'amant, l'époux, que me choisit mon père,
Avant que je connusse un nouvel hémisphère,
Avant que de l'Europe on nous portât des fers.
Le bruit de son trépas perdit cet univers.
Je vis tomber l'empire où régnaient mes ancêtres;   195
Tout changea sur la terre, et je connus des maîtres.
Mon père infortuné, plein d'ennuis et de jours,
Au Dieu que vous servez eut à la fin recours:
C'est ce Dieu des chrétiens, que devant vous j'atteste;
Ses autels sont témoins de mon hymen funeste;   200
C'est aux pieds de ce Dieu qu'un horrible serment
Me donne au meurtrier qui m'ôta mon amant.
Je connais mal peut-être une loi si nouvelle;[12]
Mais j'en crois ma vertu qui parle aussi haut qu'elle.[13]
Zamore, tu m'es cher, je t'aime, je le dois;   205

194   36P1:   de ton trépas [errata: β]

[11] An earlier version reads: 'Vous que j'aime enfin, vous dont je suis jaloux' (D1011).
[12] Voltaire had orignally put 'encor' instead of 'peut-être'. Earlier versions of this line read: 'Sans être instruite encor de cette loi nouvelle', 'J'ignore encor les loix de ma secte nouvelle' (see D993) and 'Sans être instruitte encore d'une loy si nouvelle' (D1022).
[13] An earlier version reads: 'J'écoute ma vertu' (D1022).

Mais après mes serments je ne puis être à toi.
Toi, Gusman, dont je suis l'épouse et la victime,
Je ne suis point à toi, cruel, après ton crime.
Qui des deux osera se venger aujourd'hui?
Qui percera ce cœur que l'on arrache à lui?   21
Toujours infortunée, et toujours criminelle,
Perfide envers Zamore, à Gusman infidèle,
Qui me délivrera, par un trépas heureux,
De la nécessité de vous trahir tous deux?
Gusman, du sang des miens ta main déjà rougie,   21
Frémira moins qu'une autre à m'arracher la vie.[14]
De l'hymen, de l'amour il faut venger les droits.
Punis une coupable, et sois juste une fois.

GUSMAN

Ainsi vous abusez d'un reste d'indulgence,
Que ma bonté trahie oppose à votre offense: 22
Mais vous le demandez, et je vais vous punir;
Votre supplice est prêt, mon rival va périr.
Holà, soldats.

ALZIRE

Cruel!

ALVARÈS

              Mon fils, qu'allez-vous faire?
Respectez ses bienfaits, respectez sa misère.
Quel est l'état horrible, ô ciel, où je me vois!   2
L'un tient de moi la vie, à l'autre je la dois!
Ah mes fils! de ce nom ressentez la tendresse;

216   36P1, 36P2, 36AM: moins qu'un autre

[14] See *Alzire*, III.120.

D'un père infortuné regardez la vieillesse,
Et du moins...

SCÈNE VI

ALVARÈS, GUSMAN, ALZIRE, ZAMORE,
D. ALONZE, OFFICIER ESPAGNOL

ALONZE

Paraissez, seigneur, et commandez;
D'armes et d'ennemis ces champs sont inondés: 230
Ils marchent vers ces murs, et le nom de Zamore
Est le cri menaçant qui les rassemble encore.
Ce nom sacré pour eux se mêle dans les airs,
A ce bruit belliqueux des barbares concerts.
Sous leurs boucliers d'or les campagnes mugissent;   235
De leurs cris redoublés les échos retentissent;
En bataillons serrés ils mesurent leurs pas,
Dans un ordre nouveau qu'ils ne connaissaient pas;
Et ce peuple autrefois, vil fardeau de la terre,
Semble apprendre de nous le grand art de la guerre.   240

GUSMAN

Allons, à leurs regards il faut donc se montrer.
Dans la poudre à l'instant vous les verrez rentrer.
Héros de la Castille, enfants de la victoire,
Ce monde est fait pour vous, vous l'êtes pour la gloire,
Eux pour porter vos fers, vous craindre et vous servir.   245

229b-c 36P1-w46, omit ZAMORE

ZAMORE

Mortel égal à moi, nous faits pour obéir?

GUSMAN

Qu'on l'entraîne.

ZAMORE

Oses-tu? tyran de l'innocence,
Oses-tu me punir d'une juste défense?
Aux Espagnols qui l'entourent.
Etes-vous donc des dieux qu'on ne puisse attaquer?
Et teints de notre sang, faut-il vous invoquer?   250

GUSMAN

Obéissez.

ALZIRE

Seigneur!

ALVARÈS

Dans ton courroux sévère,
Songe au moins, mon cher fils, qu'il a sauvé ton père.

GUSMAN

Seigneur, je songe à vaincre, et je l'appris de vous;
J'y vole, adieu.

247-250   MS2:

ZAMORE
Tu crains cette main désarmée
Qui contre son tyran guide encore une armée.
C'est une crime à tes yeux d'oser te resister
Et ta seule vertu fut de persécuter.

SCÈNE VII

ALVARÈS, ALZIRE

ALZIRE *se jetant à genoux.*

Seigneur, j'embrasse vos genoux.
C'est à votre vertu que je rends cet hommage,   255
Le premier où le sort abaissa mon courage.
Vengez, seigneur, vengez sur ce cœur affligé,
L'honneur de votre fils par sa femme outragé.
Mais à mes premiers nœuds mon âme était unie;
Hélas! peut-on deux fois se donner dans sa vie?   260
Zamore était à moi, Zamore eut mon amour:
Zamore est vertueux; vous lui devez le jour.[15]
Pardonnez... je succombe à ma douleur mortelle.

ALVARÈS

Je conserve pour toi ma bonté paternelle.
Je plains Zamore et toi; je serai ton appui;   265
Mais songe au nœud sacré qui t'attache aujourd'hui.
Ne porte point l'horreur au sein de ma famille:
Non, tu n'es plus à toi; sois mon sang, sois ma fille;
Gusman fut inhumain, je le sais, j'en frémis;
Mais il est ton époux, il t'aime, il est mon fils;   270
Son âme à la pitié se peut ouvrir encore.

ALZIRE

Hélas, que n'êtes-vous le père de Zamore!

Fin du troisième acte.

260 36P1, 36P2, 36AM: Un cœur peut-il deux fois se donner en sa vie?

[15] Compare *Adélaïde*, III.93-94 (Voltaire 10, p.259): 'Et mon cœur se plaisait, trompé par mon amour, / Puisqu'il est votre frère, à lui devoir le jour.'

ACTE IV

SCÈNE PREMIÈRE

ALVARÈS, GUSMAN

ALVARÈS

Méritez donc, mon fils, un si grand avantage.
Vous avez triomphé du nombre et du courage;
Et de tous les vengeurs de ce triste univers,
Une moitié n'est plus, et l'autre est dans vos fers.
Ah! n'ensanglantez point le prix de la victoire,   5
Mon fils, que la clémence ajoute à votre gloire.
Je vais sur les vaincus étendant mes secours,
Consoler leur misère, et veiller sur leurs jours.
Vous, songez cependant qu'un père vous implore;
Soyez homme et chrétien, pardonnez à Zamore.   10
Ne pourrai-je adoucir vos inflexibles mœurs?
Et n'apprendrez-vous point à conquérir des cœurs?

GUSMAN

Ah! vous percez le mien. Demandez-moi ma vie:
Mais laissez un champ libre à ma juste furie:
Ménagez le courroux de mon cœur opprimé.   1
Comment lui pardonner? le barbare est aimé.

ALVARÈS

Il en est plus à plaindre.

GUSMAN

A plaindre! lui, mon père!
Ah! qu'on me plaigne ainsi, la mort me sera chère.

176

ALVARÈS

Quoi, vous joignez encore à cet ardent courroux
La fureur des soupçons, ce tourment des jaloux? 20

GUSMAN

Et vous condamneriez jusqu'à ma jalousie?
Quoi! ce juste transport dont mon âme est saisie,
Ce triste sentiment plein de honte et d'horreur,
Si légitime en moi, trouve en vous un censeur!
Vous voyez sans pitié ma douleur effrénée! 25

ALVARÈS

Mêlez moins d'amertume à votre destinée;
Alzire a des vertus, et loin de les aigrir,
Par des dehors plus doux vous devez l'attendrir.
Son cœur de ces climats conserve la rudesse;
Il résiste à la force, il cède à la souplesse, 30
Et la douceur peut tout sur notre volonté.

GUSMAN

Moi que je flatte encor l'orgueil de sa beauté?
Que sous un front serein déguisant mon outrage,
A de nouveaux mépris ma bonté l'encourage?[1]
Ne devriez-vous pas, de mon honneur jaloux, 35
Au lieu de le blâmer, partager mon courroux?
J'ai déjà trop rougi d'épouser une esclave,
Qui m'ose dédaigner, qui me hait, qui me brave,
Dont un autre à mes yeux possède encor le cœur,
Et que j'aime, en un mot, pour comble de malheur. 40

ALVARÈS

Ne vous repentez point d'un amour légitime:

---

[1] Moland notes the resemblance of this line to Racine, *Andromaque*, II.v: 'A de nouveaux mépris l'encourager encore' (M.iii.419).

Mais sachez le régler; tout excès mène au crime.
Promettez-moi du moins de ne décider rien,
Avant de m'accorder un second entretien.

GUSMAN

Eh! que pourrait un fils refuser à son père?   45
Je veux bien pour un temps suspendre ma colère;
N'en exigez pas plus de mon cœur outragé.

ALVARÈS

Je ne veux que du temps.

Il sort.

GUSMAN *seul.*

                    Quoi, n'être point vengé?
Aimer, me repentir, être réduit encore
A l'horreur d'envier le destin de Zamore,   50
D'un de ces vils mortels en Europe ignorés,
Qu'à peine du nom d'homme on aurait honorés!
Que vois-je! Alzire! ô ciel!...

SCÈNE II

GUSMAN, ALZIRE, ÉMIRE

ALZIRE

                    C'est moi, c'est ton épouse;
C'est ce fatal objet de ta fureur jalouse,
Qui n'a pu te chérir, qui t'a dû révérer,   55
Qui te plaint, qui t'outrage, et qui vient t'implorer.
Je n'ai rien déguisé. Soit grandeur, soit faiblesse,

Ma bouche a fait l'aveu qu'un autre a ma tendresse:
Et ma sincérité, trop funeste vertu,
Si mon amant périt, est ce qui l'a perdu.   60
Je vais plus t'étonner: ton épouse a l'audace
De s'adresser à toi pour demander sa grâce.
J'ai cru que don Gusman, tout fier, tout rigoureux,
Tout terrible qu'il est, doit être généreux.
J'ai pensé qu'un guerrier, jaloux de sa puissance,   65
Peut mettre l'orgueil même à pardonner l'offense:
Une telle vertu séduirait plus nos cœurs,
Que tout l'or de ces lieux n'éblouit nos vainqueurs.
Par ce grand changement dans ton âme inhumaine,
Par un effort si beau tu vas changer la mienne;   70
Tu t'assures ma foi, mon respect, mon retour,
Tous mes vœux (s'il en est qui tiennent lieu d'amour.)²
Pardonne... je m'égare... éprouve mon courage.³
Peut-être une Espagnole eût promis davantage;
Elle eût pu prodiguer les charmes de ses pleurs;   75

71   36P1: mon respect, mon amour

² The rhyme *amour* / *amour*, criticised by Jean-Baptiste Rousseau in the *Bibliothèque françoise* was a printer's error (see D1078, D1134). An earlier version of lines 70-71 reads:
> Compte après cet effort sur un juste retour.
> GUSMAN
> En est il donc hélas qui tienne lieu d'amour?

In another variant, Gusman's line began: 'En peut il être, hélas!' (D1011). Voltaire protested against this interruption by Gusman, which was apparently an invention of the actors (D1022, D1035).

³ Originally these lines read:
> Compte à jamais au moins sur ma reconnaissance,
> Sur ma foy, sur les vœux qui sont en ma puissance,
> Sur tous les sentiments du plus juste retour
> (S'il en est après tout qui tienne lieu d'amour),
> Par tant de grandeur d'âme éprouve mon courage

(D1011, D1022; in the latter, *aprouve* replaces *éprouve*).

179

Je n'ai point leurs attraits, et je n'ai point leurs mœurs.[4]
Ce cœur simple et formé des mains de la nature,
En voulant t'adoucir redouble ton injure:
Mais enfin c'est à toi d'essayer désormais
Sur ce cœur indompté la force des bienfaits.   80

GUSMAN

Eh bien! si les vertus peuvent tant sur votre âme,
Pour en suivre les lois, connaissez-les, madame.
Etudiez nos mœurs, avant de les blâmer.
Ces mœurs sont vos devoirs; il faut s'y conformer.
Sachez que le premier est d'étouffer l'idée   85
Dont votre âme à mes yeux est encor possédée;
De vous respecter plus, et de n'oser jamais
Me prononcer le nom d'un rival que je hais;
D'en rougir la première, et d'attendre en silence
Ce que doit d'un barbare ordonner ma vengeance.   90
Sachez que votre époux, qu'ont outragé vos feux,
S'il peut vous pardonner, est assez généreux.
Plus que vous ne pensez je porte un cœur sensible,
Et ce n'est pas à vous à me croire inflexible.

93-94   w42 cancel:
        Il faut s'en rendre digne, et si mon cœur fait grâce,
        C'est au seul repentir, et non pas à l'audace?

[4] The actors suppressed this line at the first performance, claiming that it was not in accord with the character of a Spanish woman. Voltaire sent Thiriot to a grammar book ('l'article des pronoms collectifs') in order to prove that the expression was in good French (D1035, D1052).

SCÈNE III

ALZIRE, ÉMIRE

ÉMIRE

Vous voyez qu'il vous aime, on pourrait l'attendrir.   95

ALZIRE

S'il m'aime, il est jaloux; Zamore va périr:
J'assassinais Zamore en demandant sa vie.
Ah! je l'avais prévu. M'auras-tu mieux servie?
Pourras-tu le sauver? Vivra-t-il loin de moi?
Du soldat qui le garde as-tu tenté la foi?   100

ÉMIRE

L'or qui les séduit tous vient d'éblouir sa vue.
Sa foi, n'en doutez point, sa main vous est vendue.

ALZIRE

Ainsi, grâces aux cieux, ces métaux détestés
Ne servent pas toujours à nos calamités.
Ah! ne perds point de temps: tu balances encore!   105

ÉMIRE

Mais aurait-on juré la perte de Zamore?
Alvarès aurait-il assez peu de crédit?

95-99   w42 cancel:
    Oh rigueur implacable, ô cœur trop endurci,
    Zamore! ah malheureux! pour qui t'ai-je trahi?
    J'assassinais Zamore en demandant sa vie
        à Emire.
    Je n'espère qu'en toi. M'auras-tu mieux servi?
    Pourras-tu

Et le conseil enfin...

ALZIRE

Je crains tout: il suffit.
Tu vois de ces tyrans la fureur despotique,
Ils pensent que pour eux le ciel fit l'Amérique,   110
Qu'ils en sont nés les rois; et Zamore à leurs yeux,
Tout souverain qu'il fut, n'est qu'un séditieux.⁵
Conseil de meurtriers! Gusman! peuple barbare!
Je préviendrai les coups que votre main prépare.
Ce soldat ne vient point: qu'il tarde à m'obéir!   115

ÉMIRE

Madame, avec Zamore il va bientôt venir;
Il court à la prison. Déjà la nuit plus sombre
Couvre ce grand dessein du secret de son ombre.⁶
Fatigués de carnage et de sang enivrés,
Les tyrans de la terre au sommeil sont livrés.⁷   120

ALZIRE

Allons, que ce soldat nous conduise à la porte:
Qu'on ouvre la prison, que l'innocence en sorte.

ÉMIRE

Il vous prévient déjà; Céphane le conduit:

109   36P1, 36AM: de ces tyrans la fierté tyrannique
       36P2, 36AM errata: de ces vainqueurs

⁵ Alzire repeats what she has heard Gusman say, III.243-245.
⁶ Beuchot notes the resemblance of these lines to *Brutus*, IV.v: Déjà la nuit plus sombre / Voile nos grands desseins du secret de son ombre'.
⁷ The same rhyme is found in *Adélaïde*, I.48-50 (Voltaire 10, p.217): 'Parmi les flots d'un peuple à soi-même livré / Sans raison, sans justice, et de sang enivré.'

Mais si l'on vous rencontre en cette obscure nuit,
Votre gloire est perdue, et cette honte extrême...   125

ALZIRE

Va, la honte serait de trahir ce que j'aime.
Cet honneur étranger, parmi nous inconnu,
N'est qu'un fantôme vain qu'on prend pour la vertu:
C'est l'amour de la gloire, et non de la justice,
La crainte du reproche, et non celle du vice.   130
Je fus instruite, Emire, en ce grossier climat,
A suivre la vertu sans en chercher l'éclat.
L'honneur est dans mon cœur, et c'est lui qui m'ordonne
De sauver un héros que le ciel abandonne.

SCÈNE IV

ALZIRE, ZAMORE, ÉMIRE, UN SOLDAT

ALZIRE

Tout est perdu pour toi; tes tyrans sont vainqueurs: 135
Ton supplice est tout prêt: si tu ne fuis, tu meurs.
Pars, ne perds point de temps; prends ce soldat pour
                       guide.
Trompons des meurtriers l'espérance homicide;
Tu vois mon désespoir, et mon saisissement.
C'est à toi d'épargner la mort à mon amant,   140
Un crime à mon époux, et des larmes au monde.
L'Amérique t'appelle, et la nuit te seconde;
Prends pitié de ton sort, et laisse-moi le mien.

134b   36PI-W46: ALZIRE, ZAMORE, ÉMIRE

ZAMORE

Esclave d'un barbare, épouse d'un chrétien,
Toi qui m'as tant aimé, tu m'ordonnes de vivre!   145
Eh bien, j'obéirai: mais oses-tu me suivre?
Sans trône, sans secours, au comble du malheur,
Je n'ai plus à t'offrir qu'un désert et mon cœur.
Autrefois à tes pieds j'ai mis un diadème.

ALZIRE

Ah! qu'était-il sans toi? qu'ai-je aimé que toi-même?   150
Et qu'est-ce auprès de toi que ce vil univers?
Mon âme va te suivre au fond de tes déserts.
Je vais seule en ces lieux, où l'horreur me consume,
Languir dans les regrets, sécher dans l'amertume,
Mourir dans le remords d'avoir trahi ma foi,   155
D'être au pouvoir d'un autre, et de brûler pour toi.
Pars, emporte avec toi mon bonheur et ma vie;
Laisse-moi les horreurs du devoir qui me lie.
J'ai mon amant ensemble et ma gloire à sauver.
Tous deux me sont sacrés; je les veux conserver.   16c

ZAMORE

Ta gloire! Quelle est donc cette gloire inconnue?
Quel fantôme d'Europe a fasciné ta vue?
Quoi, ces affreux serments, qu'on vient de te dicter,
Quoi! ce temple chrétien que tu dois détester,
Ce Dieu, ce destructeur des dieux de mes ancêtres,   16·
T'arrachent à Zamore et te donnent des maîtres?

ALZIRE

J'ai promis; il suffit: il n'importe à quel dieu.

155 36P1-w38: dans les remords
167 36P1-w46: que t'importe

184

ZAMORE

Ta promesse est un crime; elle est ma perte; adieu.
Périssent tes serments, et le Dieu que j'abhorre!

ALZIRE

Arrête. Quels adieux, arrête, cher Zamore!   170

ZAMORE

Gusman est ton époux!

ALZIRE

               Plains-moi, sans m'outrager.

ZAMORE

Songe à nos premiers nœuds.

ALZIRE

                  Je songe à ton danger.

ZAMORE

Non, tu trahis, cruelle, un feu si légitime.

ALZIRE

Non, je t'aime à jamais; et c'est un nouveau crime.
Laisse-moi mourir seule: ôte-toi de ces lieux.   175
Quel désespoir horrible étincelle en tes yeux?
Zamore...

ZAMORE

       C'en est fait.

168 MS1, MS2, 36P1-W57P: ton crime
169 MS1: et le jour que
     MS2: et ton Dieu que

ALZIRE

Où vas-tu?

ZAMORE

Mon courage
De cette liberté va faire un digne usage.

ALZIRE

Tu n'en saurais douter, je péris si tu meurs.

ZAMORE

Peux-tu mêler l'amour à ces moments d'horreurs?   180
Laisse-moi, l'heure fuit, le jour vient, le temps presse:
Soldat, guide mes pas.

SCÈNE V

ALZIRE, ÉMIRE

ALZIRE

Je succombe, il me laisse:
Il part, que va-t-il faire? O moment plein d'effroi!
Gusman! Quoi c'est donc lui que j'ai quitté pour toi!
Emire, suis ses pas, vole, et reviens m'instruire,   18
S'il est en sûreté, s'il faut que je respire.
Va voir si ce soldat nous sert ou nous trahit.

(Emire sort.)

179   MS1: je mourrai si tu meurs
182   36P1: guidez mes pas.

Un noir pressentiment m'afflige et me saisit;
Ce jour, ce jour pour moi ne peut être qu'horrible.
O toi! Dieu des chrétiens, Dieu vainqueur et terrible!   190
Je connais peu tes lois. Ta main du haut des cieux
Perce à peine un nuage épaissi sur mes yeux;
Mais si je suis à toi, si mon amour t'offense,
Sur ce cœur malheureux épuise ta vengeance.
Grand Dieu! conduis Zamore au milieu des déserts;   195
Ne serais-tu le Dieu que d'un autre univers?[8]
Les seuls Européens sont-ils nés pour te plaire?
Es-tu tyran[9] d'un monde, et de l'autre le père?
Les vainqueurs, les vaincus, tous ces faibles humains,
Sont tous également l'ouvrage de tes mains.   200
Mais de quels cris affreux mon oreille est frappée!
J'entends nommer Zamore. O ciel! on m'a trompée.
Le bruit redouble; on vient. Ah! Zamore est perdu.

SCÈNE VI

ALZIRE, ÉMIRE

ALZIRE

Chère Emire, est-ce toi? qu'a-t-on fait? qu'as-tu vu?
Tire-moi par pitié de mon doute terrible.   205

ÉMIRE

Ah! n'espérez plus rien: sa perte est infaillible.
Des armes du soldat, qui conduisait ses pas,

---

[8] An earlier version reads: 'un seul univers' (D1015). Voltaire made some changes in this scene, but what they were is unknown (see D1007).
[9] An early version read: 'Es tu l'efroy d'un monde' (see D993).

187

Il a couvert son front, il a chargé son bras.
Il s'éloigne: à l'instant, le soldat prend la fuite;
Votre amant au palais court et se précipite.   210
Je le suis en tremblant, parmi nos ennemis,
Parmi ces meurtriers dans le sang endormis,
Dans l'horreur de la nuit, des morts et du silence.
Au palais de Gusman, je le vois qui s'avance:
Je l'appelais en vain de la voix et des yeux: 215
Il m'échappe, et soudain j'entends des cris affreux;
J'entends dire, qu'il meure: on court, on vole aux armes.
Retirez-vous, madame, et fuyez tant d'alarmes:
Rentrez.

ALZIRE

Ah! chère Emire, allons le secourir.

ÉMIRE

Que pouvez-vous, madame, ô ciel!

ALZIRE

Je peux mourir.   220

SCÈNE VII

ALZIRE, ÉMIRE, D. ALONZE, GARDES

ALONZE

A mes ordres secrets, madame, il faut vous rendre.

220 K: Je puis mourir.

ALZIRE

Que me dis-tu, barbare, et que viens-tu m'apprendre?[10]
Qu'est devenu Zamore?

ALONZE

En ce moment affreux,
Je ne puis qu'annoncer un ordre rigoureux.
Daignez me suivre.

ALZIRE

O sort! ô vengeance trop forte!   225
Cruels, quoi, ce n'est point la mort que l'on m'apporte?
Quoi, Zamore n'est plus! et je n'ai que des fers!
Tu gémis, et tes yeux de larmes sont couverts!
Mes maux ont-ils touché les cœurs nés pour la haine?
Viens, si la mort m'attend, viens, j'obéis sans peine.   230

Fin du quatrième acte.

_____

[10] Voltaire suppressed two lines which originally followed this (see D993):
    Quel est donc le tourment qu'en ce jour on m'aprête?
    Zamore! o ciel conserve une si chère tête.

ACTE V

SCÈNE PREMIÈRE

ALZIRE, GARDES

ALZIRE

Préparez-vous pour moi vos supplices cruels,
Tyrans, qui vous nommez les juges des mortels?
Laissez-vous dans l'horreur de cette inquiétude
De mes destins affreux flotter l'incertitude?
On m'arrête, on me garde, on ne s'informe pas,　　　　5
Si l'on a résolu ma vie ou mon trépas.
Ma voix nomme Zamore, et mes gardes pâlissent.
Tout s'émeut à ce nom: ces monstres en frémissent.

SCÈNE II

MONTÈZE, ALZIRE

ALZIRE

Ah! mon père!

MONTÈZE

　　　　　　Ma fille, où nous as-tu réduits?
Voilà de ton amour les exécrables fruits.　　　　10
Hélas! nous demandions la grâce de Zamore;

5　K:　on ne m'informe pas

190

Alvarès avec moi daignait parler encore:
Un soldat à l'instant se présente à nos yeux;
C'était Zamore même, égaré, furieux.
Par ce déguisement la vue était trompée;   15
A peine entre ses mains j'aperçois une épée.
Entrer, voler vers nous, s'élancer sur Gusman,
L'attaquer, le frapper, n'est pour lui qu'un moment.
Le sang de ton époux rejaillit sur ton père.
Zamore au même instant dépouillant sa colère,   20
Tombe aux pieds d'Alvarès, et tranquille, soumis,
Lui présentant ce fer, teint du sang de son fils,
J'ai fait ce que j'ai dû,[1] j'ai vengé mon injure,
Fais ton devoir, dit-il, et venge la nature.
Alors il se prosterne, attendant le trépas.   25
Le père tout sanglant se jette entre mes bras;
Tout se réveille, on court, on s'avance, on s'écrie,
On vole à ton époux, on rappelle sa vie;
On arrête son sang, on presse le secours
De cet art inventé pour conserver nos jours.   30
Tout le peuple à grands cris demande ton supplice.
Du meurtre de son maître il te croit la complice...

ALZIRE

Vous pourriez!...

MONTÈZE

Non, mon cœur ne t'en soupconne pas.
Non, le tien n'est pas fait pour de tels attentats;

---

19 36P1, 36P2, 36AM, with note: Quelques personnes ont trouvé fort
étrange que Zamore ne proposât pas un duel à Gusman.
21 36P1-w38, k: et tranquille, et soumis
29 36P1-w38: les secours

[1] Hemistich to be found in Corneille, *Le Cid*, III.iv.910.

Capable d'une erreur, il ne l'est point d'un crime;[2]   35
Tes yeux s'étaient fermés sur le bord de l'abîme.
Je le souhaite ainsi, je le crois, cependant
Ton époux va mourir des coups de ton amant.
On va te condamner; tu vas perdre la vie
Dans l'horreur du supplice et dans l'ignominie;   40
Et je retourne enfin, par un dernier effort,
Demander au conseil et ta grâce et ma mort.

ALZIRE

Ma grâce! à mes tyrans! les prier! vous, mon père?
Osez vivre et m'aimer, c'est ma seule prière.
Je plains Gusman; son sort a trop de cruauté: 45
Et je le plains surtout de l'avoir mérité.
Pour Zamore il n'a fait que venger son outrage;
Je ne peux excuser ni blâmer son courage.
J'ai voulu le sauver, je ne m'en défends pas.
Il mourra... Gardez-vous d'empêcher mon trépas.   50

MONTÈZE

O ciel! inspire-moi: j'implore ta clémence.

Il sort.

___

[2] In *Adélaïde*, iii.i.48, Nemours says: 'Son cœur, je le vois bien, n'est pas né pour le crime' (Voltaire 10, p.255).

SCÈNE III

ALZIRE *seule.*

O ciel! anéantis ma fatale existence.
Quoi, ce Dieu que je sers me laisse sans secours!
Il défend à mes mains d'attenter sur mes jours.
Ah! j'ai quitté des dieux, dont la bonté facile   55
Me permettait la mort, la mort mon seul asile.
Eh, quel crime est-ce donc devant ce Dieu jaloux,
De hâter un moment qu'il nous prépare à tous?
Quoi, du calice amer d'un malheur si durable
Faut-il boire à longs traits la lie insupportable?   60
Ce corps vil et mortel est-il donc si sacré,
Que l'esprit qui le meut ne le quitte à son gré?³
Ce peuple de vainqueurs armé de son tonnerre,
A-t-il le droit affreux de dépeupler la terre?
D'exterminer les miens? de déchirer mon flanc?   65
Et moi je ne pourrai disposer de mon sang?
Je ne pourrai sur moi permettre à mon courage
Ce que sur l'univers il permet à sa rage?

53   MS1: Quoi le Dieu
58   36P1, 36P2, 36AM, with note: Cette plainte et ce doute sont dans la
bouche d'une chrétienne nouvelle.
59-62   36P1, 36P2, 36AM, absent
63   MS1: Ces fiers Européans armés de leur tonnerre
64   MS1: Ont-ils le droit
65-66   MS1:
          De s'abreuver du sang de mon peuple et du mien
          Et moi je ne pourrai disposer de mon bien

³ These rather bold and explicit reflections on suicide were not included in
the 1736 editions. In MS1, a holograph note in the left hand margin states: Acte
5ᵉ / Alzire / apres sa scene / avec son pere / je n'ay point / envoyé ces / vers aux /
comediens. il / seroit a souhaiter / que la police / les passast. / Il n y a qu'un /
scrupule mal / fondé qui puisse / les rejetter.

Zamore va mourir dans des tourments affreux.
Barbares!

SCÈNE IV

ZAMORE *enchaîné*, ALZIRE, GARDES

ZAMORE

C'est ici qu'il faut périr tous deux.   70
Sous l'horrible appareil de sa fausse justice,
Un tribunal de sang te condamne au supplice.
Gusman respire encor; mon bras désespéré
N'a porté dans son sein qu'un coup mal assuré.
Il vit pour achever le malheur de Zamore;   75
Il mourra tout couvert de ce sang que j'adore;
Nous périrons ensemble à ses yeux expirants;
Il va goûter encor le plaisir des tyrans.
Alvarès doit ici prononcer de sa bouche
L'abominable arrêt de ce conseil farouche.   80
C'est moi qui t'ai perdue; et tu péris pour moi.

ALZIRE

Va, je ne me plains plus; je mourrai près de toi.
Tu m'aimes, c'est assez; bénis ma destinée,
Bénis le coup affreux qui rompt mon hyménée;
Songe que ce moment, où je vais chez les morts,   8
Est le seul où mon cœur peut t'aimer sans remords.
Libre par mon supplice, à moi-même rendue,
Je dispose à la fin d'une foi qui t'est due.
L'appareil de la mort élevé pour nous deux,

75   MS2:   achever la honte de

194

Est l'autel où mon cœur te rend ses premiers feux. 90
C'est là que j'expierai le crime involontaire
De l'infidélité que j'avais pu te faire.
Ma plus grande amertume, en ce funeste sort,
C'est d'entendre Alvarès prononcer notre mort.

ZAMORE

Ah! le voici; les pleurs inondent son visage. 95

ALZIRE

Qui de nous trois, ô ciel, a reçu plus d'outrage?
Et que d'infortunés le sort assemble ici!

SCÈNE V

ALZIRE, ZAMORE, ALVARÈS, GARDES

ZAMORE

J'attends la mort de toi; le ciel le veut ainsi;
Tu dois me prononcer l'arrêt qu'on vient de rendre;
Parle sans te troubler, comme je vais t'entendre; 100
Et fais livrer sans crainte aux supplices tout prêts,
L'assassin de ton fils, et l'ami d'Alvarès.
Mais que t'a fait Alzire? et quelle barbarie
Te force à lui ravir une innocente vie?
Les Espagnols enfin t'ont donné leur fureur: 105
Une injuste vengeance entre-t-elle en ton cœur?
Connu seul parmi nous par ta clémence auguste,
Tu veux donc renoncer à ce grand nom de juste!
Dans le sang innocent ta main va se baigner!

ALZIRE

Venge-toi, venge un fils, mais sans me soupçonner.   110
Epouse de Gusman, ce nom seul doit t'apprendre,
Que loin de le trahir je l'aurais su défendre.
J'ai respecté ton fils, et ce cœur gémissant
Lui conserva sa foi, même en le haïssant.
Que je sois de ton peuple applaudie ou blâmée,   115
Ta seule opinion fera ma renommée.
Estimée en mourant d'un cœur tel que le tien,
Je dédaigne le reste, et ne demande rien.
Zamore va mourir, il faut bien que je meure;
C'est tout ce que j'attends, et c'est toi que je pleure.   120

ALVARÈS

Quel mélange, grand Dieu, de tendresse et d'horreur!
L'assassin de mon fils est mon libérateur.[4]
Zamore!.... oui, je te dois des jours que je déteste;
Tu m'as vendu bien cher un présent si funeste...
Je suis père, mais homme; et malgré ta fureur,   125
Malgré la voix du sang qui parle à ma douleur,
Qui demande vengeance à mon âme éperdue,
La voix de tes bienfaits est encore entendue.[5]
Et toi qui fus ma fille, et que dans nos malheurs,
J'appelle encor d'un nom qui fait couler nos pleurs,   130
Va, ton père est bien loin de joindre à ses souffrances
Cet horrible plaisir que donnent les vengeances.

[4] In *Zulime*, v.ii, there is a similar line: 'L'une est ma fille, hélas! l'autre a
sauvé ma vie'.
[5] An earlier version (see D1022) reads:
    Mon fils en ce moment va peut-être expirer.
    Sensible à tes bienfaits, détestant ta vengeance,
    Mon cœur ressent la haine et la reconnaissance.
    Tu me vois tour à tour pénétré, combattu
    D'horreur pour ton forfait d'amour, pour ta vertu.

Il faut perdre à la fois, par des coups inouïs,
Et mon libérateur, et ma fille, et mon fils.
Le conseil vous condamne: il a dans sa colère   135
Du fer de la vengeance armé la main d'un père.
Je n'ai point refusé ce ministère affreux...
Et je viens le remplir, pour vous sauver tous deux.
Zamore, tu peux tout.

ZAMORE

                    Je peux sauver Alzire?
Ah, parle, que faut-il?

ALVARÈS

                    Croire un Dieu qui m'inspire.   140
Tu peux changer d'un mot et son sort et le tien;
Ici la loi pardonne à qui se rend chrétien.[6]
Cette loi, que naguère un saint zèle a dictée,
Du ciel en ta faveur y semble être apportée.
Le Dieu qui nous apprit lui-même à pardonner,   145
De son ombre à nos yeux saura t'environner:
Tu vas des Espagnols arrêter la colère;
Ton sang sacré pour eux est le sang de leur frère:
Les traits de la vengeance, en leurs mains suspendus,
Sur Alzire et sur toi ne se tourneront plus.   150
Je réponds de sa vie, ainsi que de la tienne;
Zamore, c'est de toi qu'il faut que je l'obtienne.
Ne sois point inflexible à cette faible voix;
Je te devrai la vie une seconde fois.
Cruel, pour me payer du sang dont tu me prives,   155
Un père infortuné demande que tu vives.
Rends-toi chrétien comme elle, accorde-moi ce prix

---

[6] An earlier version read: 'Ici tout se pardonne à qui se fait chrétien' (D1015).

De ses jours, et des tiens, et du sang de mon fils.[7]

ZAMORE *à Alzire.*

Alzire, jusque-là chérirons-nous la vie?
La rachèterions-nous par mon ignominie?   16
Quitterai-je mes dieux pour le Dieu de Gusman?

à Alvarès.

Et toi, plus que ton fils seras-tu mon tyran?
Tu veux qu'Alzire meure, ou que je vive en traître!
Ah! lorsque de tes jours je me suis vu le maître,
Si j'avais mis ta vie à cet indigne prix,   16
Parle, aurais-tu quitté les dieux de ton pays?

ALVARÈS

J'aurais fait ce qu'ici tu me vois faire encore.
J'aurais prié ce Dieu, seul être que j'adore,
De n'abandonner pas un cœur tel que le tien,
Tout aveuglé qu'il est, digne d'être chrétien.   1

ZAMORE

Dieux! quel genre inoui de trouble et de supplice;
Entre quels attentats faut-il que je choisisse?

à Alzire.

159 w75G: chérirons-nous
160 w46, w48D: La rechercherions-nous
162 MS2: Et toi, par tes bontés devenu mon tyran
170 w64G-w75G: aveugle [w75G*: β]
171 MS2: inoui d'horreur et de

[7] Two earlier versions (see D1011) of lines 157-158 read: 'Vis pour elle et pour moy, sauve Alzire à ce prix, / Si tu te rends chrétien le ciel me rend un fils.' and 'Sauve toy pour moy même, accorde moy ce prix / Et du salut d'Alzire et du sang de mon fils.'

Il s'agit de tes jours: il s'agit de mes dieux.
Toi, qui m'oses aimer, ose juger entre eux.
Je m'en remets à toi; mon cœur se flatte encore,   175
Que tu ne voudras point la honte de Zamore.

ALZIRE

Ecoute. Tu sais trop qu'un père infortuné
Disposa de ce cœur que je t'avais donné;
Je reconnus son Dieu: tu peux de ma jeunesse
Accuser, si tu veux, l'erreur ou la faiblesse.[8]   180
Mais des lois des chrétiens mon esprit enchanté,
Vit chez eux, ou du moins, crut voir la vérité;
Et ma bouche abjurant les dieux de ma patrie,
Par mon âme en secret ne fut point démentie.
Mais renoncer aux dieux que l'on croit dans son cœur,   185
C'est le crime d'un lâche, et non pas une erreur:
C'est trahir à la fois, sous un masque hypocrite,
Et le Dieu qu'on préfère, et le Dieu que l'on quitte:
C'est mentir au ciel même, à l'univers, à soi.
Mourons, mais en mourant sois digne encor de moi;   190
Et si Dieu ne te donne une clarté nouvelle,
Ta probité te parle, il faut n'écouter qu'elle.

ZAMORE

J'ai prévu ta réponse: il vaut mieux expirer,
Et mourir avec toi, que se déshonorer.

ALVARÈS

Cruel, ainsi tous deux vous voulez votre perte!   195
Vous bravez ma bonté, qui vous était offerte.

173   36P2: de mes jours

[8] Lines 177-180 recall III.115-116 and 123-124.

Ecoutez, le temps presse: et ces lugubres cris...

SCÈNE VI

ALVARÈS, ZAMORE, ALZIRE, ALONZE,
AMÉRICAINS, ESPAGNOLS

ALONZE

On amène à vos yeux votre malheureux fils.
Seigneur, entre vos bras il veut quitter la vie.
Du peuple qui l'aimait, une troupe en furie,
S'empressant près de lui, vient se rassasier
Du sang de son épouse et de son meurtrier.

200

SCÈNE DERNIÈRE

ALVARÈS, GUSMAN, ZAMORE, ALZIRE,
AMÉRICAINS, SOLDATS

ZAMORE

Cruels, sauvez Alzire, et pressez mon supplice.

ALZIRE

Non, qu'une affreuse mort tous trois nous réunisse.

202a-c MS2, no new scene
204 MS2: Non, que la mort, enfin tous trois

ALVARÈS

Mon fils mourant, mon fils, ô comble de douleur! 205

ZAMORE *à Gusman.*

Tu veux donc jusqu'au bout consommer ta fureur?
Viens, vois couler mon sang, puisque tu vis encore;
Viens apprendre à mourir en regardant Zamore.

GUSMAN *à Zamore.*

Il est d'autres vertus que je veux t'enseigner:
Je dois un autre exemple, et je viens le donner. 210

à Alvarès.

Le ciel qui veut ma mort, et qui l'a suspendue,
Mon père, en ce moment, m'amène à votre vue.
Mon âme fugitive, et prête à me quitter,
S'arrête devant vous... mais pour vous imiter.
Je meurs; le voile tombe; un nouveau jour m'éclaire. 215
Je ne me suis connu qu'au bout de ma carrière.
J'ai fait jusqu'au moment qui me plonge au cercueil,
Gémir l'humanité du poids de mon orgueil.
Le ciel venge la terre: il est juste: et ma vie
Ne peut payer le sang dont ma main s'est rougie. 220
Le bonheur m'aveugla, l'amour m'a détrompé:
Je pardonne à la main par qui Dieu m'a frappé.
J'étais maître en ces lieux; seul j'y commande encore:
Seul je puis faire grâce, et la fais à Zamore.
Vis, superbe ennemi, sois libre, et te souviens, 225
Quel fut et le devoir, et la mort d'un chrétien.

A Montèze qui se jette à ses pieds.

Montèze, Américains, qui fûtes mes victimes,[9]

---

[9] The actors removed Montèze's role in this scene. Voltaire protested strongly:
'Quel outrage à touttes les règles que Monteze ne paraisse pas avec Gusman,
et n'embrasse pas ses genoux!' (D1022).

Songez que ma clémence a surpassé mes crimes.
Instruisez l'Amérique, apprenez à ses rois,
Que les chrétiens sont nés pour leur donner des lois.   230

   A Zamore.

Des dieux, que nous servons, connais la différence:
Les tiens t'ont commandé le meurtre et la vengeance;
Et le mien, quand ton bras vient de m'assassiner,
M'ordonne de te plaindre et de te pardonner.[10]

ALVARÈS

Ah, mon fils! tes vertus égalent ton courage.   235

ALZIRE

Quel changement, grand Dieu! quel étonnant langage!

ZAMORE

Quoi, tu veux me forcer moi-même au repentir!

GUSMAN

Je veux plus, je te veux forcer à me chérir.
Alzire n'a vécu que trop infortunée,
Et par mes cruautés, et par mon hyménée.   240
Que ma mourante main la remette en tes bras.
Vivez sans me haïr, gouvernez vos Etats,
Et de vos murs détruits rétablissant la gloire,
De mon nom, s'il se peut, bénissez la mémoire.

   à Alvarès.

Daignez servir de père à ces époux heureux: 245

---

[10] In his letter to d'Argental of 4 January 1736, Voltaire defends this scene, which he believed would 'faire une très grande impression': 'Il me paroit que ces paroles du duc François de Guise que j'ay employées dans la bouche de Gusman, *ta relligion t'enseigne à m'assassiner, et la mienne à te pardonner*, ont toujours excité l'admiration' (D979); cf. the notebooks (Voltaire 81, p.367).

Que du ciel par vos soins le jour luise sur eux!
Aux clartés des chrétiens si son âme est ouverte,
Zamore est votre fils, et répare ma perte.

ZAMORE

Je demeure immobile, égaré, confondu;[11]
Quoi donc, les vrais chrétiens auraient tant de vertu! 250
Ah! la loi qui t'oblige à cet effort suprême,
Je commence à le croire, est la loi d'un Dieu même.
J'ai connu l'amitié, la constance, la foi;
Mais tant de grandeur d'âme est au-dessus de moi:
Tant de vertu m'accable, et son charme m'attire. 255
Honteux d'être vengé, je t'aime et je t'admire.

Il se jette à ses pieds.

ALZIRE

Seigneur, en rougissant je tombe à vos genoux.
Alzire en ce moment voudrait mourir pour vous.
Entre Zamore et vous mon âme déchirée,
Succombe au repentir dont elle est dévorée. 260
Je me sens trop coupable, et mes tristes erreurs...

GUSMAN

Tout vous est pardonné, puisque je vois vos pleurs.

---

250   36P1:   tant de vertus [errata: β]
256   MS2:   Je me jette à tes pieds, je t'aime
256a   36P1, 36P2, 36AM, with note: Ceux qui ont prétendu que c'est ici une
conversion miraculeuse se sont trompés. Zamore est changé en ce qu'il s'attendrit
pour son ennemi. Il commence à respecter le christianisme: une conversion
subite serait ridicule en de telles circonstances.

[11] The first hemistich of this line is one of four borrowings Voltaire made of
it from Corneille, *Le Cid* (I.vi.297); see Anne Wuest, '"Je demeure immobile" –
hémistiche emprunté à Corneille', *Philological quarterly* 26 (1947), p.87-89.

Pour la dernière fois, approchez-vous mon père,
Vivez longtemps heureux, qu'Alzire vous soit chère.
Zamore, sois chrétien; je suis content, je meurs.

265

ALVARÈS *à Montèze.*

Je vois le doigt de Dieu marqué dans nos malheurs.
Mon cœur désespéré se soumet, s'abandonne
Aux volontés d'un Dieu, qui frappe et qui pardonne.

Fin du cinquième et dernier acte.

APPENDIX

The outline of *Alzire*

The following text was first published in a volume edited by Gaston de Villeneuve-Guibert, *Le Portefeuille de madame Dupin* (Paris 1884), p.309-14, from the eight-page holograph in his possession. The manuscript passed at the comtesse de Montgermont sale (Paris 17 mai 1951), no.53, and has not been seen since. The text reproduced below is that of the *Portefeuille*.

* * *

PLAN D'ALZIRE

ACTE PREMIER

SCÈNE PREMIÈRE

ALVARÈS

Don Gusman, à qui son père remet le gouvernement. Le fils s'en défend et l'accepte; Alvarès lui demande la liberté des prisonniers comme une condition. Gusman s'y oppose et l'accorde. Alvarès lui apprend que lui, Alvarès, doit la vie à un jeune Américain; il lui recommande de faire régner la douceur et la   5 clémence avec lui. Gusman représente l'avantage de la rigueur, il se rend enfin aux raisons d'Alvarès et il lui parle de son mariage. Alvarès avait déjà parlé au père d'Alzire et mis l'affaire au point d'être terminée; il lui fait sentir l'avantage du mariage d'Alzire pour réunir les esprits à la religion et au gouvernement. Gusman   10 était tout persuadé par l'amour.

SCÈNE II

ALVARÈS, MONTÈZE

Montèze avoue à Alvarès la répugnance de sa fille pour épouser son fils, et répond cependant de faire achever le mariage.

SCÈNE III

Petit monologue de Montèze.

SCÈNE IV

MONTÈZE, ALZIRE

Alzire se défend pour la deuxième fois de l'accomplissement   15
du mariage: fait valoir son obéissance en représentant son changement de religion, qui ne l'a point assez armé contre le souvenir
de Zamor, et dit qu'elle ne peut épouser Gusman, le cœur tout
occupé d'un autre.

SCÈNE V

GUSMAN, ALZIRE

Gusman parle en maître. Alzire répond sincèrement qu'elle se   20
croit engagée au souvenir de Zamor et cependant ne lui donne
pas l'exclusion.

GUSMAN, *seul*.

Monologue où il veut être obéi.

ACTE II

SCÈNE PREMIÈRE

ZAMOR, *des Américains*.

Zamor sortant de prison ignore où il est, à qui il doit sa liberté,
et sous quel pouvoir il se trouve; il conserve le désir et l'espoir   25
de se venger.

SCÈNE II

ALVARÈS, ZAMOR

Reconnaissance d'Alvarès et de Zamor, qui se trouve être celui qui a sauvé la vie à Alvarès. Alvarès lui fait des offres de service, Zamor lui demande des nouvelles de Montèze, père d'Alzire. Alvarès lui répond que Montèze lui-même répondra à sa question 30 et à sa curiosité.

SCÈNE III

Zamor occupé du bonheur d'avoir retrouvé un homme juste, dans ce lieu de barbarie.

SCÈNE IV

MONTÈZE, ZAMOR

Zamor reparle de ses malheurs passés. Montèze le plaint et l'instruit peu, et fait un pauvre personnage. Il est content des 35 vainqueurs, cela peut rouler sur la religion pour sa justification. On annonce à Montèze qu'il est attendu pour la cérémonie. Zamor demande quelle elle est, veut le suivre, Montèze le fait garder pour une heure, au nom de Gusman.

SCÈNE V

ZAMOR, AMÉRICAINS

Zamor se croit trahi et s'entretient de vengeance, sans se douter 40 de ce qui arrive.

ACTE III

SCÈNE PREMIÈRE

Alzire seule, mariée, qui quitte l'autel pour venir s'en plaindre.

SCÈNE II

Elle demande à sa confidente si elle ne peut voir les prisonniers lâchés.

SCÈNE III

On lui annonce un des captifs qui demande à lui parler. 45

SCÈNE IV

ZAMOR, ALZIRE

Zamor est dans la joie ne sachant point le mariage. Alzire le lui apprend. Zamor ne perd point l'espérance et lui pardonne.

SCÈNE V

ALVARÈS, GUSMAN, ZAMOR, ALZIRE

Alvarès présente Zamor à Gusman, comme celui qui lui a sauvé la vie. Zamor ignorait que Gusman fût fils d'Alvarès, il le reconnait pour le perturbateur de sa patrie, lui parle hardiment. Alvarès se 50 met entre deux, Gusman veut congédier Alzire. Alzire demande la mort. Alvarès suspend tout.

SCÈNE VI

On annonce à Gusman une sédition, il fait remettre Zamor en prison, et sort pour aller donner ses ordres.

SCÈNE VII

ALVARÈS, ALZIRE *dans la douleur.*

Alvarès lui promet sa bonté et l'exhorte à ses devoirs. 5

ACTE IV

SCÈNE PREMIÈRE

ALVARÈS, GUSMAN

Alvarès veut qu'il pardonne à Zamor, Gusman avoue sa jalousie.

SCÈNE II

GUSMAN, *seul*

Qui se repent d'aimer Alzire.

SCÈNE III

GUSMAN, ALZIRE, qui vient lui demander la grâce de Zamor, Gusman ne la refuse ni ne l'accorde.   60

SCÈNE IV

ALZIRE, ELMIRE

Elles avoient pris des mesures, pour faire sortir Zamor de prison en séduisant la garde.

SCÈNE V

ALZIRE, ZAMOR sauvé par ses soins; il lui propose de le suivre. Elle le refuse. Il part.

SCÈNES VI ET VII

ALZIRE, *seule*

Inquiète de ce qu'il doit devenir.   65

SCÈNE VIII

Elmire rend compte à Alzire que Zamor est allé au palais de Gusman.

ACTE V

SCÈNE PREMIÈRE

MONTÈZE, ALZIRE

Il apprend à sa fille que Zamor vient d'assassiner Gusman, et que le conseil est assemblé pour ordonner la mort de Zamor, et la sienne, qu'on croit complice. Alvarès vient pour tâcher de les 70 sauver. Gusman se fait amener mourir auprès de son père, pardonne sa mort à Zamor et lui donne Alzire, recommande à son père de l'aimer comme sa fille, de rendre Zamor chrétien, et meurt content.

Le Comte de Boursoufle

critical edition

by

Colin Duckworth

ACKNOWLEDGEMENTS

I should like to express my gratitude to the Universities of London and Auckland for research grants, and to the following persons and institutions for their invaluable assistance and co-operation: M. Marcel Thomas, Bibliothèque nationale; M. Jacques Guignard, Bibliothèque de l'Arsenal; Mme Sylvie Chevalley, Bibliothèque de la Comédie-Française; M. Charles Wirz, Institut et musée Voltaire, Geneva; the late Dr Theodore Besterman; Dr D. M. Sutherland and Mr Giles Barber, Taylor Institution Library, Oxford; the late Professor Robert Shackleton; Miss Mary Morgan, King's College Library, Cambridge; the University Library, Cambridge; the Österreichisches Staatsarchiv, Vienna; the Österreichische Nationalbibliothek, Vienna; the Koninklijke Bibliothek, The Hague; Bedford College Library, London; University of London Library; University of Auckland Library.

I am also grateful to those without whose aid my task in completing this edition so far removed from research centres and specialist library sources would have been even more difficult: the late Professor J. S. Spink, Professor W. H. Barber, Mr Les Koritz, Dr Geoffrey Butler, Miss Dorothy Thompson.

PREFACE

To edit a minor work by Voltaire issuing from one of the greatest of English comedies – one too little known still by the French, since no translation has yet been published[1] – has been a double pleasure. Vanbrugh's *The Relapse* has remained engraved upon my memory since the 1967 production by the Royal Shakespeare Company with Donald Sinden playing the ineffable Lord Foppington. Before that, the Mermaid's 1963 production of a musical adaptation of *The Relapse*, *Virtue in danger*, had shown how wit and elegance can go hand in hand with refreshing bawdiness.

P.-A. Touchard made the following comment in 1968 on Voltaire's *Lettre sur la comédie* (with reference to Restoration comedy): 'Mais de qui parlait-il? de Wicharley, de Congreve, aujourd'hui aussi oubliés en Angleterre qu'inconnus en France'.[2] Certainly Wycherley, along with Etherege, whose *Man of mode* was revived by the Royal Shakespeare Company in 1971 after spending two hundred years unseen in London, can hardly be said to belong to the popular repertoire; but *Love for love* and *The Way of the world*, 'inconnus en France' as they may be, have never been 'oubliés en Angleterre'. Such ignorance of English Restoration drama is not new in France. Perhaps it is still true that as Voltaire remarked (according to Fanshaw), 'the English plays are like their English puddings: nobody has any taste for them but themselves',[3] for when Voltaire's free adaptation of *The*

---

[1] Translations of *The Relapse* recorded in Horn-Monval, *Répertoire bibliographique des traductions et adaptations françaises du théâtre étranger* (Paris 1958-1968) are: no.3946. *La Rechute*, adapt. de Romain Sanvic [Rob. de Smet] d'après John Vanbrugh. Bruxelles, chez le traduct., ms. [n.d.]. no.3947. *La Vertu en danger*, com. en 5 actes, adapt. par J.-Cl. Dumoulin et Lise Dumoulin (Th. Ch. de Rochefort, 24 sept. 1953).
[2] *Dionysos* (Paris 1968), p.72, n.1.
[3] Quoted in Joseph Spence, *Observations, anecdotes and characters of books and men*, ed. J. M. Osborn (Oxford 1966), i.398.

Relapse, Le Comte de Boursoufle, was revived at the Odéon in 1862, no acknowledgement was given to Vanbrugh until protests were heard from London.

Apart from that, Voltaire's comedy has lain quietly forgotten by theatre directors and scholars alike. Boursoufle gave a faint twitch, as if to deny total extinction, as the main character in a play called *Le Paon* by Francis de Croisset which was produced at the Comédie-Française in July 1904.

The main interest of *Le Comte de Boursoufle*, a *comédie-bouffe* written for private performances, is in the field of comparative studies. For all Voltaire's admiration for Vanbrugh, his refined French taste impelled him to expurgate all the English racy, vigorous language and frank attitudes to sex, so characteristic of Restoration drama until Jeremy Collier protested to such telling and lasting effect in 1698.

But for the references to *Le Comte de Boursoufle* in the letters of Mme de Graffigny and Mme de Staal, and but for the fact that Voltaire apparently took the trouble to 'correct' a copy of the pirated Vienna edition of the play, it would be difficult to ascribe it to Voltaire with certainty. The manuscript copies he left at Anet in 1747 (or copies of them) circulated privately for many years – Fréron acquired one – before being published and staged in 1761 (with a simultaneity that still remains mystifying) in both Paris and Vienna, each production having a radically different dénouement.

INTRODUCTION

1. Sources and composition

Le Comte de Boursoufle, variously and erroneously known as *L'Echange*, and *Quand est-ce qu'on me marie?*, is a free adaptation of Vanbrugh's *The Relapse*. It was written for private performance *entre amis* and was never intended to be subjected to the scrutiny of public, critic, or scholar. Nevertheless, it has been staged at the Comédie-Italienne, at the Burgtheater and the Court theatre of Vienna, at The Hague, and at the Odéon. It has also been the subject of several critical studies.[1]

Its interest lies less in its intrinsic dramatic value than in its similarities and differences in relation to the Vanbrugh original. How and why was Voltaire, during this very active period of the 1730s, so attracted by *The Relapse* as to spend time on fabricating a play based on it? As he was an almost nightly visitor to Drury Lane Theatre during his exile in England from 1726 to 1728, and so serious a playgoer as to borrow and read each play beforehand, we may safely assume that he saw performances of three, possibly four, plays in which the central character is Sir Novelty Fashion, later Lord Foppington. During the 1726-1727 season Colley Cibber's *Love's last shift* (graced with two alternative titles in French – *L'Amour aux abois* and *La Dernière chemise d'amour*) was performed. Etherege's *The Man of mode* was staged in all three seasons from 1726 to 1729, and *The Relapse* in 1726-1727 and

---

[1] See Henning Fenger, 'Voltaire et le théâtre anglais', *Orbis litterarum* 7 (1949), p.161-287; Erich Böttcher, *Der Englische Ursprung des Comte de Boursoufle* (Rostock 1906); Fréron, *Al* (1761), iv.73-85; G. Servois, 'Le dernier volume des œuvres de Voltaire', *La Correspondance littéraire* (25 February 1862), iv.103-109; J. Janin, 'Réclamation de l'Angleterre au nom de Mlle de la Cochonnière et du grand comique Van Brugh', *Journal des débats* (24 February 1862); Philarète Chasles, 'Voltaire, Van Brugh et Sheridan', *Journal des débats* (23 February 1862).

1728-1729. Voltaire may also have seen Cibber's *The Careless husband*,[2] and may have made the acquaintance of John Crowne's fop in *Sir Courtly Nice*, which was also staged at Drury Lane in 1726-1727 and 1728-1729.

During this impressionable period of intellectual apprenticeship, then, Voltaire saw from first hand how successful a comic character was the fop, and above all Vanbrugh's Foppington, whom Hazlitt described as 'a most splendid creature [...] a personification of the foppery and folly of dress and external appearance in full feather. He blazes out and dazzles sober reason with ridiculous ostentation'.[3] He would, of course, be perfectly well aware of the character's derivation from *Les Précieuses ridicules*, and he was being obliged to commit himself to an attitude towards Molière in the 1730s, this being the period of *Le Temple du Goût* and of the *Vie de Molière*.[4] No doubt he recognised the French influence in Vanbrugh, and felt at home with him,[5] for indirect as was the influence of Molière upon Vanbrugh – through previous English comedy, particularly Etherege and Wycherley – one can sense the presence in *The Relapse* not only of Mascarille, but also

[2] It was performed nine times during his stay, according to Fenger (p.274). Voltaire's faulty account of it in the 1748 edition of the *Lettres philosophiques*, xix (ed. Lanson and Rousseau, ii.103), suggests he was relying upon memory of performance (or of unrevised reading). *The Careless husband* is a likely source of *Les Originaux*.

[3] *Lectures on the English comic writers* (1819), ed. 1910, p.82.

[4] See W. H. Barber, 'Voltaire and Molière', *Molière, stage and study: essays in honour of W. G. Moore* (Oxford 1973), p.201-17.

[5] Although his judgement of Vanbrugh vacillates in the nineteenth *Lettre sur les Anglais*, the (original) English version says that Vanbrugh 'is as sprightly in his Writings as he is heavy in his Buildings' (*Letters concerning the English nation*, London 1733, p.187). This echoes the Thiriot wording: 'il écrivait avec autant de délicatesse et d'élégance, qu'il bâtissait grossièrement'. In the Jore edition, on the other hand, Voltaire seems to have changed his opinion, saying that Vanbrugh wrote as he built – 'un peu grossièrement'. If there is one quality that would attract Voltaire to Vanbrugh, it is his gaiety. This is what distinguishes him from Congreve (with his wit and exact observation) and Wycherley (with his strength and boldness), according to Voltaire (*Lettres philosophiques*, xix).

of *Le Bourgeois gentilhomme* and *L'Ecole des maris*.[6] With regard to the latter, there is a line of descent from Sganarelle and Isabelle to Sir Tunbelly Clumsey and his daughter Hoyden,[7] a line which is extended back to France in Voltaire's characters the Baron de La Cochonnière and Thérèse, and which is reinforced (in relation to the history of Voltaire's re-importation) by the fact that *L'Ecole des maris* was also a source of Wycherley's *Country wife*, which received many performances at both Drury Lane and Lincoln's Inn Field during Voltaire's stay in London.

However, tracing the origins of this theme common to all the plays concerned here – that is, ignorance and rusticity as a doubtful guarantee of virtuousness and chastity – would take us back to Juvenal's sixth satire![8] More closely relevant to Voltaire and his theatrical writings at this time is the fact that the theme of rivalry between elder and younger sons is to be found not only in *L'Ecole des maris* and *Le Comte de Boursoufle*, but also in *La Prude*, which Voltaire was writing at about the same time. However, we cannot find in primogeniture *per se* the reason why Voltaire was attracted by *The Relapse*.[9] One can see that he would regard it as a form of injustice, and yet he makes the younger son less deserving than Vanbrugh's Tom Fashion. The Chevalier is something of a rake, in fact, who has impoverished himself (in the words of his servant, who knows him well) 'au service de vos maîtresses, de vos fantaisies, de vos folies' (i.i.16-17). No, the motivational core lies not here, surely, but in the humiliation of the rich and the duping

---

[6] In 'The fortunes of Voltaire's Foppington', *Studies in the eighteenth century* (Toronto [1976]), p.132-33, I compare the fop's dressing scenes in *Les Précieuses ridicules*, scene 9; *The Man of mode*, iii.ii; *Le Bourgeois gentilhomme*, ii.v; *The Relapse*, i.iii; and *Le Comte de Boursoufle*, i.iii.

[7] See D. H. Miles, *The Influence of Molière on Restoration comedy* (New York 1910), p.236.

[8] See Kenneth Muir's comments in *The Comedy of manners* (London 1970), p.75-76, on Mrs R. A. Zimbardo's *Wycherley's drama: a link in the development of English satire* (New Haven 1965).

[9] Indeed, in *L'Enfant prodigue*, it is Fierenfat, the younger son, who bears the comic name (not unlike Fatenville, alias Boursoufle), is the object of Voltaire's satire, and is finally beaten in the race to the altar.

of the powerful by those in less privileged positions. There was one privilege which Vanbrugh and Voltaire shared: unjustified imprisonment in the Bastille. It has been suggested that the idea of *The Relapse* originated there[10] (in 1692); what could be more natural, for a man of wit, than to take unconscious revenge on the archetypal fop, with his French *bons mots* and his French clothes, by subjecting him (in imagination) to unceremonious incarceration in a dog-kennel? For Voltaire, with memories of the duc de Rohan and his like still rankling, a similar unconscious motivation would work with similar power.

Eight years separate Voltaire's return from England and the first reference to *Le Comte de Boursoufle* (in a letter from Mme Du Châtelet dated 3 January 1736; D978). Of all the literary activities being undertaken during these years, all that is relevant to *Le Comte de Boursoufle* is the completion of another comedy for private performance, *Les Originaux* (1732). It is this play that explains why Voltaire, in *Le Comte de Boursoufle*, used only the Foppington-Young Fashion-Hoyden sub-plot; for the main Loveless-Amanda intrigue, which gives *The Relapse* its title, had already served him for the treatment of the theme of marital infidelity in *Les Originaux*. Voltaire was not the first to observe what is now a critical commonplace, that *The Relapse* contains two separate plots tenuously held together by one character – Foppington. Jeremy Collier (defending the Unity of Action) had pointed out in his attack on *The Relapse* that 'Lovelace, Amanda, and Berinthia, have no share in the main business' which is the younger brother's successful deception of the elder.[11] *Les Originaux* also had a Comte de Boursoufle as its principal character (for which reason the Cirey circle referred to it as *Le Grand Boursoufle*, to distinguish it from

[10] Together with *The Provoked wife*. See G. H. Lovegrove, *The Life, work and influence of Sir J. Vanbrugh* (1902).

[11] *A short view of the immorality and profaneness of the English stage* (London 1698), p.230. Voltaire no doubt knew this work, which virtually brought about the demise of Restoration comedy. Lanson notes (in *Lettres philosophiques*, ii.111) that Voltaire may have taken the sentence 'Une femme fâchée contre son Amant lui souhaite la vérole' (a 1748 addition) from Collier.

Le Comte de Boursoufle proper, nicknamed *Le Petit Boursoufle*). Here, however, the dandified nobleman is in the same situation as in Cibber's sequel to *The Relapse*, *The Careless husband*: trapped into marriage by the appeal of a dowry, and now kicking against the marital traces. The fact that *Les Originaux* relates to a later period in the Comte's life might lead one to suppose that *Le Comte de Boursoufle*, in which the Comte is in search of a wife, was written first. Indeed, there is no reason why this should not be so. Voltaire could have worked intermittently, at any time in the intervening years, using his 1719 Tonson and Wellington edition of Vanbrugh's *Plays*,[12] on both his comedies, each being drawn from the two basic themes of *The Relapse*: the problem of marriage, and the humbling of the rich by the disadvantaged.

It has been presumed[13] by editors and critics following Decroix's 'Avertissement' reproduced by Beuchot (M.iii.251) that *Le Comte de Boursoufle* was first performed in 1734 at Cirey. This is hardly likely in view of Mme Du Châtelet's letter of 3 January 1736 in which she states: 'Nous allons jouer dans notre petite république de Cirey une comédie qu'il a faite pour nous et qui ne le sera que par nous' (D978). But it is quite possible that it was written – wholly or partly – at Cirey after July 1734; some precision is made possible by the reference in II.vi.191-193 to Philippsburg: 'C'est dommage', the Chevalier says with mock flattery to the Baron de La Cochonnière who is preparing for his castle to be besieged by an imaginary band of kidnappers, 'que vous n'ayez pas été gouverneur de Philipsbourg'. On 1 July 1734 Voltaire was up with the infantry 'au camp de Philipsbourg', whence he wrote to the comtesse de La Neuville on 1 July 1734

---

[12] Now in the Voltaire library in Leningrad (BV, no.3390). The first of the two volumes contains *The Relapse*. Mme Ljublinskaya, who kindly examined the book for me, reports that there are – unfortunately – no marginal notes.

[13] But not by Bengesco (i.21) or Erich Böttcher, *Der Englische Ursprung*, p.87.

(D766).[14] The city was taken by the French on 18 July, and by the end of the month Voltaire was at Cirey. War is near at hand in *Le Comte de Boursoufle*: the Chevalier has just returned from 'la guerre' (I.iii.137*v*), and when he announces his intention of making his fortune 'à la guerre',[15] Boursoufle warns him: 'Songez-y, chevalier, et ne partez pas si tôt pour la guerre, car l'ennemi n'est peut-être pas loin' (III.v.195-199*v*). The proximity of the enemy had made a strong impression on Voltaire at Philippsburg – his first experience of front line action: 'Les armées sont en présence', he wrote, 'On s'attend à tout moment à une bataille sanglante [...] Voilà, madame, la folie humaine dans toute sa gloire & dans toute son horreur. Je compte quitter incessamment le séjour des bombes & des boulets' (D766).

It may, on the other hand, be argued that the reference to Philippsburg establishes the date of composition of *Le Comte de Boursoufle* as 1737, since it was in that year that the French lost Philippsburg. One has to take into account Voltaire's tone in the words he puts into the Chevalier's mouth: 'On ne peut pas mieux se préparer. En vérité, monsieur le baron, c'est dommage que vous ne commandiez pas dans quelque place frontière, et que vous n'ayez pas été gouverneur de Philipsburg' (II.vi.190-193). The rhythm of the sentence makes it run as though it has been extended beyond its natural length. Rather than 'et que vous n'ayez pas' one would expect 'ou que vous n'ayez pas'. The thought is already complete at the word 'frontière', and the remainder smells of afterthought. There is nothing to prove that the reference to Philippsburg was not added in 1738, when the French recaptured the town, since we have no evidence from manuscripts (MS1 and MS2 may well date from 1747). Even if one

[14] It was rumoured that Voltaire had been captured as a spy, which provoked Mme Du Châtelet to remark with witty sang-froid 'Il serait triste d'être brûlé à Paris et pendu à Philipsbourg' (D768). The Vienna editions of *L'Echange* omit the reference to Philippsburg – evidence that it was an afterthought?

[15] Cf. *The Relapse*, i.ii: FASHION. I'll go into the Army. LORY. You can't take the oaths: you are a Jacobite. (The Comte's warning may, however, be part of possible 1747 revisions.)

admits, therefore, that the reference is to the loss of the town in 1737, this proves nothing about the dating of the play.

But let us analyse the subtext: the Chevalier is not seriously suggesting that the imbecilic Baron would really be capable of defending any town anywhere. His tone is entirely ironic and mocking, masked by flattery. This becomes even more obvious if one takes into account the source of the sentence, in *The Relapse*, where Sir Tunbelly Clumsey sincerely flatters young Tom Fashion, who has just returned from war and knows something about it: 'Your lordship is an ingenious person and a very great general' (iv.iv). Voltaire reveals his ironic intention in putting the words into the Chevalier's mouth: the very idea of placing the Baron in charge of defending Philippsburg is hootingly funny.

How can this argument be sustained if the reference dates from (July) 1734, the year in which the French captured Philippsburg? By reasoning that Voltaire is ironically suggesting that had the Baron been in charge of defence, his incompetence and stupidity would have spared the French the 'bataille sanglante' that Voltaire mentions in a letter (D766) at the time of the battle.

To resume: the reference to Philippsburg proves nothing. It may have been a 1738 addition. But the ironic intention makes it compatible with 1734.

It can be assumed, then, that *Le Comte de Boursoufle* occupied Voltaire's lighter moments for a considerable but imprecise period up to January 1736, when the need to provide material for amateur theatricals during the long winter evenings at Cirey forced him to put the finishing touches to what he called this 'très mauvaise comédie de ma façon' (D995).

2. Performances

Mme Du Châtelet's letter of 3 January 1736 (D978) was quoted above (p.221) in support of the argument that *Le Comte de Boursoufle* was performed at Cirey at that time. We must ask, however, how we can be sure that she was referring to this play. Let us deal first with the question: what other play could she have been referring to? According to Voltaire, it was 'une très mauvaise comédie de ma façon' (D995), 'une farce qui n'est pas digne du publique' (D1033). Could these remarks possibly refer to *L'Enfant prodigue*? This work was indeed recent, and he was proud of it because of 'la mesure nouvelle des vers inconue au téâtre [qui] piquera sûrement la curiosité du public' (D1036). But far from being a 'farce', *L'Enfant prodigue* was not, in Voltaire's eyes, even a comedy, but a 'pièce de téâtre'. Let us furthermore consider the date when *L'Enfant prodigue* was completed. In a letter of 16 March 1736 (D1036) Voltaire writes: 'Votre enfant prodigue est fait, transcrit, et envoyé à mr Dargental. Le sujet, et le peu de temps que j'ay mis à le traiter doivent me répondre des siflets'. Had this been the play performed in January, he would hardly have been writing in mid-March that it had taken him little time to finish. Flaubert might have regarded this as a short time, but not Voltaire!

There is only one clue that helps us to decide whether or not *Le Comte de Boursoufle* was in fact the play completed and performed at Cirey in the winter of 1735-1736, and that is the terms in which Voltaire describes it: 'farce', 'mauvaise comédie'. If he is not referring to *Le Comte de Boursoufle*, then he must mean a comedy that has been lost, but not *L'Enfant prodigue*, which in no way fits that description. If we move the completion of *Le Comte de Boursoufle* to some other date, we are left with a gap, an unknown work – which is always a possibility.

Nevertheless, as we shall see (p.225-26), Mme de Graffigny gives the impression that *Le Comte de Boursoufle* had not been performed before December 1738, since 'V. desiroit fort de voir cette boufonnerie' (see below, n.19). But the fact that he wanted to see it in December 1738 does not preclude his having already seen it three years before, and he could well have revised it and brought it up to date in the meantime (perhaps including, even, the mention of Philippsburg). But none of this would lead one to change the most likely date of creation and first performance.

On 22 January 1736, then, rehearsals were under way, and Emilie was revealing that she was (presumably in the part of Thérèse, since this is the part she is mentioned as playing eleven years later; see D3562 and below, p.226) 'encore une actrice admirable' (D995) – praise which Voltaire repeated after the first performance, which was on 23 or 24 January: 'Emilie a joué son rôle comme elle fait tout le reste' (D996). It was played on the modest but charming stage set up at the end of a gallery, supported on empty barrels.

The Christmas festivities of 1738 at Cirey were the occasion of the play's revival. On this occasion Mme de Graffigny was not only present, but also took a part in the performance. She was told on 11 December that she was to act in it (Graffigny 62):

On vient de m'aporter a etudier un role pour une piece que l'on jouera des que je le saurai, pour divertir Mr de Breteuil. Je viens de la parcourir, et je n'en veux point:[16] c'est une jeune personne qui crie qu'elle veut etre mariée, et qui demande s'il n'y a pas une reine a Paris. Ils se moquent de moi; je la leur reporterai ce soir. C'est cette piece dont Contriçon le fils nous parla, qui s'apelle *Boursoufle*. Il me paroit que ce n'est qu'une boufonnerie; je t'en rendrai compte.

Later in the day she persuaded Voltaire to let her play the *gouvernante* instead of the daughter, which part was taken over by 'la petite Du Châtelet' (Françoise-Gabrielle-Pauline).[17] There may have been a performance on 18 December (Graffigny 63) and Mme de Graffigny commented thus two days later to Devaux: 'je ne saurois te dire ce que c'est que *Boursoufle*; c'est une farce

---

[16] She had no eye for a promising part. The young actress Yvonne Lifraud chose it for her first examination at the Conservatoire, and so impressed Victorien Sardou that he exclaimed, 'Vous avez déniché là une scène excellente pour cette petite-là!', Jules Truffier, '*Le Comte de Boursoufle* de Voltaire', *Conferencia: journal de l'Université des Annales*, 21ᵉ année, i.12 (5 June 1927), p.587-93.

[17] That she was able to do this at the age of twelve is an indication of how innocent Voltaire made Thérèse in comparison with her original, Hoyden. (E.g., IV.i, Fashion is talking the Nurse into letting the wedding take place without delay: 'for this means she'll have the pleasure of two wedding days'. HOYDEN (*to Nurse softly*): And of two wedding nights too, Nurse.)

qui n'a ny queu ny tete,[18] qui est cependant bien ecrite, mais hors de nature pour le ridicule d'un campagnard' (Graffigny 65). It was played on Sunday 21 December, Mme de Graffigny's report giving the impression that it had not, in fact, been staged before.[19]

On Friday 6 February 1739 it was played again, with Desmarets taking part, as part of a marathon of amateur theatricals during which the indefatigable group rehearsed and performed more than fifty acts of operas and plays in 48 hours (Graffigny 90).

If *Le Comte de Boursoufle* was performed again during the next eight years, there is no record of it. Then in the summer of 1747, it comes to life again, this time as an entertainment at the Château d'Anet, the summer residence of the duchesse Du Maine. But for the astringent letters written by the baronne de Staal to Mme Du Deffand, there would be no record of the performance or of the circumstances surrounding it. All allowances must be made for Mme de Staal's dislike of Voltaire and particularly of Mme Du Châtelet. They arrived at Anet on Monday 14 August 1747. On the following day Mme de Staal wrote: 'Nos nouveaux hôtes [...] vont faire répéter leur comédie; c'est Vanture qui fait le comte de Boursoufflé: on ne dira pas que ce soient des armes parlantes, non plus que madame du Châtelet faisant mademoiselle de la Cochonnière, qui devrait être grosse et courte' (D3562).

Ignoring her simplistic idea of what shape a country girl should be, one can agree that Emilie was by now (at the age of 41) flattering herself in the role of *jeune première*. Nevertheless, she

---

[18] This strange remark may apply to a lost one-act version (see below, n.42).
[19] 'Tu ne t'atens pas que j'ai joué hier la comedie; cela est pourtant vray. Je vis avant-hier que V. desiroit fort de voir cette boufonnerie dont il n'etoit pas; que la Belle Dame avoit grande envie de voir jouer sa fille, que l'on renvoyoit aujourd'huy; je vis aussi qu'en me donnant un peu de peine la piece iroit. Je fis venir les enfants hier matin; je les recordai tant, je me demenai tant a la repetition que nous fimes apres leur diner, que nous avons joué, le seigneur chatelin, son role sur un pupitre au bout d'une canne. Cela a eté passablement. J'ai eu beaucoup de louange pour mon chetif role; et cela a mi V. en gout de m'en faire jouer de melieur. [...] Tu crois bien que cela a pris ma journée tout entiere. Apres la comedie, nous densames sur le theatre, et je dansai; tout cela est bien gaye' (Graffigny 66).

apparently acquitted herself tolerably well. Mme de Staal reviewed the performance, which took place in the evening of Thursday 24 August before an invited audience of a hundred. It was an occasion of some éclat, being 'le jour de Louis' and the duchess's birthday.

Je ne puis vous rendre Boursoufflé que mincement. Mademoiselle de la Cochonnière a si parfaitement exécuté l'extravagance de son rôle, que j'y ai pris un vrai plaisir. Mais Vanture n'a mis que sa propre fatuité au personnage de Boursoufflé, qui demandait au delà; il a joué naturellement dans une pièce où tout doit être aussi forcé que le sujet. Pâris a joué en honnête homme le rôle de Maraudin, dont le nom exprime le caractère. Motel a bien fait le baron de la Cochonnière; Destillac un chevalier, Duplessis un valet. Tout cela n'a pas mal été, et l'on peut dire que cette farce a été bien rendue; l'auteur l'a anoblie d'un prologue qu'il a joué lui même et très bien avec notre Dutour, qui, sans cette action brillante, ne pouvait digérer d'être madame Barbe; elle n'a pu se soumettre à la simplicité d'habillement qu'exigeait son rôle, non plus que la principale actrice, qui, préférant les intérêts de sa figure à ceux de la pièce, a paru sur le théâtre avec tout l'éclat et l'élégante parure d'une dame de cour: elle a eu sur ce point maille à partir avec Voltaire; mais c'est la souveraine et lui l'esclave'. (D3567)

On the following day Voltaire and Mme Du Châtelet left Anet to take the waters at Passy. Realising he had left the prologue, the manuscript and the parts of *Le Comte de Boursoufle* at Anet, he sent Mme de Staal immediate instructions to 'retrouver le tout, d'envoyer au plus vite le prologue, non par la poste, *parce qu'on le copierait*, de garder les rôles crainte du même accident, et d'enfermer la pièce *sous cent clefs*'. She regarded these precautions as somewhat excessive ('J'aurais cru un loquet suffisant pour garder ce trésor!') but says she duly carried out the orders (D3569).

Whether she did or not, the fact remains that a copy or copies of the play circulated and came to light many years later.

On 26 January 1761 the Comédie-Italienne in Paris gave one performance of *Le Comte de Boursoufle* under the title of *Quand est-*

ce qu'on me marie? Comédie en trois actes en prose, traduite de l'anglais.[20] The title, taken from the first lines of act 2, scene 6, would not have roused Voltaire's suspicions, for the line had been changed since he wrote it as 'Papa, quand nous marierez-vous?'. It was not until too late that he got wind of what was happening, and on the very day of the performance he wrote to d'Argental from Ferney: 'Est il vrai qu'on joue aux italiens une parade intitulée le comte de Boursoufle sous mon nom? Justice, justice. Puissances célestes, empéchez cette profanation, ne soufrez pas qu'un nom que vous avez toujours daigné aimer soit prostitué dans une affiche de la comédie italienne. J'imagine qu'il est aisé de leur deffendre d'imputer dans les carrefours de Paris à un pauvre auteur une pièce dont il n'est pas coupable?' (D9575).

The news that had reached Voltaire was inaccurate in two respects. First, the posters made no mention of an author's name. Secondly – and revealingly – it was not announced by the title mentioned by Voltaire, who thus unwittingly gave himself away as the author of *Le Comte de Boursoufle*. It was the fact that it had been acquired for performance at the Italiens that rankled most. In a later letter we find him still protesting: 'Je ne sais ce que c'est qu'une comédie italienne qu'il [Fréron] m'impute, intitulée, *Quand me mariera-t-on?* voilà la première fois que j'en ai entendu parler. C'est un mensonge absurde. Dieu a voulu que j'aie fait des pièces de théâtre pour mes péchés; mais je n'ai jamais fait de farce italienne. Rayez cela de vos anecdotes'. The actual date of this letter to Damilaville (D.app.328) is doubtful; clearly it is a conflation of paragraphs dating from about 1761 to 1770, when it was published. What is remarkable, from our point of view, is that the performing of the play by the Italiens should still be preoccupying Voltaire some nine years later.

The refutation of authorship is not to be taken seriously, of course: it is established both by the correspondence and by the

---

[20] It was performed with a *divertissement* entitled *Ile des fous*. The receipts were 1,715 francs and there were 808 spectators (Clarence D. Brenner, *The Théâtre Italien*, Berkeley 1961, p.248).

copy of the Vienna edition (v65) with Voltaire's corrections (see below, p.252).

This text, first published in 1761, is the first to give the play the title *L'Echange, ou quand est-ce qu'on me marie?* One must assume that a manuscript acting copy was procured from the Théâtre Italien. It is not known who was responsible for reducing the play to two acts, substituting the sentimentalised dénouement, changing the names, and having it staged at the Vienna court theatre in 1761. The Viennese history of the play is complicated by the fact that in addition to this two-act version there was apparently a performance on 21 February 1764 of the full three-act version, at the old Wiener Burgtheater.[21] The French performances were so well received that a German translation by J. B. von Laudes of the two-act version was staged in 1764 at the Kaiserlich Königlich privil. deutschen Schaubühne in Vienna, under the title *Die Verwechselung*.

Von Laudes introduced the play with a twenty-page *Vorspiel* consisting of a conversation between Der Graf von Fattenville, Der Baron von Canardière, one Herr von Hartkopf and 'Der Acteur', who discuss German and French comedy and the respectability of acting as a profession. In his prefatory note von Laudes coyly refuses to say whether the prologue is a translation or his own work: 'man muss manchmal was errathen lassen'.

Of more interest is the preface (Vorbericht) to the entire volume entitled *Neue Sammlung von Schauspielen* (1765), of which *Die Verwechselung* forms a part, together with three other plays. This anonymous preface remarks that *Die Verwechslung* [sic] may be by Voltaire or by Sticcoti, 'that clever actor who played Pantaloon at the Théâtre Italien in Paris'. This ignorance about the French author is balanced by some information of which the French remained ignorant for a hundred years: 'The subject has been taken from an English comedy called *The Relapse, or Virtue in danger*' ('*Der Rückfall, oder die Tugend in Gefahr* und dessen

---

[21] See H. Kunz, *Höfisches Theater in Wien zur Zeit Maria Theresias* (Vienna 1954), p.20.

Verfasser Hr. Johann Vanbrugh ist'). As for the prologue, it goes on, this has not been translated from Marivaux as some have maintained. One has only to 'look at the German prologue together with the French one'. At best, it concludes, it may be called a free imitation of the French, or an original German one. This is indeed rather puzzling: to which French prologue does this refer? No French prologue had at that time been published. However, since Voltaire's Prologue (written in 1747 for the Anet performance) shares one feature with von Laudes' – the comparison of French and foreign plays – one can surmise that the young Viennese had some knowledge of it.

It was not until the revival of *Le Comte de Boursoufle* at the Odéon in January 1862, with a very strong cast, that the French became aware of its English origins (for critical reactions to the performances, see below, p.243-45). A detailed comparison of the two plays is now called for.

3. 'The Relapse' and 'Le Comte de Boursoufle': a comparative study

The two plots contained within the structure of *The Relapse*, are (i) Loveless's relapse into adultery with Berinthia, and the failure of the intriguer Worthy to seduce Amanda, Loveless's wife, and (ii) the foiling of Lord Foppington by his younger brother, Tom Fashion, (with the help of the matchmaker, Coupler) in the race for Miss Hoyden Clumsey's hand and fortune.

In his adaptation, Voltaire omitted (i) completely, and renamed his characters, who were given another set of names in editions entitled *L'Echange*. Thus:

The Relapse	Le Comte de Boursoufle	L'Echange
Sir Novelty Fashion, newly created Lord Foppington	Le Comte de Boursoufle	Le Comte de Fatenville (with inconsistent frequency spelled Fattenville)

Young Fashion, his brother	Le Chevalier, frère du Comte	Le Chevalier, frère du Comte
Sir Tunbelly Clumsey, a country gentleman	Le Baron de La Cochonnière	Le Baron de La Canardière
Miss Hoyden, a great fortune, daughter to Sir Tunbelly	Mlle Thérèse, fille du Baron	Gotton, fille du Baron
Coupler, a matchmaker	Maraudin, intrigant	Trigaudin, intrigant
Nurse, her gouvernante	Mme Barbe, gouvernante de Mlle Thérèse	[Mme] Michelle, gouvernante de Gotton
Sir John Friendly, his neighbour	Le Bailli	Le Bailli
Lory, servant to Young Fashion	Pasquin, valet du Chevalier	Merlin, valet du Chevalier
La Vérole, Lord Foppington's valet	Valets de la suite du Comte	Valets de la suite du comte [v: suite du Comte]
Foretop, a periwig-maker	M. du Toupet	M. du Toupet
Servant to Sir Tunbelly	Colin, valet du Baron	Colin, valet du Baron

The scenes of Voltaire's play, and those of *The Relapse* upon which they are modelled, can be schematised as follows:

Le Comte de Boursoufle	ACTION	*The Relapse*
(Act 1 is set in the village (inn) at La Cochonnière)		
1.i. Le Chevalier, Pasquin	Poverty	1.ii. (in Whitehall). Fashion, Lory, Waterman

I.ii. Le Chevalier, Pasquin, Maraudin	Intriguer dissatisfied	I.iii.174-236 (in Foppington's dressing-room). Fashion, Lory, Coupler
I.iii. Le Comte, le Chevalier, Maraudin, Pasquin, du Toupet, page, etc.	Dressing scene	I.iii.1-165. Foppington, Fashion, Lory, Foretop, page, etc.
I.iv. Le Comte, le Chevalier	Refusal of help	III.i.1-129 (in Foppington's house). Foppington, Fashion
I.v. Le Chevalier, Maraudin, Pasquin	Plot hatched	III.i.130-end, and I.iii.237-end
(Act 2 is set at the entrance to the Château de La Cochonnière)		
II.i. Maraudin, Colin II.ii. Maraudin, Colin, le Baron	Distrust of new arrivals	III.iii.1-55 (a country house). Fashion, Lory, servant; then Sir Tunbelly, Nurse
II.iii. Maraudin, Colin, le Baron, le Chevalier, Mme Barbe	Introduction Greetings	III.iii.56-end. Fashion, Lory, servant, Sir Tunbelly, Nurse
II.iv. Thérèse, Mme Barbe	Daughter given news of fiancé. Her excitement	III.iv. (A room in Sir Tunbelly's house), and IV.i.1-20 (another room) Hoyden and Nurse
II.v. Thérèse, Mme Barbe, le Chevalier	Abduction ploy	IV.i.21-52. Fashion, Hoyden, and IV.iv.31-38. Fashion, Hoyden, Nurse, Chaplain
	[Secret marriage in *The Relapse* here.]	

II.vi. Thérèse, Mme Barbe, le Chevalier, Maraudin, le Baron	Preparations for defence against 'kidnappers'	IV.iv.57-end
II.vii, viii & ix. Le Comte, le Baron, Thérèse	Arrival of elder brother, who is seized and bound	IV.v. (at Sir Tunbelly's gate) and IV.vi.1-61 (in the hall). Foppington, Sir Tunbelly, Hoyden
(Act 3 – no change of scene)	[In *Le Comte de Boursoufle* 'contract' is signed with father's blessing during interval.]	
III.i. Thérèse, le Chevalier, Maraudin, Mme Barbe	Chevalier is anxious to leave with his bride before being brought face to face with his brother	(No equivalent)
III.ii. Thérèse, le Chevalier, Maraudin, Mme Barbe, le Baron	Baron begins to have suspicions Comte might be genuine: insists Chevalier confront him.	(No equivalent)
III.iii. Thérèse, le Chevalier, Maraudin, Mme Barbe, le Baron, le Comte	Brothers face to face	IV.vi.62-85. Foppington, Sir Tunbelly, Hoyden, Fashion, Nurse, Lory, Chaplain
(No equivalent)	[In Vienna 2-act *L'Echange*, Chevalier owns up, offers to hand back the contract, and is forgiven by Baron	(No equivalent)

233

	(who gives him daughter and dowry) and by Comte (who gives him 20,000 francs).]	
III.iv. Le Comte, le Chevalier	Comte tries to persuade Chevalier to accept a compromise	IV.vi.93-103
III.v. Principals and Le Bailli	Elder brother is rescued. Father promises him daughter's hand	IV.vi.156-232

Le Comte de Boursoufle	*The Relapse*
Baron admits he has been hoodwinked into signing and (probably) allowing marriage to be consummated. Chevalier wins, Comte retires gracefully.	IV.vi. Young Fashion slips away, Foppington wins the girl. v.v. (London). Fashion interrupts celebrations to prove Hoyden is his wife. Foppington retires gracefully.

This comparison of scenes is misleading in that it gives an impression of similarity which is, in fact, absent from the dialogue. There is hardly one sentence in *Le Comte de Boursoufle* that is translated, even freely, from *The Relapse*. Even when one can trace the origin of an idea to Vanbrugh, one finds that Voltaire has either transferred it to another context, altered the tone of it, expanded it, or contracted it. These changes in the dialogue represent differences in characterisation, relationships, and dramatic rhythm. It would seem that Voltaire had the sound of *The Relapse* in his head and used it just as a *point de départ* at the moment of writing his own comedy.

The four principal roles – two brothers, father and daughter – are fundamentally the same, and their function within the social structure represented is identical: two rival predators, one protector, and one willing prey. The Comte and Foppington have similarities which are partly to be explained by the common French heritage (Mascarille, M. Jourdan) and partly by the fact that Foppington is aping French manners (the frequent use of French is a sign of the snobbishness of all the incarnations of English fops by Etherege, Crowne, Cibber and Vanbrugh). Whereas Foppington has 'bought a barony in order to marry a great fortune' (II), however, Boursoufle has inherited his. Foppington has, then, laid out a considerable sum (£10,000) to invest in peerage, in the expectation of a good return on his capital via the Clumsey dowry. Both elevation to the peerage and marriage are, for him (and for the class he personifies), merely financial transactions with an attractive social spin-off ('Why, the ladies were ready to puke at me whilst I had nothing but Sir Novelty to recommend me to 'em. Sure, whilst I was a knight I was a very nauseous fellow. Well, 'tis ten thousand pawnd well given, stap my vitals'; I.iii). Boursoufle, we assume, inherited his title a few years before (his young brother has had time to spend his part of the inheritance), but is still as ruthlessly money- and class-conscious as Foppington ('qu'est devenu ton cousin, qui partit avec toi il y a trois ans?' he asks the Chevalier. 'Je vous ai mandé il y a un an qu'il était mort. C'était un très honnête garçon, et si la fortune...'. 'Ah! oui... il est mort, il a bien fait, cela n'était pas riche'; I.iii.140-143 – no equivalent in *The Relapse*). Boursoufle's meanness and his sense of the superiority inherent in elder brothers derive very precisely from Foppington's, but Voltaire's rendering permits us to see how he contracts and adapts, developing a thought from one word ('la nature') and giving it a French flavour by reference to that all-pervading force which is quite absent from the English scene, 'la cour':[22]

---

[22] As the notes – particularly to I.i, II.iv, II.v, III.i, and III.v – show, the draw of a rich life in London for Hoyden is reflected in Voltaire's play, with the additional attraction of fashionable society at court working strongly on Thérèse.

FOPPINGTON. [...] But these are damned times to give money in: taxes are so great, repairs so exorbitant, tenants such rogues, and periwigs so dear, that the devil take me, I am reduced to that extremity in my cash, I have been forced to retrench in that one article of sweet pawder till I have braught it dawn to five guineas a manth. Naw judge, Tam, whether I can spare you five hundred pawnds.

FASHION. If you can't, I must starve, that's all – (*Aside*) Damn him.

FOPPINGTON. All I can say is, you should have been a better husband [manager].

FASHION. Oons, if you can't live upon five thousand a year, how do you think I should d't upon two hundred?

FOPPINGTON. [...] I must take leave to put you in mind that a running horse does require more attendance than a coach horse. Nature has made some difference 'twixt you and I.

FASHION. Yes, she has made you older – (*Aside*) Pox take her.
FOPPINGTON. That is nat all, Tam.
FASHION. Why, what else is there?
FOPPINGTON. (*looking first upon himself, then upon his brother*). Ask the ladies.

LE COMTE. Mais, Chonchon, mais en vérité, vous n'y pensez pas. Vous ne savez pas combien un seigneur a de peine à vivre à Paris, combien coûte un berlingot, cela est incroyable; foi de seigneur, on ne peut pas voir le bout de l'année.

LE CHEVALIER. Vous m'abandonnez donc?

LE COMTE. Vous avez voulu vivre comme moi; cela ne vous allait pas, il est bon que vous pâtissiez un peu.

LE CHEVALIER. Vous me mettez au désespoir; et vous vous repentirez d'avoir si peu écouté la nature.

LE COMTE. Mais, la nature, la nature, c'est un beau mot, Chonchon, inventé par les pauvres cadets ruinés pour émouvoir la pitié des aînés qui sont sages. La nature vous avait donné une honnête légitime, et elle ne m'ordonne pas d'être un sot, parce que vous avez été dissipateur.

FASHION. Why, thou essence bottle, thou musk cat, dost thou then think thou hast any advantage over me but what fortune has given thee?

FOPPINGTON. I do, stap my vitals.

FASHION. Now, by all that's great and powerful, thou art the prince of coxcombs.

FOPPINGTON. Sir, I am proud to be at the head of so prevailing a party.

(III.i)

LE CHEVALIER. Vous me poussez à bout. Eh bien! puisque la nature se tait dans vous, elle se taira en moi, et j'aurai du moins le plaisir de vous dire que vous êtes le plus grand fat de la terre, le plus indigne de votre fortune, le cœur le plus dur, le plus...

LE COMTE. Mais fat, que cela est vilain de dire des injures, cela sent son homme de garnison. Mon dieu, vous êtes loin d'avoir les airs de la cour. (I.iv)

The different meanings attributed by Vanbrugh and Voltaire to 'nature' in the above scene are characteristic of the person who first appeals to the concept in each case. For Foppington, it implies a universal hierarchical force of order, whereas the Chevalier is appealing to a moral sense of justice which he assumes is innate. The distinctions of meaning are not, however, just of philosophical or semantic interest: they emerge from the characters. Vanbrugh makes Foppington a heartless ladykiller (albeit an unsuccessful one), vain about his attractiveness. Voltaire gives little hint of this; if Boursoufle is anxious about his appearance at the beginning of the dressing scene (I.iii) it is because he fears 'Mademoiselle de La Cochonnière me trouvera horriblement mal en ordre'. All that remains in Le Comte de Boursoufle of Foppington's debauched ways is the visit to 'mademoiselle Julie' ('la petite marquise' of the v and p62 versions), which Boursoufle makes as a final premarital fling (I.iii.146-149).

The moral tone of Le Comte de Boursoufle is considerably higher than that of The Relapse, about which Jeremy Collier had complained so strongly. Maraudin, for example, has none of Coupler's homosexual tendencies. It was the need to make his version acceptable to French polite society that obliged Voltaire to rob his dandy of the most pervasive of Foppington's comic

237

traits: the juxtaposition of high-flown upper-class speech and vigorous earthy language incorporating colourful oaths. For example, when the trussed-up elder brother is recognised:

FOPPINGTON. Stap my vitals, I'll have satisfaction.

SIR JOHN (*running to him*). My dear Lord Foppington!

FOPPINGTON. Dear Friendly, thou art come in the critical minute, strike me dumb.

SIR JOHN. Why, I little thought I should have found you in fetters.

FOPPINGTON. Why, truly, the world must do me the justice to confess I do use to appear a little more *dégagé*. But this old gentleman, not liking the freedom of my air, has been pleased to skewer down my arms like a rabbit.

SIR TUNBELLY. Is it then possible that this should be the true Lord Foppington at last?

FOPPINGTON. Why, what do you see in his face to make you doubt of it? Sir, without presuming to have any extraordinary opinion of my figure, give me leave to tell you, if you had seen as many lords as I have done, you would not think it impossible a person of a worse *taille* than mine might be a modern man of quality. (IV.vi)

LE BAILLI. Çà, dépêchons-nous: votre nom, votre âge, vos qualités... Ah! Dieu paternel! qu'est-ce que je vois là? C'est monsieur le comte de Boursoufle, le fils de monsieur le marquis mon parrain. Ah! monseigneur, mon bon patron! par quelle aventure étrange vous vois-je traité de la sorte? [...]

LE BARON. Ah! Qu'est ce que j'entends là?

MLLE THÉRÈSE. En voici bien d'une autre.

MME BARBE. Miséricorde!

LE COMTE. Bailli, ce vieux fou de baron s'est mis dans la tête que je n'ai pas l'honneur d'être monsieur le comte de Boursoufle; il me prend pour un aventurier, et il est tout résolu de me faire pendre au lieu de me donner sa fille. Le procédé est barbare, sur mon honneur.

LE BARON. Quoi! ce serait en effet là monsieur le comte?

LE BAILLI. Rien n'est si certain.

LE COMTE. Il faut que ce baron soit un campagnard bien grossier pour s'y être mépris, foi de seigneur.

(III.v)

If Voltaire's text achieves a kind of nervous rapidity by virtue of its concision, at the same time it is, to put it plainly, robbed of its guts. Throughout the play, and especially in the replacement of Foppington's racy expletives (*split my windpipe, stap my vitals, strike me speechless, strike me dumb*), by colourless expressions (*foi de seigneur, sur mon honneur*) there is to be observed this emasculating process by the Voltaire who corrected his judgement on Vanbrugh's writing from 'sprightly' to 'grossier'.[23] The sharp contrast between the language of town and country nobility is quite absent from Voltaire's version, although there is an indirect reference to it by Thérèse, who is struck, not by the Comte's but by the Chevalier's speech: 'que ce langage-là est différent de celui de nos gentilshommes de campagne. Ah! les sots dadais, en comparaison des seigneurs de la cour' (ii.v.116-118).

Vanbrugh created in Sir Tunbelly Clumsey a convincing caricature of the uncouth rural despot empowered to administer the law. For once, Foppington is his mouthpiece: 'A dirty country justice is a barbarous magistrate' (iv.vi). Voltaire's Baron is even more incapable of making correct deductions about anything than Sir Tunbelly, but this is not so dangerous since he lacks the Englishman's powers of jurisdiction as a deputy lieutenant. (These are attributed to the bailiff, who – like Sir John Friendly – quickly clears up the misunderstanding.) Just as Foppington's character is revealed by his choice of language, so is that of his social foil, whose vocabulary is, in its own vulgar way, as rich and colourful as the town lord's. Again, the expressive poverty of the curses in Voltaire's polite version is noticeable (*par Henri quatre, corbleu, parbleu*, for *Cod's my life, udswoons, Sirrah, Oons and thunder*). Exceptions in Voltaire's favour are 'Ventre de boulets' (ii.ii.22) and 'Par la culasse de mes mousquetons, nous y donnerons bon ordre' (ii.vi.156), which outdoes 'Never, by the mass! But we'll tickle him, I warrant him' (iv.iv) in vigour. Generally, the level of violence is higher in Vanbrugh than in Voltaire; for

[23] See note 5.

example, when the father realises he has been duped, he is understandably annoyed in both plays: 'Here, pursue this tartar, bring him back. Away, I say! A dog, oons! I'll cut off his ears and his tail, I'll draw out all his teeth, pull his skin over his head' (iv.vi). The forcefulness of these intentions is somewhat attenuated by Voltaire: 'ordonnez du supplice des fripons qui m'ont abusé. Ah! que je suis un malheureux baron!' (iii.v.158). There is one *trouvaille* to Voltaire's credit, with no equivalent in *The Relapse*: when the assailants are approaching the castle, the Baron's protectiveness towards his daughter's honour reveals a comic scale of values: 'Je te tordrai le cou de mes propres mains plutôt que de souffrir qu'on attente à ton honneur; car vois-tu, je t'aime' (ii.vi.177).

The two young people are not different in major respects in *The Relapse* and *Le Comte de Boursoufle*, but Voltaire makes them both less sympathetic than their English counterparts. If Collier found it objectionable that Young Fashion is given 'a second fortune, only for debauching away his first', and that the moral 'puts the *Prize* into the wrong Hand', he would have disapproved even more so of the moral implications of Voltaire's version; for whereas Vanbrugh creates a lusty bond between the two young lovers (more self-interested than romantic, it is true), and makes Fashion fairly deserving of his triumph in trickery, Thérèse is completely cynical about marriage. She says 'je vous aime de tout mon cœur' (ii.v.143) but later does not care which brother she marries, so long as she gets to Paris and becomes a 'grande dame' (iii.v.177). The Chevalier has dissipated what money he had on mistresses, fantasies and follies (i.i.16). The extent to which the younger brother is justified in his dishonesty depends on the callousness of the elder one. There is little to choose here between the two *aînés*, but the Comte does not have Foppington's moral cynicism. The Frenchman is punished for his meanness and his snobbery by a younger brother who is poor but not particularly deserving. Idealism, romanticism and heroism are qualities lacking in the deliberately anti-sentimental world-view of both plays.[24] The cynicism of *The Relapse* is relieved only by the unaffected freshness and frankness of Hoyden. With Thérèse this becomes petulance. It is clear that she will be a quite insufferable snob as a 'grande dame' at court, whereas Hoyden intends to enjoy the pleasures afforded by London life. Voltaire has written in, then, an additional target of social criticism, by making Thérèse akin to the Comte in her obsession with 'la cour', thus compensating for the absent criticism of country justice in the depiction of the girl's father.

The simplified plot of Voltaire's adaptation has much to recommend it from the structural point of view. By concentrating on the Foppington – Fashion – Hoyden sub-plot Voltaire was able to give the play a rapid pace and to adhere to all the unities.[25] In three important respects Voltaire's plot differs from Vanbrugh's. First, he dispenses with the *secret* marriage, making the Baron party to the contract whereas Clumsey is quite unaware of the intrigue going on behind his back between Bull (the chaplain), Nurse, and the two lovers. Secondly, he brings about the union between the younger brother and the girl *after* the arrival of the legitimate suitor. And thirdly, he makes the younger stay (instead of escaping to fight again in act 5 in London, like Young Fashion) to consolidate and confirm his triumph straight away.

The reason why Voltaire dispenses with Vanbrugh's secret marriage is, as Böttcher points out (p.52), that abduction was

[24] They are unsubtly inserted in the dénouement of the Vienna version (III.iii.81-201*v*).

[25] Sheridan tried and failed to give *The Relapse* greater unity in his adaptation, *A trip to Scarborough* (1777), by placing the action entirely in the country (as does Voltaire). John Lee's three-act version, *The Man of quality* (1771), concentrates solely on the Foppington-Fashion-Hoyden plot. As Voltaire had done, he spliced together Vanbrugh's dressing scene and Tom's request for money (*The Relapse*, I.iii and III.i). In three other respects Lee follows basic changes already introduced by Voltaire: his act 2 opens at the gate of the country house; the two young people are married between acts 2 and 3: and the young brother has to face the elder straight away, to speed up the dénouement. These similarities strongly suggest that Lee knew Voltaire's adaptation.

punishable by death in France, whilst in England elopement was fairly routine, hence, an excellent subject for comedy. To make the Chevalier behave like Tom Fashion, and manoeuvre himself into marriage without the father's consent, would have created an element of tension in a French context more suitable for *drame* than *comédie*. Faced with the need to bring about the marriage without making such a dire penalty likely, what could Voltaire do but make the father an unwilling accomplice? This has the unfortunate result of making the Baron even more of a gullible fool than Sir Tunbelly. It is also a considerable drawback, from the point of view of verisimilitude, that Voltaire is obliged to leave the precise nature of the 'contract' which is so precipitately signed shrouded in mystery. It is less a marriage contract than a betrothal, and yet it is binding and has even (it is suggested) given the Chevalier rights of consummation.[26] It is curious that whereas the Baron had threatened to have the comte hanged 'comme ravisseur et comme faussaire' (II.vii.254) it does not occur to anyone that the Chevalier has attained his ends by imposture and false pretences. If he has been party to a contract (agreeing to marry Thérèse in return for a certain dowry), how did he sign his name? To dupe even the Baron, he must have signed his brother's name.

Voltaire's second major plot-change is happier. When Foppington arrives, Tom Fashion and Hoyden are already married. Voltaire introduces an additional comic irony by having the 'union' legalised whilst the rightful suitor is undergoing considerable humiliation as the Baron's prisoner. When the Comte appears, suspense is created by his ability to unmask his brother and prevent the false marriage.

Tom Fashion has to escape when Sir John Friendly is announced, because he is not sure of having the support of the chaplain

---

[26] LE BARON. [...] le contrat est signé; monsieur Maraudin a pressé la chose, et même... [P62 adds, to make the situation clear: *Il lui parle à l'oreille.*] [...]
  LE CHEVALIER. Oui, mon frère, et Jacqueline Thérèse a l'honneur d'être votre belle-sœur (III.v.179-188).

and the nurse in pressing his case. Thus he appears to be defeated at the end of act 4, and makes a triumphant re-entry in act 5 when his forces and arguments have been put in order. This double dénouement could easily have been avoided, but Vanbrugh had to continue for another act to conclude the main plot. Voltaire, having stated (however unconvincingly) the irrevocable nature of the contract, has no need to extend the action: the confrontation takes place (III.iv) with the Chevalier in an impregnable position: 'On voit bien', says the Comte, 'que ta fortune est faite'.

In conclusion, one may say that *Le Comte de Boursoufle* merits attention primarily from a comparatist point of view.[27] The omissions, additions, changes in tone and detail introduced by Voltaire enable one to see differences in English and French dramatic taste very clearly. It may be objected that Voltaire was influenced by the very restricted circumstances surrounding performances of his play, and that his tone would have been less refined and bowdlerised had he been writing for Paris rather than Cirey. However, we have a record of critical reactions in Paris at precisely 100 years distance from each other: 1761 and 1862. From Fréron, writing in the knowledge that the play was by Voltaire, immediately after being manhandled in *L'Ecossaise*,[28] one would hardly expect a dispassionate review.[29] He gives a detailed synopsis, quoting only those parts he considers weak (the principles of journalistic criticism have not changed). His reason for dealing with the play at such length (surprising, in view of the fact that it had only one performance, and at the Italiens!) is – he says – that it has not been published, so readers will be grateful

---

[27] As Fenger says of *Les Originaux* and *Le Comte de Boursoufle*: 'Ces deux comédies assez insignifiantes, écrites à la hâte pour des protecteurs et des amis, tirent leur importance du fait qu'elles nous montrent comment Voltaire se sert de sa connaissance des comédies anglaises' (p.229).

[28] Published 1760, performed 26 July 1760 at the Comédie-Française. In it Voltaire pillories Fréron under the name of Frelon or Wasp (see Voltaire 50, p.221-469).

[29] 'Lettre à M. Fréron sur une Comédie donnée au Théâtre Italien', *Al* (1761), iv.73-85.

to know it and to be able to 'juger du talent rare de cet Auteur célèbre pour la bonne plaisanterie' (p.74). His concluding remarks (p.84) concentrate on what he sees as the lack of charm, of richness in content, of delicacy in the details, and of originality in the characters:

Que ce Baron de la Cochonière est bien imaginé, bien nommé & bien peint! Que ses juremens sont ingénieux! Quelle naïveté, quelle franchise, quelle simplicité dans sa fille! C'est la pure nature. Et ce Chevalier, qui veut se battre contre son frère & le faire pendre, comment le trouvez-vous?

Despite all these 'qualities', some people beside him had the bad taste to find the play detestable: 'ce sentiment devint même général; le Parterre était singulièrement monté ce jour-là; la pièce fut sifflée, et n'a pas reparu depuis' (p.84-85). The reason for its failure, he suggests, was that nobody knew it was by Voltaire. Otherwise 'on auroit écouté avec plus d'attention; on auroit senti les beautés qui se trouvent en foule dans cet ouvrage; d'ailleurs, on aurait pris des mesures pour étouffer la cabale'. If these precautions had been taken, it would have run for at least fifteen or sixteen performances, he concludes.

At its revival on 28 January 1862, at the Odéon, *Le Comte de Boursoufle* became the subject of a cross-channel controversy,[30] with the English objecting to the French take-over of *The Relapse* without reference to Vanbrugh. However, the anonymous critic of *La Revue britannique*[31] compares the two plays and concludes: 'Quant au dialogue, ce ne sont pas les mêmes phrases, mais c'est le même esprit, plus grossier chez Vanbrugh que chez Voltaire'.

The most detailed and vehement criticism came from Philarète

---

[30] The details, which go beyond the scope of this edition, are given in Duckworth, 'The fortunes of Voltaire's Foppington'.
[31] Writing in the 'Correspondance de Londres' section (February 1862), p.491.

Chasles,[32] whose prejudices are revealed in this judgement on English drama: 'ce n'est pas un théâtre que leur théâtre, c'est la terrible caricature de Hogarth jetée sur la scène'. He objects strongly to the creation of Foppington and his English precursors because they are intended to satirise French taste and to ridicule the court of Louis XIV. In an outburst of moral indignation at the 'incroyable licence', the 'dévergondage effréné' and 'ordure' to be found in English Restoration comedy, he turns on the large and appreciative audiences at the Odéon who 'écoutent, admirent, applaudissent pendant un mois comme nouvelle et française une comédie vieille d'un siècle et demi'. What treason, he exclaims.

Jules Janin, in the following day's issue of the same journal, injected some humour into this petty controversy. Both for Voltaire and for French critics, he says, this has been a sad week. They are dancing for joy in 'la superbe Albion' because Voltaire has been revealed as a plagiarist, and because critics' ignorance of English and French theatre has been shown up by their hailing *Le Comte de Boursoufle* as a newly discovered, unpublished comedy by Voltaire. Janin now realises, he concludes, what Voltaire's real purpose was in going to England: not to learn about English life and customs, but to steal their comic masterpiece, *The Relapse*, and set it at Mme Du Châtelet's pretty feet!

4. The prologue

We know from Mme de Staal's letter of 27 August 1747 (D3567) that Voltaire 'ennobled' *Le Comte de Boursoufle* with a prologue 'qu'il a joué lui-même et très bien avec notre Dutour'. It was

---

[32] *Journal des débats* (23 February 1862). Cf. the claim made by Thomas Holcroft (radical politician and dramatist) in 1780, that the licentiousness of Restoration comedy was due to French influence (*Westminster magazine*, January-May 1780).

published for the first time in the Kehl edition,[33] from what source is not known. Clearly it had become detached from the manuscript of the play, since it was used as a prologue to *La Prude* in Kehl. Beuchot restores it to its rightful place (M.iii.253-57), on the basis of internal evidence:

a) the term 'la belle farce' used in line 2, which is not applicable to *La Prude*;

b) the use of the expression 'ma vieille rapsodie' (line 51), 'encore un passage qui ne peut regarder *La Prude*, et où il s'agit du *Comte de Boursoufle*'. 'Rapsodie' is not the first word that would occur to one to describe the comedy;

c) reference to 'Thérèse' (line 53) (despite this, Beuchot followed Decroix in changing her name to Gotton, in line with all the other Vienna changes).

The theme of the prologue, the unworthiness of the comedy to follow on 'cette auguste fête' before such an illustrious gathering, is not simply defensive self-depreciation. It provides Voltaire with an opportunity to flatter the company (and particularly to pay homage to the duchesse Du Maine), and to sketch a topical *ars poetica* for the comic genre of the time. Voltaire's question, 'Mais que voulez-vous donc pour vos amusements?' (line 20) opens the debate: would you have horrible copies of English tragedies? If Voltaire was alluding to La Place's *Venise sauvée*[34] he must surely also have had in mind the joke he was playing, presenting a 'copie horrible' of an English comedy before an unsuspecting public. As distasteful as the theatre of the 'sauvages

---

[33] Kehl, vii.155-59. Followed by 'Autre Prologue récité par M. de Voltaire' (p.160-61).

[34] La Place's adaptation of Otway's *Venice preserv'd* was first performed at the Comédie-Française on 5 December 1746, when 'L'acteur Rosely harangua le parterre pour le prévenir des singularités du genre anglais' (G.A., in M.iii.254). Published in La Place, *Théâtre anglais*, i(3).310-434 (London 1747) and p.viii, 84 (Paris 1747). Like the Chevalier, Jaffier, the hero of *Venice preserv'd*, is reduced to poverty, is met with insults when he begs for assistance (from his father-in-law) and seeks revenge. This similarity adds further irony to Voltaire's comment on English tragedies.

anglais' is the moralising comedy of La Chaussée. With these two contemporary types of play rejected, Voltaire (via Mme Du Tour) outlines the characteristics of the ideal comedy, of which the main features are simplicity, delicacy, nobility, subtle humour, and graceful, lively style. The ideal would be to capture the wit and elegance of that society itself, in fact. Voltaire admits his inability to do this – indeed, one might say that had he retained more of the wit and elegance of *The Relapse* he would have stood more chance of success – and the play is put on only because Mme Du Tour wishes to have the pleasure of seeing it hissed.

Such a prefatory procedure as this can be dangerous and implies considerable faith in the play's ability to please. Voltaire cannot really have wanted to give the impression that for such an important occasion the best he could do was to dig up an old farce of which he is ashamed. Neither can he have been so naive as to hope that those present would keep the performance a secret if it was a failure (lines 92-93).

The tone and strategy of the prologue are reminiscent of those to be found in Vanbrugh's preface and prologues to *The Relapse*. Can one surmise that Voltaire took down his edition of the plays again before adding his own prefatory piece? 'To go about to excuse half the defects this abortive brat is come into the world with', begins Vanbrugh's preface to his highly successful comedy, 'would be to provoke the town with a long useless preface when 'tis, I doubt, sufficiently soured already by a tedious play'.[35] The same mock defensiveness characterises both the prologues to *The Relapse* (the 'First prologue' and the 'Prologue on the third day'). As with *The Relapse* and *Le Comte de Boursoufle*, it is more the cumulative overall tone and terminology than particular similarities of detail that carry conviction in the comparison. Let them speak for themselves:

> La belle farce qu'on apprête!
> Le plaisant divertissement [...]

---

[35] Preface to *The Relapse*, ed. C. A. Zimansky, p.3.

[...] sa cour est l'asile
Du goût que les Français savaient jadis aimer;
Mais elle est le séjour de la douce indulgence [...]
La pitié, non l'horreur, doit régner sur la scène [...]
Vous-même m'avez dit qu'il fallait sur la scène
Plus d'esprit, plus de sens [...]
Mais je veux qu'on vous siffle [...]
     Et ce plaisir en vérité
     Vaut celui de la comédie [...]
Vous n'êtes dans ces lieux, Messieurs, qu'une centaine:
Vous me garderez le secret.

And Vanbrugh:

Ladies, this play in too much haste was writ
To be o'ercharged with either plot or wit [...]
And wit, you know, 's as slow in growth – as grace.
Sure it can ne'er be ripened to your taste [...]
Apologies for plays, experience shows,
Are things almost as useless – as the beaux.
Whate'er we say, like them, we neither move
Your friendship, pity, anger, nor your love [...]
     [...] let us but find
The way to please you, and you'll soon be kind

5. *Manuscripts*

The problems associated with manuscripts and editions of the play are caused by: (i) the absence of any manuscripts that can be identified with certainty as the 1736 Cirey performance text; (ii) the loss of the 1747 Anet scripts; (iii) references to versions in one, two, and three acts, with different titles; (iv) the sudden rash of editions and performances in the 1760s in Paris and Vienna, no doubt based on manuscripts referred to in points (i) and (ii), but including variants that cannot be authenticated; (v) the disappearance of the manuscript on which Renouard based his edition (R). Our reasons for choosing this as our base text are given on p.261. Many of these problems are considered in section 7 below (p.256-61) and in the variants.

MS I

Le Comte / de / Boursouflé / Comedie en Profe / et / en 3 Actes. / Par / M. de Voltaire. /

Contemporary copy made for Frederick II, consisting of 87 numbered pages preceded by one leaf for the title and for 'Acteurs'. The remainder of the volume (p.89-235) is occupied by a copy of *Les Originaux*, under the title of *Monsieur du cap vert*. For a discussion of the text, see MS2.

Schloss Charlottenburg, Berlin: v.447/1309.[36]

MS2

Le Comte de Boursoufle / Comedie en 3 actes en Prose / Par M^r. De Voltaire / Cette piéce a été représentée par les Comediens / Italiens sous le Titre de, *Quand est-ce qu'on me / marie*, avec des changements dans les Noms des / acteurs seulement, le Lundi 26 Janvier 1761. / Non imprimée /

Contemporary copy; 170 x 222 mm; 32 leaves.

The variants offered by MS1 and MS2, although numerous, are of a minor nature, occasioned very frequently by the apparent illiteracy of the amanuenses. Whereas MS1 renders 'tirez vos arquebuses par les meurtrières' (II.188) by the nonsensical 'tirez vous arquebuser par les meurtriers', MS2 merely changes the sense completely: 'tirez vous arquebusier sur les meurtriers'. MS2 has an even greater array of barbaric spelling and grammar, beginning with 'Le Conte de Boursoufle' on f.2r, the title-page. This is only one of several misspellings suggesting the play was copied from dictation (*six an* corrected to *six cent; besoint deux* (for 'besoin d'eux'). Other errors indicating the inferior quality of this manuscript include: *pety, Mouré de faint* (for 'mourez de faim'), *Mr Maraudint votre amie, gy aurois, a partient, d'un autre espece, Chochon (passim), légitement, vous este plus*. In both manuscripts accents and punctuation are sparse. The title-page of MS1 does give an accent on Boursouflé, but this is the only instance of this spelling of the name. Many of the

---

[36] The existence of this manuscript, and of that next below, was kindly brought to my attention by M. Jeroom Vercruysse.

variants presented by MS1 and MS2 lack, then, any real editorial interest, and do not help to resolve the problem of Voltairean authenticity.

Bn: Musique Th. 1184.

MS3

L'Echange / ou / Quand est-ce qu'on me marie? / Comédie / en trois actes, / (par M. de Voltaire) /

Copy by Decroix, given to Beuchot; 195 x 240 mm; 26 leaves.

Preceded (f.129v-30r) by an 'Avertissement de l'Editeur', ending 'Cette Comédie parait ici telle que l'auteur l'avait faite pour Cirey, mais avec le titre, les personnages et quelques légères corrections de détail, tirés d'une seconde édition donnée à Vienne en 1765. Quant au nouveau dénoûment qui parait un peu forcé et moins plaisant que l'ancien, on l'a placé comme variante, à la suite du troisième acte.' The source of the Cirey text is not specified and this text (first published in 1820 and reproduced by Beuchot and Moland) is an unsatisfactory hybrid of doubtful authority.

Bn: N 25137, f.129-54.

MS4

A manuscript from the Pont de Veyle collection served as the basis for the 1819 Renouard edition.

The Pont de Veyle theatre collection was first catalogued in 1774: *Catalogue des livres imprimés et manuscrits, de M. le comte de Pont-de-Vesle* (Paris, Le Clerc, 1774; Bn Δ 48971). Item 1042 (in the Théâtre italien section) was described as 'Monsieur du Cap-Vert, Com[édie]. 3 act. pr[ose].' Bengesco concluded that this manuscript included the copy of the *Comte de Boursoufle* subsequently published by Renouard. Item 1216, in the Opéra comique section, was: 'Le Comte de Boursoufle, 1 a[cte]. par Voltaire, mss.' This manuscript (MS6 below) has not been heard of since.

A summary auction catalogue was produced in An VI: *Catalogue abrégé de la collection de théâtre de M. de Pont de Veyle dont la vente se fera [...] an VI* (Paris, Mauger, Hubert, s.d.; Bn Δ 7515). The collection failed to reach the reserve and was sold privately to Mme de Montesson. Her heir, the comte de Valence, sold it to Soleinne, who had already created a substantial collection of books and manuscripts on and of the theatre. Soleinne kept the bulk of the Pont de Veyle collection separate from his own and it returned to the auction rooms in 1848: *Bibliothèque dramatique de Pont de Veyle* [...] *vente le lundi 10 janvier 1848* (Paris 1847; Bn Δ 7516). Some of the Pont de Veyle manuscripts, however, had already been sold in 1844, along with the rest of Soleinne's collections: *Bibliothèque dramatique de monsieur de Soleinne* (Paris 1844). Two items from this sale, held on 15-28 April 1844, concern us here: p.75, no.1684: 'MS. Pièces de Voltaire. Eriphile, tragédie. – Adelaïde du Guesclin, tragédie. – Pandore, opéra. – Samson, tragédie lyrique. – Variantes de l'opéra de Samson, tirées d'un ancien manuscrit. – Monsieur du Cap Vert, comédie en 3 a. et en pr. (C'est la pièce des *Originaux*.) – Le comte de Boursouffle, comédie en 3 a. et en pr. In-4 sur pap., écrit. du 18e siècle, non rel. Ces copies proviennent de la bibliothèque de Pont-de-Vesle qui les tenait d'un secrétaire de Voltaire.'; and p.75, no.1687: 'L'Echange [...] *Vienne* [...] 1765, in-8 de 47 p., br. Avec des corrections et additions autographes de Voltaire. Voy. notamment p.32. – Cette pièce avait été jouée à Cirey, en 1734, sous le titre du *Comte de Boursoufle*.'

The present whereabouts of all these items is unknown.

MS 5

A manuscript published in the *Dernier volume* (1862). Present whereabouts unknown.

MS 6

A manuscript of a one-act version from the Pont de Veyle collection (see above, MS4). Present whereabouts unknown.

MS 7

A manuscript published in P62. Present whereabouts unknown.

6. *Editions*

We describe below the four eighteenth-century editions of *L'Echange* and list the various later versions of the play.

v61

L'ECHANGE. / OU / QUAND EST-CE QU'ON / ME MARIE? / CO-MEDIE. / EN DEUX ACTES. / [*woodcut, 35 x 38 mm*] / [*thick-thin rule, 75 mm*] / *VIENNE EN AUTRICHE*, / Dans l'Imprimerie de GHELEN 1761.

8°. sig. A-C⁸ D⁴ (– D4); pag. 54 (p.51 numbered '15'); $5 signed, arabic (– A1, D3); page catchwords.

[1] title; [2] Acteurs; [3]-54 L'Echange. Ou quand est-ce qu'on me marie?

A carelessly printed volume, of which the imprint is genuine.

Arsenal: Rf 14247; Österreichische Nationalbibliothek: 132.803–A.

v65

L'ÉCHANGE, / OU / QUAND EST-CE / QU'ON ME MARIE? / CO-MÉDIE / EN DEUX ACTES. / [*thick-thin rule, 83 mm*] / [*type ornament*] / [*thick-thin rule, 82 mm*] / *VIENNE EN AUTRICHE*, / Dans l'Imprimerie de GHELEN. / [*double rule, 66 mm*] / M. DCC. LXV.

[*half-title*] L'ECHANGE / COMÉDIE. /

8°. sig. A-C⁸; pag. 47; $3 signed, arabic (– A1-2; + A4); sheet catchwords (– B).

[1] half-title; [2] blank; [3] title; [4] Acteurs; [5]-47 L'Echange, ou quand est-ce qu'on me marie?.

A close copy of v61, reproducing some of the misprints of that edition.

For what was described as Voltaire's copy of this edition, see above, MS4.

Bn: Musique Th. B 4135; Arsenal: Rf 14248.

v68

L'ECHANGE, / OU / QUAND EST-CE QU'ON / ME MARIE? / CO-MEDIE / EN DEUX ACTES. / [*woodcut, two cornucopia, 57 x 42 mm*] / *A*

VIENNE, / DE L'IMPRIMERIE DES DE GHELEN. / [*thick-thin rule, 61 mm*] /
M. DCC. LXVIII.

8°. sig. A-C⁸; pag. 47; $4 signed, arabic (– A1; + C5); sheet catchwords.

[1] title; [2] Acteurs; [3]-47 L'Echange, ou quand est-ce qu'on me marie?

An edition based upon v61 or v65.

Bn: 16° Yf 347 (1).

LH71

L'ECHANGE, / OU / QUAND EST-CE QU'ON / ME MARIE? / CO-
MEDIE, / EN DEUX ACTES. / *Repréfentée pour la premiere fois au Théâtre* /
de la Haye, le 22 Avril 1771. / [*rule, 77 mm*] / Le Prix est 12 sols, ou 6 sols
pour les abonnées. / [*rule, 77 mm*] / [*woodcut, 39 x 27 mm*] / *A LA HAYE,* /
CHEZ H. CONSTAPEL, Libraire. / MDCCLXXI.

8°. sig. A-B⁸ C⁴; pag. 40; $5 signed, arabic (– A1, C4); page catchwords.

[1] title; 2 Acteurs; [3]-40 L'Echange, ou quand est-ce qu'on me marie?

Another edition based upon v61 or v65.

Arsenal: GD 9387.

K84

Œuvres complètes de Voltaire ([Kehl] 1784-1789), vii.155-59, prints the
'Prologue' to *Le Comte de Boursoufle* at the head of *La Prude*, presumably
because the editors had at their disposal no other comedy to which to
attach it. Beuchot was the first to place it correctly, drawing attention
to the internal clues which connect it with *Boursoufle*.

B

The play first appeared under the title of *Le Comte de Boursoufle* in the
Œuvres complètes de Voltaire (Paris, Veuve H. Perroneau, Cerioux aîné,
1817), vii.[575]-608 (Bn: Z 25332).

This edition was begun by Beuchot but completed (according to Beuchot) by L. Dubois. It is not clear who edited the *Comte de Boursoufle*:
the 'Avertissement' is signed 'B.L.' (perhaps J.-B.-P. Brunel), but, in a
note in his 1833 Voltaire edition, Beuchot appears to take responsibility
for this text.

The editor of the 1817 version states (p.577): 'nous nous contentons de réimprimer la pièce d'après [...] *l'Echange*, ou *quand est-ce qu'on me marie?* comédie en deux actes. Vienne en Autriche, dans l'imprimerie de Ghelen, 1761, petit in-8° de 54 pages.' The same version was published in *Œuvres complètes* (Paris, P. Plancher, 1820), xliii.365-390.

R

In the *Œuvres complètes de Voltaire* (Paris, Antoine-Augustin Renouard, 1819), vii.312-362 (Bn: Z 25425), the *Comte de Boursoufle* is printed from the Pont de Veyle manuscript (see above, MS4), then in the possession of Soleinne. The Vienna denouement is given as a variant. The Renouard printing provides the base text for the present edition, for the reasons set out on p.261 below.

Renouard also produced a separate edition of this version of the play, under the title of *Le Comte de Boursoufle, ou les agréments du droit d'aînesse*: Bn Yth 3807 (undated), Yth 3808 (same sheets with title dated 1826).

D

The text of the Decroix manuscript (see above, MS3) first appears in the *Œuvres complètes de Voltaire* (Paris, E. A. Lequien, 1820), ix.407-459, preceded by an 'Avertissement' composed by the 'propriétaire du manuscrit' (Bn: Z 25543; reissued in 1821, Z 25749; and again in 1827, Z 26499). The text is close to that of MS3, but is not identical. This version is reprinted in Beuchot's *Œuvres de Voltaire* (Paris, Lefèvre, Firmin Didot Frères, 1833), iv.1-62 (Z 27073).

DV

Le Dernier volume des œuvres de Voltaire (Paris, Plon, 1862), p.41-100.

This curious volume – 'confused, unreliable, and judiciously anonymous'[37] – includes a version of Boursoufle under the title of *Mademoiselle de La Cochonnière*. An editorial note on p.34 states: 'La copie que nous imprimons ici est devenue la propriété de l'éditeur; nous l'avons communiquée au curieux d'autographes dont l'autorité est consa-

---

[37] Theodore Besterman, Voltaire 81, p.37. It is not clear whether Edouard Didier, responsible for the preface to the volume, was also its editor.

crée, M. Feuillet de Conches, qui, après l'avoir confrontée avec toutes les lettres de Voltaire du même temps, la croit, comme nous, de la main de Voltaire.'

The Arsenal has the prompt copy used for the Odéon 1862 production. It consists of the text of the play cut out of *Le Dernier volume*, with several manuscript alterations. The fly-leaf has the following annotation: 'jouée sur le théâtre Impérial de l'Odéon, le Mardi 28 Janvier 1862' and a list of actors which differs from that printed in P62:

LE COMTE DE BOURSOUFLE	Gauthier
LE CHEVALIER	Gerval
LE BARON	Coquet
MLLE THÉRÈSE	Mme Bertrand
PASQUIN	Chantard
MARAUDIN	Suard
MME BARBE	Maurcours [?]
LE BAILLI	Fréville
COLIN	Lalanne

Bengesco, i.89.

Arsenal: Rf 14109, Rf 14254 (annotated copy).

P62

LE COMTE / DE BOURSOUFLE / OU / MLLE DE LA COCHON-NIÈRE / COMÉDIE-BOUFFE / en trois actes et en prose / *Représentée sur le théâtre impérial de l'Odéon,* / *le 28 janvier* 1862, / PRÉCÉDÉE / DU COMTE DE BOURSOUFLE, CONTE, / PAR VOLTAIRE / [*ornamented rule, 45 mm*] / PARIS / HENRI PLON, IMPRIMEUR-ÉDITEUR / 8, RUE GARANCIÈRE / [*rule, 3 mm*] / 1862 /

8°. pag. 71.

This edition gives the text of DV, plus the stage directions of the Odéon performances, most of which would appear to be by Eugène Pierron.[38] It was reproduced as an appendix by Moland, vii.539-72.

Arsenal: Rf 14253.

---

[38] The cast-list of the Plon brochure invites one to 'S'adresser, pour la mise en scène exacte, à M. Eugène Pierron, régisseur général du théâtre impérial de l'Odéon'.

A German translation appeared in 1764, under the title of *Die Verwechselung oder wenn wird man mich verheurathen?* (Wien, K. K. Burg, 1764).

7. *Editorial principles*

None of the frequent errors of transcription have been noted in the variants.

The manuscript versions referred to by Renouard (p.315: MS4) and by Bengesco (i.24: MS6, P62) have either been lost or destroyed, or are in unknown private hands. Much would be revealed if the contents of the Pont de Veyle collection could be traced after passing out of Soleinne's possession. It was the manuscript in this collection which Renouard reproduced in 1819, having been fortunate enough to have it 'obligeamment communiqué' to him by Soleinne – a privilege he hardly valued, since he thought the play so inferior that he would have preferred not to publish it.

Beuchot had based his version (bearing the title *L'Echange*) on a strange concoction of earlier versions. The blame for this belongs mainly to Decroix who had copied an unspecified manuscript[39] and had added 'quelques légères corrections de détail' drawn from 'une seconde édition donnée à Vienne en 1765'. It was Decroix's reliance upon this Vienna edition that led him astray in some crucial respects. Despite the fact that – as he was well aware, of course – the Vienna edition of 1765 was a pirated, truncated two-act version (a reprinting of the 1761 Vienna edition), and despite his opinion that the 'nouveau dénouement [...] paraît forcé et moins plaisant que l'ancien',[40] Decroix not

[39] Moland's note (M.iii.252).

[40] These words appear in the manuscript of Decroix's 'Avertissement' (Bn N25137, f.iii). Decroix refers to A.-A. Renouard's 1819 edition of *Le Comte de Boursoufle*, and was therefore well aware that Renouard thought the Vienna text to be 'dénaturé par des corrections la plupart inutiles et maladroites' (p.316). Decroix's view of the Vienna dénouement echoes Renouard's, who wrote: 'On y a gâté jusqu'au dénoûment que l'on a voulu rendre sentimental, et qui n'est plus qu'insignifiant'.

only followed the Vienna title, *L'Echange*, whilst knowing full
well that at Cirey it had been called *Le Comte de Boursoufle* (or *le
petit Boursoufle*, rather confusingly since it had three acts like *le
grand Boursoufle* as *Les Originaux* was nicknamed); he also adopted
the different names given to the characters in the Vienna editions
(see below, p.264 for full list). He assumed that these 'Vienna'
names 'furent probablement ceux qui avaient été substitués aux
anciens, sur le théâtre de la Comédie italienne, à Paris' (p.252).
We know this assumption to be incorrect, thanks to Fréron's
review of the production[41] which refers not to Fattenville, Canardière, Gotton, etc., but to the *Boursoufle* set of names. It is
clear that these must have been used at the Comédie-Italienne.
However, even supposing Fréron used the names of the characters
he found in the manuscript he possessed, and then improbably
made no mention that the names were different in the production
he had just seen (on 26 January 1761), one must still express
surprise that Decroix adopted names that had no Voltairean
validity whatever. The same applies to the title.

One must conclude that the Decroix-Beuchot-Moland text
entitled *L'Echange* is a hybrid conflation, and that Decroix's claim
that 'cette comédie paraît ici telle que l'auteur l'avait faite pour
Cirey' (M.iii.252) is more than doubtful.[42]

---

[41] *Al* (1761), iv.73-85. Decroix was wrong in believing Voltaire was not
suspected of being the anonymous author of *L'Echange* when it was staged by
the Italiens.

[42] Frankly, it is impossible to make the claim even now, for Mme de Graffigny's references to the two Boursoufle comedies introduce an additional compli-
cation: she twice describes *Boursoufle* as a play in three acts (Graffigny 66 and
90) to distinguish it from the one that is the subject of this edition. This would
indicate that 'our' *Comte de Boursoufle* had less than three acts. Could it have
been the one-act manuscript version listed as no.1216 in the Pont de Veyle
catalogue? Or the two-act Vienna version? The former is possible, but one
hesitates to lay the sentimental Vienna version at Voltaire's door. In any case,
Mme de Graffigny's criticisms of the 'bouffonnerie' make more sense when
applied to a shorter undeveloped version. May one suppose that she expressed
her reservations about it to Voltaire (who valued her judgement), and that he
wrote an expanded three-act version? For on 13 February, for the first time, she

Ignoring the stage directions unfortunately added in P62, this text has the marks of a legitimately corrected version, and Renouard's has those of an earlier authentic version. Our evidence for this lies partly in the nature of some of the variants, partly (and ironically) in details furnished by Fréron. In the first place, R begins (I.i.) thus:

> LE CHEVALIER. Pasquin?
> PASQUIN. Monsieur.
> LE CHEVALIER. Connais-tu dans le monde entier un plus malheureux homme que ton maître?

P62, on the other hand, has a lead-in which avoids the inappropriate pathos of this opening:

> LE CHEVALIER. Pasquin, où vas-tu?
> PASQUIN. Monsieur, je vais me jeter à l'eau.
> LE CHEVALIER. Attends-moi. Connais-tu [...]

This opening, clearly reminiscent of the first (waterman) scene of *The Relapse*, has an echo in III.v, showing that the addition was deliberate and not casual. Thérèse rejects the Chevalier in favour of the Comte (185-186v):

> PASQUIN *pleurant*. Adieu, mon cher maître.
> LE CHEVALIER. Où vas-tu?
> PASQUIN. Je vais me jeter à l'eau.
> LE BARON. Qui parle d'eau ici? Qu'on le sache bien, au château de la Cochonnière on ne met pas d'eau dans son vin.

Whether or not Voltaire should be blamed for this weak joke is a matter of taste; but there are two other P62 variants with a more distinctly authentic ring.

In I.i.34, P62 adds to Pasquin's optimistic prophecy ('Vous aurez un petit présent de noces') the comment 'et nous en seront marris'. A few lines further on, in reply to the Chevalier's

---

refers (in the same sentence) to 'le comte de Boursoufle' and '*le petit Boursoufle* qui est aussi en trois actes' (Graffigny 91).

complaint that 'Demander quelque chose à son frère aîné, c'est là le comble des disgrâces', Pasquin quips (in P62), 'Vous parlez comme un philosophe qui n'a pas dîné' (1.i.39*v*). In the same speech a dramatic improvement is effected (in P62) by splitting it up and giving to the Chevalier the words 'Et celui [l'ami] du baron, et celui de tout le monde'.

In the following scene, the words 'mon frère [...] qui nage dans l'opulence' become 'qui nage dans le Pactole' (1.ii.67-68*v*). A few lines later P62 adds to the details of the Comte's *équipage* thus: 'des postillons en argent et des laquais en or' (1.ii.102*v*). These details would have had little place in the sparse productions at Cirey, but at Anet in 1747 the *mise en scène* must have been on quite a lavish scale. Silver-gilt postillions and lackeys would not have been beyond the resources of the duchesse Du Maine.

Furthermore, III.i offers, in the P62 text, two examples of better comic writing than the R equivalents. Both are spoken by Thérèse:

R	P62
Ne partez-vous pas tout à l'heure pour Paris, monsieur le comte; je m'ennuie ici épouvantablement. (See III.i.1-5.)	Ne partez-vous pas tout à l'heure pour Paris, monsieur le comte? Je m'ennuie ici comme une sainte dans le calendrier.
MARAUDIN. Son équipage, madame, est en fort mauvais ordre; ses chevaux sont estropiés, son carrosse est brisé.	[as R]
THÉRÈSE. Il n'importe, il faut que je parte. (See III.i.27-29.)	THÉRÈSE. Monsieur, c'est avec moi qu'il fallait prendre le mors aux dents et briser son carrosse.

Whereas all other editions have the Comte remarking (1.iii) to his younger brother 'Tu reviens donc de la campagne' (which is either incorrect or misleadingly ambiguous), P62 corrects this to 'Tu reviens donc de la guerre' (which is true).

Finally, the P62 edition, in the last scene of the play, provides a few extra lines and an inverted order of cues:

R19

THÉRÈSE. Je n'entends rien à tout cela; et pourvu que j'aille à Paris dès ce soir, je pardonne tout. Voyez vous deux quel est celui dont je suis la femme.

LE BARON. Monsieur le bailli, par charité, faites pendre au moins monsieur Maraudin, qui a fait toute la friponnerie.

LE BAILLI. Très volontiers; il n'y a rien que je ne fasse pour mes amis.

LE COMTE. On pourrait bien de tout ceci me tourner en ridicule à la cour; mais quand on est fait comme je suis, on est au-dessus de tout, foi de seigneur.

(See III.v.193-201.)

P62

THÉRÈSE. Je n'entends rien à tout cela. Mais que j'aille à Paris dès ce soir, et je pardonne tout. Voyez vous deux quel est celui dont je suis la femme.

LE COMTE. La plaisante question! Vous savez bien, mademoiselle, que ce n'est pas moi. Songez-y, chevalier, et ne partez pas si tôt pour la guerre, car l'ennemi n'est peut-être pas loin. Pour moi, j'épouserai quelque duchesse à Versailles. On pourrait bien de tout ceci me tourner en ridicule à la cour. Mais quand on est fait comme je suis, on est au-dessus de tout, foi de seigneur.

LE BARON. Monsieur le bailli, par charité, faites pendre au moins monsieur Maraudin, qui a fait toute la friponnerie.

LE BAILLI. Très volontiers; il n'y a rien que je ne fasse pour mes amis.

This variant finally establishes the P62 version as a later reading, since it marks a move away from Vanbrugh's lines, of which Voltaire was originally content to give a free translation without references to war and Versailles. Foppington's final speech contains the seed of Boursoufle's *suffisance*: 'Now for my part, I think the wisest thing a man can do with an aching heart is to put on a serene countenance, for a philosophical air is the most becoming thing in the world to the face of a person of quality; I will therefore bear my disgrace like a great man, and let the people see I am above an affront' (v.v.250-255).

Fréron, in his review of the 1761 production in Paris refers to the daughter as Jacqueline-Thérèse (p.76). Only in R (among all extant versions) is she given this name. In P62 she is plain

Thérèse; in *L'Echange*, Gotton-Jacqueline-Henriette. We may deduce, therefore, that Fréron's manuscript conformed with the one Renouard used.

In the last analysis it is upon Renouard that we must fall back for our base text. The manuscript upon which it is based had a respectable provenance, and does not appear to have passed through the hands of any persons with a motive for altering the text – and it is close to MS1, probably the most authentic of the surviving manuscripts.

The claim of the editor of the *Dernier volume* to have published a holograph manuscript cannot be entirely discounted, and variants provided by his text are reproduced in the critical apparatus below.[43]

With regard to the other editions that merit any attention, the 'Vienna' variants that occur in the two Vienna and the La Haye editions will be designated simply as v, since these editions are to all intents and purposes identical (apart from accidental variations and misprints).

---

[43] Much hangs on the reputation of the baron Félix-Sébastien Feuillet de Conches as a person knowledgeable about Voltaire manuscripts. Between 1840 and 1870 he published a number of editions of texts, mainly correspondence and documents concerning Louis XVI and his family; also a volume containing the *Méditations métaphysiques* of Malebranche and correspondence with Mairan. His collection of autograph letters was sold in 1847. Familiarity with manuscripts does not make him a Voltaire specialist, and so the manuscript he verified is treated here as a source of *probably* authentic variants.

LE
COMTE DE
BOURSOUFLE
COMÉDIE.[1]

a-d   v: L'Echange, ou quand est-ce qu'on me marie?

[1] The prologue written for the 1747 performance is printed below, p.337-42.

PERSONNAGES

Le Comte de Boursoufle.

Le Chevalier, frère du Comte.

Le Baron de La Cochonnière.

Mlle Thérèse, fille du Baron.

Mauraudin, intrigant.

Mme Barbe, gouvernante de mademoiselle Thérèse.

Le Bailli.

Pasquin, valet du Chevalier.

Colin, valet du Baron.

Valets de la suite du Comte.   1

a-10   v, ms3:   ACTEURS [these names used throughout v and ms3]
    Le comte de Fattenville.
    Le chevalier frère du Comte.
    Trigaudin intriguant.
    Le baron de La Canardière.
    Gotton fille du Baron.
    Michelle gouvernante de Gotton.
    Merlin valet du Chevalier.
    Gerome, Martin, paysans.
    Suite du Comte.
    Suite du Baron.
    La scène se passe dans un village.

ACTE PREMIER

SCÈNE PREMIÈRE[1]

LE CHEVALIER, PASQUIN

LE CHEVALIER

Pasquin?

PASQUIN

Monsieur.

LE CHEVALIER

Connais-tu dans le monde entier un plus malheureux homme
que ton maître?

PASQUIN

Oui, monsieur, j'en sais un plus malheureux, sans contredit.   5

LE CHEVALIER

Eh! qui?

1-3   P62:   Pasquin, où vas-tu? / PASQUIN / Monsieur, je vais me jeter à l'eau. /
LE CHEVALIER / Attends-moi. Connais-tu
3   MS2:   monde un plus
5   MS2, V, MS3:   j'en connais un
6, 10   P62:   Et qui?

[1] Cf. *Relapse*, I.ii.34 to end. Lory has to persuade Fashion to 'go directly to
your brother', whereas the Chevalier is already awaiting the chance to do this.

PASQUIN

Votre valet, monsieur, le pauvre Pasquin.

LE CHEVALIER

En connais-tu un plus fou?

PASQUIN

Oui, assurément.

LE CHEVALIER

Eh! qui, bourreau? qui? 10

PASQUIN

Ce fou de Pasquin, monsieur, qui sert un maître qui n'a pas le sou.

LE CHEVALIER

Il faut que je sorte de cette malheureuse vie.

PASQUIN

Vivez plutôt pour me payer mes gages.

LE CHEVALIER

J'ai mangé tout mon bien au service du roi. 1⟨

PASQUIN

Dites au service de vos maîtresses, de vos fantaisies, de vos folies. On ne mange jamais son bien en ne faisant que son devoir.

---

11   v: un homme qui
11-13   P62: sert un pareil maître. / LE CHEVALIER / Faquin! / PASQUIN / Et un maître qui n'a pas le sou. / LE CHEVALIER / Il faut que
14   v, MS3: plutôt, monsieur, pour

ACTE I, SCÈNE I

Qui dit ruiné, dit prodigue; qui dit malheureux, dit imprudent; et la morale...

LE CHEVALIER

Ah, coquin! tu abuses de ma patience et de ma misère; je te   20
pardonne parce que je suis pauvre, mais si ma fortune change, je
t'assommerai.[2]

PASQUIN

Mourez de faim, monsieur, mourez de faim.[3]

LE CHEVALIER

C'est bien à quoi il faut nous résoudre tous deux, si mon
maroufle de frère aîné, le comte de Boursoufle, n'arrive pas   25
aujourd'hui dans ce maudit village où je l'attends. O ciel! faut-il
que cet homme-là ait soixante mille livres de rente pour être venu
au monde une année avant moi. Ah! ce sont les aînés qui ont fait
les lois, les cadets n'ont pas été consultés, je le vois bien.[4]

PASQUIN

Eh! monsieur, si vous aviez eu les soixante mille livres de rente,   30

20 MS2: Oh coquin
25 v, P62: frère, [v: M.] le comte de
26 v: dans le maudit
27 MS2: ait six cent mille livres
    v: de rentes pour
28 MS3: un an avant

[2] Cf. *Relapse*, I.ii.41-43, FASHION: Why, if thou canst tell me where to apply myself, I have at present so little money and so much humility about me, I don't know but I may follow a fool's advice.
[3] Cf. *Relapse*, I.ii.76-79, FASHION: I can't flatter. LORY: Can you starve? FASHION: Yes. LORY: I can't. Good bye t'ye, sir.
[4] Cf. *Relapse*, I.ii.86-88, FASHION: 'S death and furies! Why was that coxcomb thrust into the world before me? O Fortune, Fortune, thou art a bitch, by gad!

267

vous les auriez déjà mangées, et vous n'auriez plus de ressources;
mais monsieur le comte de Boursoufle aura pitié de vous; il vient
ici pour épouser la fille du baron, qui aura cinq cent mille francs
de biens: vous aurez un petit présent de noces.

LE CHEVALIER

Epouser encore cinq cent mille francs, et le tout parce que l'on
est aîné; et moi être réduit à attendre ici de ses bontés ce que je
devrais ne tenir que de la nature; et demander quelque chose à
son frère aîné, c'est là le comble des disgrâces.

PASQUIN

Je ne connais pas monsieur le comte; mais il me semble que je
viens de voir arriver ici monsieur Maraudin, votre ami et le sien,
et celui du baron, et celui de tout le monde; cet homme qui noue
plus d'intrigues qu'il n'en peut débrouiller, qui fait des mariages
et des divorces, qui prête, qui emprunte, qui donne, qui vole, qui
fournit des maîtresses aux jeunes gens, des amants aux jeunes

31   MS1, MS2, V, MS3, P62: de ressource.
34   MS1, MS2, P62: de bien
      MS2: présent.//
      V, MS3: bien, et vous aurez un présent
      P62: noces, et nous en serons marris.//
35   V, MS3: francs de bien, et le tout parce qu'on
36-37 V: attendre de ses bontés ce que je ne devrais tenir
37   MS2: devais ne
      MS3: devais tenir de
      MS1, MS3, P62: nature. Demander
39   V: ne connais point
      P62: Vous parlez comme un philosophe qui n'a pas dîné. Je ne connais
40-41 V: le sien, et celui de tout le monde
      MS3: sien, celui du baron et de tout le monde
      P62: le sien. / LE CHEVALIER / Et celui du baron, et celui de tout le
monde. / PASQUIN / Cet homme
43   V: divorces, qui emprunte
      MS3: prête et qui emprunte, qui donne et qui
43-45 V: vole, qui se rend

268

femmes, qui se rend redouté et nécessaire dans toutes les maisons,   45
qui fait tout, qui est partout, il n'est pas encore pendu, profitez
du temps, parlez-lui; cet homme-là vous tirera d'affaire.[5]

LE CHEVALIER

Non, non, Pasquin, ces gens-là ne sont bons que pour les
riches; ce sont les parasites de la société. Ils servent ceux dont ils
ont besoin, et non pas ceux qui ont besoin d'eux, et leurs vies ne   50
sont utiles qu'à eux-mêmes.

PASQUIN

Pardonnez-moi, pardonnez-moi, les fripons sont assez servia-
bles; monsieur Maraudin se mêlerait peut-être de vos affaires
pour avoir le plaisir de s'en mêler. Un fripon aime à la fin l'intrigue
pour l'intrigue même; il est actif, vigilant; il rend service vivement   55
avec un très mauvais cœur; tandis que les honnêtes gens, qui ont
le meilleur cœur du monde, vous plaignent avec indolence, vous
laissent dans la misère, et vous ferment la porte au nez.

LE CHEVALIER

Hélas! je ne connais guère que ces honnêtes gens-là; et j'ai

46   MS3:   tout et qui
47   V: d'affaires.
50-51   V, P62:   et leur vie n'est utile
        MS3:   leurs vices ne
52   V, MS3:   Pardonnez-moi, monsieur, pardonnez-moi
55   MS3:   l'intrigue elle-même
57-58   V: plaignent dans l'indolence, et vous
59   MS1, V, MS3:   ne connais que de ces
59-60   MS3:   j'ai bien peur

[5] Voltaire moves straight on to *Relapse* I.iii.172-173, delaying the scene
between Foppington and Fashion; LORY: Here comes a head, sir, would contrive
it better than us both, if he would but join in the confederacy.

grand-peur que monsieur mon frère ne soit un très honnête   60
homme.

PASQUIN

Voilà monsieur Maraudin qui n'a pas tant de probité peut-être,
mais qui pourra vous être utile.

SCÈNE II

LE CHEVALIER, MARAUDIN, PASQUIN

MARAUDIN

Bonjour, mon très agréable chevalier, embrassez-moi, mon très
cher; par quel heureux hasard vous rencontré-je ici?[6]   65

LE CHEVALIER

Par un hasard très naturel, et très malheureux; parce que je
suis dans la misère, parce que mon frère qui nage dans l'opulence
doit passer ici, parce que je l'attends, parce que j'enrage, parce
que je suis au désespoir.

60   v: que mon
63b   ms2:   M. MAURAUDIN, LES PRÉCÉDENTS
66-67   p62:   malheureux: parce que j'ai trop aimé l'amour, parce que j'ai été
bourreau d'argent, parce que je suis
66-68   v: malheureux; parce que mon frère, qui nage dans l'opulence, doit
passer ici, parce que je suis dans la misère, parce que j'enrage
67-68   ms2:   mon frère nage dans l'opulence et doit
          p62:   nage dans le Pactole, va passer

⁶ *Relapse*, I.iii.180-182, COUPLER: What mischief brings you home again? Ha,
you young lascivious rogue, you! Let me put my hand in your bosom, sirrah.

MARAUDIN

Voilà de très mauvaises raisons; allez, allez, consolez-vous,   70
Dieu a soin des cadets; il faudra bien que votre frère jette sur
vous quelques regards de compassion. C'est moi qui le marie, et
je veux qu'il y ait un pot de vin pour vous dans ce marché. Quand
quelqu'un épouse la fille du baron de La Cochonnière, il faut que
tout le monde y gagne.   75

LE CHEVALIER

Eh, scélerat! que ne me la faisais-tu épouser? j'y aurais gagné
bien davantage.[7]

MARAUDIN

D'accord; hélas! je crois que mademoiselle de La Cochonnière
vous aurait épousé tout aussi volontiers que monsieur le comte.
Elle ne demande qu'un mari; elle ne sait pas seulement si elle est   80
riche. C'est une creature élevée dans toute l'ignorance et dans
toute la grossière rusticité de son père. Ils sont nés avec peu de

70   P62: très bonnes raisons
71   V, MS3: que monsieur votre
73   V: dans le marché.
       MS3: ce marché-là.
76   MS3: Eh, traître, que
79   V: tout aussi bien que
79-80   MS3: que votre frère: elle
81   V, MS3: une fille élevée
81-82   MS2: l'ignorance et toute
       V: ignorance de la grossière
       MS3: l'ignorance et la
       P62: élevée dans toute la grossière rusticité de monsieur son père.
82-83   V: peu de biens
       MS3: avec un peu de biens

[7] Cf. *Relapse*, I.iii.221-224, COUPLER: Well, sir, you must know I have done
you the kindness to make up a match for your brother. FASHION: Sir, I am very
much beholding to you, truly. COUPLER: You may be, sirrah, before the wedding-
day yet.

bien; un frère de la baronne, intéressé et imbécile, qui ne savait pas chanter, mais qui savait calculer, a gagné à Paris cinq cent mille francs, dont il n'a jamais joui; il est mort précisément comme il allait devenir insolent. La baronne est morte de l'ennui de vivre avec le baron; et la fille, à qui tout ce bien-là appartient, ne peut être mariée par son vilain père qu'à un homme excessivement riche; jugez s'il vous l'aurait donnée à vous qui venez de manger votre légitime. 90

85

LE CHEVALIER

Enfin, tu as procuré ce parti à monsieur le comte; c'est fort bien fait; que t'en revient-il?

MARAUDIN

Ah! il me traite indignement; il s'imagine que son mérite tout seul a fait ce mariage; et, son avarice venant à l'appui de sa vanité, il me paye fort mal pour l'avoir trop bien servi. J'en demande pardon à monsieur son frère; mais monsieur le comte est presque aussi avare que fat; vous n'êtes ni l'un ni l'autre, et si vous aviez son bien, vous feriez...[8] 95

83 v: intéressé, imbécile
83-84 MS3: intéressé dans les affaires, un imbécile qui ne savait ni penser ni parler, mais qui
          P62: savait pas parler, mais
85 v, MS3: francs de bien dont
      v: il n'a pas joui
86 v, MS3: l'ennui qu'elle avait de vivre
89-90 MS2: de perdre votre légitime.
91 v, MS3: ce parti-là à mon frère, c'est
92 MS3: fait; mais que
93-94 v, MS3: son mérite seul
98 MS2: vous seriez...

[8] Cf. *Relapse*, I.iii.227-236, COUPLER: Now, you must know, stripling (with respect to your mother), your brother's the son of a whore. – He then goes on to give details of his agreement with and plot against Foppington, which Voltaire delays until I.v. The change is due to the splicing together of the two scenes between the brothers, and the need to have the younger brother's conscience hardened by the elder's meanness, as in *The Relapse*.

LE CHEVALIER

Oh oui! je ferais de très belles choses; mais n'ayant rien, je ne puis rien faire que me désespérer, et le prier de... Ah! j'entends un bruit extravagant dans cette hôtellerie; je vois arriver des chevaux, des chaises; c'est mon frère, sans doute. Quel brillant équipage, et quelle différence la fortune met entre les hommes! Ses valets vont bien me mépriser.   100

MARAUDIN

C'est selon que monsieur vous traitera. Les valets ne sont pas d'une autre espèce que les courtisans; ils sont les singes de leur maître.   105

SCÈNE III

LE COMTE DE BOURSOUFLE, PLUSIEURS VALETS, LE CHEVALIER, MARAUDIN, PASQUIN

LE COMTE

Ah! quel supplice que d'être six heures dans une chaise de poste! on arrive tout dérangé, tout dépoudré.[9]

100   V, MS3: que de me
        MS1, MS2, V, MS3, P62: et te prier
        MS2: de... Mais j'entends
102   P62: chaises, des postillons en argent et des laquais en or: c'est
105   MS2: monsieur ↑votre frère⁺ vous
        MS3: monsieur le comte vous
106-107 V, MS3: de leurs maîtres.
107c   MS2: LES PRÉCÉDENTS
108   MS2: Oh quel

[9] This dressing-scene and its antecedents in *Le Bourgeois gentilhomme* (II.v),

273

LE COMTE DE BOURSOUFLE, COMÉDIE

LE CHEVALIER

Mon frère, je suis ravi de vous...   110

MARAUDIN

Monsieur, vous allez trouver en ce pays...

LE COMTE

Holà! hé! qu'on m'arrange un peu; foi de seigneur je ne pourrai jamais me montrer dans l'état où je suis.

LE CHEVALIER

Mon frère, je vous trouve très bien, et je me flatte...

LE COMTE

Allons donc un peu! un miroir, de la poudre d'œillet, un pouf,   115

v: que de demeurer six
111   v, MS3:   dans ce pays-ci
114   v: trouve bien
115   MS2:   un peu ↑vite
      MS2:   la poudre, un pouf

Les Précieuses ridicules (scene ix), Etherege's *Man of mode* (III.ii) and *The Relapse* (I.iii) are compared in detail in my 'Fortunes of Foppington'. Böttcher (p.24) compares it and the very similar scenes in *Les Originaux* (II.ii and iii). See also introduction, p.234. Despite these borrowings, the idea of linking the dressing scene with the fop's personal preparations en route to his fiancée (via his mistress), is Voltaire's. In brief, Voltaire omits the shoemaker's refusal to believe Foppington's shoes hurt, presumably because he recognised this borrowing from *Le Bourgeois gentilhomme*. In concentrating the fop's complaints on the wig, he adapts to fashion change: Boursoufle's wig buries his face in hair, but Foppington's is too far off his face: 'a periwig to a man should be like a mask to a woman, nothing should be seen but his eyes'. Cf. *Les Originaux*: 'Et vous, mons du Toupet, songez un peu plus à faire fuir la perruque en arrière: cela donne plus de grâce au visage' (M.ii.409). Voltaire reorders the dialogue considerably and restructures the scene with adroit telescoping, sacrificing comedy to pace.

274

un pouf. Hé! bonjour, monsieur Maraudin, bonjour. Mademoiselle
de La Cochonnière me trouvera horriblement mal en ordre. Mons
du Toupet! je vous ai déjà dit mille fois que mes perruques ne
fuient point assez en arrière; vous avez la fureur d'enfoncer mon
visage dans une épaisseur de cheveux qui me rend ridicule, sur   120
mon honneur. Monsieur Maraudin, à propos... Oh! vous voilà,
Chonchon.

LE CHEVALIER

Oui, et j'attends le moment...

LE COMTE

Monsieur Maraudin, comment trouvez-vous mon habit de noces? l'étoffe en a coûté cent écus l'aune.   125

MARAUDIN

Mademoiselle de La Cochonnière sera éblouie.

LE CHEVALIER

La peste soit du fat! il ne daigne pas seulement me regarder.

PASQUIN

Eh! pourquoi vous adressez-vous à lui, à sa personne? que ne
parlez-vous à sa perruque, à sa broderie, à son équipage? Flattez
sa vanité au lieu de songer à toucher son cœur.   130

118   v: déjà dit que
123   MS1, MS2, MS3, P62: et j'attendais le
125   MS1, v: l'étoffe est à cent
      MS2: l'étoffe à cent
      MS3: l'étoffe m'a coûté
126   v, MS3: en sera éblouie.
128   MS1, P62: Et pourquoi
129   v: parlez-vous à sa broderie
130   v: au lieu de toucher
      MS3: de vouloir toucher

LE CHEVALIER

Non, j'aimerais mieux crever que de faire ma cour à ses impertinences.

LE COMTE

Page, levez un peu ce miroir, haut, plus haut; vous êtes fort maladroit, page, foi de seigneur.

LE CHEVALIER

Mais, mon frère, voudrez-vous bien enfin...   135

LE COMTE

Charmé de te voir, mon cher Chonchon, sur mon honneur; tu reviens donc de la campagne, un peu grêlé à ce que je vois. Eh! eh! eh! eh! bien qu'est devenu ton cousin, qui partit avec toi il y a trois ans?

LE CHEVALIER

Je vous ai mandé il y a un an qu'il était mort. C'était un très   140
honnête garçon, et si la fortune...

LE COMTE, *toujours à sa toilette.*

Ah! oui, oui, je l'avais oublié; je m'en souviens, il est mort, il a bien fait, cela n'était pas riche. Vous venez pour être de la noce, monsieur Chonchon; cela n'est pas maladroit. Ecoutez, monsieur Maraudin, je prétends aller le plus tard que je pourrai chez   14

---

131   MS3: faire la cour
133   V, MS3: peu le miroir
133-134 V: êtes maladroit
135   V: voudriez-vous bien...//
136   MS3: Je suis charmé
137   P62: donc de la guerre, un peu
141   V, MS3: honnête homme, et
143   V, MS3: venez peut-être à la noce

mademoiselle de La Cochonnière; j'ai quelque affaire dans le voisinage; mademoiselle Julie n'est qu'à deux cents pas d'ici. Eh! eh, je veux un peu y aller avant de tâter du sérieux embarras d'une noce. Qu'on mette un peu mes relais à ma chaise.[10]

LE CHEVALIER

Pourrai-je, pendant ce temps-là, avoir l'honneur de vous dire un petit mot? 150

LE COMTE

Que cela soit court: au moins, un jour de mariage on a la tête remplie de tant de choses qu'on n'a guère le temps d'écouter.

---

146   MS3:   quelques affaires
146-147   V, MS3:   dans le village, la petite marquise n'est
147-148   P62:   voisinage, la petite marquise n'est qu'à deux cents pas d'ici, qui se repose de ses aventures de Versailles: eh! eh! je
148   V: veux aller la voir; c'est trop bôt pour tâter
       MS3, P62:   un peu aller la voir avant
149   V: qu'on me mette
       P62:   mette mes
149a   MS3, scene IV begins here
152   MS1, MS3, P62:   Que cela soit court au moins, un
153   P62:   écouter son frère Chonchon. //

---

[10] Foppington here goes off to the House of Lords with the words 'Dear Tam, I'm glad to see thee in England, stap my vitals' (*Relapse*, I.iii.165).

277

SCÈNE IV[11]

LE COMTE, LE CHEVALIER

LE CHEVALIER

Mon frère, j'ai d'abord à vous dire…

LE COMTE

Réellement, Chonchon, croyez-vous que cet habit me siée assez   155
bien?

LE CHEVALIER

J'ai donc à vous dire, mon frère, que je n'ai presque rien eu en
partage, que je suis prêt à vous abandonner tout ce qui peut me
revenir de mon bien, si vous avez la générosité de me donner dix
mille francs une fois payés. Vous y gagneriez encore, et vous me   160
tireriez d'un bien cruel embarras; je vous aurais la plus sensible
obligation.

LE COMTE

Holà! hé, ma chaise est-elle prête? Chonchon, vous voyez bien
que je n'ai pas le temps de parler d'affaires. Julie aura dîné; il faut
que j'arrive.   165

LE CHEVALIER

Quoi! vous n'opposez à des prières dont je rougis, que cette
indifférence insultante dont vous m'accablez?

155-156   MS1, P62: sied
          MS3:   me sied bien?
164   MS1, MS2:   d'affaire.

[11] Cf. *Relapse*, III.i.56 ff. See introduction, p.230-34.

278

ACTE I, SCÈNE IV

LE COMTE

Mais, Chonchon, mais en vérité, vous n'y pensez pas. Vous ne savez pas combien un seigneur a de peine à vivre à Paris, combien coûte un berlingot, cela est incroyable; foi de seigneur, on ne   170 peut pas voir le bout de l'année.

LE CHEVALIER

Vous m'abandonnez donc?

LE COMTE

Vous avez voulu vivre comme moi; cela ne vous allait pas, il est bon que vous pâtissiez un peu.

LE CHEVALIER

Vous me mettez au désespoir; et vous vous repentirez d'avoir   175 si peu écouté la nature.

LE COMTE

Mais, la nature, la nature, c'est un beau mot, Chonchon, inventé par les pauvres cadets ruinés pour émouvoir la pitié des aînés qui sont sages. La nature vous avait donné une honnête légitime, et elle ne m'ordonne pas d'être un sot, parce que vous avez été   180 dissipateur.

LE CHEVALIER

Vous me poussez à bout. Eh bien! puisque la nature se tait

169   MS2: à vivre, combien
         v, MS3: savez donc pas
170-171 MS3: ne peut voir
173-174 v: il faut bien que vous
177   MS2: Mais la nature c'est
179   v: vous a donné
179-180 v, MS3: légitime, elle
180-181 MS1, MS2, v, MS3, P62: été un dissipateur.
182-183 v, MS3: tait en vous

279

dans vous, elle se taira en moi, et j'aurai du moins le plaisir de vous dire que vous êtes le plus grand fat de la terre, le plus indigne de votre fortune, le cœur le plus dur, le plus... 185

LE COMTE

Mais fat, que cela est vilain de dire des injures, cela sent son homme de garnison. Mon dieu, vous êtes loin d'avoir les airs de la cour.

LE CHEVALIER

Le sang-froid de ce barbare-là me désespère; poltron, rien ne t'émeut? 190

LE COMTE

Tu t'imagines donc que tu es brave parce que tu es en colère?

LE CHEVALIER

Je n'y peux plus tenir, et si tu avais du cœur...

LE COMTE

Ah! ah, ah! foi de seigneur, cela est plaisant; tu crois que moi qui ai soixante mille livres de rente et qui suis près d'épouser mademoiselle de La Cochonnière avec cinq cent mille francs, je 19 serai assez fou pour me battre contre toi qui n'as rien à risquer! Je vois ton petit dessein; tu voudrais par quelque bon coup d'épée arriver à la succession de ton frère aîné; il n'en sera rien, mon

183   MS1, MS2, V, MS3, P62: taira dans moi
186   MS3: Moi, fat!
       P62: Mais, fou, que
189-190 MS1, V: ne l'émeut.
192   MS2, V: n'y puis plus
194   V, MS3: et qui dois épouser
195   V, MS3: francs de bien, je
195-196 P62: je serais
196   MS2: toi, tu n'as rien

cher Chonchon, et je vais remonter dans ma chaise avec le calme
d'un courtisan, et la constance d'un philosophe.[12] Holà! mes gens!　200
holà! adieu Chonchon, à ce soir, à ce soir, mons Maraudin. Holà!
page, un miroir.

SCÈNE V

LE CHEVALIER, MARAUDIN, PASQUIN

PASQUIN

Eh bien! monsieur, avez-vous gagné quelque chose sur l'âme
dure de ce courtisan poli?

LE CHEVALIER

Oui, j'ai gagné le droit et la liberté de le haïr du meilleur de　205
mon cœur.[13]

199　V, MS3:　vais monter dans ma chaise de poste, avec
200-201　MS1:　gens. Adieu
201　MS1, P62:　A ce soir, monsieur Maraudin, à ce soir. Holà
　　　MS2, V, MS3:　à ce soir. Holà
203-204　R:　l'âme de
205-206　V, MS3:　haïr de tout mon cœur.

---

[12] Cf. *Relapse*, III.i.122-129, FOPPINGTON: Your poverty makes your life so
burdensome to you, you would provoke me to a quarrel, in hopes either to slip
through my lungs into my estate or to get yourself run through the guts to put
an end to your pain. But I will disappoint you in both your designs, far with
the temper of a philasapher and the discretion of a statesman – I will go to the
play with my sword in my scabbard. – A fine example of the colourful and
concrete imagery of Vanbrugh not attempted by Voltaire.
[13] Cf. *Relapse*, III.i.133-134, FASHION: Here's rare news, Lory. His lordship has
given me a pill has purged off all my scruples. – The reference to scruples is
given to Maraudin, line 211.

PASQUIN

C'est quelque chose, mais cela ne donne pas de quoi vivre.

MARAUDIN

Si fait, si fait, cela peut servir.

LE CHEVALIER

Et à quoi, s'il vous plaît? qu'à me rendre encore plus malheu-
reux.   210

MARAUDIN

Oh! cela peut servir à vous ôter les scrupules que vous auriez
de lui faire du mal, et c'est déjà un très grand bien. N'est-il pas
vrai que si vous lui aviez obligation, et si vous l'aimiez tendrement,
vous ne pourriez jamais vous resoudre à épouser mademoiselle
de La Cochonnière au lieu de lui? Mais à présent que vous voilà   215
débarrassé du poids de la reconnaissance et des liens de l'amitié,
vous êtes libre, et je veux vous aider à vous venger en vous
rendant heureux.

LE CHEVALIER

Comment me mettre à la place du comte de Boursoufle?
comment puis-je être aussi fat? comment épouser sa maîtresse au   220
lieu de lui? Parle, réponds.[14]

209   v: rendre plus
211   v: peut ôter le scrupule que
       MS3: ôter le scrupule que
212-213 v: N'est-ce pas
213   v, MS3: et que si
216   v: débarrassé de la reconnaissance
217-218 MS2, v: venger, et à vous rendre heureux.
220   v, MS3: aussi fat [MS3: que lui]? comment puis-je épouser

[14] Back to *Relapse*, I.iii.247-252, COUPLER: In short, nobody can give you
admittance there but I, nor can I do it any other way than by making you pass
for your brother. FASHION: And how the devil wilt thou do that? COUPLER: [...]
Thy brother's face not one of the family ever saw. – The rest of the scene has
no equivalent in *Relapse*.

MARAUDIN

Tout cela est très aisé. Monsieur le baron n'a jamais vu votre
frère aîné; je puis vous annoncer sous son nom, puisque en effet
votre nom est le sien; vous ne mentirez point; et il est bien doux
de pouvoir tromper quelqu'un sans être réduit au chagrin de   225
mentir: il faut que l'honneur conduise toutes nos actions.

PASQUIN

Sans doute, c'est ce qui m'a réduit à l'état où je me vois.

MARAUDIN

Votre frère ne me donnait que dix mille francs pour lui procurer
ce mariage. Je vous aime au moins une fois plus que lui: faites-
moi un billet de vingt mille francs, et je vous fais épouser la fille   230
du baron. Ce que je demande, au reste, n'est que pour l'honneur.
Il est de la dignité d'un homme de votre maison d'être libéral
quand il peut l'être. L'honneur me poignarde, voyez-vous.

LE CHEVALIER

Oh, oui! c'est votre cruel ennemi.

MARAUDIN

Votre frère aîné est un fat.   235

LE CHEVALIER

D'accord.

222 MS2: est aisé.
222-223 V, MS3: vu monsieur votre frère [MS3: aîné], et je
224 MS3: mentirez pas, et
227 V, MS3: en l'état où je suis.
231-232 V: honneur, et il est bien de la dignité
234 V, MS3: votre plus cruel

MARAUDIN

Un suffisant pétri de cette vanité qui n'est que le partage des sots.

LE CHEVALIER

J'en conviens.

MARAUDIN

Un original à berner sur le théâtre.   240

LE CHEVALIER

Il est vrai.

MARAUDIN

Un vilain cœur dans une figure ridicule.

LE CHEVALIER

C'est ce que je pense.

MARAUDIN

Un petit-maître suranné, qui n'a pas même le jargon de l'esprit; enflé de fadaises et de vent, et dont Pasquin ne voudrait pas pour   245 son valet, s'il pouvait en avoir.

PASQUIN

Assurément, j'aimerais bien mieux son frère le chevalier.

240   P62: Un sot à berner
242   MS3, P62: Un mauvais cœur dans un corps ridicule.
244-245   P62: l'esprit; un original enflé de fadaise et
245   MS1: de fadaise et
         V: et de vents, et
245-246   MS3: pour valet, s'il pouvait en avoir un.
246   V: en avoir un.
247   MS2, MS3: j'aimerais mieux
         V: Oh! sûrement j'aimerais mieux

LE CHEVALIER

Eh!

MARAUDIN

Un homme enfin dont vous ne tirerez jamais rien, qui dépense cinquante mille francs en chiens et en chevaux, et qui laisserait   250
périr son frère de misère.

LE CHEVALIER

Cela n'est que trop vrai.

MARAUDIN

Et vous vous feriez scrupule de supplanter un pareil homme! et vous ne goûteriez pas une joie parfaite en lui escroquant légitimement les cinq cent mille livres qu'il croit déjà tenir, mais   255
qu'il mérite si peu! et vous ne ririez pas de tout votre cœur en tenant ce soir entre vos bras la fille du baron, et vous balanceriez à me faire (pour l'honneur) un billet de vingt mille francs par corps à prendre sur les plus clairs deniers de mademoiselle de La Cochonnière! Allez, vous êtes indigne d'être riche, si vous man-   260
quez l'occasion de l'être.

LE CHEVALIER

Vous avez raison; mais je sens là quelque chose qui me répugne:

249-250 MS1, MS2, V, MS3, P62: qui dépenserait cinquante
250-251 V: laisserait mourir son
253 V, MS3: feriez un scrupule
254-255 V: une douceur parfaite en lui enlevant les
         MS3: enlevant légitimement
255 V, MS3: mille francs qu'il
255-256 MS3: tenir et qu'il
256-257 V: en possédant la fille du
257-258 V, MS3: vous hésiteriez à
258 MS1, MS2, V, MS3, P62: un petit billet
261 V, MS3: de le devenir.

étrange chose que le cœur humain! Je n'avais point de scrupule
à me battre tout à l'heure contre mon frère, et j'en ai de le tromper.

MARAUDIN

C'est que vous étiez en colère quand vous vouliez vous battre, 265
et que vous êtes plus brave qu'habile.

PASQUIN

Allez, allez, monsieur, laissez-vous conduire par monsieur Maraudin; il en sait plus que vous; mettez votre conscience entre ses
mains; j'en réponds sur la mienne; j'y suis intéressé; j'ai besoin
que vous soyez riche.   270

LE CHEVALIER

Eh! mais, cependant...

MARAUDIN

Allons, êtes-vous fou?

PASQUIN

Allons, mon cher maître, courage; il n'y a pas grand mal au
fond.

263   MS2: que l'esprit humain
      MS3: L'étrange chose
263-264   MS1, MS2, P62: scrupule tout à l'heure de me battre contre
      MS3: scrupule de me
264   V: de le trahir. //
269   V, MS3: mienne, et j'y suis
269-271   P62: mienne. / LE CHEVALIER / Eh!
272   V, MS3: Allons, allons, êtes-vous
273-274   V, MS3: maître, prenez courage; il n'y a pas grand mal dans le
fond.

286

ACTE I, SCÈNE V

MARAUDIN

Cinq cent mille francs, et une fille jeune et fraîche, enlevée à   275
monsieur le comte, et mise en notre possession.

LE CHEVALIER

Voyons donc ce qu'il faut faire pour le bien de la chose.

Fin du premier acte.

275-277   P62: francs. / PASQUIN / Et mademoiselle de la Cochonnière! / LE
CHEVALIER / C'est peut-être un monstre. / PASQUIN / Adieu, monsieur! / LE CHEVA-
LIER / Où vas-tu? / PASQUIN / Je vais me jeter à l'eau, car je vois bien qu'il n'y a
plus rien à espérer d'un homme qui n'épouserait pas les yeux fermés pour cinq
cent mille francs. / MARAUDIN / Mais mademoiselle de la Cochonnière est fraîche
et jolie. / LE CHEVALIER / Eh bien, Pasquin, ne te jette pas encore à l'eau
aujourd'hui.
275   MS3: une jolie fille, belle et fraîche
276   MS1, MS2, V, MS3: en votre possession.

ACTE II

SCÈNE PREMIÈRE

MARAUDIN, COLIN[1]

MARAUDIN

Ce vieux fou de baron s'enferme dans son château, et fait faire la garde comme si l'univers voulait lui enlever mademoiselle Thérèse de La Cochonnière, et comme si les ennemis étaient aux portes. Holà! quelqu'un, messieurs: holà!

COLIN

Qui va là? 5

MARAUDIN

Vive le roi et monsieur le baron! On vient pour marier mademoiselle Thérèse.

COLIN

Je vais dire ça à monseigneur.

1-2   MS3:   fait la garde
2   MS3:   si tout l'univers
3   P62:   Cochonnière, ou comme
4   V, MS3:   quelqu'un, holà!
6-7   V, MS3:   pour épouser mademoiselle
8   MS2:   vais ↑ le⁺ dire à

---

[1] In *Relapse*, iii.iii, it is Fashion and Lory who go to Sir Tunbelly's country house. Coupler does not appear again until act 5 (back in London). Voltaire found an adroit way to keep Maraudin in the story, by using him as the vanguard.

MARAUDIN

Est-il possible qu'il y ait encore en France un rustre comme le seigneur de cette gentilhommière? Voilà deux beaux contrastes que monsieur de Boursoufle et lui.[2]   10

SCÈNE II

LE BARON DE LA COCHONNIÈRE,
en buste, à la tête de ses gens,
MARAUDIN

LE BARON

Ah! c'est vous, mon brave monsieur de Maraudin; pardon, il faut être un peu sur ses gardes quand on a une jeune fille dans son château; il y a tant de gens dans le monde qui enlèvent les filles! on ne voit que cela dans les romans.[3]   15

9-10   V, MS3:   comme le baron de
10-11   MS3:   Voilà un beau contraste que monsieur le comte et lui!//
11   V: monsieur le comte et
11b   MS1, MS3, P62:   *en buffle, à la*
12-13   P62:   pardon, mais faut
13   V: une jolie fille
14-15   V, MS3:   enlèvent des filles

---

[2] Cf. *Relapse*, III.iii.2-4, FASHION: methinks the seat of our family looks like Noah's ark, is if the chief part on't were designed for the fowls of the air and the beasts of the field.
[3] This quixotic remark has no equivalent in *Relapse*.

MARAUDIN

Cela est vrai, et je viens aussi pour enlever mademoiselle Thérèse, et je vous amène un gendre.

LE BARON

Quand est-ce donc que j'aurai le plaisir de voir dans mon château de La Cochonnière monsieur le comte de Boursoufle?

MARAUDIN

Dans un moment il va rendre ses respects à son très honoré 20
beau-père.

LE BARON

Ventre de boulets! il sera très bien reçu; et je lui réponds de Thérèse. Mon gendre est homme de bonne mine, sans doute?

MARAUDIN

Assurément, et d'une figure très agréable. Pensez-vous que j'irai donner à mademoiselle Thérèse un petit mari, haut comme 25
ma jambe, comme on en voit tant à la cour?

LE BARON

Amène-t-il ici un grand équipage? aurons-nous bien de l'embarras?

16 MS3: vrai; je viens
16-17 V, MS3: pour vous enlever, et
17 P62: Thérèse, car je
18 V, MS3: Quand est-ce que j'aurai
20-21 V: honoré père.
23 V, MS3: est un homme
24-25 P62: que j'irais donner
26 V: jambe?//
      MS3: jambe et tel qu'on en voit plus d'un à la cour et à la ville?
27 MS3: Amène-t-il un

MARAUDIN

Au contraire, monsieur le comte hait l'éclat et le faste; il a
voulu venir avec moi incognito; ne croyez pas qu'il soit venu   30
dans son équipage ni en chaise de poste.[4]

LE BARON

Tant mieux; tous ces vains équipages ruinent et sentent la
mollesse; nos pères allaient à cheval, et jamais les seigneurs de
La Cochonnière n'ont eu de carrosse.

MARAUDIN

Ni votre gendre non plus. Ne vous attendez pas à lui voir de   35
ces parures frivoles, de ces étoffes superbes, de ces bijoux à la
mode.

LE BARON

Un buste, corbleu, un buste; voilà ce qu'il faut en temps de
guerre; mon gendre me charme par le récit que vous m'en faites.

29   MS2: hait le faste et l'éclat
30   MS2: avec moi; ne
     V: venir ici avec
31   V: dans un équipage
33   V, MS3: cheval, jamais
34   V: eu de carrosses.
36   V: étoffes brillantes, de ses bijoux
38   MS1, MS2, MS3, P62: buffle [also on line 40]

[4] Cf. *Relapse*, III.iii.67-72, SIR TUNBELLY: Pray where are your coaches and
servants, my lord? FASHION: Sir, that I might give you and your fair daughter a
proof how impatient I am to be nearer akin to you, I left my equipage to follow
me, and came away post, with only one servant. – Did Voltaire misunderstand
'post'? Fashion's fast post-horse is far from being a *chaise de poste*, but the final
message is similar.

MARAUDIN

Oui, un buste; il en trouvera ici; il sera plus content de vous   40
encore que vous de lui. Le voici, il s'avance.

SCÈNE III

LE CHEVALIER, LE BARON, MARAUDIN, MME BARBE

MARAUDIN

Approchez, monsieur le comte, et saluez monsieur le baron,
votre beau-père.

LE BARON

Par Henri quatre! voici un gentilhomme tout à fait de mise.
Tête bleue! Monsieur le comte, Thérèse sera heureuse; corbleu!   45
touchez là, je suis votre beau-père et votre ami. Parbleu, vous
avez la physionomie d'un honnête homme.

LE CHEVALIER

En vérité, monsieur, vous me faites rougir, et je suis confus de
paraître devant vous; mais monsieur Maraudin qui sait l'état de
mes affaires vous aura dit...   50

40-41   MS3: sera encore plus content de vous que
         V: content encor de vous
41   MS1, MS2, V, MS3, P62: voici qui s'avance.
41b   MS2: MME BARBE, LE CHEVALIER, LES PRÉCÉDENTS
44-45 MS1, MS2, MS3: voilà un
         R: tout à fait demi-tête bleue.
45   MS3: heureuse. Touchez
46   MS3: ami. Corbleu! vous
48-49 V: monsieur, je suis confus de paraître devant vous, et monsieur
49   MS3: paraître ainsi devant
50   V: aura sans doute...
         MS3: aura dit, sans doute,...

MARAUDIN

Oui, oui, j'ai dit tout ce qu'il fallait dire; vous aurez un digne beau-père et une digne femme. Réjouissez-vous, madame Barbe, voici un mari pour Thérèse.

MME BARBE

Est-il possible?

MARAUDIN

Rien n'est plus certain. 55

LE BARON

Allons, faites descendre Thérèse; faites venir les violons; donnez la clef de la cave, et que tout le monde soit ivre aujourd'hui dans mon château.[5]

MME BARBE

Ah! le bel ordre! ah! la bonne nouvelle! Thérèse, Thérèse, mademoiselle Thérèse, descendez, venez tôt, venez tôt. 60

51-52 MS1, MS2, P62: Oui, j'ai dit tout ce qu'il fallait, vous avez un digne
        V, MS3: TRIGAUDIN / Oui j'ai dit ce qu'il fallait, vous avez un
53 MS1, MS2, P62: pour votre Thérèse.
        V, MS3: pour votre jeune maîtresse.
57 . V: cave, je veux que tout
57-58 V: ivre dans
59 V: la belle nouvelle
59-60 V, MS3, this speech is expanded, in the latter becoming scene 4, with subsequent renumbering of scenes: nouvelle! mademoiselle Gotton, venez tôt, venez tôt. Cette chère Gotton, qu'elle va être contente! un mari! qu'elle sera heureuse! elle le mérite bien; car je l'ai élevée là comme une princesse. Elle va briller dans le monde, elle enchantera, ça me fera honneur; on dira: On voit bien que madame Michelle y a donné tous ses soins: car mademoiselle Gotton est d'une douceur, d'une politesse!... Mademoiselle Gotton! Mademoiselle Gotton!

[5] The details of requirements for reception are characteristically different in English: 'get a Scotch coal fire in the great parlor, set all the Turkey-work chairs

SCÈNE IV

MLLE THÉRÈSE, MME BARBE

MLLE THÉRÈSE

Eh bien! qu'est-ce? Thérèse, Thérèse! brailleras-tu toujours après moi, éternelle duègne? et faut-il que je sois pendue à ta ceinture? Je suis lasse d'être traitée en petite fille, et je sauterai les murs au premier jour.[6]

MME BARBE

Eh! là, là, apaisez-vous, je n'ai pas de si méchantes nouvelles à vous apprendre, et on ne voulait pas vous traiter en petite fille; on voulait vous parler d'un mari; mais puisque vous êtes toujours bourrue...

MLLE THÉRÈSE

Aga, avec votre mari; ces contes bleus-là me fatiguent les oreilles, entendez-vous, madame Barbe? Je crois aux maris comme

61 MS2: Eh bien Thérèse
   V, MS3: qu'est-ce? brailleras-tu
65 V: Là, là
66 V, MS3: apprendre, on

in their places, get the great brass candlesticks out, and be sure stick the sockets full of laurel, run!' (*Relapse*, III.iii.58-60). The reference to 'la cave' may originate from Hoyden's remark in III.iv.13-14, 'I care not a fig who comes nor who goes, as long as I must be locked up like the ale cellar'.

   [6] Cf. Hoyden's vigorous language and overt sexual frustration: 'I know well enough what other girls do, for all they think to make a fool of me. It's well I have a husband a-coming, or, i'cod I'd marry the baker, I would so. Nobody can knock at the gate but presently I must be locked up, and here's the young grey-hound bitch can run loose about the house all day long, she can [...] Well, what do you make such a noise for, ha? What do you din a body's ears for? Can't one be at quiet for you?' (*Relapse*, III.iv.1-10).

aux sorciers; j'en entends toujours parler et je n'en vois jamais.
Il y a deux ans qu'on se moque de moi, mais je sais bien ce que
je ferai, je me marierai bien sans vous, tous tant que vous êtes;
on n'est pas une sotte, quoiqu'on soit élevée loin de Paris,[7] et
Jacqueline-Thérèse de La Cochonnière ne sera pas toujours en   75
prison; c'est moi qui vous le dis madame Barbe.

MME BARBE

Tudieu, comme vous y allez! Eh bien, puisque je suis si mal
reçue, adieu donc; vous dira qui voudra les nouvelles du logis.
(*en pleurant.*) Cela est bien dénaturé de traiter ainsi madame Barbe
qui vous a élevée.   80

MLLE THÉRÈSE

Va, va, ne pleure point; je te demande pardon. Qu'est-ce que
tu me disais d'un mari?

MME BARBE

Rien; je suis une duègne, je suis une importune; vous ne saurez
rien.

MLLE THÉRÈSE

Ah! ma pauvre petite Barbe, je m'en vais pleurer à mon tour.   85

73-74   V: ferai; on n'est
73   MS1, P62:   sans tous
77   V: Comme vous
        MS3:   Dame, comme
78   V, MS3:   vous apprendra qui
78-79   V, MS3:   nouvelles de la maison. Cela
80   P62:   a si bien élevée.
83   MS1, MS2, V, MS3, P62:   Rien, rien; je

[7] The same remark as above applies to Hoyden's protest to the Nurse: 'I'm
as ripe as you, though not so mellow' (*Relapse*, III.iv.17-18).

MME BARBE

Allez, ne pleurez point, monsieur le comte de Boursoufle est arrivé, et vous allez être madame la comtesse.

MLLE THÉRÈSE

Dis-tu vrai? est-il possible? ne me trompes-tu point? Ma chère Barbe, il y a ici un mari pour moi! Un mari! un mari! Qu'on me le montre, où est-il que je le voie? Que je voie monsieur le comte. 90
Me voilà mariée, me voilà comtesse, me voilà à Paris; je ne me sens pas de joie. Viens que je t'étouffe de caresses.

MME BARBE

Le bon petit naturel.[8]

MLLE THÉRÈSE

Premièrement, une grande maison magnifique, et des diamants, et six grands laquais, et l'opéra tous les jours, et toute la nuit à 95
jouer, et tous les jeunes gens amoureux de moi, et toutes les femmes jalouses.[9] La tête me tourne, la tête me tourne de plaisir.

86   v, MS3: pleurez pas, monsieur
88-89 v, MS3: Ma bonne Michelle, il
91   v: mariée, me voilà à Paris
92   MS3: Viens, que je t'embrasse, que je t'étouffe
94   v: magnifique, des
      MS3: maison ↑un équipage+ magnifique, des
94-95 v, MS3: diamants, et l'opéra
      P62: diamants, et des perles comme s'il en pleuvait, et six

[8] Cf. *Relapse*, III.iv.26-27, NURSE: Ah the poor thing, see how it melts; it's as full of good nature as an egg's full of meat.
[9] Thérèse's aspirations stem from three points in *Relapse*, but show how flighty Voltaire makes her in contrast to the domesticated Hoyden: (i) HOYDEN: that which pleases me is to think what work I'll make when I get to London; for when I am a wife and a lady both, Nurse, ecod, I'll flaunt it with the best of 'em (IV.i.7-10); (ii) HOYDEN: Pray, sir, are the young ladies good housewives at London town? Do they darn their own linen? FASHION: Oh, no, they study

MME BARBE

Contenez-vous donc un peu; tenez, voilà votre mari qui vient;
voyez s'il n'est pas beau et bien fait.

MLLE THÉRÈSE

Ah! je l'aime déjà de tout mon cœur; ne dois-je pas courir   100
l'embrasser, madame Barbe?

MME BARBE

Non vraiment, gardez-vous-en bien; il faut au contraire se tenir
sur la réserve.[10]

MLLE THÉRÈSE

Eh! quoi? puisqu'il est mon mari, et que je le trouve joli.

MME BARBE

Il vous mépriserait si vous lui témoigniez trop d'affection.   105

---

98   MS3:   peu,↑ s'il vous plait+. Tenez
99   MS3:   pas bien fait.
100   V, MS3:   Oh! je
102-103   MS1, MS2, V, MS3, P62:   contraire être sur la réserve.
103-106a   V: réserve. / *SCÈNE V*
104   MS3:   Mais puisqu'il
105   MS1:   lui témoignez
         MS3:   lui montriez trop

---

how to spend money, not to save it. HOYDEN: I'cod, I don't know but that may
be better sport than t'other (IV.i.101-104); (iii) Thérèse's thoughts of lovers and
the theatre are Fashion's about Hoyden: 'This is a rare girl, i'faith […] What a
scampering chase will she make on't when she finds the whole kennel of beaux
at her tail! Hey to the park and the play and the church and the devil' (IV.i.68-
73).
    [10] Cf. *Relapse*, IV.i.3-4; the Nurse's advice is the same: 'Oh, but you must have
a care of being too fond, for men nowadays hate a woman that loves 'em'.

MLLE THÉRÈSE

Ah! je vais donc bien me retenir.

SCÈNE V

LE CHEVALIER, MLLE THÉRÈSE, MME BARBE

MLLE THÉRÈSE

Je suis votre très humble servante; je suis enchantée de vous voir; comment vous portez-vous? vous venez pour m'épouser, vous me comblez de joie. Je n'en ai pas trop dit, Barbe?

LE CHEVALIER

Madame, je faisais mon plus cher désir de l'accueil gracieux   110
dont vous m'honorez; mais je n'osais en faire mon espérance.
Préféré par monsieur votre père, je ne me tiens point heureux si
je ne le suis par vous; c'est de vous seule que je voulais vous
obtenir; vos premiers regards font de moi un amant, et c'est un
titre que je veux conserver toute ma vie.   115

MLLE THÉRÈSE

Oh! comme il parle, comme il parle! et que ce langage-là est
différent de celui de nos gentilshommes de campagne. Ah! les
sots dadais, en comparaison des seigneurs de la cour! Mon amant,
irons-nous bientôt à la cour?

106b   MS2: LE CHEVALIER, LES PRÉCÉDENTS
109   V, MS3: joie; n'en ai-je pas
110   MS3: Mademoiselle, je
116   V, MS3: langage est
118   V: comparaison de ceux de la

LE CHEVALIER

Dès que vous le souhaiterez, madame.   120

MLLE THÉRÈSE

N'y a-t-il pas une reine là?

LE CHEVALIER

Oui.

MLLE THÉRÈSE

Et qui me recevra parfaitement bien?

LE CHEVALIER

Avec beaucoup de bonté, assurément.

MLLE THÉRÈSE

Cela fera crever toutes les femmes de dépit; j'en serai charmée.   125

LE CHEVALIER

Si vous avez envie d'aller au plus tôt briller à la cour, mademoiselle, daignez donc hâter le moment de mon bonheur.[11] Monsieur
votre père veut retarder le mariage de quelques jours; je vous

---

120   v, ms3:   le souhaiterez, mademoiselle.
      p62:   le souhaitez, madame…
123   p62:   recevra bien?
124   p62:   de joie, assurément.
125   ms1, ms2:   je serai charmée.
126   v, ms3:   vous souhaitez d'aller au plus tôt à la cour
128   v, ms3:   retarder notre mariage
128-129   v, ms3:   vous assure que

[11] Whereas the Chevalier exploits Thérèse's expressed desire to go to 'la
cour', in *The Relapse* Fashion's 'dear little bedfellow' is attracted by him and by
London's pleasures (not high society).

avoue que ce retardement me mettrait au désespoir. Je sais que vous avez des amants jaloux de ma félicité, qui songent à vous enlever, et qui voudraient vous enfermer à la campagne pour votre vie. 130

MLLE THÉRÈSE

Ah! les coquins! pour m'enlever, passe; mais m'enfermer!

LE CHEVALIER

Le plus sûr moyen de leur dérober la possession de vos charmes, est de vous donner à moi par un prompt hyménée qui vous mettra en liberté, et moi au comble du bonheur; il faudrait m'épouser plus tôt que plus tard. 135

MLLE THÉRÈSE

Vous épouser! qu'à cela ne tienne, dans le moment, dans l'instant, je ne demande pas mieux, je vous jure; et je voudrais déjà que cela fût fait. 140

LE CHEVALIER

Vous ne vous sentez donc pas de répugnance pour un époux qui vous adore.

MLLE THÉRÈSE

Au contraire, je vous aime de tout mon cœur; madame Barbe

130 V, MS3: de mon bonheur, qui
131 V: vous enterrer à
131-132 MS3: vous renfermer à la campagne pendant toute votre
133 V: coquins! c'est bien vilain d'enfermer le monde comme ça.
      MS3: m'enfermer, c'est bien vilain.
135-136 MS3: prompt hymen qui vous mette en
138-140 V: tienne, au plus tôt, je ne demande pas mieux; et je voudrais déjà que le mariage fût fait.
139-140 MS3: voudrais que cela fût déjà fait.
141 MS3: de la répugnance

prétend que je ne devais vous en rien dire; mais c'est une radoteuse, et je ne vois pas, moi, quel grand mal il y a à vous 145 dire que je vous aime, puisque vous êtes mon mari, et que vous m'aimez.

SCÈNE VI

LE BARON, LE CHEVALIER, MLLE THÉRÈSE, MARAUDIN, MME BARBE

MLLE THÉRÈSE

Papa, quand nous marierez-vous?

LE CHEVALIER

Mademoiselle votre fille, monsieur, daigne recevoir les empressements de mon cœur avec une bonté que vous autorisez. 150

144   v, ms3: je ne devrais rien vous en dire
145-146   v: radoteuse, je ne vois pas moi, quel mal il y a de vous aimer, puisque
145   ms3: quel mal il y a de vous
146-147   p62: aime, puisque vous m'aimez.
147-147a   v, ms3: aimez. / LE CHEVALIER / Elle me charme par sa naïveté. / *SCÈNE VI* [ms3: *VII*]
148   ms2: nous mariez-vous?
       v, ms3: quand est-ce donc qu'on me marie?
149-150   v: monsieur, reçoit les impressions de
          ms3: daigne agréer les sentiments de
150   v: bonté qui vous autorise.
150-150a   ms3: autorisez. Mais le temps est précieux, vous n'ignorez pas que des rivaux, jaloux de mon bonheur, peuvent tenter les moyens de me supplanter, et de posséder mademoiselle votre fille malgré vous, et même malgré elle.

LE COMTE DE BOURSOUFLE, COMÉDIE

MLLE THÉRÈSE

Hem! qu'est-ce que vous dites-là?

LE CHEVALIER

Je vous le répète, monsieur, il y a des gens en campagne pour enlever ce trésor, et si vous n'y prenez garde, mademoiselle de La Cochonnière est perdue aujourd'hui pour vous et pour son mari.

155

LE BARON

Par la culasse de mes mousquetons, nous y donnerons bon ordre; qu'ils s'y jouent les scélérats! je vais commencer par enfermer Thérèse dans le grenier.

MME BARBE

Allons, mademoiselle, allons.

MLLE THÉRÈSE

Miséricorde! j'aime cent fois mieux qu'on m'enlève. Papa, si on m'enferme davantage, je me casse la tête contre les murs.[12]

160

151 P62: Qu'est-ce
156 v, MS3: Par la corbleu! nous
159 P62: allons là-haut.
160 v: Miséricorde, papa, si
161 MS3: me casserai la
161-161a v, MS3: murs. / LE BARON / Tais-toi, ou tu ne seras mariée de dix ans. / GOTTON / Ah! je suis muette. / LE CHEVALIER

[12] Cf. *Relapse*, IV.iv.43-48, NURSE: An't please your honor, my lady and I had best lock ourselves up till the danger be over. FASHION: Ay, by all means. HOYDEN: Not so fast! I won't be locked up any more. I'm married. – Fashion persuades her, and the women leave at this point.

302

ACTE II, SCÈNE VI

LE CHEVALIER

N'y aurait-il point, monsieur, un petit *mezzo-termine* à cette affaire.

LE BARON

Oui, de fendre la cervelle au premier qui viendra frapper à la porte du château.   165

LE CHEVALIER

Ce parti est très raisonnable, et l'on ne peut rien de plus juste; mais si vous commenciez par prendre la précaution de marier tout d'un coup les deux futurs, cela préviendrait merveilleusement tous les méchants desseins. Les ravisseurs auront beau venir après cela, mademoiselle Thérèse leur dira, messieurs, vous êtes venus 170 trop tard, la place est prise. Qu'auront-ils à répondre à cela? rien: il faudra qu'ils s'en retournent bien honteux.

MLLE THÉRÈSE

Oui, mais s'ils me disent: ça ne fait rien, quand vous seriez mariée cent fois davantage, mademoiselle Thérèse nous vous

162 MS2: un ⟨petit⟩ moyen pour terminer cette
     V: monsieur, quelque moyen pour terminer cette
     MS3: monsieur, un milieu à prendre dans cette
164 V: De fendre
     MS3: Oui, ↑c'est⁺ de fendre
166 V, MS3: Ce parti-là est
167-168 V, MS3: marier les deux
168 V: préviendra
169-170 V, MS3: venir exprès, mademoiselle
171 MS1, MS2, MS3, P62: prise, je suis mariée. Qu'auront-ils
     V: tard, je suis mariée. Qu'auront-ils
     V, MS3: répondre? Rien;
172 MS3: retournent très honteux.
173 V: ça n'y fait
174-175 MS3: davantage, nous voulons vous épouser encore. Vous êtes
     MS1: Thérèse, vous êtes belle, nous vous aimons et
     MS2, V, MS3, P62: vous êtes belle, nous vous aimons, et il

303

aimons, vous êtes belle, et il faut que nous vous enlevions. Qu'est- 17ʂ
ce que je dirai moi?

LE BARON

Je te tordrai le cou de mes propres mains plutôt que de souffrir
qu'on attente à ton honneur; car vois-tu, je t'aime.

LE CHEVALIER

Ne voyez-vous rien à travers ces arbres? n'entendez-vous rien?

LE BARON

M'est avis que je vois une chaise de poste et des gens à cheval. 18

LE CHEVALIER

Tout juste; nous y voici, c'est sans contredit un de nos coquins.
Ne craignez rien mademoiselle Thérèse.

176 v, MS3: que je leur dirai, moi?
178 MS3: t'aime assez pour cela.
178a-179 v, MS3: TRIGAUDIN / Monsieur le baron, l'avis que je vous donne
est bon à suivre. Pour vous débarrasser de l'inquiétude perpétuelle que vous
cause la garde de mademoiselle Gotton, je vous conseille de signer au plus vite
le contrat; je vous l'ai fait voir tantôt dressé selon vos intentions, vous n'avez
[MS3: plus] qu'à y mettre votre nom. / LE BARON / Très volontiers; ce sera l'affaire
de mon gendre de veiller sur sa femme. / MERLIN / C'est bien dit, ventre saint-
gris! cinq cents arpents de terre de capitainerie sont moins difficiles à garder
qu'une fille. / TRIGAUDIN / Dépêchons-nous, monsieur le baron, le temps presse...
Ne voyez-vous rien à travers [MS3: ⟨entre⟩ ↑ β] ces arbres?//
179 MS1, P62: Monsieur, ne voyez-vous
180 MS2: Mes amis je vois
     P62: Mon avis est que
181 v, MS3, line given to MERLIN
     MS3: sans doute un
182 MS1, MS2, MS3, P62: rien, mademoiselle.//
     v: craignez-vous rien Mlle?//

304

MLLE THÉRÈSE

Moi, hélas! et qu'ai-je à craindre?

LE CHEVALIER

Vous avez un père homme de courage, et votre mari aura
l'honneur de le seconder.   185

LE BARON

Oui, voici une occasion où il faut avoir du cœur. Renfermons-
nous dans le château; fermons toutes les portes. Colin, Martinet,
Jérôme, tirez vos arquebuses par les meurtrières sur les gens qui
voudront entrer malgré vous.

LE CHEVALIER

On ne peut pas mieux se préparer. En vérité, monsieur le   190
baron, c'est dommage que vous ne commandiez pas dans quelque
place frontière, et que vous n'ayez pas été gouverneur de
Philipsbourg.[13]

LE BARON

Je ne l'aurais pas rendu en deux jours.

183   v: hélas! qu'ai-je
      MS3:   Hélas! qu'est-ce que j'ai à craindre?
187   MS3:   Martin
188   MS1:   par les meurtriers
      MS2:   tirez vous arquebusier ⟨par⟩ ↑sur+ les meurtriers
189-190   v, MS3:   vous. / GÉROME / Oui, monseigneur. / LE CHEVALIER / On ne
191-192   MS3:   dommage que vous n'ayez pas
192-195   v: frontière. / TRIGAUDIN / Rentrez

[13] Cf. *Relapse*, IV.iv.69-70. It is Sir Tunbelly who remarks on Fashion's military
expertise (without the Chevalier's irony): 'I'gad, your lordship is an ingenious
person and a very great general'. On Voltaire at Philippsburg in 1734, see
introduction, p.221-22.

LE CHEVALIER

Rentrez, monsieur le baron, rentrez, voilà les ennemis qui 195
approchent. (*à part.*) Tout ceci commence un peu à m'inquiéter.
Voici mon frère qui vient épouser Thérèse, et m'arracher ma
fortune. (*haut au baron.*) Rentrez donc, et gardez-vous de vous
montrer.

SCÈNE VII[14]

LE COMTE, *arrivant avec ses gens*;

LE BARON, *au-dessus de la porte.*

LE COMTE

Voilà une assez plaisante réception; foi de seigneur, sur mon 200

194a-196   MS2, MS3, P62:   MARAUDIN / Rentrez, monsieur le baron, rentrez,
voilà [MS3: voici] les ennemis qui approchent. / LE CHEVALIER / Tout ceci
196   V: approchent. / LE CHEVALIER / Tout ceci
197-198   MS2:   épouser Mlle Thérèse et m'arracher ma fortune. / MARAUDIN /
Rentrez donc,
198-199   V, MS3:   fortune. / TRIGAUDIN / Rentrez donc, et gardez-vous de vous
montrer. / GÉRÔME / Bon courage, camarades, mettons nos armes en état, qu'ils
y viennent par la morgué, tatigué, jarnigué, je vous les… / MARTIN / Les voilà,
les voilà. / *SCÈNE VIII* /
P62:   fortune. / LE BARON / Rentrez donc avec ma fille et monsieur
Maraudin, et gardez-vous de vous montrer. / COLIN / Courage, camarades!
mettons-nous sous les armes. Qu'ils y viennent! par la morgué, tatigué, jarnigué,
je vous les… / UN VALET / Les voilà!
200   V, MS3:   Hé! mes amis! n'est-ce pas ici?… Qu'est-ce que cela signifie?
Voilà une assez plaisante reception; sur mon

---

[14] The movement of this scene follows closely that of *Relapse*, IV.v and vi, but
none of it is a translation of Vanbrugh's dialogue, e.g. lines 25-28 and *Relapse*,
IV.vi.21-24, SIR TUNBELLY: I would be at you, sirrah, if my hands were not tied
as a magistrate, and with these two double fists beat your teeth down your

honneur, on nous ferme la porte au nez. Holà! hé! qu'on heurte un peu, qu'on sonne un peu, qu'on sache un peu ce que cela veut dire.[15] Est-ce que ce n'est pas ici la maison du seigneur baron de La Cochonnière?

LE BARON

Oui, c'est ici mon château, et c'est moi qui suis monsieur le   205
baron. Que lui voulez-vous, monsieur l'aventurier?[16]

LE COMTE

Vous devriez un peu vous douter qui je suis. Je m'attendais à être reçu d'autre sorte. Ecoutez, bonhomme, je viens ici avec une lettre de monsieur Maraudin, et mon dessein était d'épouser mademoiselle de La Cochonnière; mais tant que vous me tiendrez   210

202   v: un peu, qu'on sache
203   v, MS3: dire. Mais, mais, [v: Mais,] voilà qui est bien singulier, bien étonnant; je m'attendais que l'on enverrait au-devant de moi, que l'on ferait mettre les habitants sous [v: sur] les armes, que les magistrats du canton viendraient me haranguer, et au lieu des honneurs qu'on me doit... Ah! j'aperçois quelqu'un. Est-ce
       P62: dire. Je m'attendais à des harangues et à des bouquets. Faut-il tout casser? Est-ce
       MS1, MS2, P62: du sieur baron
205-206   MS2: suis le baron
209   MS3: de M. Trigaudin, pour épouser
210-211   MS1, MS2, V, P62: tiendrez ici à la porte
       MS3: tiendrez ainsi à

throat, you dog you!' FOPPINGTON: And why wouldst thou spoil my face at that rate? – The Baron's reference to the trees outside his château may stem from Foppington's earlier remark at the gate: 'do they desire I should grow at their moat-side like a willow?' (IV.v.2-3).
[15] The words are those of Foppington's servant, La Vérole: 'Jernie die [je renie Dieu], qu'est ce que veut dire ça?' (IV.v.22).
[16] Cf. *Relapse*, IV.vi.5-6, SIR TUNBELLY: I'm a justice of the peace and know how to deal with strollers.

à la porte, il n'y a pas d'apparence que nous puissions conclure cette affaire.

LE BARON

Ah! ah! vous veniez pour épouser ma fille: fort bien. Ah! comment vous nommez-vous, s'il vous plaît?

LE COMTE

Vous faites le mauvais plaisant, baron.   215

LE BARON

Non, non, je voudrais savoir comment vous vous nommez.

LE COMTE

Mais il y a quelque apparence que je me nomme le comte de Boursoufle: nous sommes un peu plus connus à la cour qu'ici.

MLLE THÉRÈSE

Papa, voilà un impudent maroufle qui prend le nom de mon mari.   220

LE BARON

Ecoute: vois-tu ces arbres qui ornent le dehors de mon château; si tu ne te retires, voilà où je te ferai pendre avant qu'il soit une heure.

213   v, ms3: Ah! vous
213-214   v: bien. Comment
         ms3: bien. Et comment
217   ms3: Eh! mais il y a
       v: y a apparence
218-224   v: ici. / LE BARON / Si tu ne te retires, tu passeras mal ton temps. / LE COMTE / Foi de
221   ms3: vois-tu les arbres
222-223   ms3: pendre.//

ACTE II, SCÈNE VII

LE COMTE

Foi de seigneur, c'est pousser un peu loin la raillerie. Allons,
ouvrez, et ne faites plus le mauvais plaisant.   225

(Il heurte.)

LE BARON

Il fait violence; tirez, Jérôme.   *(On tire.)*

LE PAGE

Jarni, on n'a jamais reçu de cette façon des gens de qualité.
Sauvons-nous.

LE COMTE

Mais ceci devient sérieux, ceci est abominable, ceci est une
véritable guerre; assurément on en parlera à la cour.   230

LE BARON, *à ses gens.*

Enfants, voici le moment de signaler votre intrépidité. Il est
seul; saisissez-moi ce bohème-là, et liez-le-moi comme un sac.

224-225   MS3: Allons, allons, ouvrez
225   V: le plaisant.
226-228a   V, MS3: (*il tire.*) / LE COMTE
227   MS1, MS2: cette façon-là
229-230   MS1, MS2, V, MS3, P62: sérieux, ceci est une véritable guerre, ceci
est abominable; assurément
231   V: Enfin, voici
    MS3: Voici
    P62: Enfants, puisqu'ils se sauvent, voici
232-232c   V, MS3: bohème-là, [MS3: et le liez comme un sac (*au comte à haute
voix.*)] attendez, attendez monsieur, on va vous parler. / LE COMTE / A la bonne
heure, il faut éclaircir cette affaire; Voilà des procédés fort particuliers, fort
singuliers. Holà! mes gens! où sont donc mes gens? que sont devenus mes gens?
[MS3: (*Les portes du château s'ouvrent, le baron et tous ses gens sortent à la fois et
investissent le comte.*)] / GÉRÔME / Demeure là. / LE COMTE / Qu'est-ce à dire? /
MARTIN / Demeure là [MS3: ici]. / LE COMTE

(*Le baron, mademoiselle Thérèse et ses gens descendent;
on se saisit du comte.*)

LE COMTE

Mais qu'est-ce que c'est que çà? qu'est-ce que c'est que çà? Ah!
vous me liez trop fort; vous allez gâter toute ma broderie. Baron,
vous me paraissez un fou un peu violent: n'avez-vous jamais de   235
bons intervalles?

LE BARON

Je n'ai jamais vu un drôle si impudent.

LE COMTE

Pour peu qu'il vous reste un grain de raison, ne sauriez-vous
me dire comment la tête vous a tourné, et pourquoi vous faites
ainsi garotter le comte votre gendre?   240

MLLE THÉRÈSE

Que je voie donc comment sont faits les gens qui veulent
m'enlever. Ah! papa, il m'empuantit d'odeur de fleur d'orange;
j'en aurai des vapeurs pour quinze jours. Ah! le vilain homme!

LE COMTE

Beau-père, au goût que cette personne me témoigne, il y a
apparence que c'est là ma femme. Me tiendrez-vous longtemps   245

233   MS3:   Mais, mais, qu'est-ce
233-234   V, MS3:   çà? où est donc le respect, comment, comment vous me
désarmez? Ahi! ahi! vous me serrez trop fort. Attendez donc, vous allez
238   MS2, V, P62:   Pour le peu
239-240   V, MS3:   tourné, pourquoi vous traitez ainsi le comte
241   MS3:   faits ceux qui
242-243   V, MS3:   Ah! [MS3: Fy! Pouah!] il m'empuantit d'odeurs, j'en aurai
mal à la tête pendant quinze
243-245   V: jours. / LE COMTE / Baron! me tiendrez-vous
245   MS3:   c'est ma femme… Mais, baron, me

dans cette posture? Expliquez-vous, s'il vous plaît; n'attendiez-vous pas le comte de Boursoufle? ne devait-il pas venir avec une lettre de votre ami monsieur Maraudin?

LE BARON

Oui, coquin, oui.

LE COMTE

Ne m'insultez donc point, s'il vous plaît; je vous ai déjà dit que   250
j'ai l'honneur d'être ce comte de Boursoufle, et que j'ai la lettre du sieur Maraudin dans ma poche; fouillez plutôt.

LE BARON

Je reconnais mes fripons; ils ne sont jamais sans lettres en poche. Prenons toujours la lettre; il sera pendu comme ravisseur et comme faussaire.   255

LE COMTE

Ce baron est une espèce de beau-père bien étrange.[17]

246-247   v, ms3:   posture, et ne pourrai-je m'expliquer? N'attendez-vous
247   ms3:   le comte de Fatenville avec une
247-248   v: venir ici avec une lettre de monsieur Trigaudin?
250   ms1, p62:   Ne m'inspirez donc
      ms2:   Ne badinons donc
      v, ms3:   Ne m'injuriez donc pas, s'il
251   v, ms3:   d'être monsieur le comte
      ms3:   et j'ai
252   ms1:   de M. Maraudin
      v: Trigaudin.//
      ms3:   Trigaudin. Fouillez
253   v, ms3:   sans lettre en
254   ms2:   poche. Il sera
      v, ms3:   sera puni comme
254-255   v: ravisseur, faussaire.

[17] Cf. *Relapse*, IV.vi.48-58, HOYDEN: Is this he that would have run away with

LE BARON

Mon ami, je suis bien aise, pour te réjouir, de t'apprendre que tes visées étaient mal prises, et que monsieur le comte et monsieur Maraudin sont ici.

LE COMTE

Le comte est ici, beau-père! vous me dites des choses incroya-   260
bles, sur mon honneur.

LE BARON

Monsieur le comte, monsieur Maraudin, venez, venez, montrez à ce coquin qui vous êtes. Holà! mon gendre; monsieur Maraudin. Personne ne me répond; il faut que je les aille chercher moi-même.   265

257   v, ms3: aise, de t'apprendre
260   v, ms3: dites là des
262   ms1, v, ms3: Maraudin, venez montrer
263-265   v: coquin-là qui vous êtes. Holà! qu'on avertisse M. le comte que je veux avoir l'honneur de lui parler, et vous, en attendant, conduisez ce bohème-là en prison. LE COMTE / Mais qu'il me soit permis de vous dire. / LE BARON / Tu t'expliqueras, lorsque tu seras en lieu de sûreté. / LE COMTE / Je ne crois pas que quelque seigneur de ma sorte ait jamais été traité ainsi; nous verrons ce que la cour en dira.
        ms3:   êtes. (*à ses gens restés dans le château.*) Holà! hé! qu'on avertisse monsieur le comte que je veux avoir l'honneur de lui parler... Personne ne répond: il faut donc que j'aille les chercher moi-même. Et vous, en attendant, conduisez ce bohème-là en prison. / *SCÈNE IX* /

me? Fough, how he stinks of sweets! Pray, father, let him be dragged through the horse-pond. FOPPINGTON: (*aside*) 'This must be my wife by her natural inclination to her husband. HOYDEN: Pray, father, what do you intend to do with him, hang him? SIR TUNBELLY: That at least, child. [...] FOPPINGTON: [...] Hitherto this appears to me to be one of the most extraordinary families that ever man of quality matched into.

312

SCÈNE VIII

LE COMTE DE BOURSOUFLE,
garrotté par les gens du baron;
MLLE THÉRÈSE

LE COMTE

J'ai beau me servir de tout mon esprit, et assurément j'en
ai beaucoup, je ne comprends rien à cette aventure. Ma belle
demoiselle, vous me paraissez naïve. Pourrait-on savoir de vous
ce que veut dire toute cette incartade? Est-ce ainsi que vous
recevez tous les gens qui viennent pour avoir l'honneur de vous   270
donner la main?

MLLE THÉRÈSE

Pardi, plus je regarde ce drôle-là, et plus il me paraît, malgré
tout ça, avoir la mine assez revenante. Il est bien mieux mis que
mon mari: ma foi, il est au moins tout aussi joli. Oh! vive les
gens de Paris! je le dirai toujours. Mais de quoi t'avisais-tu de   275
prendre si mal ton temps pour m'enlever? Ecoute, je te pardonne
de tout mon cœur; puisque tu voulais m'avoir, c'est que tu me

265a-298   v, omitted
268-269   MS3:   demoiselle, est-ce ainsi
270   P62:   recevez les
270-271   MS3:   recevez les gens qui viennent pour vous épouser?//
272   MS3:   Plus je
272-275   MS3:   paraît assez revenant. De quoi
273   P62:   tout, avoir
273-275   P62:   mieux habillé que mon mari; ma foi, il est au moins aussi
beau. Oh! vivent les gens de Paris, même les coquins! je
274   MS1:   Oh vivent
275   MS1, MS2, MS3, P62:   t'avisais-tu aussi de
276   MS3:   m'enlever! je te

trouvais belle; j'en suis assez charmée, et je te promets de pleurer quand on te pendra.[18]

LE COMTE

Je vois bien que la fille n'a pas plus de raison que le père.   280

MLLE THÉRÈSE

Hem! ne dis-tu pas que je t'ai ôté la raison? Pauvre garçon, tu étais donc bien amoureux de moi? Ah! que je ferai de passions! qu'on m'aimera!

LE COMTE

Les jolies dispositions; le beau petit naturel de femme.

SCÈNE IX

LE BARON, LE COMTE, MLLE THÉRÈSE

LE BARON

Merci de mon honneur: que faites-vous là, Thérèse? vous osez   28(
parler à ce fripon! dénichez, ou vous ne serez mariée de dix ans.

278   MS3: belle; va, je te
280   MS3: La fille
281   P62: Hein! ne
281-282   MS3: Je te fais perdre la raison? Pauvre garçon! Ah! que
282-283   P62: passions! ah! comme on
285-287   MS3: vous encore là, Gotton? Dénichez, ou vous ne serez point mariée.//
286   MS1, MS2, P62: ans d'ici.//

[18] A conflation of four *répliques* in *Relapse*, SIR TUNBELLY: This is he, my lord; how do you like him? Is he not a pretty fellow to get a fortune? FASHION: I find by his dress he thought your daughter might be taken with a beau. HOYDEN: O gemini! Is this a beau? Let me see him again. Ha, I find a beau's no such an ugly thing neither. FASHION: (*aside*) I'gad, she'll be in love with him presently (IV.vi.65-71).

ACTE II, SCÈNE IX

MLLE THÉRÈSE, *en se retournant.*

Ah! je m'enfuis, ce pauvre garçon, c'est dommage!

LE COMTE

Eh bien! monsieur le baron, puis-je enfin avoir l'honneur de
parler à votre gendre, et voir un peu avec lui qui de nous deux
est le comte de Boursoufle?[19] franchement, je commence à me   290
lasser, et je suis fort mal à mon aise.

LE BARON

Va, va, pendard, monsieur le comte et monsieur Maraudin ne
veulent te parler qu'en présence de la justice. Ils ont raison: elle
va venir, nous verrons beau jeu. Çà, qu'on me mène ce drôle-là
dans l'écurie, et qu'on l'attache à la mangeoire, en attendant que   295
son procès lui soit fait et parfait.

LE COMTE

Je ne crois pas que seigneur de ma sorte ait jamais été traité
ainsi. Nous verrons ce que la cour en dira.

Fin du second acte.

287 MS3, P62: m'enfuis.//
288 MS3: puis-je avoir
289 MS3: peu qui
290-291 MS3: Fatenville? Je suis ici fort
292-294 MS3: pendard, il ne veut point te parler, si ce n'est en présence de
la justice. Elle va
294-295 MS2: Çà, qu'on l'attache
296 MS3: procès soit
297-298 MS3: LE COMTE / Mais qu'il me soit permis de vous dire… / LE
BARON / Tu t'expliqueras quand tu seras en lieu de sûreté. / LE COMTE [cf.
II.vii.263-265*v*]
297 MS2: que quelque seigneur
298 P62: ainsi? Que dira-t-on à la cour?//
      MS3: verrons un peu ce que

[19] In *Relapse* (IV.vi) Fashion appears at this point. The confrontation between
the Comte and the Chevalier is delayed until III.iii.

ACTE III

SCÈNE PREMIÈRE

MLLE THÉRÈSE, LE CHEVALIER,
MARAUDIN, MME BARBE

MLLE THÉRÈSE

Je baille un soufflet au premier qui m'appellera encore mademoiselle Thérèse. Vertuchoux! je suis madame la comtesse, afin
que vous le sachiez. Ne partez-vous pas tout à l'heure pour Paris,
monsieur le comte; je m'ennuie ici épouvantablement.

MME BARBE

Irai-je itou à Paris, monsieur le comte?   5

MLLE THÉRÈSE

Toi, non, tu m'as trop enfermée dans ma chambre toutes les.
fois qu'il venait ici des jeunes gens; je ne te menerai point à Paris.

MME BARBE

Ah! que deviendra donc madame Barbe?

a-3 v: ACTE II / *SCÈNE HUITIÈME* / MLLE THÉRÈSE / Ne partons-nous
pas
1 MS3: J'appliquerai un
2-3 P62: comtesse, il faut que
4 v: comte.//
   P62: ici comme une sainte dans le calendrier.//
5 MS3: J'irai aussi à
6 MS3: trop renfermée dans
6-7 v, MS3: chambre, je ne t'emmènerai point
7 P62: Paris car tu pourrais m'enfermer encore.//
8 v, MS3: Et que

316

ACTE III, SCÈNE I

MLLE THÉRÈSE

Pour vivre à Paris, il faut être jeune, brillante, extrêmement
jolie, avoir lu les romans, et savoir le monde; c'est à faire à moi   10
à vivre à Paris.

LE CHEVALIER

Plût au ciel, madame, que je pusse vous y conduire tout à
l'heure, et que monsieur votre père daignât le permettre!

MLLE THÉRÈSE

Il faudra bien que papa La Cochonnière le veuille; et, veuille
ou non, je ne veux pas rester ici plus d'un jour.   15

MARAUDIN

Quoi! vous voudriez quitter si tôt un si brave homme de père!

MLLE THÉRÈSE

Oh! brave homme, tant qu'il vous plaira: j'aime bien papa,
mais il m'ennuie à crever, et je veux partir.

LE CHEVALIER

Hélas! je le voudrais aussi de tout mon cœur.

9-10 P62: brillante, jolie
10 MS2: lu des romans
    V: romans, savoir le monde, et c'est
    P62: c'est affaire à moi
12 V: je puisse vous
14-15 V: Il faut bien que Papa de la Canardière le veuille, je
16 V, MS3: un si bon homme
17 MS2: Oh! brave, tant
    V, MS3: Oh! bon, tant
    MS3: je l'aime bien papa

MLLE THÉRÈSE

Votre équipage arrive sans doute ce soir; faisons remettre les   20
chevaux dès qu'ils seront arrivés, et partons.

LE CHEVALIER, *à part.*

Oh ciel! que je sens de toute façon le poids de ma misère.
(*Haut.*) Madame, l'excès de mon amour…

MLLE THÉRÈSE

L'excès de votre amour me fait grand plaisir; mais je ne vois
arriver ni cheval, ni mule, et je veux aller à Paris.   25

LE CHEVALIER

Madame, mon équipage…

MARAUDIN

Son équipage, madame, est en fort mauvais ordre; ses chevaux
sont estropiés, son carrosse est brisé.

MLLE THÉRÈSE

Il n'importe, il faut que je parte.

21 MS2: qu'ils sont arrivés
22 MS1, MS2, P62: de toutes façons le
24 MS1, MS2, V, MS3, P62: fait beaucoup de plaisir
25 MS3: arriver ici ni cheval
27 V: équipage est en fort mauvais état; ses
28 V: carrosse brisé.
29 MS1, MS2, V, MS3: N'importe, il
    P62: Monsieur, c'est avec moi qu'il fallait prendre le mors aux dents et
briser son carrosse.//

SCÈNE II

LE BARON, LE CHEVALIER, MLLE THÉRÈSE, MARAUDIN

LE BARON

Vous me voyez fort embarrassé.   30

MARAUDIN

Et nous aussi, monsieur le baron.

LE BARON

Ce diable d'homme, tout fripon qu'il est, a je ne sais quoi d'un honnête homme.

LE CHEVALIER

Oui, tous les fripons ont cet air-là.

LE BARON

Il jure toujours qu'il est le comte de Boursoufle.   35

MARAUDIN

Il faut bien lui passer de jurer un peu dans le triste état où il est.

LE BARON

Il a cent lettres sur lui, toutes à l'adresse du comte.

29a   v: [Acte II] SCÈNE IX
31   MS1, MS2, V, MS3, P62: monsieur.//
32   v: Le diable
36   v, MS3: dans l'état
38   MS3: a vingt lettres

LE CHEVALIER

C'est lui qui les a écrites.

LE BARON

En voici une qu'il prétend que vous lui avez donnée pour moi.   40

LE CHEVALIER

Elle est contrefaite.

LE BARON

Il est tout cousu d'or et de bijoux.

LE CHEVALIER

Il les a volés.

LE BARON

Ses domestiques sont tous autour du château, et protestent
qu'ils vengeront leur maître.   45

LE CHEVALIER

Ne voyez-vous pas qu'il est le chef d'une troupe de voleurs.

LE BARON

Oui, vous avez raison, il sera pendu, c'est sans difficulté; je me
suis d'abord aperçu que ce n'était point un homme de qualité, car
il n'avait rien de mon air et de mes façons.

43-43a   P62:   volés. / THÉRÈSE / Voyons toutes ces merveilles! / LE BARON
44   MS2, MS3:   sont autour
46   V, MS3:   d'une bande de bohémiens?
47   V, MS3:   raison; je me
48   MS3:   ce n'est
     V, P62:   n'était pas un
49   MS3:   il n'a rien
     V, MS3:   air, ni de mes

LE CHEVALIER

Il est vrai. 50

LE BARON

Je suis bien aise de confronter ce scélérat devant vous; j'ai donné ordre qu'on nous l'amène, pour être jugé selon les lois du royaume par monsieur le bailli que j'attends.

LE CHEVALIER

Vous voulez absolument que je parle à cet homme-là.

LE BARON

Assurément. 55

LE CHEVALIER

Je ne veux point me commettre avec un homme comme lui.

MLLE THÉRÈSE

Vous avez raison, monsieur le comte; qu'avons-nous à dire à cet animal-là; allons-nous-en dans ma chambre, cela vaudra bien mieux.

MARAUDIN

Ma foi, je ne me soucie pas trop non plus de lui parler, et vous 60 permettrez...

(*Ils veulent tous s'en aller.*)

51-52 MS3: aise de confondre ce scélérat devant vous; je veux vous le confronter, pour qu'il soit jugé
52-53 v: qu'on vous l'amène.//
53 MS3: j'attends; et j'ai donné ordre qu'on nous amène le coupable.
54 P62: parle avec cet
56 MS3: me compromettre avec
57-59 v: nous à faire de cet homme-là, allons plutôt arranger notre départ.//
  MS3: nous à faire avec cet homme-là? Allons-nous-en plutôt dans ma chambre, et arrangeons tout pour notre départ.//

SCÈNE III

LE COMTE, LE CHEVALIER, LE BARON,
MLLE THÉRÈSE, MARAUDIN

MARAUDIN, *bas.*

Ah! c'est lui-même, je suis confondu.

LE CHEVALIER, *bas.*

Je n'ai jamais été si embarrassé.

LE COMTE

J'aurai furieusement besoin d'aller chez le baigneur en sortant
de ce maudit château; qu'est-ce que je vois! mon Dieu! eh! c'est
monsieur Maraudin. 6

LE BARON

D'où peut-il savoir votre nom?

MARAUDIN

Ces gens-là connaissent tout le monde.

LE COMTE

Monsieur Maraudin, tout ceci est un peu singulier, foi de
seigneur, vous êtes un fripon. 7

MARAUDIN

Je vous avais bien dit qu'il connaît tout le monde; je me
souviens même de l'avoir vu quelque part.

61b v: [Acte II] SCÈNE X
64 MS3: besoin du baigneur
65 v, MS3: vois! c'est
71 v, MS3: qu'il connaissait tout
72 v, MS3: souviens [M: en effet] de

ACTE III, SCÈNE III

LE COMTE

Est-ce vous qui me jouez ce tour? ah! Chonchon!

MLLE THÉRÈSE

Monsieur le comte, avec quelle insolence il vous parle!

LE COMTE

Qui l'eût cru, Chonchon, que tu pusses jamais parvenir à cet   75
excès?

LE CHEVALIER, *au baron.*

Monsieur, je vous l'ai déjà dit, je ne veux pas me commettre
avec cet homme-là, il me fait rougir.

LE BARON

Si tu perds encore le respect à monsieur le comte, je te casserai
bras et jambes… Je vois bien que nous n'en tirerons point raison.   80
Qu'on le remmène en prison dans l'écurie.

---

73   MS3, P62: Ah! Chonchon, est-ce vous qui me jouez ce tour-là? [P62: ce
tour?]
      V: ce tour-là, Chonchon?
74a-76   MS3, omitted
75   MS1: tu pus jamais
      V: tu aurais jamais pu parvenir
76a-78   V, omitted
77   MS3: Je vous
      P62: Monsieur le baron, je
77-78   MS1, MS2, P62: me commettre, et cet homme-là me
          MS3: me compromettre avec
78a-87   MS3, omitted
80-201a   V: tirerons rien de bon, qu'on le ramène en prison.
                        LE CHEVALIER
Arrêtez, monsieur le baron, il est temps de vous tirer d'erreur.
                        TRIGAUDIN
Qu'allez-vous dire?
                        LE CHEVALIER
Voilà le véritable comte de Fattenville.

323

LE COMTE

Cela est effroyable, cela est épouvantable, j'aurai beau dire

LE BARON

Ah! qu'est-ce que j'entends?

MERLIN

Y pensez-vous?

GOTTON

En voici bien d'une autre!

MICHELLE

Miséricorde!

LE BARON

Quoi! ce serait en effet monsieur le comte!

LE CHEVALIER

Rien n'est plus certain.

LE COMTE

Il faut que le baron soit un campagnard bien grossier pour s'être mépris, foi de seigneur.

LE BARON

Ah! monsieur le comte, je vous demande pardon; qu'on rende les armes à monsieur le comte; j'ai été trompé par ce scélérat de Trigaudin, qui m'a fait signer un contrat. (*au chevalier*.) Mais qui êtes-vous donc, monsieur, vous, qui êtes-vous?

LE CHEVALIER

Un pauvre gentilhomme qui n'a rien que l'honneur, qui ne veut point être heureux par une trahison, qui rougit d'avoir pu vous abuser un moment, qui vous respecte, qui adore mademoiselle votre fille, et qui préfère la misère la plus affreuse à tous les avantages qu'il pourrait acquérir au préjudice d'un frère, qu'il aime encore, tout dénaturé qu'il soit.

LE BARON

Comment! vous êtes son frère?

LE CHEVALIER

Oui, monsieur, je ne lui demande plus rien, qu'il jouisse de tout ce qui peut me revenir de ma légitime, qu'il épouse mademoiselle votre fille, et qu'il la rende heureuse, s'il est possible, ce sera mon unique consolation; je vous remets le contrat que vous m'avez signé.

TRIGAUDIN

Peste soit de la probité.

MERLIN

Voilà de belle besogne.

LE COMTE

Que je t'embrasse, mon cher chevalier, j'admire ta générosité et je dois y répondre; je t'accorde les vingt mille francs que tu m'as demandés, pars, épargne-moi tes remerciements.

qu'il est mon frère, ce coquin de chevalier assurera qu'il n'en est
rien. Ces gens-ci n'entendent point raillerie. Dans les affaires
épineuses, il faut toujours prendre le parti de la modération.   85

LE BARON

Que marmottes-tu là entre les dents, ravisseur effronté?

MLLE THÉRÈSE

Je crois qu'il me trouve fort jolie.

LE COMTE

Monsieur le baron, je commence à croire que tout ceci n'est
qu'un malentendu, et qu'il est aisé de nous éclaircir; laissez-moi
seulement parler deux minutes tête à tête à ce jeune et honnête   90
gentilhomme.[1]

GOTTON

Et moi que deviendrai-je? à qui suis-je? à qui suis-je donc? tenez, papa, quand
je ne devrais aller jamais à Paris, j'aime mieux épouser ce monsieur-là, quoiqu'il
n'ait rien, il me fait trop de peine.

LE BARON

Tu as raison, Gotton, monsieur le chevalier, je vous donne ma fille et tout
mon bien, les belles actions valent mieux que des richesses, vive l'honneur!

MERLIN

Vivat.

LE COMTE

On pourrait bien de tout ceci me tourner en ridicule à la cour, mais quand
on est fait comme je suis, on est au-dessus de tout, foi de seigneur.

Fin.

84   MS1, P62: gens ici n'entendent
86   MS2: entre tes dents
89   MS3: qu'il m'est aisé d'éclaircir
89-90 MS1, MS2, MS3, P62: laissez-moi parler seulement deux
90   MS2: tête avec ce jeune

[1] In this exchange, 'les dents' form part of a more mordant remark in *Relapse*;
FOPPINGTON: Hold one moment. Pray, gentlemen. My Lord Foppington, shall I
beg one word with your lordship? [...] HOYDEN: Pray my lord, don't let him
whisper too close, lest he bite your ear off (IV.vi.86-91).

LE BARON

Ah! il commence enfin à avouer, et la peur de la justice le presse. Rentrons. Monsieur le comte, écoutez sa déposition, je l'abandonne à votre miséricorde.

SCÈNE IV

LE COMTE, LE CHEVALIER

LE CHEVALIER

Tout fâché que je suis contre lui, il me paraît si bien puni que je commence à sentir quelque remords.

LE COMTE

Regarde-moi un peu en face; Chonchon.

LE CHEVALIER

Cela est difficile; vous m'avez traité indignement, et je vous ai fait du mal. Il n'y a pas moyen après cela de se regarder. Que me voulez-vous?[2]

92   MS3:   avouer; la peur
93   MS3:   Rentrons. Écoutez
      MS1, MS2, P62:   Rentrons tous. Monsieur
94c-96a   MS3, omitted
96   P62:   quelques remords.
98   MS3:   Vous m'avez traité indignement, je
99   MS3:   a plus moyen de

[2] In *Relapse* (IV.vi) Fashion shows no signs of remorse.

ACTE III, SCÈNE IV

LE COMTE

Je conviens que je n'ai pas eu avec toi toute la condescendance qu'un aîné devait à son cadet. Tu t'en es bien vengé; tu es venu ici à ma place avec ce fripon de Maraudin. Tu vois le bel état où l'on m'a mis, et le ridicule dont je vais être chargé; faisons la paix: tu me demandais ce matin dix mille francs pour le reste de ta   105
légitime; je t'en donne vingt, et laisse-moi épouser mademoiselle de La Cochonnière.[3]

LE CHEVALIER

Il n'est plus temps, vous m'avez appris à entendre mes intérêts; il n'y a pas d'apparence que je vous cède une fille de cinq cent mille francs pour une légitime de vingt mille.[4]   110

LE COMTE

Chonchon!

LE CHEVALIER

J'ai eu de la peine à me résoudre à ce que j'ai fait; mais la chose est sans remède.

101-105   MS3: Je vois où tout ceci peut aller, et le tour que tu m'as joué avec ce fripon de Trigaudin. Tu me
106   P62: vingt mille, et
107a-108   MS3: LE CHEVALIER / Vous m'avez
110   MS3: pour vingt mille livres; la chose est sans remède.//
110a-113   MS3, omitted

[3] Cf. *Relapse*, IV.vi.93-96, FOPPINGTON: Look you, Tam, I am sensible I have not been so kind to you as I ought, but I hope you'll forget what's past and accept of the five thousand pounds I offer. – Note the difference in generosity: Boursoufle offers double; Foppington offers ten times the 500 pounds he refused to give in III.i.
[4] Cf. *Relapse*, IV.vi.98-100, FASHION: It's a much easier matter to prevent a disease than to cure it. A quarter of that sum would have secured your mistress [a tenth, in fact]; twice as much won't redeem her. – The rest of this scene has no equivalent in *Relapse*.

LE COMTE

Comment! aurais-tu déjà épousé? Il faut que tu aies l'âme bien noire.

LE CHEVALIER

Point, car j'ai eu quelque scrupule en épousant Thérèse, et vous n'en aviez point eu en me faisant mourir de faim.

LE COMTE

Tu prétends donc, scélérat, pousser jusqu'au bout l'effronterie de ton procédé, et me rendre le jouet de cette maison-ci?

LE CHEVALIER

Je ne prétends que cinq cent mille francs; tout ce que je puis faire pour votre service, c'est de partager le différend par la moitié.

LE COMTE

C'est un accommodement, du moins.

LE CHEVALIER

Je prendrai la dot, et je vous laisserai la femme.

LE COMTE

Ah! Chonchon, tu commences à faire le plaisant; on voit bien que ta fortune est faite.

114   MS3: L'aurais-tu déjà épousée? Il faudrait que tu eusses l'âme
116   MS3: J'ai eu, il est vrai, quelque
117   MS1, MS2, P62: point en me
117-120   MS3: me laissant mourir de faim. Je n'obtiens avec la fille du baron que cinq cent
118   MS2: donc pousser
122   MS3: accommodement.//
123   MS3: la fille.//
124   MS3: Tu fais le plaisant

SCÈNE V

LE BARON, LE BAILLI, MLLE THÉRÈSE, LE COMTE, LE CHEVALIER, MME BARBE[5]

LE BAILLI

Oui, je suis venu en toute diligence, et je ne puis trop vous remercier de l'heureuse occasion que vous me donnez de faire pendre quelqu'un; je n'ai point encore eu cet honneur depuis que je suis en charge; je vous devrai toute ma réputation.

LE BARON

Corbleu! vous êtes plus heureux que vous ne pensez; notre   130
homme a des complices, et vous avez sept ou huit personnes pour le moins à qui il faudra donner la question.

LE BAILLI

Dieu soit loué! je ne me sens pas d'aise; instrumentons au plus tôt. Où est le corps du délit? où est l'accusé?

LE BARON

Le voici, c'est ce coquin-là. Condamnez-le comme voleur de   135
grand chemin, faussaire, et ravisseur de filles.

127-128   MS1:   faire prendre quelqu'un
128-129   MS3:   quelqu'un; je vous devrai
131-132   MS3:   pensez. Cet homme a des complices, il faudra faire donner la question ordinaire et extraordinaire à sept ou huit personnes.//
133-134   MS3:   loué! instrumentons au plus tôt. Où est l'accusé?
135   MS3:   C'est
136   MS2, MS3, P62:   de fille.

[5] Cf. *Relapse*, IV.vi: as Sir John Friendly [Le Bailli] arrives, Fashion creeps away. The Chevalier remains, but out of sight until line 166. For a comparison of scenes, see introduction, p.233-34.

LE BAILLI

Çà, dépêchons-nous: votre nom, votre âge, vos qualités... Ah Dieu paternel! qu'est-ce que je vois là? C'est monsieur le comte de Boursoufle, le fils de monsieur le marquis mon parrain. Ah! monseigneur, mon bon patron! par quelle aventure étrange vous vois-je traité de la sorte? 140

LE BARON

Ah! qu'est-ce que j'entends là?

MLLE THÉRÈSE

En voici bien d'une autre.

MME BARBE

Miséricorde!

LE COMTE

Bailli, ce vieux fou de baron s'est mis dans la tête que je n'ai 14‹ pas l'honneur d'être monsieur le comte de Boursoufle; il me prend pour un aventurier, et il est tout résolu de me faire pendre au lieu de me donner sa fille. Le procédé est barbare, sur mon honneur.

LE BARON

Quoi! ce serait en effet là monsieur le comte?

137   MS3:   dépêchons. Votre
137-138   MS3:   qualités... Dieu paternel! c'est monsieur
139-141   MS3:   parrain.//
140   MS2:   aventure vous
142   MS3:   Qu'est-ce que j'entends?//
       MS1, MS2, P62:   j'entends?//
143   MS1, P62:   Thérèse, en voici
       MS1:   d'un autre.
145   MS3:   Ce vieux
146-148   MS3:   le comte de Fatenville.//
148   P62:   fille.//

LE BAILLI

Rien n'est si certain. 150

LE COMTE

Il faut que ce baron soit un campagnard bien grossier pour s'y être mépris, foi de seigneur.

LE BARON

Ah! monsieur le comte, je me jette à vos genoux; j'ai été trompé par ce scélérat de Maraudin et par cet autre coquin-ci; mais je vais les faire brûler tout à l'heure pour vous satisfaire. Oh ciel! 155 qu'est-ce que j'ai fait? Délions vite monsieur le comte. Je mets ma vie entre vos mains, monsieur le comte; ordonnez du supplice des fripons qui m'ont abusé. Ah! que je suis un malheureux baron!

MLLE THÉRÈSE

Et moi, que deviendrai-je? à qui suis-je? à qui suis-je donc?

LE COMTE

Je suis enfin un peu plus libre dans ma taille. Qu'on appelle un 160

150   P62:   Cela se voit tout de suite.//
150a-152   MS3, omitted
151   P62:   Ah! mon ami! je ne me reconnais pas! Mais il faut
153   MS3:   je vous demande pardon; j'ai
154-156   MS3:   par ces deux coquins-ci. Délions
155   P62:   pour vous être agréable. O
156   MS1:   comte. Aidez-moi, faquins. Monsieur le comte, je mets
      P62:   comte et rendons-lui son épée. Je mets
156-158   MS3:   comte; qu'on lui rende ses armes; ordonnez du supplice de ceux qui m'ont abusé. Oh! que
159   MS3:   A qui suis-je donc, moi?//
      P62:   donc? Qu'on se dépêche! Il y a trop longtemps que je suis à moi-même.//
160   P62:   Me voilà enfin
      MS2:   libre de la taille
160-161   MS3:   Me voici un peu plus libre. Qu'on me donne

peu mes gens, qu'on me donne de la poudre de senteur, car je pue furieusement l'écurie. Holà! eh! un pouf, un pouf.

LE BARON

Monsieur le bailli, vous voyez que vous n'y perdrez rien; voilà toujours un criminel à expédier. Saisissez-vous de celui-ci, qui a pris insolemment le nom d'un autre pour ravir ma fille.   16

LE BARON

C'est monsieur le chevalier de Boursoufle, c'est aussi le fils de mon parrain; je ne serai pas assez osé que d'instrumenter contre monsieur le chevalier.

LE COMTE

Vieux fou de baron, écoutez; j'ai l'honneur, comme je vous l'ai dit, d'être ce comte de Boursoufle avec soixante mille livres de   17 rente. Il est vrai que ce pauvre diable-ci est mon frère; mais c'est un cadet qui n'a pas le sou. Il voulait faire fortune en me jouant d'un tour; il sera assez puni quand il me verra épouser à ses yeux Jacqueline Thérèse, et emporter la dot.

MLLE THÉRÈSE

Moi, de tout mon cœur; j'épouserai tous ceux que papa La   17

163   MS1: n'y perdrez rien
       MS3: bailli, vous n'y perdrez rien.
       P62: perdez rien; car voilà
164-165   MS3: expédier. Il a pris le nom d'un autre pour épouser ma
167   MS3: parrain, je n'instrumenterai pas contre
       P62: osé pour instrumenter
169-174   MS3: Ecoutez, vieux fou de baron; j'ai soixante mille livres de
rente; le chevalier est mon cadet, qui n'a pas le sou, et qui voulait faire fortune
en me jouant d'un tour; il sera assez puni quand il me verra épouser à sa barbe
mademoiselle Gotton-Jacqueline-Henriette de la Canardière, et emporter
170   P62: Boursoufle aux soixante
173   P62: mademoiselle Gotton-Thérèse de la Cochonnière
175-176   MS3: Ça ne me fait rien; j'épouserai tous ceux que papa voudra,
pourvu que

Cochonnière voudra. Ça ne me fait rien, pourvu que j'aille à Paris, et que je sois grande dame.

LE BARON

Hélas! monsieur le comte, je suis le plus malheureux des hommes, le contrat est signé; monsieur Maraudin a pressé la chose, et même...   180

MLLE THÉRÈSE

Tout ça ne fait rien, papa; j'épouserai encore monsieur le comte; vous n'avez qu'à dire.⁶

LE CHEVALIER

Mademoiselle, je vous supplie de vous souvenir...

MLLE THÉRÈSE

J'ai tout oublié; vous êtes un cadet qui n'avez rien, et je serai grande dame avec monsieur le comte.   185

176 P62: ne fait rien, pourvu que ce soit un gentilhomme digne de mon nom, pourvu
177 P62: dame à la cour.
178-179 MS1, MS2, MS3, P62: malheureux de tous les hommes
179 MS3: a tant pressé
180 MS3: même Gotton a...
183 MS3: souvenir de ce que...
185-186 P62: comte. / PASQUIN *pleurant.* / Adieu, mon cher maître. / LE CHEVALIER / Où vas-tu? / PASQUIN / Je vais me jeter à l'eau. / LE BARON / Qui parle d'eau ici? Qu'on le sache bien, au château de la Cochonnière on ne met pas d'eau dans son vin. / LE COMTE *avec malice.* / Ainsi le contrat serait signé... contresigné!//

⁶ In *Relapse*, only Nurse and Chaplain know of the secret marriage. Hoyden has only them to persuade: 'Why, if you two will be sure to hold your tongues and not say a word of what's past, I'll e'en marry this lord too' (IV.vi.255-256).

LE COMTE

Mais quoi, beau-père, le contrat serait signé!

LE CHEVALIER

Oui, mon frère, et Jacqueline Thérèse a l'honneur d'être votre belle-sœur. Il est vrai, monsieur le baron, que je ne suis pas riche; mais je vous promets de faire une grande fortune à la guerre. Et vous, madame, je me flatte que vous me pardonnerez la petite 190 supercherie que monsieur Maraudin vous a faite, et qui me vaut l'honneur de vous posséder.

MLLE THÉRÈSE

Je n'entends rien à tout cela; et pourvu que j'aille à Paris dès ce soir, je pardonne tout. Voyez vous deux quel est celui dont je suis la femme.[7] 195

LE BARON

Monsieur le bailli, par charité, faites pendre au moins monsieur Maraudin, qui a fait toute la friponnerie.

187 P62: et Thérèse de la Cochonnière
190 P62: vous, mademoiselle, je
193 P62: cela. Mais que j'aille
194 P62: soir et je
195-199 P62: femme. / LE COMTE / La plaisante question! vous savez bien, mademoiselle, que ce n'est pas moi. Songez-y, chevalier, et ne partez pas si tôt pour la guerre, car l'ennemi n'est peut-être pas loin. Pour moi j'épouserai quelque duchesse à Versailles. (A part.) On pourrait bien
195a-198 P62, Baron and Bailli's speeches placed after line 201
196 MS2: bailli, faites pendre au moins par charité
196-197 MS3: monsieur Trigaudin, qui est l'auteur de toute

[7] Thérèse leaves with the question unresolved. The Comte could legally push his case further, as his brother is guilty of impersonation and false pretences, but by giving (discreetly) the impression that Thérèse has been robbed of a maid's most precious possession, Voltaire precludes further wrangling.

LE BAILLI

Très volontiers; il n'y a rien que je ne fasse pour mes amis.

LE COMTE

On pourrait bien de tout ceci me tourner en ridicule à la cour;
mais quand on est fait comme je suis, on est au-dessus de tout,   200
foi de seigneur.[8]

Fin du Comte de Boursoufle.

201   p62: seigneur. [lines 195a-198 follow].

[8] Cf. Foppington's final speech: 'Now for my part, I think the wisest thing a
man can do with an aching heart is to put on a serene countenance, for a
philosophical air is the most becoming thing in the world to the face of a person
of quality; I will therefore bear my disgrace like a great man, and let the people
see I am above an affront' (*Relapse*, v.v.250-255).

PROLOGUE[1]

Madame du Tour, Voltaire

MME DU TOUR

Non, je ne jouerai pas: le bel emploi vraiment;
    La belle farce qu'on apprête!
    Le plaisant divertissement
Pour le jour de Louis, pour cette auguste fête,
Pour la fille des rois, pour le sang des héros,   5
Pour le juge éclairé de nos meilleurs ouvrages,
Vanté des beaux esprits, consulté par les sages,
    Et pour la baronne de Sceaux!

VOLTAIRE

Mais pour être baronne est-on si difficile?
    Je sais que sa cour est l'asile   10
Du goût que les Français savaient jadis aimer;
Mais elle est le séjour de la douce indulgence.
On a vu son suffrage enseigner à la France
    Ce que l'on devait estimer:
    On la voit garder le silence,   15
Et ne décider point alors qu'il faut blâmer.

MME DU TOUR

Elle se taira donc, monsieur, à votre farce.

VOLTAIRE

Eh! pourquoi, s'il vous plaît?

[1] For discussion of the 'Prologue' written for the 1747 performance at Anet, see above, p.245-48.

LE COMTE DE BOURSOUFLE, COMÉDIE

MME DU TOUR

Oh! parce
Que l'on hait les mauvais plaisants.

VOLTAIRE

Mais que voulez-vous donc pour vos amusements?   20

MME DU TOUR

Tout autre chose.

VOLTAIRE

Eh quoi? des tragédies
Qui du théâtre anglais soient d'horribles copies?[2]

MME DU TOUR

Non, ce n'est pas ce qu'il nous faut;
La pitié, non l'horreur, doit régner sur la scène.
Des sauvages Anglais la triste Melpomène   25
Prit pour théâtre un échafaud.

VOLTAIRE

Aimez-vous mieux la sage et grave comédie
Où l'on instruit toujours, où jamais on ne rit,
Où Sénèque et Montagne étalent leur esprit,
Où le public enfin bat des mains, et s'ennuie?[3]   30

[2] A reference to La Place's adaptation of Otway's *Venice preserv'd* (see above, p.246).

[3] This description would fit La Chaussée's *La Gouvernante*, first performed on 18 January 1747. Not only would its sententious declamatory style irritate Voltaire, but also the depiction of an excessively virtuous magistrate. D'Argenson was less critical: 'Cette pièce a plû universellement à Paris; dans un siècle où la tendresse et la saine morale sont si mal pratiquées [...] on en aime cependant les tableaux' (*Notice sur les œuvres de théâtre*, ed H. Lagrave, Studies 42, 1966, p.131).

338

MME DU TOUR

Non, j'aimerais mieux Arlequin
Qu'un comique de cette espèce:
Je ne puis souffrir la sagesse,
Quand elle prêche en brodequin.

VOLTAIRE

Oh! que voulez-vous donc?

MME DU TOUR

             De la simple nature,   35
Un ridicule fin, des portraits délicats,
      De la noblesse sans enflure;
Point de moralités; une morale pure
Qui naisse du sujet, et ne se montre pas.
Je veux qu'on soit plaisant sans vouloir faire rire;   40
Qu'on ait un style aisé, gai, vif et gracieux:
Je veux enfin que vous sachiez écrire
      Comme on parle en ces lieux.

VOLTAIRE

Je vous baise les mains; je renonce à vous plaire.
Vous m'en demandez trop: je m'en tirerais mal;   45
Allez vous adresser à madame de Staal:
      Vous trouverez là votre affaire.

MME DU TOUR

Oh! que je voudrais bien qu'elle nous eût donné
      Quelque bonne plaisanterie.

VOLTAIRE

Je le voudrais aussi; j'étais déterminé   50
A ne vous point lâcher ma vieille rapsodie,
Indigne du séjour aux grâces destiné.

MME DU TOUR

Eh, qui l'a donc voulu?

VOLTAIRE

    Qui l'a voulu? Thérèse…
C'est une étrange femme: il faut, ne vous déplaise,
  Quitter tout dès qu'elle a parlé.   55
   Dût-on être berné, sifflé,
Elle veut à la fois le bal et comédie,
Jeu, toilette, opéra, promenade, soupé,
Des pompons, des magots, de la géométrie.
Son esprit en tout temps est de tout occupé;   60
   Et jugeant des autres par elle,
Elle croit que pour plaire on n'a qu'à le vouloir;
Que tous les arts, ornés d'une grâce nouvelle,
De briller dans Anet se feront un devoir,
   Dès que du Maine les appelle.   65
Passe pour les beaux-arts: ils sont faits pour ses yeux;
   Mais non les farces insipides:
Gilles doit disparaître auprès des Euripides.
Je concois vos raisons, et vous m'ouvrez les yeux.
On ne me jouera point.

MME DU TOUR

    Quoi? que voulez-vous dire?   70
On ne vous jouera point!… on vous jouera, morbleu!
Je vous trouve plaisant de vouloir nous prescrire
Vos volontés pour règle… Oh! nous verrons beau jeu.
Nous verrons si pour rien j'aurai pris tant de peine,
Que d'apprendre un plat rôle, et de le répéter…   75

VOLTAIRE

Mais…

MME DU TOUR

Mais je crois qu'ici vous voulez disputer?

VOLTAIRE

Vous-même m'avez dit qu'il fallait sur la scène
Plus d'esprit, plus de sens, des mœurs, un meilleur ton…
Un ouvrage en un mot…

MME DU TOUR

Oui, vous avez raison;
Mais je veux qu'on vous siffle, et j'en fais mon envie.   80
Si vous n'êtes plaisant, vous serez plaisanté:
Et ce plaisir en vérité
Vaut celui de la comédie.
Allons, et qu'on commence.

VOLTAIRE

Oh, mais… vous m'avez dit…

MME DU TOUR

J'aurai mon dit, et mon dédit.   85

VOLTAIRE

De berner un pauvre homme ayez plus de scrupule.

MME DU TOUR

Vous voilà bien malade, il faut servir les grands.
On amuse souvent plus par son ridicule
Que l'on ne plaît par ses talents.

VOLTAIRE

Allons, soumettons-nous; la résistance est vaine.   90
Il faut bien s'immoler pour les plaisirs d'Anet.

Vous n'êtes dans ces lieux, Messieurs, qu'une centaine:
Vous me garderez le secret.

Le Comte de Boursoufle, conte

critical edition

by

Colin Duckworth

INTRODUCTION

The fragment of a story bearing the title *Le Comte de Boursoufle*
was first published in *Le Dernier volume des œuvres de Voltaire* (Paris
1862). The editor of the volume (probably Edouard Didier),
introduced it with the following words:

Parmi les œuvres inachevées de Voltaire, M. Beuchot signalait un conte
ayant pour titre *le comte de Boursoufle*. C'est sans doute ce fragment de
conte que nous imprimons ici. Le titre manque sur la copie. Quelle était
la moralité de ce récit? Etait-ce une escarmouche contre le droit d'aînesse,
une satire contre les *mœurs gothiques* de quelques vieux châteaux et en
même temps contre les *mœurs policées* de la cour de Louis xv? On pense
que ce Boursoufle était un sot doublé d'un fat venu dans un manoir aux
environs de Cirey, pendant le séjour de Voltaire chez la marquise du
Châtelet. Le baron de la Cochonnière et sa fille étaient sans doute des
types de la vieille Champagne qui amusaient la belle compagnie de la
marquise. On dirait d'une comédie ou d'une farce de Molière. Le conte
fut-il achevé? car on n'a retrouvé que ce fragment. Peut-être fut-il
abandonné pour la comédie.

It did not take long for the supposition about the 'fat venu dans
un manoir aux environs de Cirey', and the suggestion that the
story was abandoned for the play, to be challenged. On 23
February 1862 Philarète Chasles published a long article in the
Journal des débats revealing the importance of *The Relapse* as the
source of Voltaire's play;[1] at the same time G. Servois was writing
a similar revelation for *La Correspondance littéraire* which was
published two days later. He also stated the following opinion:

---

[1] Also revealing that he had either not read or had misunderstood Cibber's
Love's last shift, calling it 'la plus cynique des productions de ce théâtre cynique'.
It was, in fact, against the sentimentalism of the rake's repentance in this play
that Vanbrugh was reacting when he undertook *The Relapse*. Chasles also
wrongly states that 'le frère aîné demeure victorieux chez Voltaire et épouse
Miss Hoyden; cela détruit le sens de l'œuvre'.

'Il nous semble très présumable, contrairement au sentiment de l'éditeur, que ce fragment de conte a été écrit après la comédie'.[2]

Not only do the date of the story, and its relationship to the play, remain in the realm of speculation, but also its authorship. Bengesco twice expressed his scepticism regarding the Voltairean authenticity of this short story fragment (i.474 and ii.359); he drew attention to Moland's reservations about it (XXXII.450). It would have been simple enough to accept these doubts and exclude the *conte* from this edition, but it is considered that there are enough internal clues, with reference to other *contes* by Voltaire, to warrant its inclusion.

Is there any internal evidence to support Didier's suggestion that Voltaire abandoned the story for the play? No. On the contrary, the complexity of detail about the education and up-bringing of Boursoufle indicate that Voltaire had thoroughly mastered the plot and characterisation relating to the plays (Van-brugh's and his own) and was now extrapolating beyond the fantasy offered by the drama according to the formula of the *conte philosophique* which he was in the active process of elaborating.

It seems fairly obvious, from a reading of the fragment, why Voltaire did not pursue it: not because he decided to write a play instead, but because the focus of interest shifts unsatisfactorily, thus dividing the reader's (and the writer's) attention between the comte (who starts off as the central character) and the chevalier (who becomes an *ébauche* for the Voltairean *pícaro*). This technical detail helps us in trying to date the fragment. The turning-point in the angle of narration occurs at line 76:

Mais Boursoufle avait compté sans son frère, à qui il avait donné pour sa part d'héritage le titre de chevalier. Le jeune Boursoufle ne se contentait pas des générosités de l'homme de cour; il dit qu'il prendrait son bien où il le trouverait, et imagina d'enlever mademoiselle de la Cochonnière au nez de monsieur son frère aîné.

At this point the story-line divides: it could follow the adventures

---

[2] *Correspondance littéraire* (Paris 25 February 1862), p.106.

of the young lovers as they elope (or, so the girl – now Agnès, like her Molièresque ancestor – believes, as they set off on a pilgrimage 'à Sainte-Cunégonde'); or it could follow the story of further attempts to outwit the elder brother. Having used the education of the elder brother to illustrate the theme of the uselessness of philosophical speculation in everyday affairs, Voltaire now found he had lain insufficient foundations for the story of the young man.

It is in *Memnon* that Voltaire brings together the theme of education for wisdom and the character of the ingenuous young man. The *conte* about Boursoufle was probably a step on the way, conceived during his stay at Sceaux in 1747 – a few months after the performance of *Le Comte de Boursoufle* for the duchesse Du Maine at Anet. The clues that attach the Boursoufle story to this period are admittedly slight. Boursoufle's words, 'Je suis heureux d'apprendre la sagesse' (l.27) are similar to the first sentence in *Memnon*: 'Memnon conçut un jour le projet insensé d'être parfaitement sage'. Like the chevalier, Memnon is caught with a young lady in compromising circumstances by her guardian (father and uncle respectively). As in *Cosi-Sancta* the girl is betrothed to an older man whilst loving a younger one (a cliché situation, of course). Dating from this period also is *Le Monde comme il va*, in which Voltaire criticises the practice of selling offices and dignities; one of the many differences between the play and the story of Boursoufle is the manner in which he achieves his rank: in the play, he inherits it, but in the story – as in *The Relapse* – he purchases it. Finally, and without reading too much into the similarity, let us note the response of Agnès to her father ('Mais, papa de la Cochonnière, si ma destinée est d'être à monsieur le chevalier de Boursoufle'; l.96-98) and the last line of *Zadig*: 'partons, et voyons à quoi me réserve ma triste destinée'.

Like Candide, the chevalier is interrupted in the early stages of his pilgrimage to (Sainte) Cunégonde (a fairly transparent allusion to his sexual intentions), and we lose sight of him as he is hauled off to the tower. When the comte arrives, everything is in order at the château de La Cochonnière for his reception. The

347

chevalier has made no attempt at impersonation and it is he, not the comte, who is subjected to the indignity of imprisonment. The chevalier merits little sympathy in this version, since he has been treated very generously by his brother. Neither brother, then, is very promising as a central character; the one is a fool, and the other a scoundrel.

Whereas the central motivation of the play is the humiliation of the rich and powerful, this theme is quite absent from the story, whose aim, so far as one can guess, is to satirise the *nouveaux riches* and primogeniture. Apart from occasional witticisms worthy of Voltaire, the story's claim to attention may lie in the formulation, almost word for word, of the celebrated exclamation of Figaro: 'vous vous êtes donné la peine de naître, et rien de plus'.[3] It may be true, as Jacques Schérer states, that 'L'idée est banale depuis longtemps',[4] but it is not uninteresting that more than thirty years before, Voltaire had expressed the same thought not once, but twice, in this fragment of a *conte*: 'Boursoufle s'était donné la peine de venir au monde' (line 1) and at line 98, 'il n'y a qu'un Boursoufle, c'est celui qui a eu l'esprit de venir au monde le premier'.

To conclude, then, we would surmise that this short-story adaptation of *Le Comte de Boursoufle* originates from the obligation under which Voltaire found himself in the summer of 1747 to re-read and slightly revise his comedy, *Le Comte de Boursoufle*, for performance at Anet before the duchess Du Maine. Still in the entourage of the duchess at Sceaux in November-December, where the performance would no doubt be referred to, Voltaire embarked on several short stories to entertain his hosts. What could be more natural or likely than that their old acquaintance, Boursoufle, should be used as a subject for one of the earliest, albeit abortive, of the *contes philosophiques?*

---

[3] *Le Mariage de Figaro*, v.iii.

[4] *La Dramaturgie de Beaumarchais* (Paris 1954), p.98. Cf. Villemain's comment in his *Cours de littérature* (1828) that in *Le Mariage de Figaro* Beaumarchais put the addresses on letters already written by Voltaire, Montesquieu and Diderot.

INTRODUCTION

The first publication of the *conte*, in the *Dernier volume*, is the sole source for the text of this edition. It was reprinted in the separate edition of 1862 (see above, p.255, P62), and in Moland (xxxii.445-48). We can find no information regarding the provenance or present whereabouts of the manuscript.

LE COMTE DE BOURSOUFLE

Boursoufle s'était donné la peine de venir au monde.[1] On ne sait pas pourquoi, car il n'était pas attendu par monsieur son père, qui n'y était pour rien, ni par madame sa mère, dont on avait surpris la bonne foi. Elle avait dit à son cousin le chevau-léger: 'Prenez bien garde; monsieur mon époux a des raisons pour ne 5 pas vouloir des enfants', mais monsieur le chevau-léger avait passé outre.

Fier d'être si bien né, le jeune Boursoufle se gonfla dès ses premières années.

On lui conseilla de lire les anciens et de se pénétrer de la 10 sagesse des sages. Il feuilleta Socrate, qui lui dit de lire dans les astres afin de connaître quelle heure il est aux étoiles; mais Socrate lui dit aussi que l'astronomie était une vaine science, et qu'il est plus utile de connaître les révolutions et les influences de Xanthippe que celles des planètes. Socrate lui dit encore qu'il ne fallait 15 pas monter au ciel pour découvrir les secrets de Dieu non plus que les comètes,[2] car ce n'est pas une chose agréable à Dieu de vouloir pénétrer ce qu'il a voulu tenir caché.

---

[1] Cf. lines 98-99, and *Le Mariage de Figaro*, v.iii.

[2] Plato's Socrates puts astronomy fourth in the educational hierarchy, after mathematics, arithmetic and geometry. It is inferior because it deals with the visible universe: 'These intricate traceries in the sky are, no doubt, the loveliest and most perfect of material things, but still part of the visible world, and therefore they fall far short of the true realities – the real relative velocities, in the world of pure number and all perfect geometrical figures, of the movements which carry round the bodies involved in them' (*Republic*, ed. Cornford, 528e-530c). Socrates insists repeatedly that he has no interest in things in the heavens or under the earth (see Plato's *Apology*, 19b-c, 26d). This is reputed to be his view, historically. As for Xanthippe, whom Socrates married apparently late in life, her legendary shrewishness is illustrated in the *Lives* of Diogenes Laërtius ('Socrates', ii.36): '[Socrates] said once to Xanthippe, who first abused him, and then threw water at him, "Did I not say that Xanthippe was thundering now, and would rain later?"'

Platon lui conseilla l'éloquence, mais Pythagore lui ordonna, comme à tous ses disciples, un silence de cinq années.[3] Xénocrate lui permit de se parler à lui-même, mais à la condition qu'il ne serait question ni de Dieu ni de son prochain.[4] Carnéades lui conseilla de monter à cheval. 'C'est bien, dit Boursoufle, voilà un sage.' Il monta à cheval et se cassa la jambe droite au Cours-la-Reine. 'Console-toi, dit Boursoufle, parce que tu viens d'apprendre la vérité: il n'y a que le cheval qui ne flatte pas son maître.[5] — Je suis heureux d'apprendre la sagesse, dit Boursoufle, mais je ne veux pas me casser la jambe gauche.'

Il apprit à porter l'épée et se donna un ami, mais son ami trouva qu'il avait des airs de protection, et il lui octroya un coup de pied dans le derrière. Boursoufle décida contre l'opinion de Sénèque que c'était une injure. Il eut un duel avec son ami. Avant le quart d'heure, il relut Epictète, qui lui apprit que ce qui est n'est pas, et qu'il faut toujours dire: *Ceci ne me touche point*.[6] Après

[3] The source is again Diogenes Laërtius ('Pythagoras', viii.10; tr. Hicks, Loeb edition): 'For five whole years they [his disciples] had to keep silence, merely listening to his discourses without seeing him [he lectured at night], until they passed an examination and thenceforward they were admitted to his house and allowed to see him'.

[4] Xenocrates, of Chalcedon, a philosopher of great humility and chastity, is said to have been silent one hour a day, and 'would retire into himself' many times a day (Diogenes Laërtius, IV.11). For him virtue was the source of happiness.

[5] The conclusion arrived at is a parody of Carneades' sceptical approach to the problem of establishing criteria of truth: the horse's behaviour could be interpreted as justifying the apparently true 'credible' impression of his refusal to flatter. See C. L. Stough, *Greek skepticism* (California 1969), p.50-66, and D. Amand, *Fatalisme et liberté dans l'antiquité grecque: recherches sur la survivance de l'argumentation morale antifataliste de Carnéade chez les philosophes grecs et les théologiens chrétiens des quatre premiers siècles* (Louvain 1945).

[6] It is difficult to ascribe these Stoic attitudes to any particular portions of Seneca or Epictetus. The latter sums up the Stoic response to insult in chapter 20 of the *Manual*: 'L'Offense n'est pas dans l'insulte, mais dans l'opinion qu'on nous insulte' (*Manuel d'Epictète*, tr. Naigeon, revue par Alfred Fouillée, Paris 1874, p.48). In the *Discourses* (*Entretiens*), chapter 11, he is concerned with the perceptual problem of being and seeming; the illusion of life is hinted at in chapter 17 of the *Manuel*: 'Comparaison de la vie à une pièce de théâtre'.

cette bonne lecture, il alla se battre et fut frappé dans le ventre. 35
Pendant six semaines, il soutint qu'il n'était pas blessé; mais
comme il souffrait beaucoup, il ne voulut plus lire Epictète.

Cependant Boursoufle était devenu fort à la mode. Ce fut alors
qu'il prit un certain air et se découvrit gentilhomme. La lumière
se fit sur le chaos des belles actions de ses ancêtres. Boursoufle Ier 40
avait vendu son vin à Epernay, Boursoufle II avait vendu son vin
à Paris, Boursoufle III avait vendu son vin à Versailles. Avec de
tels parchemins, il fut reconnu gentilhomme de bon cru. Il acheta
une terre revêtue du titre de comté, et s'intitula un matin le
comte de Boursoufle, après avoir généreusement donné le titre de 45
chevalier à son cadet, et après avoir mis à la porte son valet de
chambre, qui le connaissait bien.

Il se perfectionna dans l'art d'être un sot. Les beaux esprits du
café Procope lui prêtèrent de l'esprit, et il leur prêta de l'argent.

On lui acheta une charge à la cour qui lui permit de dire: *Je* 50
vais à Versailles, comme on dit: Je vais chez moi. Ce ne fut pas
tout; il se donna une autre charge non moins glorieuse: il fut
l'amant en premier de la tragédienne à la mode, ce qui lui permit
de boursoufler avec elle. Elle lui apprit à faire des vers sur la
vertu, mais elle donna la rime à son amant en second. 55

Après de tels triomphes, Boursoufle voulut être de l'Académie,
tout comme les chanoines de Saint-Malo;[7] mais les gens du
Parnasse lui dirent que, s'il avait assez de littérature, il n'avait pas
assez de religion. On l'envoya à l'Académie des inscriptions, sous
prétexte qu'il avait découvert pourquoi Jeanne d'Arc s'appelait la 60
Pucelle d'Orléans, mais surtout parce qu'il avait rédigé l'épitaphe
d'un chien savant. En conséquence, il fut dans les feuilles proclamé
lui-même un savant digne de décider enfin cette éternelle question:

---

[7] One particular 'chanoine de Saint-Malo', Nicolas-Charles-Joseph Trublet,
seems to explain this otherwise mystifying reference. He achieved a reputation
for his attempts to become an *académicien* over a number of years from 1735,
and Voltaire mentions him in D3989 (August 1749) and D6343 (July 1755).
See J. Jacquart, *Un témoin de la vie littéraire* (Paris 1926).

Le paradis a-t-il une porte qui donne dans l'enfer, ou l'enfer a-t-il une
porte qui donne dans le paradis?   65

J'eus l'honneur de rencontrer vers ce temps-là le comte de
Boursoufle, quand il vint demander la main de mademoiselle de
la Cochonnière. Ce fut un événement dans tout le bailliage, car
il sentait l'ambre à dix lieues à la ronde.[8] Pendant toute la saison,
on ne parla que de son carrosse, de son perruquier, de son air   70
magnifique. On ne parla pas de son esprit. 'Quel honneur! disait
le baron de la Cochonnière; comme ma fille va être heureuse! Il
va à la cour et me parle sans cesse de ses amis: Richelieu et
Epictète.' Et un jour le bonhomme de la Cochonnière lui demanda
si M. Epictète était aussi bon gentilhomme que le duc de Richelieu.   75

Mais Boursoufle avait compté sans son frère, à qui il avait
donné pour sa part d'héritage le titre de chevalier. Le jeune
Boursoufle ne se contentait pas des générosités de l'homme de
cour; il dit qu'il prendrait son bien où il le trouverait, et imagina
d'enlever mademoiselle de la Cochonnière au nez de monsieur   80
son frère aîné.

Mademoiselle de la Cochonnière, élevée dans la crainte de
Dieu et des hommes, ne se fit pas prier deux fois. Le chevalier
était bien fait et avait des yeux vifs. C'était dans la saison des
amoureux. Elle se jeta dans les bras du ravisseur et sauta avec lui   85
les fossés du château. Mais M. de la Cochonnière veillait: 'Où
allez-vous, mademoiselle? — Je ne sais pas, dit-elle en pleurant,
toute cachée dans sa coiffe. — Vous ne savez pas! Sachez, mademoiselle, qu'un la Cochonnière ne dit jamais: *Je ne sais pas.*
— Papa, monsieur le chevalier m'avait dit que nous irions en   90
pèlerinage à Sainte-Cunégonde. — A minuit, mademoiselle! Et
vous, monsieur, n'avez-vous pas de honte de suborner l'innocence! — Non, monsieur le baron. Mon frère, sous prétexte qu'il
est venu au monde un an avant moi, m'a pris ma fortune... — Et
vous lui prenez sa femme! Holà! mes gens, qu'on arrête ce   95
malfaiteur et qu'on l'emprisonne dans la grande tour. — Mais,

---

[8] Cf. Thérèse's complaint about the comte's smell, II.vii.242-243.

papa de la Cochonnière, dit la fille, si ma destinée est d'être à
monsieur le chevalier de Boursoufle… — Mademoiselle, il n'y a
qu'un Boursoufle, c'est celui qui a eu l'esprit de venir au monde
le premier.'   100
A une pareille raison il n'y avait pas à répliquer. Mademoiselle
de la Cochonnière, qui venait de jurer un amour éternel, pensa
d'ailleurs que ce qui pouvait lui arriver de plus fâcheux, c'était
d'avoir deux maris. Celui-ci ou celui-là, qu'importe après tout
pour une fille de seize ans emprisonnée au château de la Cochon-   105
nière, sous les yeux d'une duègne qui raisonnait même devant le
rôti? 'Et pourtant, dit notre Agnès, il a de si beaux yeux et de si
bons sentiments! Que va devenir le carrosse qui nous attend au
bout du parc de la Cochonnière?'
Comme elle disait ces mots, un autre carrosse entra bruyam-   110
ment au château, éclairé par des torches et précédé par des pages
de six pieds, portant des bouquets et des pistaches. C'était un
beau spectacle. Le comte de Boursoufle avait voulu surprendre
par un luxe nocturne le baron de la Cochonnière et frapper un
grand coup dans l'esprit de sa fiancée. Le baron s'avança avec   115
solennité à la portière du carrosse. 'Le voilà donc! dit-il d'une
voix de tonnerre en voyant l'habit mordoré et le chapeau à plume
de son gendre. — Quel est le coquin qui parle si haut et ose
m'éveiller?' dit le comte de Boursoufle sans daigner ouvrir les
yeux.   120
Le baron rit beaucoup de la méprise et décida que les gens de
cour sont d'une exquise urbanité. 'Un homme sans naissance et
sans civilité serait venu ici comme le curé de la paroisse ou comme
le bailli, en s'inclinant jusqu'à terre; mais, vive Dieu! le comte de
Boursoufle a appris à vivre.' Pendant que le baron pensait si bien, 125
le comte ordonnait à ses gens de le porter, sans le réveiller, dans
le meilleur lit du château de la Cochonnière, et d'avertir le haut
et puissant baron que, vers midi, il recevrait à son petit lever les
vassaux de la Cochonnière.

Traité de métaphysique

---

critical edition

by

W. H. Barber

INTRODUCTION

1. *The text*

For very good reasons, the *Traité de métaphysique* was not intended for the public eye and was never published by Voltaire. No manuscript is known, and our only source for the text remains the version printed in the Kehl *Œuvres complètes*, which is accordingly reproduced below. The Kehl editors offer no explanation of how they came by the work, but Beuchot has a footnote, reproduced by Moland (xxi.189), which draws attention to a passage in Longchamp's *Mémoires*, as published by Beuchot and Decroix in 1826,[1] in which Voltaire's secretary describes a dramatic moment in September 1749, when after the death of Mme Du Châtelet he succeeded in rescuing from the burning of her private papers a notebook containing the manuscript of the *Traité*. This is the manuscript, it is implied, from which the Kehl text was printed.

Some light on these matters is shed by the manuscript material concerning the preparation of the Kehl edition now available at the Bibliothèque nationale in the Seymour de Ricci collection. Much of the editorial work was done at Lille by Decroix, an associate of Panckoucke, the initiator of the original project, and he was in regular correspondence in the 1780s with Nicolas Ruault who was then living at Beaumarchais's Paris address and served as his agent in the enterprise. It appears that Longchamp, who had long been settled in Paris, had been put in touch with Ruault in the spring of 1781, or a little earlier, and had offered the *Traité de métaphysique* for the edition, as well as claiming to have given other texts to Panckoucke at some previous date:

[1] *Mémoires sur Voltaire et sur ses ouvrages, par Longchamp et Wagnière, ses secrétaires* (Paris, A. André, 1826). Among Beuchot's papers there is a MS copy in Decroix's hand of the Longchamp *Mémoires* in the form published in this edition (Bn N25138).

Decroix writes to Ruault on 20 May of that year with an obvious degree of eagerness:

La découverte que M. de Servières[2] a faite de Longchamps me paraît intéressante. Je voudrais que vous vissiez vous-même cet homme. Vous apprecîriez bien tout ce qu'il possède. Je ne connais point ce traité de métaphysique. L'auteur a traité souvent les mêmes sujets, mais vous savez qu'il prenait des formes nouvelles et toujours intéressantes. Il faut demander à Longchamps quand, où, comment il a donné à M. Panckoucke les Boursoufles et Artémire. Cela m'étonne qu'on n'en ait aucune connaissance, s'il est vrai qu'il les ait donnés.[3] Ce Longchamps pourra vous faire faire d'autres découvertes. Instruisez-moi je vous prie de cette négociation.[4]

Longchamp seems to have agreed to submit his manuscript for editorial consideration, and Condorcet was consulted: he writes, clearly to Ruault:

Il n'y a rien ou très peu de chose dans le *Traité de métaphysique* qui ne se trouve ailleurs, et peut-être deux ou trois fois. Cependant il y a quelques questions sur lesquelles l'auteur prononce son avis plus fortement, d'autres qu'il n'a pas traité ailleurs avec autant d'étendue. D'ailleurs cet ouvrage peut servir à l'histoire des opinions de M. de Voltaire, histoire qui fera une partie de sa vie et dont les pièces justificatives doivent se trouver dans les œuvres. Je pense donc que cet ouvrage ne sera point déplacé dans la collection, mais qu'il n'y est pas

---

[2] The baron de Servières, the future author of a volume of *Mémoires pour servir à l'histoire de M. de Voltaire* (Amsterdam 1785). Three letters by him in the Seymour de Ricci collection, written in 1776 and 1777, show him to be a serving army officer at that date, apparently a Protestant, and in close contact with P. Rousseau's *Journal encyclopédique* of Bouillon, and with Goldoni (Bn N14898, f.289-93).

[3] That at least one of the two 'Boursoufles' – that better known as *Les Originaux* – turned up later is revealed by an editorial footnote (κ, liii.136), explaining that this play and another, *L'Envieux*, came to hand too late to be included in the edition. Decroix confirms that the play mentioned in this footnote came from Longchamp; see *Mémoires sur Voltaire*, ii.110.

[4] Bn N13139, f.216v.

nécessaire pour la compléter, qu'ainsi on peut l'acheter, mais très bon marché.[5]

The modern reader must be grateful, it appears, not merely for Condorcet's interest, as Voltaire's biographer, in the history of the latter's ideas, but also for Longchamp's willingness to accept a modest price for his manuscript!

What exactly was it, however, that Longchamp had to sell in 1781, and how had he come by it? Nothing has so far come to light in the Kehl papers to indicate whether the manuscript was in Voltaire's hand or a copy; however, the Beuchot-Decroix edition of Longchamp's *Mémoires* describes what was saved from the flames as 'un cahier de papier à lettres, d'une écriture fort menue' (ii.256) – which scarcely seems to fit Voltaire's usual handwriting. It might seem entirely plausible, however, that Voltaire should have given Mme Du Châtelet a presentation fair copy of his essay, and that she should have preserved this, with other material that was potentially embarrassing from a very different standpoint, in a packet carefully marked with instructions to be destroyed unexamined on her death. This indeed may well have happened: what is less easy to accept is what professor Wade calls the 'almost unbelievable story'[6] of Longchamp's rescue of the notebook from the fireplace at Lunéville. A document acquired in recent years by the Bibliothèque nationale makes the story wholly unbelievable, by demonstrating that it was not believed by Longchamp himself.

The autograph manuscript of Longchamp's *Mémoires sur Voltaire*, now Bn N13006, a clumsily written and relatively brief work, exhibits numerous emendations and additions in the hand of Decroix; and the text as printed is the result of yet further substantial alteration and elaboration. Longchamp's autograph version of the fireplace episode (f.66v) describes how the marquis

<hr />

[5] Bn N24338, f.380r. This letter lacks both address and date, but precedes one to Ruault of September 1780.
[6] Ira O. Wade, *Studies on Voltaire* (Princeton 1947), p.56.

Du Châtelet disregarded his brother's advice and opened the packet which his wife had labelled with a request that it be burned unexamined.

Il tomba d'abord sur des lettres qui ne lui firent surement pas de plaisir, parce qu'il se mit en fureur et à jurer comme un païen. Sur cela son frère lui dit que c'était bien fait, qu'il était payé de sa curiosité et qu'il méritait bien cela, et dans le même instant son frère ayant demandé de la lumière, et ayant porté lui-même ce paquet dans le foyer de la cheminée y mit lui-même le feu. M'étant approché pour le faire brûler en la remuant avec les pincettes j'apperçus quelques lettres qui parlaient de M. de Voltaire. J'en escamotai trois où il était traité indignement et qui ont servi dans la suite à le guérir de l'attachement qu'il avait conservé pour cette dame, comme je le dirai après.

There is no mention here whatever of the *Traité de métaphysique*, and the general emphasis is such as to suggest that the packet entirely consisted of compromising love-letters.[7] The reference to the *Traité* in the printed text thus emerges as a mere editorial embroidery; but one need not regard Decroix as indulging in entirely gratuitous invention. Longchamp's manuscript was written for the most part, it seems clear, during Voltaire's lifetime, except for the final section describing his last months in Paris in 1778; and it had been acquired by Decroix by 1786, five years after the sale of the manuscript of the *Traité*,[8] and seven years before Longchamp's death in 1793.[9] It seems entirely plausible that, pressed in 1781 for an explanation of how the *Traité de métaphysique* came to be in his possession, he should have adapted his recollections of the fireside scene at Lunéville to accommodate it, and that this story should have been reported to Decroix.

---

[7] Longchamp's claim in a later passage that the three letters he rescued served to cure Voltaire of his grief at Mme Du Châtelet's death cannot be taken seriously; but it is certainly conceivable that he may in this way have acquired some letters, perhaps from Saint-Lambert, which contained disobliging references to Voltaire, and imagined he would be opening his master's eyes by showing them to him.

[8] *Mémoires sur Voltaire*, ii.111-12.

[9] *Mémoires sur Voltaire*, ii.344, n.43.

Longchamp would scarcely have been likely to remember five years later, when he sold his *Mémoires*, that their version, written nearer to the event itself, did not tally with the tale he had told when disposing of the *Traité*; but Decroix, extensively revising, and indeed re-writing Longchamp's *Mémoires* for their publication in 1826,[10] may well have remembered the story, and felt justified in adding such a colourful detail since it emanated from Longchamp himself. He was, moreover, almost certainly in a position to give an accurate description of the physical appearance of the manuscript at first hand, since he would have dealt with it, after it had been purchased from Longchamp, during the regular course of his work of preparing the material of the Kehl edition for the press. It may even, indeed, have still been in his possession at the time he was editing Longchamp's memoirs.[11]

What is odd is that Decroix should have included this episode as authentic, when he makes it very clear elsewhere in his edition that Longchamp, during his time in Voltaire's service, had been under suspicion of making clandestine copies of his employer's manuscripts for his own use; Decroix prints Longchamp's letter to Voltaire of 30 March 1752,[12] which shows that his dismissal from Voltaire's service was largely due to his unreliability on this

---

[10] He makes no secret of the fact that considerable editorial improvements had been introduced, but claims that the content had not been tampered with (ii.107-108). In the letter he wrote to Beuchot on 17 May 1825, accompanying the edited MS version ready for the press, Decroix puts the point more bluntly. He says of Longchamp's notes: 'La manière dont Longchamp les avait arrangées pour en former des *Mémoires*, sans ordre, sans divisions précises, jointe aux défauts de l'écrivain, aurait presque étouffé l'intérêt que peut offrir le fond. C'eût été un livre illisible; nous avons tâché de le rendre supportable' (Bn N25135, f.143-44).

[11] There is some evidence that in later life Decroix attempted to raise money by selling off Voltaire manuscripts which had come into his possession when he was working on the Kehl edition. The copy of *L'Enfant prodigue* which is now BL MS Egerton 43 may have been bought from Decroix by Lord Egerton (see MS Egerton 19, f.11-12, letters from Decroix to a Mr Mitchell, Lord Egerton's secretary, 28 January and 17 February 1816).

[12] *Mémoires sur Voltaire*, ii.346-49; D4854 gives the complete text.

score, and quotes as supporting evidence the strange way in which, after Voltaire's death, Longchamp came forward with a series of unknown Voltaire texts.[13] The *Traité de métaphysique* may in consequence stem, not from a presentation copy given by Voltaire to Mme Du Châtelet when it was first written, as the story of the Lunéville fireplace implies, but from a clandestine copy made from a document among Voltaire's papers at some time during the years 1746-1752, when Longchamp had access to them. This however is a possibility which seems never to have been seriously envisaged by Decroix or any subsequent commentator. We must bear it constantly in mind in considering what evidence exists for the history of the composition of the *Traité*, and in investigating the sources upon which Voltaire may have drawn. It is a possibility that may also have some bearing on our interpretation of the *Traité de métaphysique* in the context of Voltaire's continuing intellectual development.

2. *Genesis*

The origins of Voltaire's concern with the intellectual problems discussed in the *Traité de métaphysique* are to be found in the formative years which preceded his English exile. To his reading of Bayle, Malebranche and other seventeenth-century French thinkers must be added in the 1720s the stimulus of philosophical conversation in Cideville's circle at Rouen; of contact with the président de Maisons, a much loved and deeply mourned friend, through whom he met one of the earliest French admirers of Locke, Claude Buffier; and of Bolingbroke, whose influence may well have been crucial in orienting Voltaire's thought towards English empiricism.[14]

[13] *Mémoires sur Voltaire*, ii.109-10.
[14] See R. Pomeau, *La Religion de Voltaire* (Paris 1969), p.92-94; and Bolingbroke to Voltaire, 27 June 1724 (D190).

The years in England brought contacts with Samuel Clarke, by then a celebrated rationalist theologian and an enthusiastic exponent of Newtonian cosmology; some acquaintance, probably slight, with bishop Berkeley; and no doubt a broader and deeper awareness of the tone and the preoccupations of the English free-thinkers than he had been able to gain, through Bolingbroke, in France. Of the tenor of his thinking between 1726 and the publication of the *Lettres philosophiques* in 1733 and 1734 we have regrettably little evidence, however. It amounts, indeed, to scarcely more than two entries in the Cambridge notebook, which Voltaire appears to have had in use approximately during that period.[15] The first of these, in English, under the heading 'Guesses', includes the remarks 'We do not know what a soul is, we have no idea of the thing, therefore we ought not to admitt it', and 'God cannot be proved, nor denied, by the mere force of our reason' (Voltaire 81, p.88). The second entry, developing the same points, reads (p.95):

Je ne sçaurois comprendre ce que c'est que la matière, encore moins ce que c'est qu'esprit.

S'il y a un dieu, s'il n'y en a point, si le monde est fini ou infini, créé ou éternel, arrangé par intelligence ou par loix phisiques, encor moins par hazard.

Je ne saurois comprendre
        comment je pense,
        comment je retiens mes pensées,
        comment je remue.

Les premiers principes aux quels mon existence est attachée sont tous impénétrables. Ce n'est donc pas cela qu'il faut chercher mais
    ce qui est utile, et dangereux, au corps humain,
    les loix par lesquels il se meut, non p^rquoy il se meut,
    l'art d'augmenter les forces mouvantes, non les principes du mouve-ment.
    savoir comment je puis guérir la dissenterie, non, si le ventre est formé avant le cœur ou le cœur avant le ventre.

---

[15] See Theodore Besterman's account of this document (Voltaire 81, p.18-20). Individual entries cannot be precisely dated.

tâcher de rendre une terre fertile, non rechercher comment le blé peut croître.

This pyrrhonistic frame of mind, contrasting with the more confidently assertive deism of the earlier *Epître à Uranie*, may be seen as an extreme position, provoked perhaps in part by the personal crisis of his exile in 1726, of the pendulum of Voltaire's intellectual life.[16] The hope of establishing some more positive metaphysical basis for existence seems to lie at the heart of his continuing concern, in the years after his return to France, with these issues and their moral and social implications. If his earlier deism found renewed strength in Newtonian science, under whose aegis it is publicly reasserted in the *Métaphysique de Newton* of 1740, his empiricist distrust of metaphysical dogma was never to leave him, and rational deism itself burdened him with intellectual problems concerning the human predicament – theodicy, free will, the foundations of morality – with which he was to struggle intermittently for the rest of his life.

It may be important, then, to see the genesis of the *Traité de métaphysique* as a personal, and not merely an intellectual and literary, process: the conquest of certain not wholly sceptical convictions, as well as the marshalling of arguments in their support. We shall not speculate here on the problem of the audience to which the *Traité* was addressed: it is worth bearing in mind, however, that the first if not the only person whom it was intended to persuade was possibly the author himself.

In the *Lettres philosophiques*, Voltaire's concern with the problems of philosophy finds direct expression only in his account of Locke's epistemology and the question of the relationship of thought to matter; but there are indications in the correspondence that in the early 1730s, when the book was being prepared after his return from England, conversations with his Rouen circle of

---

[16] In another, and deeper, mood of intellectual scepticism some thirty years later, Voltaire returns to advocating practical beneficence as the sole worthy aim of human activity: 'rendre une terre fertile' becomes the final message of *Candide*.

friends again took up philosophical themes, and over a wider range. Formont, a friend of Cideville's whom Voltaire first met in 1730, was clearly his chosen adviser for the *Lettres*,[17] and there is a letter to another member of the group, Mlle Delaunay, which refers to discussions on free will.[18] The final section of the text for the English version of the book had been sent to London in April 1733 (D584), and Voltaire changed nothing in the French editions of the following year, although the additional letter on Pascal raises some new and broader issues of an ethical nature. Yet the problems raised in letter XIII, on Locke, continue to preoccupy him. Two letters to Formont in the summer of 1733 (D637, D646) again insist upon Voltaire's conviction that the divine endowment of matter with the power of thought is a possible hypothesis to explain the phenomenon of consciousness, and one, of course, more congenial than the Cartesian and Christian conception of the soul as a non-material entity. So important has this point become, it seems, that by August he has temporarily turned aside from poetry – after having worked energetically on *Le Temple du Goût* – to look for support for his views in the works of the philosophers. He tells Formont (D646) that he has re-read Clarke, Malebranche and Locke, and mentions Hobbes and Cicero as sharing his beliefs on the subject. And a manuscript on a metaphysical subject sent to him for comment later that year by Maupertuis – whom he had consulted freely over the scientific material in the *Lettres philosophiques* – seems to have tempted him to set out his speculations – 'mes songes métaphysiques' – in some sort of extended reply. He excuses himself from doing so however on the grounds both of diffidence and the more pressing concerns forced upon him by the first rumblings of official hostility to 'mes lettres anglaises un peu trop philosophiques' (D697).[19]

---

[17] Voltaire to Formont, 21 November 1731 (D439), refers generally to his need for Formont's advice on the *Lettres* and other works.

[18] D556, tentatively assigned to December 1732.

[19] Voltaire wrote to Maupertuis on 10 September 1733 to acknowledge receipt of a document: 'Je vais lire avec avidité ce que vous me faites l'honneur de

367

Paradoxically enough, it was the breaking of that storm which was to furnish Voltaire with the opportunity of putting his thoughts onto paper. The *lettre de cachet* issued against him on 3 May 1734 (D731) drove him into hiding, very probably at Cirey, and it was during the ensuing weeks of solitude there that he was again able to turn his attention to the formulation of his philosophical views. The mood in which he did so, however, was very different from that which had tempted him, with such disastrous personal results, to risk publishing the *Lettres philosophiques*. The Horatian dream of a life of leisured rural seclusion in the company of chosen friends had always held some appeal for Voltaire, even if the excitements of Parisian society and the pleasures of literary success there had usually proved more attractive. Now, alone, deeply hurt at having been formally rejected by public authority and disillusioned with the fruits of literary fame, he nevertheless has a sense of freedom: he will devote himself to cultivating his private flights of fancy, to clarifying the intellectual problems which beset him, without thought for any audience beyond that of his nearest and most trusted friends.

His letter to Formont of 27 June 1734 (D764) is a revealing document in this connection. After a brief reference to his first sketch for *Alzire*, which is to be kept secret, he talks of *La Pucelle*, of which Formont has caught some whisper:

A l'égard du nom de poème épique que vous donnez à des fantaisies qui m'ont occupé dans ma solitude, c'est leur faire beaucoup trop d'honneur: [...] C'est plutôt dans le goût de l'Arioste, que dans celui du Tasse que j'ai travaillé. J'ai voulu voir ce que produirait mon imagination, lorsque je lui donnerais un essor libre, et que la crainte du petit esprit

m'envoyer. Si l'ouvrage est de vous je vais y prendre des leçons. S'il est d'un autre, je m'en raporte à votre jugement' (D651). D697, tentatively assigned by Besterman to January 1734, begins 'J'ay lu votre manuscrit sept ou huit fois, mon aimable et sublime maître à penser'. One is tempted to suggest that both letters refer to the same document, and that the second may in consequence have been sent in late September or in October 1733.

de critique qui règne en France ne me retiendrait pas. [...] Je veux que cet ouvrage serve quelquefois à divertir mes amis, mais je ne veux pas que mes ennemis puissent jamais en avoir la moindre connaissance.

There follows a sad complaint about the growth of official intolerance since the previous reign: 'Les bons auteurs du siècle de Louis XIV, n'obtiendraient pas de privilège. Boileau et la Bruyère ne seraient que persécutés'. And the conclusion is: 'Il faut donc vivre pour soi et pour ses amis, et se bien donner de garde de penser tout haut, ou bien aller penser en Angleterre ou en Hollande'.

England and Holland suggest Locke, and lead Voltaire to confide to Formont the existence of the first draft of our text: 'J'ai osé m'amuser à travailler après lui. J'ai voulu me rendre compte à moi-même de mon existence, et voir si je pouvais me faire quelques principes certains'. But solitary thought does not suffice: 'Il serait bien doux, mon cher Formont, de marcher dans ces terres inconnues avec un aussi bon guide que vous, et se délasser de ses recherches avec des poèmes dans le goût de l'Arioste: car, malheur à la raison si elle ne badine quelquefois avec l'imagination'. The aspirations which thus preside over the birth of the *Traité de métaphysique* were in large measure to be realised during the long years at Cirey, fertile in both intellectual and imaginative writing, which were about to begin for Voltaire. He was joined there by Mme Du Châtelet in early October, and may well have involved her immediately in discussing his draft, for she wrote to Maupertuis on the 23rd to say that, with the improvements to the château under way, 'Je partage mon temps entre des maçons et M. Locke, car je cherche le fond des choses tout comme une autre' (D797). Little new can have come of such discussions, however, for only a few days later Voltaire asks Cideville to inform Formont that he now has 'un petit traité de métaphysique tout prest'.[20]

---

[20] D799. This letter cannot be precisely dated. Besterman suggests *c*.1 November 1734, but a few days earlier seems possible.

This first version of the *Traité* clearly was centred upon the philosophical problems which Voltaire linked with Locke and the *Essay concerning human understanding*, which he had discussed with Formont and others at Rouen, and had rashly proposed in print in the *Lettres philosophiques*: problems which are treated, in the text of the *Traité* which has come down to us, in chapters 3, 'Que toutes les idées viennent par les sens'; 5, 'Si l'homme a une âme, et ce que ce peut être'; and 6, 'Si ce qu'on appelle âme est immortelle'. Other related questions, such as that of realism and idealism, on which Voltaire adopts a position clearly opposed to Berkeley's view in chapter 4, 'Qu'il y a en effet des objets extérieurs', or that of free will, where Locke's opinions much concern Voltaire in chapter 7, 'Si l'homme est libre', are not raised in the *Lettres philosophiques*, and not discussed (except for the one reference to free will mentioned above) in the intervening period. One therefore has no positive ground for supposing that any material covering these issues was included at this stage.

There is, however, another and a much more fundamental topic which may plausibly be supposed to have figured in this earlier draft: that of chapter 2 of the *Traité*, 'S'il y a un Dieu'. Voltaire had not of course raised the subject directly in the *Lettres philosophiques*, although his attitude can be read easily enough between the lines there. Among the accusations made by his enemies in the attack on the *Lettres* had been that of atheism, however, and it is clear that the injustice of this rankled. He wrote to La Condamine on 22 June 1734 (D759), twelve days after the book had been condemned:

On a cru qu'un Français qui plaisantoit les quakers, qui prenoit le parti de Loke et qui trouvoit de mauvais raisonements dans Pascal étoit un athée. Remarqué je vous prie si l'existence d'un dieu dont je suis réellement très convaincu, n'est pas clairement admise dans tout mon livre? Cependant les hommes qui abusent toujours des mots, apelleront également athée celuy qui niera un dieu et celuy qui disputera sur la nécessité du péché originel.

That he should in the ensuing weeks attempt to establish his own position on this matter, setting out and weighing the arguments for and against belief in God as he does in chapter 2, thus seems a quite likely possibility. Moreover, the accusation of atheism may well have cut deeper than the apparently confident counter-protest to La Condamine suggests: the agnostic position recorded in the entries in the *Cambridge notebook*, quoted above, has been replaced, in the text of the *Traité*, by an affirmation of acceptance of God's existence as 'la chose la plus vraisemblable que les hommes puissent penser' (ch.2, l.360-361), but no more. It seems admissible to speculate that the charge of unbelief may have stung him into a serious, and perhaps even painful, re-examination of his earlier doubts during his solitary weeks at Cirey, and that some defensive statement on the subject, conceivably more positive than that in the version of the *Traité* which we have, may have figured in the text of October 1734.[21]

There is nothing to show whether Voltaire continued to work on these topics during the ensuing winter at Cirey: certainly the attractions of intellectual and artistic freedom in rural seclusion remained strongly present in his mind.[22] But the opportunity to return to Paris which was granted him in the spring of 1735 revived the need to make some public rejoinder to his enemies. In the circumstances, his letter in June (D877) to his former teacher at Louis-le-Grand, R. J. Tournemine, the best known Jesuit philosopher in France, was an attempt to obtain intellectual support from at least one ecclesiastical party for the view that his speculations concerning thought and matter were not irreligious. The choice was not an arbitrary one: Voltaire insists that his persecutors are Jansenists, and Tournemine himself had been involved years earlier in a public controversy with Leibniz over,

---

[21] It is clear from Voltaire's letter to Formont of c.15 August 1733 (D646), that he had then recently re-read Samuel Clarke's *Demonstration of the being and attributes of God*, which is a major source, as we shall see, for chapter 2 of the *Traité*.

[22] Voltaire to Cideville, [6 February 1735] (D841); and to Caumont, 19 April 1735 (D865).

precisely, the soul-body problem.[23] Moreover, he introduces this crucial question, of whether God could be denied the power to endow matter with consciousness, by means of an inferred analogy with the apparent implication of Newtonian physics, that God has endowed matter with the power of attraction at a distance; thereby flattering the Jesuit taste for being up-to-date in intellectual affairs. And he concludes by stressing his opposition to Pascal, on the grounds, rather oddly, that Pascal's device, in the *Pensées*, of treating the wretchedness of the human predicament as empirical evidence for the truth of Christian doctrine, amounts to reducing religion to the status of a philosophical theory, and undermines the significance of revelation.[24] The themes of the *Lettres philosophiques* are thus skilfully presented in the light most suitable to make them congenial to a Jesuit mind, and at the centre is the problem of mind and matter which, with its dangerous echoes of atheist materialism, had continued to preoccupy Voltaire since at least two years earlier, and is to occupy a major place in the *Traité de métaphysique* as we have it. It is interesting, also, to see Voltaire introducing Pascal here. His tactical reasons are evident, but we may find also that on several issues Pascal is never far from Voltaire's thoughts in the *Traité*, even though his name occurs only once in the text.

Tournemine's immediate answer to this letter is lost, but from Voltaire's disappointed response later that summer (D901) it is clear that the article published by Tournemine in the *Mémoires de*

---

[23] 'Conjectures sur l'union de l'âme et du corps. Par le P. de Tournemine', *Mémoires de Trévoux* (May and June 1703). Comments on this article, the first anonymous, the second by an abbé Languet de Montigny, appeared in the *Mémoires* in September and October that year. Leibniz himself contributed a remark on the subject to the *Mémoires* in March 1708, and the same issue also printed a brief reply by Tournemine. See W. H. Barber, *Leibniz in France* (Oxford 1955), p.49-52.

[24] This argument is barely hinted at in the *Lettres philosophiques* (xxv, sections 1 and 2), but had been developed by Voltaire in a letter to La Condamine, 22 June 1734 (D759).

Trévoux in October[25] is essentially the same document, perhaps revised in the light of Voltaire's second letter. That Voltaire found it no less disappointing is clear from his final rejoinder of December 1735 (D963). Tournemine had failed to agree that the notion of thinking matter was theologically admissible; had failed, in Voltaire's view, to show any real understanding of Newton; and, worst of all, had taken Newton and Locke as the occasion for delivering a homily on the dangers of *libertinage*. The attempt, then, to recover lost ground by enlisting Jesuit support had not borne fruit; but it serves to show that throughout 1735 the central controversial issue of both the *Lettres philosophiques* and the *Traité de métaphysique* was well to the fore in Voltaire's thoughts.[26]

The correspondence, indeed, suggests that some further work on the *Traité* may have been in hand during the latter part of the year, possibly stimulated by the arrival at Cirey in early October 1735 of the Venetian Algarotti, whose Newtonian enthusiasm revived discussion of philosophical and scientific matters, as Voltaire relates in his letter to Thiriot of 3 November (D935). He couples with this an announcement, not previously made to his old friend, that like Algarotti (who had been reading them drafts of his *Neutonianismo per le dame*) 'Moy qui vous parle j'ay fait aussi mon petit cours de métaphisique, car il faut bien se rendre compte à soy même des choses de ce monde'. And at the end of the month he is apologising for his inability to send him some sample chapters, for lack of a competent copyist (D951). There is nothing here to suggest, however, that this is in any sense a different work from that announced to Formont in October 1734. The area of discussion has clearly remained the same, and

[25] 'Lettre du P. Tournemine de la compagnie de Jésus, à M. de *** sur l'immatérialité de l'âme, et les sources de l'incrédulité', *Mémoires de Trévoux* (October 1735), p.1913-35; also D913.
[26] It is difficult to accept the suggestion of professor Wade (*Studies on Voltaire*, p.64-65), that this controversy led to any serious development of Voltaire's thinking on the subject: his position seems essentially identical throughout.

Voltaire's views have not really changed, as letters to his Rouen friends at this time confirm.[27]

Allusions in further letters of both Voltaire and Mme Du Châtelet[28] make it clear that discussion and writing on metaphysical subjects continued at Cirey during the early months of 1736. Thiriot was pressing Voltaire in late February for the half-promised copy of the 'petit cours de métaphisique' (D1018), but was told in early March that 'pour ma méthafisique il n'y a pas moyens de la faire voyager. J'y ay trop cherché la vérité'.[29] In April, however, he was more forthcoming, apparently, to Formont. In a letter which also alludes to their earlier discussions concerning immortality (D960, D988), he announces he is sending him 'deux choses bien différentes: des rêveries métaphysiques ci-jointes, et des rêveries poétiques intitulées les Américains, tragédie'.[30] Again, we have no direct evidence concerning the content of the document sent. The most that can be inferred is that by April 1736 something on metaphysics was available in a

---

[27] It is nevertheless noteworthy that in a letter to Formont of December 1735 (D960) Voltaire actually expresses more radical views than any to be found in the Traité as we have it, denying the immortality of the soul (which he had carefully insisted upon to Tournemine) and attributing the power of endowing matter with thought not to God but to nature. Formont, however, was still something of a privileged confidant at this date. He must, in any case, have reacted unfavourably (in a lost reply of early January 1736), for in his next letter (D988) Voltaire reverts to his usual deist view, and a few days later he writes to Formont's friend Cideville (D992) attributing any passing doubts he may have had about immortality to depression caused by his poor health.

[28] Mme Du Châtelet to Cideville, 22 December 1735 (D970); Voltaire to Berger, c.10 January 1736 (D985); to Thiriot, 22 [January 1736] (D995).

[29] D1033. The letter ends with a word of greeting from Mme Du Châtelet, introduced by the phrase 'V. veut que ie signe sa lettre'. One suspects that, wisely mistrusting Thiriot's discretion, she had extracted a promise from Voltaire not to send him the document, and that her signature was asked for as an acknowledgement that he had kept his word.

[30] D1061, dated 'à Cirey, ce 16', which Besterman assigns to April 1736; it cannot be later, since Voltaire's next letter to Formont is fully dated 11 May 1736 (D1073) and alludes to the despatch of Alzire. A month earlier is not impossible, but seems unlikely in view of other references to Alzire at this period.

form sufficiently finished to be sent to a trusted friend. This may have been the result of a further revision of the 'petit cours de métaphysique' mentioned to Thiriot in November 1735, which in turn may have been a fresh draft of the 'petit traité de métaphysique' which was 'tout prest' in October 1734. In view of the context of Voltaire's philosophical preoccupations as it emerges from his correspondence over the period, and in particular of the exchanges with Formont and Tournemine, we can say so far that it probably included at least the subject-matter of chapters 2, 3, 5 and 6 of the *Traité de métaphysique* as we know it today.

The first half of 1736, however, is a time at which new projects begin to emerge at Cirey. Voltaire, his public position more secure (though the storm over *Le Mondain* was to weaken it again by the end of the year), seems to have turned anew to the task of scientific and philosophical popularisation which was one of the objects of the *Lettres philosophiques*. In this, indeed, the experiences of 1735 played a part. Tournemine's unfamiliarity with Newton and his readiness to censure him as a *libertin* had shocked Voltaire, and renewed his sense of shame at French backwardness in such matters.[31] Work on the *Eléments de la philosophie de Newton* began fairly early in 1736, in all probability;[32] Voltaire's first specific reference to it occurs in July (D1113), and Mme Du Châtelet announced to d'Argental in late December that it was ready for the printer.[33] At this stage, the text contained a

[31] Voltaire to d'Olivet, 30 November 1735 (D950): 'Avez vous lu, une lettre du père Tournemine qu'il a faitte imprimer dans le journal de Trevoux au mois d'octobre? Il dispute bien mal contre Mr Loke, et parle de Newton comme un aveugle des couleurs. Si des philosophes s'avisoient de lire cette brochure ils seroient bien étonnez, et auroient bien mauvaise opinion des Français. En vérité nous sommes la crème fouettée de l'Europe. Il n'y a pas vingt Français qui entendent Newton.'

[32] In April, Voltaire asked Moussinot to send him from Paris an astronomical work by Cassini (D1058).

[33] D1231, D1235. Voltaire left Cirey for Holland about 11 December; see D1224.

concluding chapter on metaphysics; and it was this, it seems, which was partly responsible for the withholding of official approval for a Paris edition.[34]

Of the contents of this chapter we know nothing, except that Mme Du Châtelet regarded it as 'bien déplacé et bien dangereux' (D1265) in a work to be submitted to the French censorship – rightly, as it turned out. One can only surmise that it must have constituted the starting-point of Voltaire's later *Métaphysique de Newton*, of 1740, which itself became the first section of the revised *Eléments* of 1741. As such, it would have covered again much of the ground of the chapters of the *Traité de métaphysique* for which we have so far found evidence in Voltaire's preoccupations of 1734 and 1735, and its existence may make it seem plausible to conclude that that aspect of the text of the *Traité* is unlikely to have received further attention after the spring of 1736.

The year 1736, however, provides the first evidence of Voltaire's concern, in a philosophical context, with problems of a quite different order, which are dealt with in chapters of the *Traité* to which we have not so far had occasion to refer: those concerned with man as a social being, with the foundations of ethics – which themselves lend a new significance to the problem of free will.

Pope's *Essay on man* had of course been known to Voltaire since its first publication in 1733,[35] and there are incidental references to the poem in letters written in September 1735.[36] The appearance of Silhouette's translation at the beginning of

[34] Mme Du Châtelet to d'Argental, 22 [January 1737] (D1265); and 1 May [1738] (D1487). The original plan was to publish the book both in France and Holland. In the end only a Dutch first edition appeared, in 1738, with a mutilated text.

[35] Voltaire to Du Resnel [c.10 May 1733] (D609); to Thiriot, 14 and 24 July (D631, D635).

[36] In D911, to Thiriot, 11 September, Voltaire comments on the facility with which Mme Du Châtelet is reading the *Essay on man* in English; and in D915, to Cideville, on the twentieth, he refers to the verse translation being prepared by Du Resnel, and describes Pope's poem as 'la paraphrase de mes petites remarques sur les pensées de Pascal' and a refutation of Original Sin. See also D916, to Formont, 22 September.

1736 seems, however, to have led him to give it rather closer attention,[37] and the aspect which now attracted his notice was not so much the cosmic optimism of Epistle 1 as the moral and social beliefs propounded in the later Epistles, where Pope reconciles reason with the passions, brings self-love and benevolence into harmony as the foundations of ordered society, and identifies happiness with virtue.[38] In a letter to Mme Du Deffand in March that year (D1039), Voltaire associates Pope's ideas with Shaftesbury, but complains that Pope misinterprets the role of 'amour social' in the general pattern of the natural order. The English poet

apelle *amour social* dans l'épître dernière, cette providence bienfaisante par la quelle les animaux servent de subsistence les uns aux autres. Mylord Shaftesbury qui le premier a établi une partie de ce sistème prétendoit avec raison, que dieu avoit donné à l'homme l'amour de luy même, pour l'engager à conserver son être, et l'*amour social*, c'est à dire un instinct de bienveillance pour notre espèce, instinct très subordonné à l'amour propre, et qui se joignant à ce grand ressort, est le fondement de la société. Mais il est bien étrange d'imputer à je ne sçai quel amour social dans dieu, cette fureur irrésistible avec la quelle touttes les espèces d'animaux sont portées à dévorer les autres.

This is perhaps unfair to Pope, and the link with Shaftesbury may not have been as direct as Voltaire assumes; but it is clear

---

[37] Voltaire mentions the work in a number of letters in the early months of 1736: to Thiriot, 22 [January] (D995), and 9 February (D1006); to d'Olivet, 12 February (D1012); to Thiriot, 10 March (D1033); to Mme Du Deffand, 18 March (D1039). There is a reference to the Pope translations, and Voltaire's reactions to Pope's poem, in a letter from Mme Du Châtelet to Algarotti, 20 [April] (D1065), but no further mention of the subject in the correspondence after this date.

[38] In the concluding lines of the poem (ed. M. Mack, London 1950, p.166), Pope claims to have

> Shew'd erring Pride, WHATEVER IS, IS RIGHT;
> That REASON, PASSION, answer one great aim;
> That true SELF-LOVE and SOCIAL are the same;
> That VIRTUE only makes our Bliss below;
> And all our Knowledge is, OURSELVES TO KNOW.

that the problem of the foundations of society is now one that arouses lively reactions in his mind.

In fact, the subject must have been in the forefront of discussions at Cirey since late in 1735, as a result of Mme Du Châtelet's interest in the work of another English moralist, Bernard Mandeville. It is not clear exactly when *The Fable of the bees* reached Cirey, but the preface to Mme Du Châtelet's translation of it bears the year 1735 at its head;[39] this work is not likely to have been begun much before the end of the year however, since she announced that she was engaged upon it in a letter to Algarotti of 20 April 1736 (D1065), recommending Mandeville's book to him in terms which imply they had never discussed it together: and Algarotti had been at Cirey from early October until 10 December 1735.[40]

The closeness of the parallels between the themes, and certain of the attitudes, of chapters 8 and 9 of the *Traité de métaphysique* and those of Mandeville's *Fable* would perhaps be enough in themselves to encourage speculation that the chapters were written during the months when Mme Du Châtelet was preoccupied with her work on this English text. Voltaire seems not to have encountered Mandeville before, and was no doubt pleased to find in him a new ally, in addition to Pope, in his campaign for the rehabilitation of the human passions and against the Pascalian view. That Mandeville's defence of the social utility of luxury also impressed him is clear from *Le Mondain*, which was written later in the same year. And the sardonically paradoxical humour with which Mandeville demonstrates that a prosperous society depends upon what ascetical rigour calls vice, and would perish if ascetical virtues were practicable, can scarcely have failed to attract him; though there are signs, as we shall see, that both he

---

[39] I. O. Wade, *Studies on Voltaire*, p.131. The full text of Mme Du Châtelet's translation, as it exists in manuscript in Leningrad, is reproduced in this volume.

[40] Mme Du Châtelet's letter to Maupertuis of that date (D959) appears to be intended for delivery by Algarotti in person.

and Mme Du Châtelet felt that in some respects Mandeville went too far.

In fact, a closer connection between these chapters and Mme Du Châtelet's version of Mandeville can be established. Professor Wade has found sixteen passages where there are unmistakable verbal parallels between the two texts (p.70-73). Of these, eleven are found in chapter 8, grouped at four points in the text, and five in chapter 9, scattered separately.[41] What is of particular significance, however, is that fourteen of these sixteen passages offer parallels, not with renderings of Mandeville, but with the passages which are identified by Mme Du Châtelet herself as being interpolations expressing her own views.[42] In these interpolations she is concerned to propose an explanation of the origins of human society (which Mandeville does not offer) in the natural affections of sexual and family relationships (Wade's passages 1-2), and to relate these feelings to a general instinct of benevolence in man (passages 3-6), forming a counterbalance to the pride or egoism which is, she agrees with Mandeville, the motive force of civil society (passages 7-9). Elsewhere, she insists

---

[41] In chapter 8, Wade's passages 1-5 adjoin each other (in the order 1, 2, 4, 3, 5) at lines 25-39, p.468-69 below; passages 6-8 follow continuously at lines 42-46; passage 9 is at lines 57-62, and passages 10 and 11 succeed each other in inverse order at lines 66-73. In chapter 9, passage 12 is at lines 18-21, p.474 below; passage 14 at lines 30-33 (also drawn on by Voltaire to provide his opening sentence for the chapter); passage 13 at lines 45-47; passage 15 at lines 64-65; and passage 16 at lines 73-74. Inversions in the sequence of numbers in these passages arise from the fact that Wade has numbered them in the order in which the parallels appear in Mme Du Châtelet's manuscript. All occur in her first chapter, 'De l'origine des vertus morales', which is a version of Mandeville's 'Enquiry into the origin of moral virtue', the introductory essay to his series of 'Remarks' on his original poem, 'The Grumbling hive' (which Mme Du Châtelet did not translate).

[42] In her 'Préface du Traducteur', Mme Du Châtelet explains that she has pruned and modified Mandeville to suit French taste, and adds 'J'ay pris aussi la liberté d'y aiouter mes propres reflections, quand la matiere sur laquelle ie travaillois m'en suggeroit, que ie croyois meriter la peine d'estre ecrites. Mais affin que le lecteur puisse les discerner, i'ay eu soin de les marquer par des guillemets' (Wade, p.137-38).

that the notion of morality is innate in man, however diverse may be the pattern of laws and customs through which it finds expression in different societies; and its object is always that of social wellbeing (passages 12-16).

Such views, which echo Shaftesbury and Pope, blend oddly with Mandeville's paradoxes, and indeed reflect the outlook he set out to oppose. How far they originated in the mind of Mme Du Châtelet rather than of Voltaire it is impossible to establish; the link with Voltaire's 'anti-Pascal', in the rehabilitation of the passions, is clear enough, however; and he is perhaps more likely than she to have become familiar with the controversial literature, from Bayle onwards, which had attracted attention to such topics in both France and England during the years before the retreat to Cirey. It is conceivable that when she was composing her interpolations to Mandeville, Mme Du Châtelet had before her a draft by Voltaire, ultimately destined to form chapters of the *Traité de métaphysique*, which she dutifully imitated. The reverse process seems on the whole more likely, however. Voltaire's grouping into a coherent text of passages which are widely scattered in the Mandeville manuscript (ch.8, l.25-39: passages 1-5) suggests conscious art; whereas on the opposite assumption it would be difficult to account for the dispersal of these consecutive sentences in Mme Du Châtelet's interpolations. And in one instance Voltaire's version incorporates a colourful development giving additional force to an example rather flatly presented by Mme Du Châtelet. She could have had no reason to reject this improvement, if it had been available to her.[43]

One does not need, however, to press such speculations, since both alternatives point in the same direction. It is abundantly

---

[43] Mme Du Châtelet: 'Qu'un chien rencontre un chien expirant, il lechera son sang et continuera son chemin' (Wade, p.150). Voltaire: 'Qu'une chienne voie en passant un chien de la même mère déchiré en mille pièces et tout sanglant, elle en prendra un morceau sans concevoir la moindre pitié, et continuera son chemin; et cependant cette même chienne défendra son petit et mourra en combattant plutôt que de souffrir qu'on le lui enlève' (ch.8, l.37-41).

clear that at the end of 1735 and in the early part of 1736, under the stimulus of a renewed study of Pope and of a first acquaintance with Mandeville, great interest was taken at Cirey in the problems of social morality. The discussions which ensued must have led to the emergence of a common point of view on many matters: and this standpoint finds expression in original texts by both writers which have a number of close verbal parallels.[44] The two chapters of the *Traité de métaphysique* entitled 'De l'homme considéré comme un être sociable' (8) and 'De la vertu et du vice' (9) were almost certainly elaborated simultaneously with the French version of *The Fable of the bees* prepared by Mme Du Châtelet during these months.

We seem, then, to be in a position to say, on the basis of external evidence, that by about April 1736 Voltaire possessed a draft of the *Traité de métaphysique* which included on the one hand the philosophical material arising out of the controversies engendered by the *Lettres philosophiques* – covered in the chapters on God, on sensationalist epistemology, on the nature of consciousness and on immortality (2, 3, 5, 6) of our text – and on the other hand the social and ethical discussions presented in chapters 8 and 9.

The 'anthropological' issues raised in the introduction and in the first chapter find no apparent echo in Voltaire's other writings elsewhere up to this point, and they constitute a problem which must be considered separately. Of the remaining two chapters, chapter 4 is an attack on pyrrhonism which similarly seems without direct echo: one can see it, however, as to some extent representing a personal reaction against the temptation to radical scepticism he experienced in the late 1720s, and recorded in the passages in the Cambridge notebook quoted above; and in so far as it is concerned with the subjective idealism of Berkeley, it may reflect preoccupations which originate in the English visit just as does the influence of Locke and Clarke. It may, then, be conjec-

---

[44] Professor Wade reaches similar conclusions on slightly different grounds (p.77-78).

tured that this chapter existed in some form by April 1736: that it may even have belonged to the original 'petit traité' of October 1734 is not impossible, but positive evidence is lacking.

Chapter 7, 'Si l'homme est libre', is again on a topic to which allusions before this date are insignificant.[45] Like chapter 4, however, it is conceived within a framework of earlier English influences, being essentially a somewhat unhappy attempt to marry the views of Locke and Clarke on the subject; and it may, therefore, possibly have belonged to Voltaire's first draft of the *Traité*. There are grounds, however, for associating this chapter with the two which follow it. The establishment of some doctrine of free will has traditionally been considered a necessary basis for ethics: the social utilitarianism advanced in chapter 9 might admittedly appear to be exempt from such a requirement, but Voltaire does not go so far as to make this claim, and in a later draft of chapter 7, the essay 'Sur la liberté' sent to Frederick in October 1737, he begins with the conventional assertion that 'La question de la liberté est la plus intéressante que nous puissions examiner, puisque l'on peut dire que de cette seule question dépend toute la morale'.[46] One may then conjecture that chapter 7 was reconsidered, if not actually first drafted, alongside chapters 8 and 9 in the early months of 1736. It forms a bridge, in fact, between the two major aspects of the *Traité*.

It is tempting to believe that Voltaire saw his *Traité* as in some sense complete by April 1736, and that this explains his apparent willingness to send what he calls 'des rêveries métaphysiques' to Formont at this time. It has been accepted, indeed, by professor Wade and others,[47] that the *Traité* as we have it in the Kehl edition represents this stage of the work. This view, however, rests partly on the assumption that a presentation fair copy was given to Mme Du Châtelet at this point, and that it was this document

[45] See above, p.367 and n.18.
[46] See below, p.484.
[47] Wade, p.78-79; *Traité de métaphysique*, ed. H. T. Patterson, 2nd ed. (Manchester 1957), p.v.

which Longchamp rescued from the fire at Lunéville in 1749. However, without the support of this latter belief – if Longchamp obtained his copy of the *Traité* by more dubious means – the assumption is seriously weakened. Moreover, the corroboration provided by the dedicatory quatrain included by the Kehl editors in their preface[48] may be more apparent than real. The fact that these lines are quoted in the 'Avertissement' rather than printed at the head of the text itself suggests that the editors received them separately from the *Traité*: they offer no account of their provenance. And in fact they might well have accompanied a copy of the 'petit traité de métaphysique' of October 1734.[49] As it is, we are not so far in a position to say more than that there is inferential evidence from external sources that by April 1736 the draft covered the ground of chapters 2, 3, 5, 6, 8 and 9; that there is a fair likelihood that chapter 7 was also represented, and a weaker probability that chapter 4 appeared as well. The introduction and chapter 1 are so far unaccounted for.

What is clear is that Voltaire began at this point in 1736 to concentrate his intellectual activities upon work for the *Eléments de la philosophie de Newton*. The first reference to it in the correspondence occurs in July (D1113), and such references become very numerous from August onwards. When he left Cirey for the Low Countries in December however, partly from fear of hostile official action over *Le Mondain*, partly in order to arrange for

---

[48] See below, p.503.

[49] Voltaire had worked on it in solitude during the summer of 1734, as we have seen: a mock-formal presentation of his essay to her when they were reunited, and a draft was ready, in October or early November that year seems more inherently plausible than such a presentation in April 1736 when she must have been almost as familiar with its content as he was himself. And the remark that its author

> Mérita d'être cuit dans la place publique,
> Mais il ne brûla que pour vous

is clearly an allusion to the fate of the *Lettres philosophiques*, cast into the flames by the public executioner in the forecourt of the Palais de Justice in Paris by order of the Parlement on 10 June 1734, less than five months earlier (D.app.31).

publication of the *Eléments* in Holland (see D1231), he seems to have taken with him his manuscript of the *Traité de métaphysique*. At the beginning of January 1737 (D1243), he announced to Frederick from Leyden that he would soon be sending him the first copy of a new edition of his works; and he continued:

En attendant j'auray la hardiesse d'envoyer à v. a. R. un manuscript que je n'oserois jamais montrer qu'à un esprit aussi dégagé des préjugez, aussi philosophe, aussi indulgent que vous l'êtes, et à un prince qui mérite parmy tant d'homages, celuy d'une confiance sans bornes.

Il faudra un peu de temps pour le revoir et pour le transcrire, et je le feray partir par la voye que vous m'indiquerez.

Not only was he prepared to trust Frederick with his manuscript; he was imprudent enough to disclose his intentions to Mme Du Châtelet by sending her a copy of this letter. She tells the tale to d'Argental a few days later in tones of horrified alarm (D1265):

Je connois ce manuscrit, c'est une métaphisique d'autant plus raisonable qu'elle feroit brûler son home, et c'est un livre mil fois plus dangereux et assurément plus punissable que la pucelle. Jugés si i'ay frémi. Je n'en suis pas encore revenue, d'étonnement et ie vous avoue aussi, de colère. I'ai escrit une lettre fulminante.

Her angry remonstrances had their effect: neither the *Traité* nor *La Pucelle* was sent. In mid-February, Voltaire offers Frederick excuses and a vague promise (D1289); in March, Frederick is still impatiently awaiting them (D1294). Later that year, however, an opportunity arose to pass the manuscripts to Frederick by a channel apparently exempt from the dangers of interception and exposure which Mme Du Châtelet so greatly feared. Frederick's aide and close friend baron Dietrich von Keyserlingk was to visit Cirey to present a portrait of the prince, and could take them back in person. It appears that Mme Du Châtelet had already taken her precautions over *La Pucelle*. Writing to Frederick at the end of July, on the eve of Keyserlingk's departure from Cirey, Voltaire warns him that his poem will not be available, since she has the manuscript in her possession and will not release it: but he is sending what can only be the *Traité de métaphysique* (D1359):

La métaphysique entre pour beaucoup dans votre immensité; je n'ai donc pas hésité de vous soumettre mes doutes sur cette matière, et de demander à vos royales mains un petit peloton de fil pour me conduire dans ce labyrinthe.

Drama apparently supervened, however, at the moment of Keyserlingk's leave-taking at Cirey. In his letter to Voltaire of 27 September 1737 (D1373), Frederick implies that Mme Du Châtelet snatched the manuscript back from Keyserlingk at the last minute:

Le plaisir le plus vif qu'un homme raisonnable puisse avoir dans le monde, est, à mon avis, de découvrir de nouvelles vérités. Je m'attendais d'en faire une abondante moisson dans votre *Métaphysique*; madame du Châtelet m'enlève ce bien déjà possédé, d'entre les mains de mon ami. Quel sujet pour une élégie! Cependant il reste là. 'Car il avait l'âme trop bonne.' Ne vous attendez donc à aucun reproche. Je vous prie de vouloir seulement dire à la divine Emilie que mon esprit se plaint au sien des ténèbres qu'elle vous empêche de dissiper.[50]

Undeterred by this intransigence, Frederick goes on in the same letter to suggest a way out of the impasse: instead of sending the complete work, Voltaire might include 'quelques traits' of it in each letter whenever he writes. This scheme Voltaire did not exactly follow: more boldly, in his immediate reply (D1376, *c.* 15 October) he offers a summary of his 'doutes métaphysiques' and encloses the text of a sample chapter of the work, entitled 'sur la liberté'. This chapter, reproduced below as an appendix, has close textual links with the seventh chapter of the *Traité*, and the summary provided in Voltaire's letter covers material familiar in the rest of the work as we know it.

It might then seem that with this dated authorial account in October 1737 we reach firm ground at last, after a long journey across the marshes of inference and conjecture. Unfortunately, this is not really so. In the first place the chapter 'sur la liberté',

---

[50] There is a further allusion which confirms this story in Frederick's letter to Voltaire of 19 November 1737 (D1392).

in spite of many parallel passages, represents a new treatment of the subject, on slightly different lines, as compared with chapter 7 of the *Traité*, and is twice as long. Moreover, it is apparent from a manuscript draft preserved at Leningrad that it formed at one point the *fifth* chapter of a projected work, and that at an earlier stage it figured as §84-87, in a draft made up of numbered paragraphs without division into chapters.[51] Secondly, the essay summarised for Frederick's benefit diverges considerably from the *Traité de métaphysique*. The emphasis is laid to a much greater degree upon ethics. The other philosophical questions which in the *Traité* are dealt with in some detail, occupying nearly two-thirds of the work, before the problems of free will and social morality can be reached, are here disposed of in a paragraph, and Voltaire then goes on to expound at considerable length the fundamental notions of chapter 9 of the *Traité*: that the conception of justice, of right and wrong, is universal in mankind and is a *sine qua non* of human society, however various and mutually incompatible the moral codes of different communities may be.

It would appear, then, that the draft Voltaire is here describing is one that takes a step further the shift in interest from metaphysics to ethics which was suggested by the preoccupations at Cirey at the start of 1736 and by the final chapters of the *Traité* which were then formulated. Now, it is as though Voltaire has satisfied his mind on the metaphysical questions which arose for him in the context of his English visit and the *Lettres philosophiques*. The largely sceptical conclusions established – no doubt partly as a result of the process of inner debate committed to paper for himself and his closest friends in the early chapters of the *Traité* – can now be simply assumed, and further attention turned to the issues of free will and the foundations of social morality.[52] The

[51] See below, p.406-11.
[52] The seven *Discours en vers sur l'homme*, written at this period, show similar moral preoccupations. Voltaire sent the first two, 'De l'égalité des conditions' and 'De la liberté' to Frederick in January 1738, claiming that he had started writing them a year earlier (D1432).

rejection of abstract speculation in favour of a concern with the practical problems of human conduct will become ever more strongly characteristic of Voltaire's attitude to life as the years pass, to find its most memorable expression in *Candide*.

The sample chapter 'sur la liberté' occasioned a controversy with Frederick which continued in their correspondence until the middle of 1738, and resulted in some modification in Voltaire's position. But there is no further reference to the *Traité de métaphysique* as such at any point in Voltaire's correspondence, and other external evidence that he ever subsequently returned to his draft is also lacking. The only echo is to be found in certain parallels which exist in the text of *La Métaphysique de Newton*, first published separately in 1740 and incorporated as an introductory section into a revised edition of the *Eléments de la philosophie de Newton* the following year.[53] It seems likely, in fact, that it was only the desire to strengthen this latter work by an introduction forming a polemical reply to Newton's Leibnizian opponents which led Voltaire to expound once again, this time less provocatively and in a strictly technical context, philosophical ideas which had ceased to preoccupy him personally.

An examination of the external evidence for the genesis of the *Traité de métaphysique* leads, perforce, to tantalisingly imprecise conclusions. We have described a first stage in 1734 at which the central themes may indeed have been metaphysics and epistemology, developing out of the preoccupations of the *Lettres philosophiques* concerning English thought; a second stage, at the end of 1735 and in early 1736, in which, in a process of revision, the later material on social morality, and perhaps the bridging chapter on free will, were added; and a third stage in 1737, involving two drafts, when these last preoccupations were further developed at the apparent expense of the earlier, more strictly philosophical material. On such a view, the text of the *Traité* that we possess

---

[53] See in particular chapters 1, 'De Dieu', 4, 'De la liberté dans l'homme', and 5, 'De la religion naturelle'. The work was announced to Frederick in a letter of 26 January 1740 (D2149).

would appear to belong predominantly to the second stage. But one part of that text, the 'anthropological' introduction and chapter 1, does not have any very necessary link with either of the first two stages, and relates to nothing specific discoverable in Voltaire's other activities and interests at this time. It may conceivably have been some sort of afterthought. If external evidence seems at this point to have exhausted its usefulness, however, another approach may have something further to contribute. We must next look at the structure of the text itself.

3. *Structure*

The *Traité de métaphysique*, in apparent disregard of its title, 'begins as anthropology and ends as sociology'.[54] The overall pattern seems to be that of a study of man which starts with an appraisal of the races of humanity in their zoological context, moves on to consider the nature of individual human consciousness and the philosophical problems which arise in that connection, and finally takes a view of man as a social animal and the rules by which he conducts himself as such. This would indeed be an ambitious programme to fulfil effectively in detail, even in terms of the state of knowledge at the time; and Voltaire of course is not concerned to do so. The purpose of the 'pattern', rather, is to bring together into some sort of relationship a number of topics on which Voltaire wishes to state and thereby perhaps clarify his own position: topics which preoccupy him at that moment for a diversity of reasons, some relating to his profound psychological needs, others to the tactical demands, offensive or defensive, of the current situation in controversies in which he had become involved.

Our examination of the external evidence concerning the genesis of the *Traité* has suggested that the central core of more

---

[54] J. S. Spink, *French free-thought from Gassendi to Voltaire* (London 1960), p.321.

strictly philosophical material, which the title appears to emphasise unduly,[55] may have been – or part of it may have been – the starting-point of the whole project, and that the concluding 'sociological' chapters belong to a later stage, and perhaps indicate a modified conception, of the work. The introductory 'anthropological' material seems devoid of any ascertainable links with Voltaire's recorded activities during the years that have concerned us, and so for the present may as plausibly be assigned to a later as to an earlier stage in the development of the *Traité*. Moreover, even the central philosophical section (chapters 2-7) may itself contain traces of an initial disunity of purpose. Chapter 2, 'S'il y a un Dieu', might seem a natural introductory chapter for a strictly metaphysical treatise by a deist writer of the period, as it had been for many such works by earlier theologians: and a similar chapter was indeed to form the introduction to Voltaire's *Métaphysique de Newton* in 1740. In the *Traité*, however, it can be fitted in to the man-centred plan only as a necessary piece of foundation-laying which interrupts the natural development. Voltaire begins the chapter by announcing that he proposes to examine in his book various aspects of the mental and moral life of man, but immediately turns aside:

mais la plupart de ces idées ont une dépendance de l'existence ou de la non-existence d'un Dieu. Il faut, je crois, commencer par sonder l'abîme de ce grand principe.

The interpolation thus somewhat clumsily introduced, however, amounts to what is by far the longest chapter in the *Traité*, constituting more than a third of the material of the whole central philosophical section. In treatment, too, it seems to stand apart,

[55] One must remember, however, that Voltaire called his essay a 'traité de métaphysique' only once, when he was describing the version completed in October 1734 (D799). Later, he refers to it once as 'mon petit cours de métaphysique' (to Thiriot, 3 November 1735; D935), at other times as 'ma métaphysique' (to Thiriot, 10 March 1736; D1033); cf. also Frederick to Voltaire (21 September 1737; D1373), or 'mes doutes métaphysiques' (to Frederick, *c.*15 October 1737; D1376).

being organised, unlike any other chapter, in the traditional formal pattern of argument and counter-argument: 'Sommaire des raisons en faveur de l'existence de Dieu', 'Difficultés sur l'existence de Dieu', 'Réponse à ces objections'. Shorn of the bridging passages with which it begins and ends, chapter 2 could stand as an independent document or form part of a rather different philosophical essay, on perhaps more traditionally abstract and formal lines: given these disparities it seems possible that it may have started life as a separate draft, not initially conceived within the context of the *Traité*, but brought in to meet the need to provide a foundation in rational theology for some of the assumptions about God and his role in the universe which were being made in connection with other philosophical problems. Something may even have been committed to paper after the re-reading of Clarke on the subject to which Voltaire refers in August 1733 (D646), and this would then have been available later for revision and development into a *mise au point* of the problem, when Voltaire felt himself to be accused of atheism by the enemies of the *Lettres philosophiques*.[56] Such suggestions must be speculative, but they would serve to account for the idiosyncratic features of this chapter. Its place in the structure of the *Traité* is a matter on which Voltaire seems in any case to have had divergent views.

Other structural peculiarities seem also to point in the same general direction. One of the more striking features of the *Traité* as we have it is the use of the device of the astronaut,[57] the visitor from outer space, a non-human creature with human powers of thought and feeling, who is able to survey the terrestrial scene with a wholly unprejudiced and objective eye. This figure is introduced in the last two paragraphs of the introduction, and

---

[56] See above, p.370. We shall suggest below (p.400), however, that the discussion of deism in the 1734 version of the *Traité* may have been more polemically assertive in tone, and that this separate earlier draft was drawn upon for the text of chapter 2 at a subsequent stage.

[57] For a general account of Voltaire's use of this device, see W. H. Barber, 'Voltaire's astronauts', *French studies* 30 (1976), p.28-42.

chapter 1 is a narrative of his adventures, which take him from southern Africa to India and Java. He then disappears for three chapters, and is presented again in chapter 5. There is a rather perfunctory allusion to the earlier use of the device – 'C'est ici où il est nécessaire plus que jamais de me remettre dans l'état d'un être pensant, descendu d'un autre globe' (l.11-13) – and the space-traveller, defined on the same lines as before, again gives his impressions of the inhabitants of southern Africa; but now his journey goes no further. And the African scenario fades rather quickly when the astronaut's conclusions are challenged by what could only be a mixed touring party of scholastic and Cartesian philosophers (l.65-102).[58] After this the device is mentioned only twice. Chapter 6 begins with the announcement that it is still in force, but it serves only as a convenient reason for avoiding discussion of the immortality of the soul as revealed truth: 'Je me suppose toujours un philosophe d'un autre monde que celui-ci, et qui ne juge que par ma raison' (l.2-3). And in chapter 7 the device is explicitly abandoned as irrelevant to the subject under consideration, since views on free will derive only from the introspection of individual human beings (l.11-15). The two concluding chapters contain a good deal of comparative discussion of animal and human behaviour, and of the differences in moral outlook between various human communities, and therefore might have lent themselves quite well to further use of the device of an extra-terrestrial observer: but it does not reappear.

The astronaut's role in the *Traité* thus seems oddly unsystematic; but it also involves a stranger and more fundamental discrepancy. His second appearance, in chapter 5 – which is introduced with quite as much care as would have been needed if the reader had not met him earlier – is used to establish an idea which is central to Voltaire's thinking at this time, in other parts of the *Traité* and elsewhere. The visitor's observations of the

---

[58] The scene of discussion between the space-traveller and a group of philosophers who are themselves at loggerheads is repeated by Voltaire, on a more elaborate scale and in even more fantastic circumstances, in *Micromégas* (ch.7).

fauna in Africa, from oysters to Hottentots, lead him to conclude that all animal life functions upon the same principles, and can be fully explained in terms of matter endowed by God with perception and organised with differing degrees of complexity. No special doctrine of the soul is then required to account for human consciousness, and both Cartesian and traditional theological doctrines are undermined.

The astronaut's first appearance, however, serves a very different purpose. His observations, based on wider travel, are directed towards defining the concept of man, and his conclusion is that the different races of mankind constitute entirely separate and immutable generic types,[59] and cannot, therefore, have descended from a single human couple, as the book of Genesis proposes. Having scored his point against the Church, however, Voltaire takes matters no further, and does not raise the question whether or how far, if men of different races are in some sense different kinds of animal, it is legitimate to generalise about 'man' at all, as he of course proceeds to do throughout the rest of the *Traité*. Initially, indeed, the abandonment of the astronaut's conclusion is so abrupt as to be ungrammatical. Chapter 2 begins with a sudden switch from the plural back to the singular:

Nous avons à examiner ce que c'est que la faculté de penser dans ces espèces d'hommes différentes; comment lui viennent ses idées, s'il a une âme distincte du corps.[60]

And at a much later stage, in chapter 9, Voltaire is at pains to argue that *in spite of* the large differences between different human communities in the content of the moral code which they accept, there are nevertheless certain fundamental moral concepts which are universal to all mankind. God (l.52-54)

---

[59] The word *species*, with its modern evolutionary and genetic connotations, would be inappropriate here as a rendering of Voltaire's 'espèces d'hommes'.

[60] The variant reading of K85, 'espèces d'homme' seems to be an editorial attempt to improve matters, but it does not overcome the difficulty, since it leaves 'espèces différentes' as the grammatical antecedent of *lui*.

a donné à l'homme certains sentiments dont il ne peut jamais se défaire, et qui sont les liens éternels et les premières lois de la société.

It looks as if, having used the astronaut device to present a Lockeian theme in chapter 5, Voltaire may have subsequently decided to develop it further, to serve an anti-Biblical and anti-clerical purpose, as part of an additional anthropological introductory section to match the later sociological concluding chapters; then however, having made a few somewhat hasty consequential amendments to his draft at the beginning of chapter 2 and in chapter 5, he may have overlooked not only the amount of repetitiousness remaining between the texts of chapters 1 and 5, but also what is more serious, the discrepancy between the conclusions reached in chapter 1 and the assumptions made elsewhere throughout the *Traité* concerning the homogeneity of human nature.[61]

Structural irregularities and defects in articulation of this kind clearly reinforce the picture which has been suggested by the external evidence concerning the genesis of the *Traité*. The extent to which Voltaire's notion of the function and content of the work seems to have varied is further borne out by another class of evidence, namely the descriptions of his own conception of it which Voltaire sets down, at several points in the text itself and also in his letter to Frederick of *c.*15 October 1737 (D1376). And to this class of evidence one may perhaps add such inferences as

---

[61] Precise evidence for dating unfortunately does not exist; but it is worth recording that, while the references in both astronaut passages to the relationship between men and animals have close textual parallels in the 'Lettre sur M. Locke', published in 1738, which Lanson sees as a draft of letter XIII of the *Lettres philosophiques* (see below, ch.1, n.9 and ch.5, n.54), and which therefore belongs to the early 1730s, the only other reference to the diversity of human 'species' occurs in the Leningrad notebooks (see below, ch.1, n.14). Of this collection, the so-called *Sottisier*, Besterman says that 'The volume as a whole probably dates, very roughly from 1735 to 1750' (Voltaire 81, p.29). The reference in chapter 1 to Dubos's *Réflexions critiques* in the latter connection may also indicate late 1736 as a period of composition or at least revision: Voltaire mentions the book in a letter of 24 October that year (see below, ch.1, n.12).

can be drawn from a few indications in the text of the Leningrad draft of the 'chapitre sur la liberté', mentioned above, concerning the structure of the larger project for which this draft was apparently intended. Here again however, as we shall see, interpretation of the evidence cannot go much beyond plausible speculation.

The *Traité* contains four passages in which, in lesser or greater detail, Voltaire describes the intention of his essay or summarises its content. It will perhaps be best to begin by considering these in turn in the order in which they appear.

The first of the four is the opening of chapter 2 (l.1-7), to which we have already referred:

Nous avons à examiner ce que c'est que la faculté de penser dans ces espèces d'hommes différentes; comment lui viennent ses idées, s'il a une âme distincte du corps, si cette âme est éternelle, si elle est libre, si elle a des vertus et des vices, etc.: mais la plupart de ces idées ont une dépendance de l'existence ou de la non-existence d'un Dieu. Il faut, je crois, commencer par sonder l'abîme de ce grand principe.

Here the whole programme seems firmly based on Locke: 'examiner ce que c'est que la faculté de penser' is not far from the *Essay concerning human understanding* as a formulation, and the topics which immediately follow echo the preoccupations of the thirteenth *Lettre philosophique*, while only the later themes go beyond, into the spheres of ethics and theology. The correlation with specific chapters of the *Traité* is close:

a) 'comment lui viennent ses idées': chapter 3, 'Que toutes les idées viennent par les sens'.

b) 's'il y a une âme distincte du corps': chapter 5, 'Si l'homme a une âme, et ce que ce peut être'.

c) 'si cette âme est éternelle': chapter 6, 'Si ce qu'on appelle âme est immortelle'.

d) 'si elle est libre': chapter 7, 'Si l'homme est libre'.

e) 'si elle a des vertus et des vices': chapter 9, 'De la vertu et du vice'.

Finally, the theme of chapter 2 itself, 'S'il y a un Dieu', is introduced at the end of the list as a pre-requisite for all the rest, and the order of topics, once this re-arrangement has been made, is that actually observed in the *Traité*. There are, however, notable omissions. The 'anthropological' material of the introduction and chapter 1 is not mentioned in the plan, and if the only link with what has gone before, the phrase 'ces espèces d'hommes différentes' were replaced by 'l'homme', as the syntax of the opening sentence demands, the reader would have no difficulty in accepting the beginning of chapter 2 as the beginning of a complete treatise. Later chapters of the *Traité* are also unrepresented: chapter 4, 'Qu'il y a en effet des objets extérieurs', goes beyond the scope of this plan while remaining within the field of epistemology; and chapter 8, 'De l'homme considéré comme un être sociable', looks at human society from other standpoints than that of ethics.

The second passage occurs at the end of the same chapter 2. After having established that the existence of God is 'la chose la plus vraisemblable que les hommes puissent penser', Voltaire declares (l.362-374) that:

il semble naturel de rechercher quelle relation il y a entre Dieu et nous; de voir si Dieu a établi des lois pour les êtres pensants, comme il y a des lois mécaniques pour les êtres matériels: d'examiner s'il y a une morale, et ce qu'elle peut être; s'il y a une religion établie par Dieu même [...]: mais ces questions seront plus à leur place quand nous considérerons l'homme comme un animal sociable.

Examinons d'abord comment lui viennent ses idées, et comme il pense, avant de voir quel usage il fait, ou il doit faire de ses pensées.

Here the first four points, concerning the relationship between God and man and the nature of morality, indicate ground covered in chapter 9;[62] the fifth announces the title of chapter 8, and suggests the obviously close connection between the two fields without actually implying that the consideration of 'l'homme

---

[62] The question 's'il y a une religion établie par Dieu même' is discussed in chapter 9 only to the extent of being dismissed with blandly ironic regret as an impossibility: 'Plût au ciel qu'en effet un être suprême nous eût donné des lois, et nous eût proposé des peines et des récompenses!' (l.168-169).

comme un animal sociable' must precede that of religion and morality: the themes of chapter 9 are seen, rather, as an aspect of the broader topic of chapter 8. At this juncture, however, the line of development which seemed to lead quite convincingly from God's existence to God's relationship with man and thence to man's relations with his own kind is interrupted, and it is abruptly proposed, with no reason given, that another topic shall first be explored, that of the nature of consciousness: in fact the material of chapter 3. This scheme, then, seems to envisage a treatise embracing the subjects of chapters 2, 3, 8 and 9 of the *Traité*. Like the first scheme, it apparently omits the topics of the introduction and chapter 1, and of chapter 4; on the other hand, it also omits the discussion of the soul, chapters 5 and 6, and of free will, chapter 7, which the first scheme included; and it envisages a discussion of man as a social animal, chapter 8, which did not specifically figure in the first scheme.

The third passage occurs at the end of chapter 4, and is of more limited interest (l.99-104):

> Quoi qu'il en soit, comme mon principal but est ici d'examiner l'homme sociable, et que je ne puis être sociable s'il n'y a une société, et par conséquent des objets hors de nous, les pyrrhoniens me permettront de commencer par croire fermement qu'il y a des corps, sans quoi il faudrait que je refusasse l'existence à ces messieurs.

The object here is clearly to justify (even if somewhat lamely) the presence of a chapter refuting pyrrhonism; but in doing so Voltaire puts the emphasis much more strongly and exclusively on the 'sociological' aspect of the treatise than in any earlier declaration. The chapter may have been initially something of an afterthought, a reply to the subjective idealist criticism of Locke, as its opening remarks perhaps imply; it seems at any rate to have been revised at a stage when Voltaire's thoughts were primarily concentrated on the problems raised in chapters 8 and 9.

The fourth and last of these passages, at the beginning of chapter 5 (l.1-11), takes the apparent form of a résumé of what has gone before, by way of introduction to the problem of the nature of the soul, with which the chapter is concerned.

Nous sommes certains que nous sommes matière, que nous sentons et que nous pensons; nous sommes persuadés de l'existence d'un Dieu duquel nous sommes l'ouvrage, par les raisons contre lesquelles notre esprit ne peut se révolter. Nous nous sommes prouvé à nous-mêmes que ce Dieu a créé ce qui existe. Nous nous sommes convaincus qu'il nous est impossible, et qu'il doit nous être impossible de savoir comment il nous a donné l'être. Mais pouvons-nous savoir ce qui pense en nous? quelle est cette faculté que Dieu nous a donnée? est-ce la matière qui sent et qui pense? est-ce une substance immatérielle? en un mot, qu'est-ce qu'une âme?

Here we begin with a statement alluding, rather baldly, to the subject of chapter 3, and indirectly to that of chapter 4. This is followed by a much longer reference to the major themes of chapter 2, expressed in tones considerably more positive than the conclusion to that chapter, which talks of God in terms of relative probability rather than of proof. And finally we have a series of questions opening the discussion of the subject-matter of chapter 5 itself.

Again, there is no mention of the 'anthropological' material with which the *Traité* opens; and now the order of topics is changed, to give a plan on Cartesian lines, beginning with the fact of individual consciousness and progressing thence to the necessity of God's existence, which then allows the *nature* of consciousness to be discussed within a theological framework. We seem here to be confronted with a conception of the work in which the emphasis is primarily upon epistemology and natural theology, and where the social and ethical aspects, as well as the anthropological, have not yet emerged.

Can these four passages, with their differing emphases, be made to throw any light on the genesis of the *Traité*? If one bears in mind two facts which we have seen to be fairly solidly established by external evidence, namely that the treatise originated in 1734 in the controversy over the *Lettres philosophiques*, and that the last two chapters are closely connected with Mme

397

Du Châtelet's work on her version of Mandeville in the early months of 1736, some indications may perhaps be extracted from them. In particular, it may be possible to arrange in some sort of chronological order the different plans for the *Traité* which they seem to envisage, and so clarify our picture of the stages of composition through which the work passed.

If one looks at the four passages in this light, the last of them clearly has some claim to be considered the earliest. It introduces chapter 5, which addresses itself precisely to the problem which had occasioned much of the scandal over the *Lettres philosophiques*: that of the relationship between matter and consciousness, raised in the letter on Locke, and treated more fully in the separate longer version of that letter which finally appeared in print in 1738.[63] It implies that the enquiry so far has been concerned first with the individual's awareness of himself as a material but sentient and reflective being, secondly with the rational demonstration of the existence of a God who is, by inscrutable means, the Creator of the universe. Such a scheme, taking its origin like the thought of Descartes and Locke in the problem of knowledge and involving natural theology as the second stage in the discussion, seems very firmly contained within the limited philosophical horizon of the *Lettres philosophiques*. It does not necessarily entail the wider investigation of the human situation which is announced elsewhere as the purpose of the *Traité*. Moreover, the very positive assertion of the validity of the rational proofs of God's existence and of the Creation suggests a vigorously polemical rebuttal of the accusation of atheism provoked by the 'Lettre sur Locke' rather than the balanced debate leading to only 'probable' conclusions presented by chapter 2 of the *Traité*; and we have already suggested that this latter may originally have been written for a somewhat different purpose. We can imagine, therefore, an original draft which consisted of an exposition of the problem of knowledge on Lockeian lines, refuting pyrrhonism, followed by

[63] See above, n.61.

a confident rational demonstration of the existence of a God who is the Newtonian Creator, and culminating in the analysis of the conception of the soul which forms the material of chapter 5. Such an essay would have a certain coherence as a reply to hostile criticism of the *Lettres philosophiques*. It corresponds broadly to our picture, established on other grounds,[64] of the 'petit traité de métaphysique' of October 1734.

The passage which claims second place in our chronological order is the first of those we have discussed (ch.2, l.1-7). Here two further developments are apparent: the discussion of the existence of God is moved forward, as compared with the first scheme, to become the first stage in the argument, and the pattern inherited from the *Discours de la méthode* is thereby abandoned; and the scope of the work is greatly widened, to include the problems of free will and of ethics. We seem here to have reached the overall pattern of the *Traité* as we know it, with the broad purpose of a general study of man, and the progression from theology and epistemology to ethics. Certain elements are still apparently absent, however, notably the introductory 'anthropo-logical' discussion and the analysis of man as a social animal in chapter 8. Since it is this last chapter which shows the strongest influence of Mme Du Châtelet's concern with Mandeville in early 1736, it is tempting to infer that this second scheme reflects an intermediate stage, perhaps in the latter part of 1735, when Voltaire was ready to add a non-religious theory of ethics to his philosophical principles, but had not yet actively concerned himself with the question of the foundations of human society. External evidence in support of such an inference is unfortunately lacking, however, and one cannot do more than speculate. Finally, it may be of significance that the topic of the existence of God is introduced solely in terms of a problem to be impartially debated, in full accordance with the pattern of construction of the chapter which follows: instead of the defensively positive statement, in

[64] See above, p.369-71.

the earlier scheme, that 'nous sommes persuadés de l'existence d'un Dieu duquel nous sommes l'ouvrage, par des raisons contre lesquelles notre esprit ne peut se révolter' (ch.5, l.2-4), we are offered the proposal 'voyons de bonne foi ce que notre raison peut nous apprendre sur cette question: *Y a-t-il un Dieu, n'y en a-t-il pas?*' (ch.2, l.8-10). If our dating is right, it seems plausible that late in 1735, in a mood of resignation partly induced by his failure to obtain public support from Tournemine, Voltaire may have decided to replace the polemical assertion of deist conviction which had been provoked by the dangerous accusations of the previous year by a fuller and more balanced account of his inward uncertainties on the subject, leading to an acceptance of deism on a basis merely of probability. And if this account was essentially an earlier document conceived independently, written, just possibly, on the occasion of Voltaire's re-reading of Clarke's Boyle lectures in 1733,[65] then we would also have an explanation of the discrepancy, both in length and in style, between chapter 2 and the other chapters of the *Traité*, as we have already noted.[66]

The third place in chronological order should perhaps go to the second of our passages, which forms the conclusion of the same chapter. Here the emphasis, as we have seen, is primarily upon the link between the question of God's existence and the social and moral problems which are eventually discussed in chapters 8 and 9 of the *Traité*, and there is now no reference to the topics of the nature of the soul and of free will. Moreover, the transition to the subject of epistemology, which is to be discussed in the two chapters next following, is effected by an abrupt final sentence which makes no real attempt to relate them to the scheme just outlined. This would suggest perhaps a frame of mind in which Voltaire, though reluctant to abandon the older material most closely related to Locke and the *Lettres philosophiques*, is now actively interested chiefly in the issues to be raised in chapters 8 and 9. The announcement that 'nous considérerons

[65] See above, p.367. Voltaire to Formont, c.15 August 1733 (D646).
[66] See above, p.389-90.

l'homme comme un animal sociable' (ch.2, l.370-371), explicitly foreshadowing the title of chapter 8, suggests a date for this passage contemporary, at the earliest, with Mme Du Châtelet's work on Mandeville, and therefore later than that of the scheme proposed at the opening of this same chapter 2. It would therefore seem likely that a decision was taken, some time in the early months of 1736, to insert a chapter on human society, and that this occasioned a further revision which included the addition of new bridging material at the end of chapter 2. In the result, we can descry what is perhaps a turning-point in Voltaire's thinking. The debate covering God's existence emerges as the common ground between two essentially distinct intellectual themes. The first, concerned with perception and the mind-body problem, arises out of Locke and is by early 1736 an issue belonging largely to the past: Voltaire is still ready to defend the position adopted in the *Lettres philosophiques*, but the matter no longer stimulates him to active reflection. The second theme, the philosophical foundations of man's social and moral existence, seems at this juncture to be a much more lively source of interest. It is in this direction that Voltaire's conception of the *Traité* was to develop in the ensuing months.

In this context, the remaining passage of the four, chapter 4, lines 99-104, falls into place as part of a late revision, with its very specific declaration that 'mon principal but ici est d'examiner l'homme sociable' (l.99-100). Its visible lack of plausibility as an explanation for the presence of chapter 4 strongly reinforces the impression of a shift in Voltaire's intentions; and perhaps also lends weight to the view that chapter 4 itself belongs to a relatively early stage, if not actually to the 'petit traité' of 1734 – a point on which we have little evidence to guide us.

A consideration of the structural anomalies, and the various references to the aims and the arrangement of the work itself, contained in the *Traité* has led us, then, to conclusions which tend to reinforce in general terms those indicated by the external evidence we have examined. Some enigmas remain, but on other points new complexities and new hypotheses (however tentative) have succeeded in emerging. A summary of our picture of the genesis of the *Traité* might now run as follows:

1) Chapter 2, 'S'il y a un Dieu', so different in form from the rest of the work, and disproportionately long, may have started life independently from the *Traité*, and could have arisen out of Voltaire's re-reading of Clarke in the summer of 1733.

2) The 'petit traité de métaphysique' of October 1734, which is likely to have been the occasion of the dedicatory quatrain to Mme Du Châtelet published by the Kehl editors (see below, p.503), probably consisted of chapters covering, successively, the ground of chapter 3, 'Que toutes les idées viennent par les sens'; chapter 2, though possibly in the form of a more polemically assertive, and briefer, statement of the case for deism; and chapter 5, 'Si l'homme a une âme...', perhaps also including a discussion on immortality, which is covered in chapter 6 of the *Traité*. Beyond this point, the possibilities become more purely speculative, but it seems conceivable, although there is no positive evidence, that two topics closely related to Voltaire's interest in English philosophy may also have been represented in some form at this stage: the rebuttal of pyrrhonism (chapter 4), and the problem of free will (chapter 7).

3) A draft which perhaps corresponds to the 'petit cours de métaphysique' mentioned to Thiriot in 1735 may have contained further material, and been rearranged, to begin with a chapter on natural theology which has become a lengthy balanced debate (deriving from the text of 1). A full discussion of free will is now certainly included, and there is also, for the first time, an excursion into ethics (chapter 9 of the *Traité*). Whether anything corresponding to chapter 4 was present is no clearer here than at stage 2.

4) A further revision which incorporates the results of the study of Mandeville at Cirey in the early months of 1736, and therefore adds to stage 3 a discussion of the foundations of human society (chapter 8), involves a re-working of the ethical material to give something like chapter 9 of the *Traité*. This draft may well correspond to the 'rêveries métaphysiques' sent to Formont in April 1736 (D1061).

The evidence, both internal and external, has thus built up to the point where we can feel fairly confident that by the spring of 1736 a text existed containing all the elements of the *Traité de métaphysique* comprised in chapters 2 to 9 (though the evidence for chapter 4 is not very circumstantial). This does not, however, justify us in assuming that what was sent to Formont was substantially the *Traité* as we know it. There has been a striking absence, throughout our enquiry, of any evidence whatever relating to the introduction and chapter 1 of our text. None of the passages describing the content of the essay, which we have analysed above, makes any mention of the 'anthropological' approach to the study of man which they present; and there is nothing in the external evidence for the period we have examined that indicates any specific interest in such a theme on Voltaire's part. Moreover, as we have seen, the transition from chapter 1 to chapter 2 is effected by a remarkably clumsy bridging phrase; chapter 2, without it, could serve perfectly well as the starting-point of the essay; and chapter 5 takes up the astronaut device from chapter 1 in such a repetitious way as to suggest that what is now the traveller's second appearance was originally his first. We may then, perhaps, postulate a further stage:

5) A draft covering the full range of the *Traité* as we have it, and formed by the addition to stage 4 of the present introduction, and chapter 1. This draft clearly cannot be dated with any precision, but is probably to be placed between April 1736 and Voltaire's visit to the Netherlands at the end of that year, since we know that he then had with him a copy of a 'métaphysique' which he rashly offered to send to Frederick from Leyden in January 1737.[67] The text itself offers a few hints which might support this view.

In the first place, 1736 was the year in which Voltaire was hard at work on the first draft of his *Eléments de la philosophie de Newton*, and it is clear that in this connection he involved himself seriously

---

[67] D1243. See above, p.384-85.

in the study of astronomy.[68] We find him, for instance, in April requesting from his Paris correspondent Moussinot a copy of a history of astronomy by Cassini,[69] and the correspondence for the second half of the year contains numerous references to his preoccupation with the *Eléments*.[70] Secondly, it was inevitable that this piece of scientific popularisation should have sent him back to Fontenelle's *Entretiens sur la pluralité des mondes*: a joking reference to this book, indeed, in the dedication to the first edition of the *Eléments* was to earn Voltaire some disfavour.[71] Now the text of the introduction to the *Traité* contains, in its concluding paragraphs, a number of precise astronomical details in connection with the space-traveller's voyage. These are not mentioned in chapter 5, where the device of the astronaut is introduced without any such background; he is merely 'un être pensant descendu d'un autre globe'. These details, moreover, are introduced by an explicit parallel between the manner of proceeding which the author proposes to adopt in the present enquiry, and that which he follows in astronomy (introduction, l.39-40):

Je voudrais dans la recherche de l'homme me conduire comme je fais dans l'étude de l'astronomie.

[68] He had, of course, acquired some understanding of Newtonian cosmology in 1732 and 1733, under Maupertuis's guidance, in preparation for the writing of letter xv of the *Lettres philosophiques*, 'Sur le système de l'attraction'. That letter, however, offers little in the way of scientific detail: the *Eléments* demanded a much more thorough grasp of the whole subject.

[69] Jean-Dominique Cassini, *De l'origine et du progrès de l'astronomie et de son usage dans la géographie et dans la navigation*, first published in 1693, and included in a volume of Cassini's *Œuvres diverses* published at Paris in 1730 as vol. 8 of the *Mémoires de l'Académie royale des sciences* (Voltaire to Moussinot, 12 [April 1736]; D1058).

[70] The first specific reference to the proposed work occurs in a letter to Berger datable to July 1736 (D1113). There are numerous further allusions to the *Eléments* throughout the correspondence for the rest of the year; those mentioning points connected with Newtonian astronomy are in the following letters: D1133, D1174, D1202, D1208, D1214 (August-December 1736).

[71] The dedication, to Mme Du Châtelet, begins: 'Madame, ce n'est point ici une marquise, ni une philosophie imaginaire'.

And the whole passage which follows, concerning the value to an objective observer of a remote point of vantage, is directly related to a passage in Fontenelle's *Entretiens*, as is shown below in a note to the text.[72]

Lastly, the rather odd-looking scornful reference to the abbé Dubos at the end of chapter 1 (l.62-64) can perhaps be best accounted for in the chronological context of late 1736. Dubos's *Réflexions critiques sur la poésie et sur la peinture*, first published in 1719, had been twice reprinted, in a revised edition at Paris in 1733, and in a Dutch edition (Utrecht, Néaulme), of which two volumes appeared in 1732 and the third in 1736. This last publication may have come to Voltaire's notice, or he may conceivably have received some communication from Dubos, in the latter part of that year, since in a letter to Berger in October (D1181), and another to Thiriot in November (D1202) he asks to be remembered to him, referring specifically to the *Réflexions* in his letter to Berger. One has the impression that Voltaire had had some slight acquaintance for several years, no doubt in Parisian literary circles, with Dubos who was of course a distinguished historian and Academician of an earlier generation (he died in 1742), but the only previous mention of him in Voltaire's correspondence goes back as far as to 1729 (D350); it appears then, that there was some occasion for a new concern with Dubos on Voltaire's part in the autumn of 1736, and this seems to have involved a new acquaintance with the *Réflexions*.[73]

If our speculations so far are accepted as plausible, there is thus some basis for believing that the document Voltaire took with him when he left Cirey for the Netherlands in 1736 was one recognisably similar to the *Traité de métaphysique* which we possess. Why this should have been the version to survive, and fall into Longchamp's hands, is far from clear; but what is certain

---

[72] See p.418, n.5.

[73] It is noteworthy that the critical allusion in the *Traité de métaphysique* is in strong contrast with the admiration for Dubos which Voltaire expresses elsewhere; see D1526, D2005, D2038.

is that the work underwent two further transformations before finally vanishing from our sight, and sinking below the horizon of Voltaire's concern, by the end of the following year. These may be described as follows:

6) The draft which in part survives in manuscript in Leningrad, to which we have already referred, and which has been published by professor Wade.[74] As mentioned above, this consists of §84-87, preceded by the concluding lines of §83, of a document originally planned to consist of numbered sections, but subsequently modified, by the insertion of a chapter heading and a new introductory passage at the head of §84, together with some other minor changes, to form the fifth chapter, entitled 'De la liberté', of a further version.[75] The ground of chapter 7 of the *Traité* is thus covered in this draft by §84-87. There are few indications concerning what the rest of this text may have amounted to. The Leningrad manuscript, a secretary's fair copy with subsequent corrections in another hand (possibly Voltaire's), written with a large outer margin on both sides of the folios, bears the original pagination 61-74, so it is not unreasonable to assume that the

[74] See above, p.386. Wade, p.88-108.

[75] It seems likely, however, that the intention at this stage was merely to insert chapter headings into a work in which the sections would continue to be numbered consecutively throughout the whole. In the Leningrad manuscript, the section numbers were not deleted when the chapter heading was inserted; and a note to the deleted passage from §83 (see below, appendix I, variant to lines 1-3) ends with what seems to be an uncompleted cross-reference, 'Voyez sur cela ch. § '. Professor Wade's reading of this as 'ch.8' (p.92) takes no account of the substantial space left blank after 'ch.', and overlooks the fact that the symbol read as '8' is formed quite differently from the figure 8 in the section numbers '84' etc. in the adjacent text, while it quite closely resembles the shape of the section sign '§' which precedes them. It is perhaps significant that the system of numbered and headed chapters combined with consecutive section numbering throughout the book is that followed by Mme Du Châtelet in her *Institutions de physique*, which was complete in its original form by the summer of 1738, and must have been begun at least a year earlier; see W. H. Barber, 'Mme Du Châtelet and Leibnizianism: the genesis of the *Institutions de physique*', *The Age of the Enlightenment*, ed. W. H. Barber *et al.* (Edinburgh and London 1967), p.211.

missing early part, §1-83, occupied pages 1-60. What this early part contained is a mystery to which we have only three clues. The first clue concerns §15, to which there are two references (appendix 1, 246-265𝑣 and 384𝑣). The latter of these references implies that in this section 'il a été démontré que Dieu est libre', and the former of them is actually replaced, in the text sent to Frederick, by a passage (l.247-265) setting out the arguments of such a demonstration. It therefore seems clear that some of the early sections of the draft, including §15, were concerned with the subject of 'the being and attributes of God' (in Clarke's phrase), covered in chapter 2 of the *Traité*. The second clue is less substantial. The manuscript contains a note (appendix 1, 98𝑣), which professor Wade believes to be in Mme Du Châtelet's hand,[76] linking the argument against determinism offered at this point in the draft with the reply to the '3e argument contre l'existence des corps'; and a deleted phrase implies that this reply figured in the preceding chapter. There was presumably then, somewhere in the earlier material, a refutation of pyrrhonism on the lines of chapter 4 of the *Traité*. In view however of the fact that the precise reference to the 'chapitre precedant' is crossed through in the manuscript, it seems unlikely that this material had been kept in this position: that is to say, that it occupied the sections immediately preceding those constituting the 'chapitre 5, De la liberté'. This doubt is reinforced, if anything, by the third clue, which is yet more tenuous: the few lines of §83-84, and the note added in the margin beside them (appendix 1, 1-3𝑣), which stand, crossed through, at the head of the first page of the manuscript. This deleted passage seems quite clearly to imply that the preceding sections were concerned with a problem in Cartesian physics, the nature and conservation of movement; and the note alludes to the rival Leibnizian theory that it is the total quantity of force, rather than of movement, which is constant in the universe. The link between this topic and what follows, on

---

[76] Wade, p.97, and *Voltaire and madame Du Châtelet* (Princeton 1941), p.23.

human free will, is indicated plausibly enough, but it is not clear how it can have been related to earlier material, and in particular to a refutation of pyrrhonism, if that, at some point, constituted the 'chapitre precedant'. Certainly such a topic is unrelated to anything we have found in the *Traité* and its earlier stages, though it is touched upon by Voltaire in chapter 9 of the *Eléments de la philosophie de Newton*. All that one can say of this draft, then, is that apart from the discussion of free will which has survived, and which is an extended and improved re-working of chapter 7 of the *Traité*, it contained material analogous with that of chapters 2 and 4 of the *Traité*, and apparently other material more easily related to the *Eléments*, of which a draft certainly existed by the winter of 1736-1737. Finally, it seems clear that this manuscript was concluded by the copyist at the point where the chapter 'De la liberté' ends. The manuscript extends as far as the eighth line of page 74; beneath the final phrase, 'ne renonçons pas aux facultés d'un homme', a diagonal line is drawn, and the rest of the page is blank. In this version at least, it appears that there was no attempt to go beyond the problem of free will to a discussion of ethics and the nature of human society. We seem, then, to be in the presence of a more strictly philosophical draft, having affinities more with stages 2 and 3, of 1734 and 1735, than with the later versions of the *Traité* and their growing emphasis on social and moral problems: it is striking, in this connection, that the question of free will is introduced here as a justifiable digression, as a topic whose importance for morality vindicates its presence, although it is not strictly relevant to the subject in hand (appendix 1, 1-5). How Voltaire conceived that subject we have no means of knowing; but it embraced some aspects of mechanics, as well as epistemology and natural theology. At a guess, the Leningrad manuscript may be a fragment of a draft which was an expanded version of the abandoned final chapter on metaphysics written for the first version of the *Eléments* in 1736; as such, it may be one stage in a process of development leading ultimately to the anti-Leibnizian *Métaphysique de Newton* of 1740, which was incorporated, as Part 1, into the 1741 edition of the *Eléments*. Certainly all the topics of which we have found traces in the Leningrad document are present in the *Métaphysique*, in spite of the preoccupation with the defence of Newton against Leibniz, which is a product of the events of 1739.

Voltaire sent what he calls 'un extrait d'un chapitre sur la liberté', in fact an amended version of the Leningrad 'chapitre 5', to Frederick with his letter of *c*.15 October 1737 (D1376), in response to the latter's long-standing desire to know more about what Voltaire now terms his 'doutes métaphysiques'. And in the body of the letter he outlines a scheme of thinking which is clearly related to the various patterns in the evolution of the *Traité de métaphysique* which we have considered, and which may consequently be regarded as a seventh (and final) stage:

7) The chapter on free will, it seems to be implied, has been sent to Frederick as a sample because of its fundamental significance: free will is the cornerstone of morality, and Voltaire now begins his analysis with the declaration 'Je ramène toujours, autant que je peux, ma métaphysique à la morale'. The effect of this heightened emphasis on ethics is that the strictly metaphysical topics in earlier schemes are now passed over or mentioned only briefly, and in a mood of increased scepticism. Nothing can really be known of the soul, nor of God: their existence is a rational inference, but beyond that point no progress can be made:

J'ai examiné sincèrement, et avec toute l'attention dont je suis capable, si je peux avoir quelques notions de l'âme humaine; et j'ai vu que le fruit de toutes mes recherches est l'ignorance. Je trouve qu'il en est de ce principe pensant, libre, agissant, à peu près comme de dieu même: ma raison me dit que je ne puis savoir ce qu'il est.

What matters is not the ultimate nature of man, but his actual behaviour and the rules which govern it. Voltaire puts the point in a metaphor with strongly Newtonian overtones:

Mon principal but, après avoir tâtonné autour de cette âme pour deviner son espèce, est de tâcher au moins de la régler; c'est le ressort de notre horloge. Toutes les belles idées de Descartes, sur l'élasticité, ne m'apprennent point la nature de ce ressort; j'ignore encore la cause de l'élasticité: cependant je monte ma pendule, elle va tant bien que mal.

And he then goes on to expound in some detail the universal principles of social morality which are put forward in chapter 9 of the *Traité*, though without the same framework of implied reference to the radically different conception of the nature of morality which is characteristic of revealed religion. Frederick needed no convincing of the invalidity of Christian dogma, and it may be that by this date Voltaire himself felt that he had left behind him any personal need to adopt a combative stance on this subject: subsequent polemics against theological authority were to be essentially for public consumption.

It is difficult to infer any very precise plan for the 'doutes métaphysiques' from the content of this letter. If the numbering of the essay on free will as 'chapitre 5' in the Leningrad manuscript was still valid at the time Voltaire was writing, then one may perhaps envisage four preceding chapters covering, in fairly summary form, the material of chapters 1 to 6 of the *Traité*, and after the central chapter on 'la liberté' a long concluding section, perhaps of several chapters, on the principles of social morality. From the strength of the emphasis on the uselessness of speculative metaphysics in the letter, however, one might rather conclude that such matters as God and the soul were now disposed of in a brief preliminary section, to be followed by two expanded essays, on free will and on ethics. The question of the origin of human society, the subject of chapter 8 of the *Traité*, is dismissed in one sentence in Voltaire's letter,[77] and it appears now to be subsumed into the broader ethical discussion.

The internal evidence seems therefore in general to strengthen, and in some respects to amplify, the conclusions reached earlier on external grounds concerning the history of the composition of the *Traité de métaphysique*. In particular, it has emerged that the

[77] 'Il me paraît évident que Dieu a voulu que nous vivions en société, comme il a donné aux abeilles un instinct et des instruments propres à faire le miel'.

Traité as we know it represents, fairly probably, a state of the text reached in the summer or autumn of 1736, and constitutes the fifth of seven distinguishable stages in the evolution of the work. The chief value of the enquiry, however, is that it allows us to grasp a little more clearly the crucial development in the orientation of Voltaire's thought that was taking place over the years 1734-1737. The need to come to grips with the central problems of metaphysics and epistemology, stimulated by his contact with English thought and the reactions produced by the *Lettres philosophiques*, seems, by late 1735, to have been superseded by a new impulse towards social and ethical preoccupations. This favoured, or perhaps was partly induced by, a revival of his earlier scepticism concerning the value of metaphysical speculation, and the Voltaire that emerges in the letter to Frederick of October 1737 already shows the major features of the great champion of human enlightenment whom the world had to reckon with in later decades. Such active concern with philosophical problems as remained was confined largely to the context of natural science and its foundations. The implications of the Leningrad manuscript and of the letter to Frederick would seem to be that the *Traité de métaphysique* was destined inevitably to disintegrate: its intellectual remains are interred in *La Métaphysique de Newton* and the *Discours en vers sur l'homme*.

4. Editorial principles

The only authentic text of the *Traité de métaphysique*, and the first to be published, is that of the Kehl *Œuvres complètes*. It appears at p.13-76 of volume 32 of each of the two issues, dated 1784 and 1785 respectively, of the octavo edition; and at p.13-93 of volume 40 of the duodecimo edition of 1785. The 1784 octavo version has been taken as the base text (K84), and variants are given from the 1785 octavo version (K85) and the duodecimo (K12). These are for the most part trivial, and where, as most frequently happens, K85 and K12 agree against K84 one suspects editorial emendation. The possibility that one or both of the later versions were re-checked against the manuscript cannot, however, be excluded. Punctuation becomes successively heavier in K85 and K12, but variants have not been recorded except where the sense is affected.

Moland (xxii.189-230) follows the Kehl text, but with modernised spelling and punctuation, and some minor editorial errors and emendations. The students' edition by Mrs H. Temple Patterson (Manchester 1937; second, revised, edition 1957), with useful introduction and notes, reproduces Kehl in the original orthography.[78]

K84

OEUVRES / COMPLETES / DE / VOLTAIRE. /TOME TRENTE-DEUXIEME. / [*swelled rule, 38 mm*] / DE L'IMPRIMERIE DE LA SOCI-ÉTÉ LITTÉRAIRE- / TYPOGRAPHIQUE. / 1784.

[*half-title*] OEUVRES / COMPLETES / DE / VOLTAIRE. /

8°. sig. π^2 A-Kk⁸ Ll⁴ (± R3, Dd1); pag. [*4*] 535; $4 signed, arabic (– Ll3-4); direction line '*Philofophie &c.* Tome I.'; sheet catchwords.

[*1*] half-title; [*2*] blank; [*3*] title; [*4*] blank; [1] A1*r* 'PHILOSOPHIE / GENERALE: / METAPHYSIQUE, / MORALE / ET THEOLOGIE. / *Philofophie &c.* Tome I. A'; [2] blank; [3]-12 Avertissement des éditeurs; 13-76 Traité de métaphysique; [77]-528 other texts; [529]-535 Table des pièces contenues dans ce volume.

Volume 70 of this edition contains (p.[427]-544) a section of 'Eclaircissemens, additions et corrections': three corrections, on p.476, concern the

[78] I wish to record my thanks to the authorities of the Saltykov-Shchedrin State Public Library, Leningrad, and of the Bibliothèque municipale, Rheims, for kindly providing me with photocopies of manuscript material; to the Central Research Fund of the University of London for help with travel expenses incurred in the preparation of this edition; and to the Governors of Birkbeck College, University of London, for a generous grant of study leave and many other facilities. I am also much indebted to the help of my research assistant, Mrs S. C. Colvington.

Traité and are recorded in the textual apparatus below under the siglum
K84E.

Taylor: VF.

K85

OEUVRES / COMPLETES / DE / VOLTAIRE. /TOME TRENTE-
DEUXIEME. / [*swelled rule, 38 mm*] / DE L'IMPRIMERIE DE LA SOCI-
ÉTÉ LITTÉRAIRE- / TYPOGRAPHIQUE. / 1785.

[*half-title*] OEUVRES / COMPLETES / DE / VOLTAIRE. /

8°. sig. π^2 A-Kk^8 Ll^4 ($\pm$ R3, Dd1); pag. [*4*] 535; \$4 signed, arabic (–
Ll3-4); direction line '*Philofophie &c.* Tome I.'; sheet catchwords.

[*1*] half-title; [*2*] blank; [*3*] title; [*4*] blank; [1] A1*r* 'PHILOSOPHIE /
GENERALE: / METAPHYSIQUE, / MORALE, / ET THEOLOGIE. /
Philofophie &c. Tome I. A'; [2] blank; [3]-12 Avertissement des éditeurs;
13-76 Traité de métaphysique; [77]-528 other texts; [529]-535 Table des
pièces contenues dans ce volume.

The date on the title is not a reliable indication of the edition involved.
This later version has a comma after 'MORALE' on p.[1], in addition
to the textual variants recorded in the critical apparatus below. The
cancels are not identical to those in K84, since R3*r* starts 'perfide' in K84
but 'dieux' in K85 and Dd1*v* ends respectively 'les' and 'de'. Neither
affects the *Traité*.

The 'Eclaircissemens, additions et corrections' in volume 70 (p.[427]-
516) record (on p.458) two corrections to the *Traité*: siglum K85E.

Taylor: VF.

K12

OEUVRES / COMPLETES / DE / VOLTAIRE. /TOME QUARANTI-
EME. / [*swelled rule, 28 mm*] / DE L'IMPRIMERIE DE LA SOCIÉTÉ
LITTÉRAIRE- / TYPOGRAPHIQUE. / 1785.

[*half-title*] OEUVRES / COMPLETES / DE / VOLTAIRE. /

12°. sig. π^2 A-Nn^{8,4} Oo^6 (Oo6 blank); pag. [*4*] 442; \$4,2 signed, arabic
(– Oo4); direction line '*Philofophie, &c.* Tome I.'; signature preceded by
asterisk except in sig. B; sheet catchwords.

[*1*] half-title; [2] blank; [*3*] title; [*4*] blank; [1] A1*r* 'PHILOSOPHIE /

413

GENERALE: / METAPHYSIQUE, / MORALE, / ET THEOLOGIE. / *Philofophie, &c.* Tome I.   *A'; [2] blank; [3]-12 Avertissement des éditeurs; [13]-93 Traité de métaphysique; [94] blank; [95]-434 other texts; [435]-442 Table des pièces contenues dans ce volume.

The 'Eclaircissemens, additions et corrections' (siglum K12E) occupy p.[515]-582 of volume 92 and record (on p.538) the same corrections as K85E.

Taylor: VF.

TRAITÉ

DE

MÉTAPHYSIQUE[1]

[1] It is perhaps worth noting that Buffier's *Traité des premières véritez* (Paris 1724), which Voltaire must have known, has a concluding section entitled 'Sixième partie, ou Remarques sur divers Traitez de Métaphysique', which consists of comments on Descartes, on Locke's *Essay* (in Coste's translation), on Malebranche's *De la recherche de la vérité*, and more briefly on Leclerc, on Crousaz's *Logique* and on Régis. As we have seen (introduction, p.389 and n.55), Voltaire himself used the title *Traité de métaphysique* only of the 1734 draft, which was the version most exclusively concerned with the topics covered by Buffier. Elsewhere Buffier defines metaphysics in very broad terms: 'cette science a pour objet propre et particulier de faire une Analyse si exacte des objets de l'esprit, que l'on pense sur toutes choses avec la plus grande exactitude et la plus grande précision qui se puisse' (*Elémens de métaphysique à la portée de tout le monde*, Paris 1725, p.13). Ricotier, in the 'Avertissement' to his translation of Clarke's *Demonstration of the being and attributes of God* says that the book 'porte le titre de sermons. Cependant rien ne ressemble moins à un recueil de sermons que ce livre. Il a bien plus l'air d'un traité de Métaphysique' (2nd ed., Amsterdam 1727, i.VII).

INTRODUCTION

Doutes sur l'homme

Peu de gens s'avisent d'avoir une notion bien entendue de ce que c'est que l'homme. Les paysans d'une partie de l'Europe n'ont guère d'autre idée de notre espèce que celle d'un animal à deux pieds, ayant une peau bise, articulant quelques paroles, cultivant la terre, payant, sans savoir pourquoi, certains tributs à un autre animal qu'ils appellent *roi*, vendant leurs denrées le plus cher qu'ils peuvent, et s'assemblant certains jours de l'année pour chanter des prières dans une langue qu'ils n'entendent point. 5

Un roi regarde assez toute l'espèce humaine comme des êtres faits pour obéir à lui et à ses semblables. Une jeune Parisienne, qui entre dans le monde, n'y voit que ce qui peut servir à sa vanité; et l'idée confuse qu'elle a du bonheur, et le fracas de tout ce qui l'entoure, empêchent son âme d'entendre la voix de tout le reste de la nature. Un jeune Turc, dans le silence du sérail, regarde les hommes comme des êtres supérieurs, obligés par une certaine loi à coucher tous les vendredis avec leurs esclaves; et son imagination ne va pas beaucoup au-delà. Un prêtre distingue l'univers entier en ecclésiastiques et en laïques; et il regarde sans difficulté la portion ecclésiastique comme la plus noble, et faite pour conduire l'autre, etc., etc. 10 15 20

Si on croyait que les philosophes eussent des idées plus complètes de la nature humaine, on se tromperait beaucoup: car si vous en exceptez Hobbes, Locke, Descartes, Bayle et un très petit nombre d'esprits sages, tous les autres se font une opinion particulière sur l'homme, aussi resserrée que celle du vulgaire, et seulement plus confuse. Demandez au P. Mallebranche ce que c'est que l'homme; il vous répondra que c'est une substance faite à l'image de Dieu, fort gâtée depuis le péché originel, cependant plus unie à Dieu qu'à son corps, voyant tout en Dieu, pensant, sentant tout en Dieu.[2] 25 30

---

[2] Malebranche, *De la recherche de la vérité, passim*, but in particular book I, ch. I

Pascal regarde le monde entier comme un assemblage de méchants et de malheureux, créés pour être damnés, parmi lesquels cependant Dieu a choisi de toute éternité quelques âmes, c'est-à-dire une sur cinq ou six millions pour être sauvée.

L'un dit: L'homme est une âme unie à un corps; et quand le corps est mort, l'âme vit toute seule pour jamais.[3]   35

L'autre assure que l'homme est un corps qui pense nécessairement;[4] et ni l'un ni l'autre ne prouvent ce qu'ils avancent. Je voudrais dans la recherche de l'homme me conduire comme je fais dans l'étude de l'astronomie: ma pensée se transporte quelquefois hors du globe de la terre, de dessus laquelle   40 tous les mouvements célestes paraîtraient irréguliers et confus. Et après avoir observé le mouvement des planètes comme si j'étais dans le soleil,[5] je compare les mouvements apparents que je vois sur la terre avec les mouvements véritables que je verrais   45 si j'étais dans le soleil. De même je vais tâcher, en étudiant l'homme, de me mettre d'abord hors de sa sphère et hors d'intérêt, et de me défaire de tous les préjugés d'éducation, de patrie, et surtout des préjugés de philosophe.

Je suppose, par exemple, que né avec la faculté de penser et de   50 sentir que j'ai présentement, et n'ayant point la forme humaine,

---

(i), 'De la nature et des propriétés de l'entendement', iii.ii, ch.6, 'Que nous voyons toutes choses en Dieu', and v, ch.2, 'De l'union de l'esprit avec les objets sensibles'.

[3] Malebranche, *De la recherche de la vérité*, iv, ch.2 (iv).

[4] The syntax seems to indicate Pascal, but the statement is more precisely true of Descartes, although Pascal would not necessarily have demurred.

[5] See Fontenelle, *Entretiens sur la pluralité des mondes*, 'Quatrième soir': 'Enfin, quoi que ce puisse être que le soleil, il ne paraît nullement propre à être habité. C'est pourtant dommage, l'habitation serait belle. On serait au centre de tout, on verrait toutes les planètes tourner régulièrement autour de soi, au lieu que nous voyons dans leurs cours une infinité de bizarreries, qui n'y paraissent que parce que nous ne sommes pas dans le lieu propre pour en bien juger, c'est-à-dire au centre de leur mouvement' (ed. R. Shackleton, Oxford 1955, p.117). Voltaire's Ferney library included the *Entretiens*, in Fontenelle, *Œuvres diverses* (Paris 1724), i (BV, no.1363).

je descends du globe de Mars ou de Jupiter.[6] Je peux porter une
vue rapide sur tous les siècles, tous les pays, et par conséquent
sur toutes les sottises de ce petit globe.

Cette supposition est aussi aisée à faire pour le moins, que   55
celle que je fais quand je m'imagine être dans le soleil pour
considérer de là les seize planètes[7] qui roulent régulièrement dans
l'espace autour de cet astre.

[6] Voltaire introduces the notion of space travel in the Rouen text of the *Temple
du Goût* (1733), in a jocular allusion to Fontenelle and his *Entretiens sur la pluralité
des mondes* (ed. Carcassonne, p.78):

>C'était le sage Fontenelle,
>Qui par les Beaux Arts entouré,
>Répandait sur eux, à son gré,
>Une clarté pure et nouvelle,
>D'une Planète, à tire d'aile,
>En ce moment il revenait,
>Dans ces lieux où le Goût tenait
>Le siège heureux de son empire.

However, the device of the extra-terrestrial observer of human affairs, developed
further in the lost *Voyage du baron de Gangan* (1739) which ultimately became
Micromégas, makes its first appearance here.

[7] Voltaire has in mind the six major planets then known to astronomy:
Mercury, Venus, Earth, Mars, Jupiter and Saturn; with their ten known satellites:
the Moon, the four satellites of Jupiter and the five of Saturn. See Fontenelle,
Entretiens, 'Quatrième soir' (ed. Shackleton, p.124-25), and Henry Pemberton,
A view of Sir Isaac Newton's philosophy (1728), II, ch.3. See also Jean-Dominique
Cassini, *De l'origine et du progrès de l'astronomie* (1693): 'Outre les sept planètes
principales qui ont été connues aux anciens, les grandes lunettes ont donné le
moyen d'en découvrir en ce siècle neuf autres dont les observations sont d'un
très grand usage' (*Œuvres diverses*, Paris 1730, p.45). Voltaire requested this book
from Moussinot in a letter of 12 [April 1736] (D1058). The 'neuf autres', the
satellites of Jupiter and Saturn, had been studied in detail by Cassini, who had
made an important contribution to astronomical knowledge of them.

Des différentes espèces d'hommes

Descendu sur ce petit amas de boue et n'ayant pas plus de notion de l'homme que l'homme n'en a des habitants de Mars ou de Jupiter, je débarque vers les côtes de l'Océan, dans le pays de la Cafrerie,[8] et d'abord je me mets à chercher un *homme*. Je vois des singes, des éléphants, des nègres qui semblent tous avoir quelque lueur d'une raison imparfaite. Les uns et les autres ont un langage que je n'entends point, et toutes leurs actions paraissent se rapporter également à une certaine fin. Si je jugeais des choses par le premier effet qu'elles font sur moi, j'aurais du penchant à croire d'abord que de tous ces êtres, c'est l'éléphant qui est l'animal raisonnable; mais pour ne rien décider trop légèrement, je prends des petits de ces différentes bêtes; j'examine un enfant nègre de six mois, un petit éléphant, un petit singe, un petit lion, un petit chien; je vois, à ne pouvoir douter, que ces jeunes animaux ont incomparablement plus de force et d'adresse, qu'ils ont plus d'idées, plus de passions, plus de mémoire que le petit nègre, qu'ils expriment bien plus sensiblement tous leurs désirs; mais au bout de quelque temps le petit nègre a tout autant d'idées qu'eux tous.[9] Je m'aperçois même que ces animaux nègres ont

2 K84, K85, K12: l'homme en a [K84E, K85E, K12E β]

[8] Africa south of Ethiopia, in the definition of, e.g., the *Dictionnaire de Trévoux*.
[9] This passage has a parallel in the 'Lettre sur M. Locke', first published in 1738, but in circulation in MS before that date. Lanson argues that this document is a first draft of letter XIII, to which it figures as an appendix in his edition of the *Lettres philosophiques*: 'Prenons un enfant à l'instant de sa naissance, et suivons pas à pas le progrès de son entendement. [...] Le jour que sa mère est accouchée de lui et de son âme, il est né aussi un chien dans la maison, un chat et un serin. Au bout de trois mois j'apprens un menuet au serin, au bout d'un an et demi je fais du chien un excellent chasseur, le chat au bout de six semaines fait déjà tous ses tours, et l'enfant au bout de quatre ans ne fait rien du tout. [...] je crois d'abord que le chien, le chat et le serin sont des créatures très intelligentes, et que le petit enfant est un automate; cependant petit à petit je m'aperçois que

entre eux un langage bien mieux articulé encore, et bien plus   20
variable que celui des autres bêtes. J'ai eu le temps d'apprendre
ce langage; et enfin à force de considérer le petit degré de
supériorité qu'ils ont à la longue sur les singes et sur les éléphants,
j'ai hasardé de juger, qu'en effet c'est là l'*homme*; et je me suis fait
à moi-même cette définition: 25

L'homme est un animal noir qui a de la laine sur la tête,
marchant sur deux pattes, presque aussi adroit qu'un singe, moins
fort que les autres animaux de sa taille, ayant un peu plus d'idées
qu'eux, et plus de facilité pour les exprimer; sujet d'ailleurs à
toutes les mêmes nécessités, naissant, vivant et mourant tout   30
comme eux.

Après avoir passé quelque temps parmi cette espèce, je passe
dans les régions maritimes des Indes orientales. Je suis surpris de
ce que je vois: les éléphants, les lions, les singes, les perroquets
n'y sont pas tout à fait les mêmes que dans la Cafrerie, mais   35
l'homme y paraît absolument différent; ils sont d'un beau jaune,
n'ont point de laine, leur tête est couverte de grands crins noirs.
Ils paraissent avoir sur toutes les choses des idées contraires à
celles des nègres. Je suis donc forcé de changer ma définition et
de ranger la nature humaine sous deux espèces: la jaune avec des   40
crins, et la noire avec de la laine.

Mais à Batavia, Goa et Suratte, qui sont les rendez-vous de
toutes les nations, je vois une grande multitude d'Européens qui
sont blancs et qui n'ont ni crins ni laine, mais des cheveux blonds
fort déliés avec de la barbe au menton. On m'y montre aussi   45
beaucoup d'Américains[10] qui n'ont point de barbe; voilà ma
définition et mes espèces d'hommes bien augmentées.

Je rencontre à Goa une espèce encore plus singulière que toutes

cet enfant a aussi des idées, de la mémoire, qu'il a les mêmes passions que ces
animaux, et alors j'avoue qu'il est aussi, comme eux, une créature raisonnable.
[...] J'aperçois qu'à l'âge de 6 ou 7 ans l'enfant combine dans son petit cerveau
presqu'autant d'idées que mon chien de chasse dans le sien. Enfin il atteint avec
l'âge un nombre infini de connaissances' (i.195-96).
[10] An echo, no doubt, of *Alzire ou les Américains*.

celles-ci; c'est un homme vêtu d'une longue soutane noire, et qui
se dit fait pour instruire les autres.[11] Tous ces différents hommes,
me dit-il, que vous voyez sont tous nés d'un même père; et de là
il me conte une longue histoire. Mais ce que me dit cet animal,
me paraît fort suspect. Je m'informe si un nègre et une négresse
à la laine noire et au nez épaté font quelquefois des enfants blancs,
portant cheveux blonds, et ayant un nez aquilin et des yeux bleus;
si des nations sans barbe sont sorties des peuples barbus, et si les
blancs et les blanches n'ont jamais produit des peuples jaunes.
On me répond que non, que les nègres transplantés, par exemple,
en Allemagne ne font que des nègres, à moins que les Allemands
ne se chargent de changer l'espèce, et ainsi du reste. On m'ajoute
que jamais homme un peu instruit n'a avancé que les espèces non
mélangées dégénérassent, et qu'il n'y a guère que l'abbé Dubos
qui ait dit cette sottise dans un livre intitulé: *Réflexions sur la
peinture et sur la poésie, etc.*[12]

[11] Goa was familiar to French readers as an important centre of church activity
in the East primarily through an account by a French doctor, Charles Dellon,
of his experiences in the hands of the Inquisition there: his *Relation de l'Inquisition
de Goa* first appeared in 1688 and was frequently reprinted. Voltaire at Ferney
possessed a copy of an edition of 1737 (BV, no.973). This book is a major
source for his description of the procedures of the Portuguese Inquisition in
Candide.

[12] The abbé Dubos's work was first published, anonymously, in 1719: *Réflexions critiques sur la poésie et sur la peinture* (Paris). A second edition, 'revue,
corrigée et considérablement augmentée', appeared in 1733 (Paris), and there
was a Dutch edition (Utrecht, Néaulme) of which two volumes appeared in
1732 and the third in 1736. The Ferney library contained the fourth edition, of
1740 (BV, no.1111). Voltaire refers to this and other works by Dubos in a letter
of 24 October 1736 (D1181): conceivably the appearance of the third volume
of the Utrecht edition had come to his notice, and provoked him to refresh his
memory. The passage alluded to here is in tome 2 of Dubos's work, the opening
pages of section 15, 'Le pouvoir de l'air sur le corps humain prouvé par le
caractère des nations'. Here Dubos argues that, since all men are descended
from Adam, racial and national differences are attributable to climate and
environment: however diverse their ethnic origins, the inhabitants of a given
country will come to resemble each other in the end, and national character,
being the product of environment, survives even a discontinuity of the popula-
tion through migration and conquest.

Il me semble alors que je suis assez bien fondé à croire qu'il 65
en est des hommes comme des arbres;[13] que les poiriers, les
sapins, les chênes et les abricotiers ne viennent point d'un même
arbre, et que les blancs barbus, les nègres portant laine, les jaunes
portant crins, et les hommes sans barbe ne viennent pas du même
homme.[14] 70

[13] This comparison may be an echo of the celebrated parallel between men
and trees which Fontenelle uses to open his *Digression sur les anciens et les modernes*
(1688); the idea of the immutability of species is common to both texts, but
Fontenelle is not concerned to distinguish between various human 'species' as
Voltaire does. See Fontenelle, *Entretiens*, ed. R. Shackleton, p.35 and 161-62.
For both writers, the most acceptable explanation of this immutability is to be
found in the doctrine of 'la préexistence des germes', predominant in the
eighteenth century. See J. Roger, *Les Sciences de la vie dans la pensée française du
XVIIIe siècle* (2nd ed., Paris 1971), ch.3 *passim*, on Fontenelle p.365-66, and on
Voltaire p.733.
[14] See Leningrad notebooks: 'Ceux qui ont écrit sur l'homme, n'ont jamais
considéré l'homme en général. Le père Mallebranche regarde l'homme comme
une âme crétienne, la Bruyère comme un français qui a des ridicules etc. Celuy
qui feroit un traitté des chiens devroit il ne parler que des épagneuls? Il [y] a
des hommes noirs, blancs, jaunes, barbus, sans barbes, les uns nez pour penser
baucoup, les autres pour penser très peu, etc.' (Voltaire 81, p.348-49).

CHAPITRE II

S'il y a un Dieu

Nous avons à examiner ce que c'est que la faculté de penser dans ces espèces d'hommes différentes; comment lui viennent ses idées, s'il a une âme distincte du corps, si cette âme est éternelle, si elle est libre, si elle a des vertus et des vices, etc.: mais la plupart de ces idées ont une dépendance de l'existence ou de la non-existence 5 d'un Dieu. Il faut, je crois, commencer par sonder l'abîme de ce grand principe. Dépouillons-nous ici plus que jamais de toute passion et de tout préjugé, et voyons de bonne foi ce que notre raison peut nous apprendre sur cette question: *Y a-t-il un Dieu: n'y en a-t-il pas?* 10

Je remarque d'abord qu'il y a des peuples qui n'ont aucune connaissance d'un Dieu créateur;[15] ces peuples à la vérité sont barbares, et en très petit nombre: mais enfin ce sont des hommes; et si la connaissance d'un Dieu était nécessaire à la nature humaine, les sauvages hottentots auraient une idée aussi sublime 15 que nous d'un être suprême. Bien plus, il n'y a aucun enfant chez les peuples policés qui ait dans sa tête la moindre idée d'un Dieu.[16] On la leur imprime avec peine; ils prononcent le mot de *Dieu* souvent toute leur vie sans y attacher aucune notion fixe; vous voyez d'ailleurs que les idées de Dieu diffèrent autant chez les 20 hommes que leurs religions et leurs lois, sur quoi je ne puis m'empêcher de faire cette réflexion: est-il possible que la connais-

---

2   K85: espèces d'homme différentes

---

[15] See Locke, *Essay concerning human understanding*, I.iii.§8 and Bayle, *Pensées diverses sur la comète*, ch.129, and *Continuation des pensées diverses*, ch.13 and 14. The authorities go back to Strabo, and Bayle cites several modern writers who had discussed the further evidence in contemporary travel narratives. La Mothe Le Vayer refers to other testimony of the same kind in his *Dialogues d'Orasius Tubero*, v, 'Sur la divinité' (or, 'De la diversité des religions'), 1630 (La Mothe Le Vayer, *Deux dialogues*, ed. E. Tisserand, Paris 1922, p.89-92).
[16] See Locke, *Essay*, I.iii.§7.

sance d'un Dieu notre créateur, notre conservateur, notre tout, soit moins nécessaire à l'homme qu'un nez et cinq doigts? tous les hommes naissent avec un nez et cinq doigts, et aucun ne naît avec la connaissance de Dieu: que cela soit déplorable ou non, telle est certainement la condition humaine.[17]

Voyons si nous acquérons avec le temps la connaissance d'un Dieu, de même que nous parvenons aux notions mathématiques et à quelques idées métaphysiques. Que pouvons-nous mieux faire, dans une recherche si importante, que de peser ce qu'on peut dire pour et contre, de nous décider pour ce qui nous paraîtra plus conforme à notre raison?

Sommaire des raisons en faveur de l'existence de Dieu

Il y a deux manières de parvenir à la notion d'un être qui préside à l'univers. La plus naturelle et la plus parfaite pour les capacités

25

30

35

[17] See Buffier, *Traité des premières vérités*: (God's existence is knowable by natural reasoning, though not a 'première vérité', except perhaps in a sense for certain highly intelligent men who perceive immediately the full implications of the 'first truths' of which they are aware). 'A l'égard des autres et même du commun des hommes, il me semble qu'il est des vérités plus immédiates à l'esprit, et qui s'y présentent encore plus promptement et plus aisément que celle de la connaissance de l'existence de Dieu. Il paraît même hors de doute que les enfants ont un grand nombre de connaissances sur des objets sensibles et corporels, avant celle-là: ou plutôt la connaissance des objets sensibles sont des degrés nécessaires, communément parlant, pour y parvenir. [...] Ceci peut résoudre une difficulté qu'ont proposé quelques-uns, sur ce qu'on a rapporté de certains sauvages, bien qu'en petit nombre, en qui on n'apercevait aucune connaissance de Dieu. Cette expérience, si elle est vraie, montre très bien que l'idée de Dieu n'est pas *innée* ni que ce soit une première vérité: mais elle ne prouve nullement que ce ne soit pas une connaissance très naturelle et très aisée. Si des sauvages n'ont pas déployé leurs idées, ni exercé leur esprit, plus que ne font parmi nous communément des enfants, il ne faut pas s'étonner qu'ils n'aient pas acquis une connaissance la plus facile à acquérir' (1.6, i.32-34). Voltaire uses the same examples, of children and savages (though in reverse order), to refute the Cartesian notion that God's existence is an innate idea; but his intentions are of course very different from Buffier's.

425

communes, est de considérer non seulement l'ordre qui est dans l'univers, mais la fin à laquelle chaque chose paraît se rapporter.[18] On a composé sur cette seule idée beaucoup de gros livres,[19] et tous ces gros livres ensemble ne contiennent rien de plus que cet argument-ci: Quand je vois une montre dont l'aiguille marque les heures, je conclus qu'un être intelligent a arrangé les ressorts de cette machine, afin que l'aiguille marquât les heures. Ainsi, quand je vois les ressorts du corps humain, je conclus qu'un être intelligent a arrangé ces organes pour être reçus et nourris neuf mois dans la matrice; que les yeux sont donnés pour voir, les mains pour prendre etc. Mais de ce seul argument je ne peux conclure autre chose, sinon qu'il est probable qu'un être intelligent et supérieur a préparé et façonné la matière avec habileté; mais je ne peux conclure de cela seul, que cet être ait fait la matière avec rien, et qu'il soit infini en tous sens. J'ai beau chercher dans mon esprit la connexion de ces idées: *Il est probable que je suis l'ouvrage d'un être plus puissant que moi, donc cet être existe de toute éternité, donc il a créé tout, donc il est infini etc.*, je ne vois pas la

40

45

50

---

50   K85, K12:   en tout sens

---

[18] See Clarke, *Traité de l'existence et des attributs de Dieu*: 'Il n'y a que deux voies par lesquelles il soit possible de prouver l'existence et les attributs de Dieu. L'une *a priori*, l'autre *a posteriori*. La preuve *a posteriori* est à la portée de tout le monde. Il y a dans la nature une infinité de phénomènes qui tous, depuis le plus familier jusqu'au plus recherché, forment une preuve de l'existence de Dieu à la portée de toute personne dégagée de préjugé et d'un esprit droit et sincère: une preuve, dis-je, à tout le moins morale et raisonnable' (translated by Pierre Ricotier, 2nd ed., 1727, i.283-84).

[19] See Clarke, *Traité*: 'Les arguments tirés de la perfection exquise et de l'ordre admirable qui règne dans tous ses ouvrages forment une démonstration *a posteriori* de sa sagesse [*sc.* de Dieu] qui n'est pas moins forte, ni moins incontestable. Je ne m'étendrai pourtant pas sur cette preuve. Elle a été mise dans une si grande évidence, et maniée avec tant de solidité et de délicatesse (à la honte éternelle de l'athéisme) par les meilleures et les plus savantes plumes, tant de l'antiquité que de ces derniers temps, qu'il n'est pas possible d'y rien ajouter' (ch.12 [prop.11], Ricotier, 2nd ed., i.201). For a parallel passage, see also ch.9 [prop.8], 2nd ed., i.107.

CHAPITRE II

chaîne qui mène droit à cette conclusion; je vois seulement qu'il
y a quelque chose de plus puissant que moi, et rien de plus.   55
   Le second argument est plus métaphysique, moins fait pour
être saisi par les esprits grossiers, et conduit à des connaissances
bien plus vastes; en voici le précis.²⁰
   J'existe, donc quelque chose existe. Si quelque chose existe,
quelque chose a donc existé de toute éternité; car ce qui est, ou   60
est par lui-même, ou a reçu son être d'un autre. S'il est par lui-
même, il est nécessairement, il a toujours été nécessairement, et
c'est Dieu; s'il a reçu son être d'un autre, et ce second d'un
troisième, celui dont ce dernier a reçu son *être*, doit nécessairement
être Dieu. Car vous ne pouvez concevoir qu'un être donne l'être   65
à un autre, s'il n'a le pouvoir de créer; de plus si vous dites qu'une
chose reçoit, je ne dis pas la forme, mais son existence d'une autre
chose, et celle-là d'une troisième, cette troisième d'une autre
encore, et ainsi en remontant jusqu'à l'infini, vous dites une
absurdité. Car tous ces êtres alors n'auront aucune cause de leur   70
existence. Pris tous ensemble, ils n'ont aucune cause externe de
leur existence; pris chacun en particulier, ils n'en ont aucune

²⁰ This passage is a very rapid summary of Clarke, propositions 1-10, prefaced
by a Cartesian echo of Voltaire's own invention. Ricotier's corresponding
chapter titles anticipate much of Voltaire's phraseology:
ch.2   Que quelque chose a existé de toute éternité.
ch.3   Qu'un être indépendant et immuable a existé de toute éternité.
       Qu'une succession éternelle d'êtres indépendants, et sans cause originale
       et indépendante, est une chose absolument impossible.
ch.4   Que cet être immuable et indépendant, qui a existé de toute éternité,
       existe par lui-même.
ch.5   Que l'essence de l'être qui existe nécessairement et par lui-même est une
       chose dont nous n'avons point d'idée, et qui est tout à fait incompréhen-
       sible.
ch.6   Que l'être qui existe par lui-même doit nécessairement être éternel.
ch.7   Que l'être qui existe par lui-même doit être infini et présent partout.
ch.8   Que l'être existant par lui-même doit nécessairement être unique.
ch.9   Que l'être existant par lui-même est un être intelligent.
ch.10 Que l'être existant par lui-même doit être un agent libre.
ch.11 Que l'être existant par lui-même possède une puissance infinie.

interne: c'est-à-dire, pris tous ensemble, ils ne doivent leur existence à rien; pris chacun en particulier, aucun n'existe par soi-
même; donc aucun ne peut exister nécessairement.

Je suis donc réduit à avouer qu'il y a un être qui existe
nécessairement par lui-même de toute éternité, et qui est l'origine
de tous les autres êtres. De là il suit essentiellement que cet être
est infini en durée, en immensité, en puissance; car qui peut le
borner? Mais, me direz-vous, le monde matériel est précisément
cet être que nous cherchons. Examinons de bonne foi si la chose
est probable.[21]

Si ce monde matériel est existant par lui-même d'une nécessité
absolue, c'est une contradiction dans les termes que de supposer
que la moindre partie de cet univers puisse être autrement qu'elle
est; car si elle est en ce moment d'une nécessité absolue, ce mot
seul exclut toute autre manière d'être: or, certainement cette table
sur laquelle j'écris, cette plume dont je me sers n'ont pas toujours
été ce qu'elles sont; ces pensées que je trace sur le papier
n'existaient pas même il y a un moment, donc elles n'existent pas
nécessairement. Or si chaque partie n'existe pas d'une nécessité
absolue, il est donc impossible que le tout existe par lui-même.
Je produis du mouvement, donc le mouvement n'existait pas

[21] Voltaire here follows, though with some difference of detail, the arguments
propounded by Clarke in the latter part of proposition 3, in a long passage
prefaced by the following: 'le monde matériel ne peut pas être cet être premier,
original, incréé, indépendant et éternel par lui-même. Car il a été déjà démontré
que tout être qui a existé de toute éternité, qui est indépendant, et qui n'a point
de cause externe de son existence, doit avoir existé par lui-même. On a démontré
ensuite que tout ce qui existe par soi-même doit nécessairement exister en vertu
d'une nécessité naturelle et essentielle. Or de tout cela il suit évidemment que
le monde matériel ne peut être indépendant et éternel par lui-même, à moins
qu'il n'existe nécessairement, et d'une nécessité si absolue et si naturelle que la
supposition même qu'il n'existe pas soit une contradiction formelle et manifeste.
Mais il est de la dernière évidence que le monde matériel n'existe pas de la sorte.
Car la nécessité absolue d'exister et la possibilité de n'exister pas étant des
idées contradictoires, il est évident que le monde matériel ne peut pas exister
nécessairement, si je puis sans contradiction concevoir, ou qu'il pourrait ne pas
être, ou qu'il pourrait être tout autre qu'il n'est aujourd'hui. Or qu'y-a-t-il de
plus facile à concevoir que cela?' (Ricotier, 2nd ed., i.42-43).

auparavant; donc le mouvement n'est pas essentiel à la matière; donc la matière le reçoit d'ailleurs, donc il y a un Dieu qui le lui 95 donne. De même l'intelligence n'est pas essentielle à la matière; car un rocher ou du froment ne pensent point. De qui donc les parties de la matière qui pensent et qui sentent auront-elles reçu la sensation et la pensée? ce ne peut être d'elles-mêmes, puisqu'elles sentent malgré elles; ce ne peut être de la matière en 100 général, puisque la pensée et la sensation ne sont point de l'essence de la matière: elles ont donc reçu ces dons de la main d'un être suprême, intelligent, infini, et la cause originaire de tous les êtres.[22]

Voilà en peu de mots les preuves de l'existence d'un Dieu, et 105 le précis de plusieurs volumes; précis que chaque lecteur peut étendre à son gré.

Voici avec autant de brièveté les objections qu'on peut faire à ce système.

Difficultés sur l'existence de Dieu

1°. Si Dieu n'est pas ce monde matériel, il l'a créé, (ou bien, si 110 vous voulez, il a donné à quelque autre être le pouvoir de le créer, ce qui revient au même) mais en faisant ce monde, ou il l'a tiré du néant, ou il l'a tiré de son propre être divin. Il ne peut l'avoir tiré du néant qui n'est rien; il ne peut l'avoir tiré de soi, puisque ce monde en ce cas serait essentiellement partie de l'essence 115

101-102   K12:   ne sont point de la matière

[22] This 'second argument' is developed on similar lines by Locke, *Essay*, iv.x.§8-10. Voltaire's exposition is closely followed, with numerous verbal echoes, by Mme Du Châtelet in her *Institutions de physique* (1740), ch.2, 'De l'existence de Dieu', §18-22, a passage which almost amounts to a publication of Voltaire's text. She was very probably at work on a first draft of this book in 1737 (see W. H. Barber, 'Mme Du Châtelet and Leibnizianism: the genesis of the *Institutions de physique*', p.200-22, especially p.211).

divine: donc je ne puis avoir d'idées de la création, donc je ne dois point admettre la création.[23]

2°. Dieu aurait fait ce monde ou nécessairement ou librement; s'il l'a fait par nécessité, il a dû toujours l'avoir fait; car cette nécessité est éternelle; donc en ce cas le monde serait éternel et créé, ce qui implique contradiction. Si Dieu l'a fait librement par pur choix, sans aucune raison antécédente, c'est encore une contradiction; car c'est se contredire que de supposer l'être infiniment sage faisant tout sans aucune raison qui le détermine, et l'être infiniment puissant ayant passé une éternité sans faire le moindre usage de sa puissance.[24]

3°. S'il paraît à la plupart des hommes qu'un être intelligent a imprimé le sceau de la sagesse sur toute la nature, et que chaque chose semble être faite pour une certaine fin, il est encore plus vrai aux yeux des philosophes que tout se fait dans la nature par les lois éternelles, indépendantes et immuables des mathématiques; la construction et la durée du corps humain sont une suite de l'équilibre des liqueurs et de la force des leviers. Plus on fait de découvertes dans la structure de l'univers, plus on le trouve arrangé, depuis les étoiles jusqu'au ciron, selon les lois mathématiques. Il est donc permis de croire que ces lois ayant opéré par leur nature, il en résulte des effets nécessaires que l'on prend pour les déterminations arbitraires d'un pouvoir intelligent. Par exemple, un champ produit de l'herbe, parce que telle est la nature de son terrain arrosé par la pluie, et non pas parce qu'il y a des chevaux qui ont besoin de foin et d'avoine: ainsi du reste.

4°. Si l'arrangement des parties de ce monde, et tout ce qui se passe parmi les êtres qui ont la vie sentante et pensante, prouvait un créateur et un maître, il prouverait encore mieux un être barbare: car si l'on admet des causes finales, on sera obligé de

116   K85, K12:   avoir d'idée de

[23] This objection is presented in similar terms by Clarke, prop.10 (Ricotier, 2nd ed., i.141), and Voltaire follows his rebuttal below, lines 176-177.
[24] This objection is not mentioned by Clarke.

430

dire que Dieu infiniment sage et infiniment bon a donné la vie à toutes les créatures pour être dévorées les unes par les autres. En effet, si l'on considère tous les animaux, on verra que chaque espèce a un instinct irrésistible qui le force à détruire une autre espèce. A l'égard des misères de l'homme, il y a de quoi faire des reproches à la Divinité pendant toute notre vie. On a beau nous dire que la sagesse et la bonté de Dieu ne sont point faites comme la nôtre; cet argument ne sera d'aucune force sur l'esprit de bien des gens, qui répondront qu'ils ne peuvent juger de la justice que par l'idée même qu'on suppose que Dieu leur en a donnée, que l'on ne peut mesurer qu'avec la mesure que l'on a, et qu'il est aussi impossible que nous ne croyons pas très barbare un être qui se conduirait comme un homme barbare, qu'il est impossible que nous ne pensions pas qu'un être quelconque a six pieds, quand nous l'avons mesuré avec une toise, et qu'il nous paraît avoir cette grandeur.

Si on nous réplique, ajouteront-ils, que notre mesure est fautive, on nous dira une chose qui semble impliquer contradiction; car c'est Dieu lui-même qui nous aura donné cette fausse idée: donc Dieu ne nous aura faits que pour nous tromper. Or, c'est dire qu'un être qui ne peut avoir que des perfections, jette ses créatures dans l'erreur, qui est à proprement parler la seule imperfection: c'est visiblement se contredire;[25] enfin les matérialistes finiront par dire: Nous avons moins d'absurdités à dévorer dans le système de l'athéisme que dans celui du déisme; car d'un côté il faut à la vérité que nous concevions éternel et infini ce monde que nous voyons; mais de l'autre il faut que nous imaginions un autre être infini et éternel, et que nous y ajoutions la création dont nous ne pouvons avoir d'idées. Il nous est donc plus facile, concluront-ils, de ne pas croire un Dieu que de le croire.

150

155

160

165

170

175

174   K85, K12: d'idée.

[25] Clarke pays little attention to the problem of evil, merely including at the end of his proposition 10 a brief and serene theodicy in the tradition of King and Leibniz. He would certainly have found unacceptable both the objections

Réponse à ces objections

Les arguments contre la création se réduisent à montrer qu'il nous est impossible de la concevoir, c'est-à-dire d'en concevoir la manière, mais non pas qu'elle soit impossible en soi; car pour que la création fût impossible, il faudrait d'abord prouver qu'il est impossible qu'il y ait un Dieu; mais bien loin de prouver cette impossibilité, on est obligé de reconnaître qu'il est impossible qu'il n'existe pas. Cet argument qu'il faut qu'il y ait hors de nous un être infini, éternel, immense, tout-puissant, libre, intelligent, et les ténèbres qui accompagnent cette lumière, ne servent qu'à montrer que cette lumière existe; car de cela même qu'un être infini nous est démontré, il nous est démontré aussi qu'il doit être impossible à un être fini de le comprendre.

Il me semble qu'on ne peut faire que des sophismes et dire des absurdités quand on veut s'efforcer de nier la nécessité d'un être existant par lui-même, ou lorsqu'on veut soutenir que la matière est cet être. Mais lorsqu'il s'agit d'établir et de discuter les attributs de cet être dont l'existence est démontrée, c'est tout autre chose.

Les maîtres dans l'art de raisonner, les Lockes, les Clarkes nous disent: *Cet être est un être intelligent, car celui qui a tout produit doit avoir toutes les perfections qu'il a mises dans ce qu'il a produit, sans quoi l'effet serait plus parfait que la cause*; ou bien d'une autre manière: *Il y aurait dans l'effet une perfection qui n'aurait été produite par rien, ce qui est visiblement absurde*: Clarke 39,[26] Locke. *Donc puisqu'il y a des*

---

here formulated and the reply to them which Voltaire makes below, lines 298-323.

[26] See Clarke, *Traité*, ch.9 (prop.8): 'Je n'insisterai que sur ceci: qu'il est impossible que l'effet soit revêtu d'aucune perfection, qui ne se trouve aussi dans la cause. S'il était possible que cela fût, il faudrait dire que cette perfection n'aurait été produite par rien, ce qui implique visiblement contradiction. Or il est évident qu'un être qui n'est pas intelligent ne possède pas toutes les perfections de tous les êtres qui sont dans l'univers, puisque l'intelligence est une de ces perfections. Donc toutes choses n'ont pu tirer leur origine d'un être sans intelligence: et par conséquent l'être qui existe par lui-même et à qui toutes choses doivent leur origine doit nécessairement être *intelligent*' (Ricotier, 1st ed.,

êtres intelligents, et que la matière n'a pu se donner la faculté de penser, il faut que l'être existant par lui-même, que Dieu soit un être intelligent. 200 Mais ne pourrait-on pas rétorquer cet argument et dire: *Il faut que Dieu soit matière,* puisqu'il y a des êtres matériels; car sans cela la matière n'aura été produite par rien, et une cause aura produit un effet dont le principe n'était pas en elle? On a cru éluder cet argument en glissant le mot de perfection; M. Clarke semble 205 l'avoir prévenu, mais il n'a pas osé le mettre dans tout son jour; il se fait seulement cette objection: *On dira que Dieu a bien communiqué la divisibilité et la figure à la matière, quoiqu'il ne soit ni figuré ni divisible.*[27] Et il fait à cette objection une réponse très solide et très aisée, c'est que la divisibilité, la figure sont des qualités 210 négatives et des limitations; et que quoiqu'une cause ne puisse communiquer à son effet aucune perfection qu'elle n'a pas, l'effet peut cependant avoir, et doit nécessairement avoir des limitations, des imperfections que la cause n'a pas.[28] Mais qu'eût répondu M.

p.78-80; 2nd ed., i.96). Voltaire's reference, as preserved in the Kehl text, may perhaps be a misreading of '79' in the manuscript, if he used the first edition of Ricotier; on the other hand, chapter 9 begins in the second edition at p.93, and a typographic inversion of the numerals seems another possible, if less likely, explanation. The Ferney library contains the second edition of Ricotier, but nothing can be inferred from this concerning which of the two was available at Cirey in the 1730s. No relationship can be established between this reference and any of the original English editions of Clarke's work.

[27] Clarke, prop.8: 'On répliquera peut-être [...] que la figure, la divisibilité et telles autres qualités sont des choses que Dieu, de l'aveu de tout le monde, a communiquées à la matière, bien qu'il n'y ait en lui ni divisibilité ni figure, et que ce soit même un énorme blasphème que de lui attribuer aucune de ces qualités. Ainsi, dira-t-on, la connaissance a pu de la même manière sortir d'un fonds sans intelligence' (Ricotier, 2nd ed., i.100). Ricotier says in a footnote that this argument comes from Toland: 'lettre où il prétend prouver *que le mouvement est essentiel à la matière*'. This is the fifth of the *Letters to Serena* (London 1704).

[28] Clarke, prop.8: 'la figure, la divisibilité et telles autres qualités de la matière ne sont pas des puissances réelles, propres, distinctes et positives, ce ne sont que des qualités négatives et des imperfections. Or quoiqu'aucune cause ne puisse communiquer à son effet aucune perfection réelle qu'elle n'a pas elle-même, il est pourtant vrai qu'il peut y avoir dans l'effet des imperfections, des défectuosités et des qualités négatives qui ne sont pas dans la cause' (Ricotier, 2nd ed., i.102-103).

Clarke à celui qui lui aurait dit: *La matière n'est point un être négatif,* 215
une limitation, une imperfection, c'est un être réel, positif, qui a ses attributs
tout comme l'esprit; or, comment Dieu aura-t-il pu produire un être
matériel, s'il n'est pas matériel? Il faut donc, ou que vous avouiez
que la cause peut communiquer quelque chose de positif qu'elle
n'a pas, ou que la matière n'a point de cause de son existence; ou 220
enfin que vous souteniez que la matière est une pure négation et
une limitation; ou bien si ces trois parties sont absurdes, il faut
que vous avouiez que l'existence des êtres intelligents ne prouve
pas plus que l'être existant par lui-même est un être intelligent,
que l'existence des êtres matériels ne prouve que l'être par lui- 225
même est matière; car la chose est absolument semblable: on dira
la même chose du mouvement. A l'égard du mot de *perfection*, on
en abuse ici visiblement; car qui osera dire que la matière est une
imperfection et la pensée une perfection? Je ne crois pas que
personne ose décider ainsi de l'essence des choses. Et puis, que 230
veut dire *perfection?* est-ce perfection par rapport à Dieu, ou par
rapport à nous?

Je sais que l'on peut dire que cette opinion ramènerait au
spinosisme; à cela je pourrais répondre que je n'y puis que faire,
et que mon raisonnement, s'il est bon, ne peut devenir mauvais 235
par les conséquences qu'on en peut tirer. Mais de plus, rien
ne serait plus faux que cette conséquence; car cela prouverait
seulement que notre intelligence ne ressemble pas plus à l'intelligence de Dieu, que notre manière d'être étendu ne ressemble à
la manière dont Dieu remplit l'espace. Dieu n'est point dans le 240
cas des causes que nous connaissons; il a pu créer l'esprit et la
matière, sans être ni matière ni esprit; ni l'un ni l'autre ne dérivent
de lui, mais sont créés par lui. Je ne connais pas le *quomodo*, il est
vrai: j'aime mieux m'arrêter que de m'égarer; son existence m'est
démontrée; mais pour ses attributs et son essence, il m'est, je 245
crois, démontré que je ne suis pas fait pour les comprendre.

Dire que Dieu n'a pu faire ce monde ni nécessairement ni
librement, n'est qu'un sophisme qui tombe de lui-même dès qu'on
a prouvé qu'il y a un Dieu, et que le monde n'est pas Dieu; et
cette objection se réduit seulement à ceci: Je ne puis comprendre 250

que Dieu ait créé l'univers plutôt dans un temps que dans un autre; donc il ne l'a pu créer. C'est comme si l'on disait: Je ne puis comprendre pourquoi un tel homme ou un tel cheval n'a pas existé mille ans auparavant, donc leur existence est impossible. De plus, la volonté libre de Dieu est une raison suffisante du temps dans lequel il a voulu créer le monde. Si Dieu existe, il est libre; et il ne le serait pas s'il était toujours déterminé par une raison suffisante, et si sa volonté ne lui en servait pas. D'ailleurs cette raison suffisante serait-elle dans lui ou hors de lui? Si elle est hors de lui, il ne se détermine donc pas librement; si elle est en lui, qu'est-ce autre chose que sa volonté?[29]

Les lois mathématiques sont immuables, il est vrai; mais il n'était pas nécessaire que telles lois fussent préférées à d'autres. Il n'était pas nécessaire que la terre fût placée où elle est; aucune loi mathématique ne peut agir par elle-même, aucune n'agit sans mouvement, le mouvement n'existe point par lui-même, donc il faut recourir à un premier moteur.[30] J'avoue que les planètes,

[29] This paragraph seems based on Clarke's *Third reply to Leibniz*, in which he attempts to make room for a 'Mere Will', a liberty of indifference, in God in addition to the principle of Sufficient Reason: 'Il est indubitable, que rien n'existe, sans qu'il y ait une *raison suffisante* de son existence: et que rien n'existe d'une certaine manière plutôt que d'une autre, sans qu'il y ait aussi une *raison suffisante* de cette manière d'exister. Mais à l'égard des choses qui sont indifférentes en elles-mêmes, la *simple volonté* est une raison suffisante pour leur donner l'existence, ou pour les faire exister d'une certaine manière; et cette volonté n'a pas besoin d'être déterminée par une cause étrangère. [...] Lorsque Dieu a créé ou placé une particule de matière dans un lieu plutôt que dans un autre, quoique tous les lieux soient semblables, il n'en a eu aucune autre raison que sa volonté' (*Recueil*, ed. Desmaizeaux, Amsterdam 1720, i.41-42).
[30] By 'les lois mathématiques' Voltaire seems to mean, not the laws of mathematics itself, but the laws of motion as formulated in mathematical terms by Newton and his predecessors. The point is made by Clarke, against Spinoza, in proposition 9: 'Je prendrai donc le contrepied de Spinoza, et je dirai qu'il n'y a dans les choses du monde aucune apparence de nécessité absolue et naturelle. Le mouvement lui-même, sa quantité, ses déterminations, les lois de gravitation, tout cela, dis-je, est parfaitement arbitraire, et pourrait être tout-à-fait différent de ce qu'il est aujourd'hui. Il n'y a rien dans le nombre et dans le mouvement des corps célestes qui autorise le moins du monde cette absolue nécessité des spinozistes' (Ricotier, 2nd ed., i.123-24).

placées à telle distance du soleil, doivent parcourir leurs orbites selon les lois qu'elles observent, que même leur distance peut être réglée par la quantité de matière qu'elles renferment. Mais pourra-t-on dire qu'il était nécessaire qu'il y eût une telle quantité de matière dans chaque planète, qu'il y eût un certain nombre d'étoiles, que ce nombre ne peut être augmenté ni diminué, que sur la terre il est d'une nécessité absolue et inhérente dans la nature des choses qu'il y eût un certain nombre d'êtres? non, sans doute, puisque ce nombre change tous les jours: donc toute la nature, depuis l'étoile la plus éloignée jusqu'à un brin d'herbe, doit être soumise à un premier moteur. 270 275

Quant à ce qu'on objecte qu'un pré n'est pas essentiellement fait pour des chevaux etc., on ne peut conclure de là qu'il n'y ait point de cause finale, mais seulement que nous ne connaissons pas toutes les causes finales. Il faut ici surtout raisonner de bonne foi et ne point chercher à se tromper soi-même: quand on voit une chose qui a toujours le même effet, qui n'a uniquement que cet effet, qui est composée d'une infinité d'organes, dans lesquels il y a une infinité de mouvements qui tous concourent à la même production; il me semble qu'on ne peut, sans une secrète répugnance, nier une cause finale. Le germe[31] de tous les végétaux, de tous les animaux est dans ce cas: ne faut-il pas être un peu hardi pour dire que tout cela ne se rapporte à aucune fin? 280 285 290

Je conviens qu'il n'y a point de démonstration proprement dite qui prouve que l'estomac est fait pour digérer, comme il n'y a point de démonstration qu'il fait jour; mais les matérialistes sont bien loin de pouvoir démontrer aussi que l'estomac n'est pas fait pour digérer; qu'on juge seulement avec équité, comme on juge des choses dans le cours ordinaire, quelle est l'opinion la plus probable. 295

A l'égard des reproches d'injustice et de cruauté qu'on fait à

271   K85, K12: eût telle

[31] See above, ch.1, n.13.

Dieu, je réponds d'abord que supposé qu'il y ait un mal moral, (ce qui me paraît une chimère) ce mal moral est tout aussi impossible à expliquer dans le système de la matière que dans celui d'un Dieu. Je réponds ensuite que nous n'avons d'autres idées de la justice que celles que nous nous sommes formées de toute action utile à la société, et conformes aux lois établies par nous, pour le bien commun; or cette idée n'étant qu'une idée de relation d'homme à homme, elle ne peut avoir aucune analogie avec Dieu. Il est tout aussi absurde de dire de Dieu, en ce sens, que Dieu est juste ou injuste, que de dire Dieu est bleu ou carré.[32]

Il est donc insensé de reprocher à Dieu que les mouches soient mangées par les araignées, et que les hommes ne vivent que quatre-vingts ans, qu'ils abusent de leur liberté pour se détruire les uns les autres, qu'ils aient des maladies, des passions cruelles etc.: car nous n'avons certainement aucune idée que les hommes et les mouches dussent être éternels. Pour bien assurer qu'une chose est mal, il faut voir en même temps qu'on pourrait mieux faire. Nous ne pouvons certainement juger qu'une machine est imparfaite que par l'idée de la perfection qui lui manque: nous ne pouvons, par exemple, juger que les trois côtés d'un triangle sont inégaux, si nous n'avons l'idée d'un triangle équilatéral: nous ne pouvons dire qu'une montre est mauvaise si nous n'avons une idée distincte d'un certain nombre d'espaces égaux, que l'aiguille de cette montre doit également parcourir. Mais qui aura une idée selon laquelle ce monde-ci déroge à la sagesse divine?

Dans l'opinion qu'il y a un Dieu, il se trouve des difficultés; mais dans l'opinion contraire il y a des absurdités: et c'est ce qu'il

---

[32] This view that the human notion of justice is inapplicable to the relationship between God and man may owe something to Bolingbroke, who strongly criticises anthropomorphic tendencies in human assumptions about the divine nature, and sees divine and human justice as comparable only in so far as they are both grounded in reason, though infinitely remote from each other (*Fragments or minutes of essays*, ii: *Philosophical works*, ed. D. Mallet, 1754-1798, v.88-90). For a similar example of an absurd comparison, see Locke, *Essay*, ii.xxi.§14: 'it is as insignificant to ask, whether man's *will* be free, as to ask, whether his sleep be swift, or his virtue square' (ed. Peter Nidditch, Oxford 1973, p.240).

faut examiner avec application, en faisant un petit précis de ce qu'un matérialiste est obligé de croire.

Conséquences nécessaires de l'opinion des matérialistes

Il faut qu'ils disent que le monde existe nécessairement et par lui-même, de sorte qu'il y aurait de la contradiction dans les termes, à dire qu'une partie de la matière pourrait n'exister pas, ou pourrait exister autrement qu'elle est: il faut qu'ils disent que le monde matériel a en soi essentiellement la pensée et le sentiment; car il ne peut les acquérir, puisque en ce cas ils lui viendraient de rien; il ne peut les avoir d'ailleurs puisqu'il est supposé être tout ce qui est. Il faut donc que cette pensée et ce sentiment lui soient inhérents, comme l'étendue, la divisibilité, la capacité du mouvement sont inhérentes à la matière; et il faut avec cela confesser qu'il n'y a qu'un petit nombre de parties qui aient ce sentiment et cette pensée essentielle au total du monde; que ces sentiments et ces pensées, quoique inhérents dans la matière, périssent cependant à chaque instant; ou bien il faudra avancer qu'il y a une âme du monde qui se répand dans les corps organisés; et alors il faudra que cette âme soit autre chose que le monde. Ainsi de quelque côté qu'on se tourne, on ne trouve que des chimères qui se détruisent.

Les matérialistes[33] doivent encore soutenir que le mouvement est essentiel à la matière. Ils sont par là réduits à dire que le mouvement n'a jamais pu ni ne pourra jamais augmenter ni diminuer: ils seront forcés d'avancer que cent mille hommes qui marchent à la fois, et cent coups de canon que l'on tire, ne produisent aucun mouvement nouveau dans la nature. Il faudra encore qu'ils assurent qu'il n'y a aucune liberté, et par là qu'ils détruisent tous les liens de la société, et qu'ils croient une fatalité tout aussi difficile à comprendre que la liberté, mais qu'eux-

---

[33] Voltaire is probably thinking specifically of Toland (see n.27 above), and Hobbes, whose views are opposed by Clarke in his propositions 8 and 10.

mêmes démentent dans la pratique. Qu'un lecteur équitable, ayant 355
mûrement pesé le pour et le contre de l'existence d'un Dieu
créateur, voie à présent de quel côté est la vraisemblance.

Après nous être ainsi traînés de doute en doute, et de conclusion
en conclusion, jusqu'à pouvoir regarder cette proposition *y-a-t-il un Dieu* comme la chose la plus vraisemblable que les hommes 360
puissent penser, et après avoir vu que la proposition contraire est
une des plus absurdes, il semble naturel de rechercher quelle
relation il y a entre Dieu et nous, de voir si Dieu a établi des lois
pour les êtres pensants, comme il y a des lois mécaniques pour
les êtres matériels; d'examiner s'il y a une morale, et ce qu'elle 365
peut être; s'il y a une religion établie par Dieu même. Ces
questions sont sans doute d'une importance à qui tout cède, et
les recherches dans lesquelles nous amusons notre vie[34] sont bien
frivoles en comparaison: mais ces questions seront plus à leur
place quand nous considérerons l'homme comme un animal 370
sociable.

Examinons d'abord comment lui viennent ses idées, et comme
il pense, avant de voir quel usage il fait, ou il doit faire de ses
pensées.

359-360 K84-K12: *y a-t-il un Dieu* [so all Kehl texts; an inadvertent echo in
the manuscript, presumably, of the formula which concludes the opening
paragraph of the chapter (lines 9-10); Beuchot and Moland correct it to '*il y a*']
373 K85, K12: il fait, ou doit

[34] Voltaire perhaps has his scientific and historical studies in mind. If so, this
is an interesting concession to Pascal's point of view concerning the frivolity
of human learning.

CHAPITRE III

Que toutes les idées viennent par les sens

Quiconque se rendra un compte fidèle de tout ce qui s'est passé dans son entendement avouera sans peine que ses sens lui ont fourni toutes ses idées. Mais des philosophes, qui ont abusé de leur raison, ont prétendu que nous avions des idées innées; et ils ne l'ont assuré que sur le même fondement qu'ils ont dit, que Dieu avait pris des cubes de matière, et les avait froissés l'un contre l'autre pour former ce monde visible.[35] Ils ont forgé des systèmes avec lesquels ils se flattaient de pouvoir hasarder quelque explication apparente des phénomènes de la nature. Cette manière de philosopher est encore plus dangereuse que le jargon méprisable de l'école. Car ce jargon étant absolument vide de sens, il ne faut qu'un peu d'attention à un esprit droit pour en apercevoir tout d'un coup le ridicule, et pour chercher ailleurs la vérité. Mais une hypothèse ingénieuse et hardie, qui a d'abord quelque lueur de vraisemblance, intéresse l'orgueil humain à la croire. L'esprit s'applaudit de ces principes subtils, et se sert de toute sa sagacité pour les défendre. Il est clair qu'il ne faut jamais faire d'hypothèse; il ne faut point dire: Commençons par inventer des principes avec lesquels nous tâcherons de tout expliquer. Mais il faut dire: Faisons exactement l'analyse des choses, et ensuite nous tâcherons de voir avec beaucoup de défiance si elles se rapportent avec quelques principes. Ceux qui ont fait le roman des idées innées, se sont flattés qu'ils rendraient raison des idées de l'infini, de l'immensité de Dieu, et de certaines notions métaphysiques qu'ils supposaient être communes à tous les hommes. Mais si avant de s'engager dans ce système, ils avaient bien

---

[35] Descartes, *Les Principes de la philosophie*, part iii, §46-50, propounds this view, but speaks, not of 'cubes' but only of 'parties de la matière'. Voltaire attacks Descartes again on this point, this time by name and in greater detail, in *Les Eléments de la philosophie de Newton*, ii.i. The library at Ferney contained the French text of Descartes's *Principes*, in a Paris edition of 1723 (BV, no.999).

voulu faire réflexion que beaucoup d'hommes n'ont de leur vie
la moindre teinture de ces notions, qu'aucun enfant ne les a que
quand on les lui donne; et que lorsque enfin on les a acquises, on
n'a que des perceptions très imparfaites, des idées purement   30
négatives,[36] ils auraient eu honte eux-mêmes de leur opinion. S'il
y a quelque chose de démontré hors des mathématiques, c'est
qu'il n'y a point d'idées innées dans l'homme; s'il y en avait, tous
les hommes en naissant auraient l'idée d'un Dieu, et auraient tous
la même idée; ils auraient tous les mêmes notions métaphysiques: 35
ajoutez à cela l'absurdité ridicule où l'on se jette quand on soutient
que Dieu nous donne dans le ventre de la mère des notions qu'il
faut entièrement nous enseigner dans notre jeunesse.

Il est donc indubitable que nos premières idées sont nos
sensations.[37] Petit à petit nous recevons des idées composées de   40
ce qui frappe nos organes, notre mémoire retient ces perceptions;
nous les rangeons ensuite sous des idées générales; et de cette
seule faculté que nous avons de composer et d'arranger ainsi nos
idées, résultent toutes les vastes connaissances de l'homme.[38]

[36] Voltaire may have in mind Locke's remarks on infinity, *Essay*, II.xvii, and
in particular §15: 'So much as the mind comprehends of any space, it has a
positive idea of: but in endeavouring to make it infinite, – it being always
enlarging, always advancing, – the idea is still imperfect and incompleat. So
much space as the mind takes a view of in its contemplation of greatness, is a
clear picture, and positive in the understanding: but infinite is still greater. 1.
Then the *idea of so much is positive* and clear. 2. *The idea of greater is also clear, but
it is* but a *comparative idea*. 3. *The idea of so much greater, as cannot be comprehended*.
3. And this is *plain negative*; not positive' (ed. Nidditch, p.218).
[37] See Locke, *Essay*, II.i.§3: 'First, *our senses*, conversant about particular
sensible objects, do *convey into the mind*, several distinct *perceptions* of things,
according to those various ways, wherein those objects do affect them: and thus
we come by those *ideas* we have of *yellow, white, heat, cold, soft, hard, bitter, sweet*,
and all those which we call sensible qualities [...]. This great source, of most
of the *ideas* we have, depending wholly upon our senses, and derived by them
to the understanding, I call SENSATION' (ed. Nidditch, p.105).
[38] Voltaire has here in mind the two sources of ideas postulated by Locke
(*Essay*, II.i.§2-5), *sensation* and *reflection*; and the stages in the development of
complex ideas proposed correspond generally to Locke's argument in the
succeeding chapters of book II.

Ceux qui objectent que les notions de l'infini en durée, en   45
étendue, en nombre, ne peuvent venir de nos sens, n'ont qu'à
rentrer un instant en eux-mêmes: premièrement, ils verront qu'ils
n'ont aucune idée complète et même seulement positive de l'infini;
mais que ce n'est qu'en ajoutant les choses matérielles les unes
aux autres, qu'ils sont parvenus à connaître qu'ils ne verront   50
jamais la fin de leur compte, et cette impuissance, ils l'ont appelée
infini; ce qui est bien plutôt un aveu de l'ignorance humaine
qu'une idée au-dessus de nos sens.[39] Que si l'on objecte qu'il y a
un infini réel en géométrie, je réponds que non: on prouve
seulement que la matière sera toujours divisible; on prouve que   55
tous les cercles possibles passeront entre deux lignes; on prouve
qu'une infinité de surfaces n'a rien de commun avec une infinité
de cubes: mais cela ne donne pas plus l'idée de l'infini, que cette
proposition *il y a un Dieu* ne nous donne une idée de ce que c'est
que Dieu.   60

Mais ce n'est pas assez de nous être convaincus que nos idées
nous viennent toutes par les sens; notre curiosité nous porte
jusqu'à vouloir connaître comment elles nous viennent. C'est ici
que tous les philosophes ont fait de beaux romans; il était aisé de
se les épargner en considérant avec bonne foi les bornes de la   65
nature humaine. Quand nous ne pouvons nous aider du compas
des mathématiques, ni du flambeau de l'expérience et de la
physique, il est certain que nous ne pouvons faire un seul pas.
Jusqu'à ce que nous ayons les yeux assez fins pour distinguer les
parties constituantes de l'or d'avec les parties constituantes d'un 70
grain de moutarde, il est bien sûr que nous ne pourrons raisonner
sur leurs essences. Et jusqu'à ce que l'homme soit d'une autre
nature, et qu'il ait des organes pour apercevoir sa propre substance
et l'essence de ses idées, comme il a des organes pour sentir, il est
indubitable qu'il lui sera impossible de les connaître. Demander   75
comment nous pensons et comment nous sentons, comment nos
mouvements obéissent à notre volonté, c'est demander le secret

---

[39] See Locke, *Essay*, II.xvii.§2, 3.

du Créateur; nos sens ne nous fournissent pas plus de voies pour arriver à cette connaissance, qu'ils ne nous fournissent des ailes quand nous désirons avoir la faculté de voler; et c'est ce qui prouve bien, à mon avis, que toutes nos idées nous viennent par les sens; puisque lorsque les sens nous manquent, les idées nous manquent; aussi, nous est-il impossible de savoir comment nous pensons, par la même raison qu'il nous est impossible d'avoir l'idée d'un sixième sens;[40] c'est parce qu'il nous manque des organes qui enseignent ces idées. Voilà pourquoi ceux qui ont eu la hardiesse d'imaginer un système sur la nature de l'âme et de nos conceptions, ont été obligés de supposer l'opinion absurde des idées innées, se flattant que parmi les prétendues idées métaphysiques descendues du ciel dans notre esprit, il s'en trouverait quelques-unes qui découvriraient çe secret impénétrable.

De tous les raisonneurs hardis qui se sont perdus dans la profondeur de ces recherches, le P. Mallebranche est celui qui a paru s'égarer de la façon la plus sublime.

Voici à quoi se réduit son système qui a fait tant de bruit:[41]

Nos perceptions qui nous viennent à l'occasion des objets ne peuvent être causées par ces objets mêmes, qui certainement n'ont pas en eux la puissance de donner un sentiment; elles ne viennent pas de nous-mêmes, car nous sommes à cet égard aussi impuissants que ces objets; il faut donc que ce soit Dieu qui nous les donne. *Or Dieu est le lieu des esprits, et les esprits subsistent en lui*; donc

80

85

90

95

100

101, 107 K84-K12: *le lieu des esprits* [all Kehl texts read '*le lien*', probably a misreading of the manuscript rather than a misprint; Moland rightly restores Malebranche's phrase]

---

[40] See Locke, *Essay*, II.ii.§3.

[41] What follows is a brief (and crude) summary of *De la recherche de la vérité*, III.ii, 'De la nature des idées', ch.1-6, in particular ch.6, 'Que nous voyons toutes choses en Dieu', which contains the passage: 'Il faut de plus savoir que Dieu est très étroitement uni à nos âmes par sa présence, de sorte qu'on peut dire qu'il est le lieu des esprits, de même que les espaces sont en un sens le lieu des corps' (ed. G. Lewis, Paris 1945, i.248).

c'est en lui que nous avons nos idées et que nous voyons toutes choses.

Or, je demande à tout homme qui n'a point d'enthousiasme[42] dans la tête, quelle notion claire ce dernier raisonnement nous donne? 105

Je demande ce que veut dire, *Dieu est le lieu des esprits?* et quand même ces mots, *sentir et voir tout en Dieu* formeraient en nous une idée distincte, je demande ce que nous y gagnerions, et en quoi nous serions plus savants qu'auparavant? 110

Certainement pour réduire le système du père Mallebranche à quelque chose d'intelligible, on est obligé de recourir au spinosisme, d'imaginer que le total de l'univers est Dieu, que ce Dieu agit dans tous les êtres, sent dans les bêtes, pense dans les hommes, végète dans les arbres, est pensée et caillou, a toutes 115 les parties de lui-même détruites à tout moment, et enfin toutes les absurdités qui découlent nécessairement de ce principe.[43]

Les égarements de tous ceux qui ont voulu approfondir ce qui est impénétrable pour nous, doivent nous apprendre à ne vouloir pas franchir les limites de notre nature. La vraie philosophie est 120 de savoir s'arrêter où il faut, et de ne jamais marcher qu'avec un guide sûr.

Il reste assez de terrain à parcourir sans voyager dans les espaces imaginaires. Contentons-nous donc de savoir par l'expérience appuyée du raisonnement, seule source de nos connaissan- 125 ces, que nos sens sont les portes par lesquelles toutes les idées entrent dans notre entendement; et ressouvenons-nous bien qu'il nous est absolument impossible de connaître le secret de cette mécanique, parce que nous n'avons point d'instruments proportionnés à ses ressorts. 130

---

[42] On enthusiasm in this sense, see Locke, *Essay*, IV.xix, and of course Shaftesbury, *A letter concerning enthusiasm.*
[43] Voltaire follows Bayle's view of Spinoza here: see *Dictionnaire historique et critique*, 'Spinoza', remarque N, and in particular §3 and 4.

CHAPITRE IV

Qu'il y a en effet des objets extérieurs

On n'aurait point songé à traiter cette question si les philosophes n'avaient cherché à douter des choses les plus claires, comme ils se sont flattés de connaître les plus douteuses.

Nos sens nous font avoir des idées, disent-ils; mais peut-être que notre entendement reçoit ces perceptions sans qu'il y ait 5 aucun objet au dehors. Nous savons que pendant le sommeil nous voyons et nous sentons des choses qui n'existent pas, peut-être notre vie est-elle un songe continuel, et la mort sera le moment de notre réveil, ou la fin d'un songe auquel nul réveil ne succédera.

Nos sens nous trompent dans la veille même, la moindre 10 altération dans nos organes nous fait voir quelquefois des objets et entendre des sons dont la cause n'est que dans le dérangement de notre corps: il est donc très possible qu'il nous arrive toujours ce qui nous arrive quelquefois.

Ils ajoutent que quand nous voyons un objet, nous apercevons 15 une couleur, une figure, nous entendons des sons, et il nous a plu de nommer tout cela *les modes*[44] *de cet objet*: mais la substance de cet objet quelle est-elle? C'est là en effet que l'objet échappe à notre imagination; ce que nous nommons si hardiment *la substance* n'est en effet que l'assemblage de ces modes. Dépouillez cet arbre 20 de cette couleur, de cette configuration qui vous donnait l'idée d'un arbre, que lui restera-t-il? Or, ce que j'ai appelé *modes*, ce n'est autre chose que mes perceptions; je puis bien dire, *J'ai idée de la couleur verte, et d'un corps tellement configuré*; mais je n'ai aucune

---

[44] Locke, *Essay*, II.xii.§4: 'First, *modes* I call such complex *ideas*, which however compounded, contain not in them the supposition of subsisting by themselves, but are considered as dependences on, or affections of substances' (ed. Nidditch, p.165). The word was in general use in this sense as a philosophical term: cf. also Bayle, *Dictionnaire historique et critique*, 'Pyrrhon', remarque B: 'Il est évident que les modes d'une substance ne peuvent point subsister sans la substance qu'elles modifient.'

preuve que ce corps et cette couleur existent: voilà ce que dit 25
Sextus Empiricus,[45] et à quoi il ne peut trouver de réponse.

Accordons pour un moment à ces messieurs encore plus qu'ils
ne demandent; ils prétendent qu'on ne peut leur prouver qu'il y
a des corps; passons-leur qu'ils prouvent eux-mêmes qu'il n'y a
point de corps. Que s'ensuivra-t-il de là? nous conduirons-nous 30
autrement dans notre vie? aurons-nous des idées différentes sur
rien? Il faudra seulement changer un mot dans ses discours.
Lorsque, par exemple, on aura donné quelques batailles, il faudra
dire que dix mille hommes ont paru être tués, qu'un tel officier
semble avoir la jambe cassée, et qu'un chirurgien paraîtra la lui 35
couper. De même quand nous aurons faim, nous demanderons
l'apparence d'un morceau de pain pour faire semblant de digérer.

Mais voici ce que l'on pourrait leur répondre plus sérieusement:

1°. Vous ne pouvez pas en rigueur comparer la vie à l'état des
songes, parce que vous ne songez jamais en dormant qu'aux 40
choses dont vous avez eu l'idée étant éveillés; vous êtes sûrs que
vos songes ne sont autre chose qu'une faible réminiscence. Au
contraire, pendant la veille, lorsque nous avons une sensation,
nous ne pouvons jamais conclure que ce soit par réminiscence.
Si, par exemple, une pierre en tombant nous casse l'épaule, il 45
paraît assez difficile que cela se fasse par un effort de mémoire.

2°. Il est très vrai que nos sens sont souvent trompés; mais
qu'entend-on par là? Nous n'avons qu'un sens, à proprement
parler, qui est celui du toucher; la vue, le son, l'odorat ne
sont que le tact des corps intermédiaires qui partent d'un corps 50

33   K84E, K85E, K12E: quelque bataille

[45] Generally relevant passages in the *Hipotiposes ou institutions pirroniennes*
(translated by C. Huart, Amsterdam 1725), which was in the Ferney library
(BV, no.3158) are: II, ch.5, 'Du *Criterium a quo*', p.144; ch.6, 'Du *Criterium per
quod*', p.156-57; III, ch.5, 'Si on peut concevoir ce que c'est que les Corps', p.300-
302. The example of the tree occurs, not in Sextus Empiricus's text, but in
Huart's preface, p.[xv]. It is quite likely, however, that Voltaire is relying here
on second-hand information, from Bayle and others.

éloigné.⁴⁶ Je n'ai idée des étoiles que par l'attouchement; et comme
cet attouchement de la lumière qui vient frapper mon œil de mille
millions de lieues n'est point palpable, comme l'attouchement de
mes mains, et qu'il dépend du milieu que ces corps ont traversé,
cet attouchement est ce qu'on nomme improprement *trompeur*, il   55
ne me fait point voir les objets à leur véritable place; il ne
me donne point d'idée de leur grosseur; aucun même de ces
attouchements qui ne sont point palpables ne me donne l'idée
positive des corps. La première fois que je sens une odeur sans
voir l'objet dont elle vient, mon esprit ne trouve aucune relation   60
entre un corps et cette odeur; mais l'attouchement, proprement
dit, l'approche de mon corps à un autre, indépendamment de mes
autres sens, me donne l'idée de la matière; car lorsque je touche
un rocher, je sens bien que je ne puis me mettre à sa place, et que
par conséquent il y a là quelque chose d'étendu et d'impénétrable.   65
Ainsi supposé (car que ne suppose-t-on pas) qu'un homme eût
tous les sens, hors celui du toucher proprement dit, cet homme
pourrait fort bien douter de l'existence des objets extérieurs, et
peut-être même serait-il longtemps sans en avoir d'idée; mais
celui qui serait sourd et aveugle, et qui aurait le toucher, ne   70
pourrait douter de l'existence des choses qui lui feraient éprouver
de la dureté; et cela parce qu'il n'est point de l'essence de la
matière qu'un corps soit coloré ou sonore, mais qu'il soit étendu
et impénétrable.⁴⁷ Mais que répondront les sceptiques outrés à
ces deux questions-ci: 75

1°. S'il n'y a point d'objets extérieurs, et si mon imagination
fait tout, pourquoi suis-je brûlé en touchant du feu, et ne suis-je
point brûlé quand, dans un rêve, je crois toucher du feu?⁴⁸

---

⁴⁶ This assertion that all the senses are reducible to touch is not in Locke, for
whom touch and sight are equally fundamental (*Essay*, II.ii, iv and v). Berkeley
similarly maintains a clear distinction between sight and touch in *A new theory
of vision* (1732). Newton's corpuscular theory of light, however, leads him to
envisage the functioning of vision in tactile terms (*Opticks*, III, qu.12 and 16).
⁴⁷ The distinction, between 'primary' and 'secondary' qualities, is Locke's:
Essay, II. viii.§23; see also II. iv.§1.
⁴⁸ See Locke, *Essay*, IV. xi.§8.

2°. Quand j'écris mes idées sur ce papier et qu'un autre homme vient me lire ce que j'écris, comment puis-je entendre les propres paroles que j'ai écrites et pensées, si cet autre homme ne me les lit pas effectivement? comment puis-je même les retrouver si elles n'y sont pas?[49] Enfin quelque effort que je fasse pour douter, je suis plus convaincu de l'existence des corps que je ne le suis de plusieurs vérités géométriques. Ceci paraîtra étonnant, mais je n'y puis que faire; j'ai beau manquer de démonstrations géométriques pour prouver que j'ai un père et une mère, et j'ai beau m'avoir démontré, c'est-à-dire n'avoir pu répondre à l'argument qui me prouve qu'une infinité de lignes courbes peuvent passer entre un cercle et sa tangente, je sens bien que si un être tout-puissant me venait dire de ces deux propositions, *Il y a des corps, et une infinité de courbes passent entre le cercle et sa tangente*, il y a une proposition qui est fausse, devinez laquelle? Je devinerais que c'est la dernière, car sachant bien que j'ai ignoré longtemps cette proposition, que j'ai eu besoin d'une attention suivie pour en entendre la démonstration, que j'ai cru y trouver des difficultés, qu'enfin les vérités géométriques n'ont de réalité que dans mon esprit, je pourrais soupçonner que mon esprit s'est trompé.

Quoi qu'il en soit, comme mon principal but est ici d'examiner l'homme sociable, et que je ne puis être sociable s'il n'y a une société, et par conséquent des objets hors de nous, les pyrrhoniens me permettront de commencer par croire fermement qu'il y a des corps, sans quoi il faudrait que je refusasse l'existence à ces messieurs.

[49] See Locke, *Essay*, IV.xi.§7.

448

CHAPITRE V

Si l'homme a une âme, et ce que ce peut être

Nous sommes certains que nous sommes matière, que nous sentons et que nous pensons; nous sommes persuadés de l'existence d'un Dieu duquel nous sommes l'ouvrage, par des raisons contre lesquelles notre esprit ne peut se révolter. Nous nous sommes prouvé à nous-mêmes que ce Dieu a créé ce qui existe. 5 Nous nous sommes convaincus qu'il nous est impossible, et qu'il doit nous être impossible de savoir comment il nous a donné l'être. Mais pouvons-nous savoir ce qui pense en nous? quelle est cette faculté que Dieu nous a donnée? est-ce la matière qui sent et qui pense? est-ce une substance immatérielle? en un mot, 10 qu'est-ce qu'une âme? C'est ici où il est nécessaire plus que jamais de me remettre dans l'état d'un être pensant, descendu d'un autre globe,[50] n'ayant aucun des préjugés de celui-ci, et possédant la même capacité que moi, n'étant point ce qu'on appelle homme, et jugeant de l'homme d'une manière désintéressée. 15

Si j'étais un être supérieur à qui le Créateur eût révélé ses secrets,[51] je dirais bientôt en voyant l'homme ce que c'est que cet animal; je définirais son âme et toutes ses facultés en connaissance de cause avec autant de hardiesse que l'ont définie tant de philosophes qui n'en savaient rien; mais avouant mon ignorance 20

---

[50] On this second introduction of the astronaut device, see above, p.391.

[51] This device of the celestial being who shares divine knowledge is one often used by Voltaire in other works, first in the *Discours en vers sur l'homme*, II, 'De la liberté' (a re-working of the theme of chapter 7 of the *Traité*), which belongs to 1737 (D1432), and later in *Zadig* and *Memnon ou la sagesse humaine*. It is to be distinguished from the notion of the extra-terrestrial being of human, or merely superhuman, intelligence which is employed in the Introduction and chapter 1 above, and afterwards in *Gangan* and *Micromégas*. The former is a means of communicating 'divine truth', i.e. offering solutions to metaphysical problems which have to be accepted on a basis of faith alone: the latter is a device for encouraging the reader to see human affairs in an illuminating critical perspective. See W. H. Barber, 'Voltaire's astronauts', p.28-42.

et essayant ma faible raison, je ne puis faire autre chose que de me servir de la voie de l'analyse, qui est le bâton que la nature a donné aux aveugles: j'examine tout partie à partie, et je vois ensuite si je puis juger du total.[52] Je me suppose donc arrivé en Afrique et entouré de nègres, de Hottentots et d'autres animaux. Je remarque d'abord que les organes de la vie sont les mêmes chez eux tous, les opérations de leurs corps partent tous des mêmes principes de vie; ils ont tous à mes yeux mêmes désirs, mêmes passions, mêmes besoins; ils les expriment tous chacun dans leurs langues: la langue que j'entends la première est celle des animaux, cela ne peut être autrement; les sons par lesquels ils s'expriment, ne semblent point arbitraires, ce sont des caractères vivants de leurs passions; ces signes portent l'empreinte de ce qu'ils expriment: le cri d'un chien qui demande à manger, joint à toutes ses attitudes, a une relation sensible à son objet; je le distingue incontinent des cris et des mouvements par lesquels il flatte un autre animal, de ceux avec lesquels il chasse, et de ceux par lesquels il se plaint; je discerne encore si sa plainte exprime l'anxiété de la solitude, ou la douleur d'une blessure, ou les impatiences de l'amour. Ainsi avec un peu d'attention j'entends le langage de tous les animaux; ils n'ont aucun sentiment qu'ils n'expriment; peut-être n'en est-il pas de même de leurs idées: mais comme il paraît que la nature ne leur a donné que peu d'idées, il me semble aussi qu'il était naturel qu'ils eussent un langage borné, proportionné à leurs perceptions.

25

30

35

40

4

30 K85, K12: langues. La langue
35-36 K84: je la distingue

[52] See Newton, *Opticks*, III, qu.31: 'Dans la physique tout aussi bien que dans les mathématiques, il faut employer dans la recherche des choses difficiles la méthode analytique avant de recourir à la méthode synthétique. La première de ces deux méthodes consiste à faire des expériences et des observations, à en tirer par induction des conclusions générales, et à n'admettre aucune objection contre ces conclusions qui ne soit prise de quelque expérience ou d'autres vérités certaines: car pour les hypothèses, il ne faut y avoir aucun égard dans la philosophie expérimentale' (translated by Coste, Paris 1722, p.592).

Que rencontré-je de différent dans les animaux nègres? que puis-je y voir, sinon quelques idées et quelques combinaisons de plus dans leur tête, exprimées par un langage différemment articulé? Plus j'examine tous ces êtres, plus je dois soupçonner que ce sont des espèces différentes d'un même genre;[53] cette admirable faculté de retenir des idées leur est commune à tous; ils ont tous des songes et des images faibles pendant le sommeil des idées qu'ils ont reçues en veillant; leur faculté sentante et pensante croît avec leurs organes et s'affaiblit avec eux, périt avec eux; que l'on verse le sang d'un singe et d'un nègre, il y aura bientôt dans l'un et dans l'autre un degré d'épuisement qui les mettra hors d'état de me reconnaître; bientôt après, leurs sens extérieurs n'agissent plus, et enfin ils meurent.[54]

Je demande alors ce qui leur donnait la vie, la sensation, la pensée; ce n'était pas leur propre ouvrage, ce n'était pas celui de la matière, comme je me le suis déjà prouvé: c'est donc Dieu qui

50

55

60

48   K85, K12:   dans la tête
54   K85, K12:   organes, s'affaiblit

[53] See the Cambridge notebook: a passage headed 'Guesses', and probably dating from 1726-1727, includes the sentence 'We are not of another gender than the beasts but of another species' (Voltaire 81, p.88).

[54] Compare the passage in the 'Lettre sur M. Locke' (published 1738); the comparison here has been between a child and a dog: 'J'aperçois qu'à l'âge de 6 ou 7 ans l'enfant combine dans son petit cerveau presqu'autant d'idées que mon chien de chasse dans le sien. Enfin il atteint avec l'âge un nombre infini de connaissances. Alors que dois-je penser de lui? Irai-je le croire d'une nature absolument différente? Non, sans doute: car vous qui voyez d'un côté un imbécile, de l'autre M. Newton, vous prétendez qu'ils sont pourtant de même nature, je dois prétendre à plus forte raison que mon chien et mon enfant sont au fond de même espèce, et qu'il n'y a de la différence que du plus ou du moins. Pour mieux m'assurer de la vraisemblance de mon opinion probable, j'examine mon enfant et mon chien pendant leur veille et pendant leur sommeil. Je les fais saigner l'un et l'autre outre mesure, alors leurs idées semblent s'écouler avec leur sang. Dans cet état je les appelle, ils ne me répondent plus, et si je leur tire encore quelques palettes, mes deux machines qui avaient une heure auparavant des idées en très grand nombre et des passions de toute espèce, n'auront plus aucun sentiment' (*Lettres philosophiques*, ed. Lanson, i.196-97).

avait donné à tous ces corps la puissance de sentir et d'avoir des idées dans des degrés différents, proportionnés à leurs organes: voilà assurément ce que je soupçonnerai d'abord.

Enfin je vois des hommes qui me paraissent supérieurs à ces 65 nègres, comme ces nègres le sont aux singes, et comme les singes le sont aux huîtres et aux autres animaux de cette espèce.

Des philosophes me disent: Ne vous y trompez pas, l'homme est entièrement différent des autres animaux; il a une âme spiri- tuelle et immortelle: car (remarquez bien ceci) si la pensée est un 70 composé de la matière, elle doit être nécessairement cela même dont elle est composée, elle doit être divisible, capable de mouve- ment etc.; or la pensée ne peut point se diviser, donc elle n'est point un composé de la matière; elle n'a point de parties, elle est simple, elle est immortelle, elle est l'ouvrage et l'image d'un 75 Dieu.[55] J'écoute ces maîtres, et je leur réponds toujours avec défiance de moi-même, mais non avec confiance en eux: Si l'homme a une âme telle que vous l'assurez, je dois croire que ce chien et cette taupe en ont une toute pareille. Ils me jurent tous que non. Je leur demande quelle différence il y a donc entre ce 80 chien et eux. Les uns me répondent, Ce chien est une forme substantielle;[56] les autres me disent, N'en croyez rien, les formes

[55] Tournemine had argued along these lines in his letter to Voltaire of September 1735 (D913): 'Dites sans scrupule que dieu ne peut pas rendre la matière pensante, puisque la répugnance de la pensée à la matière est manifeste; la matière est un être divisible, composé de parties, la divisibilité est sa différence essentielle; un être sans parties n'est point matière, il n'a pas les propriétés connues de la matière, il ne peut les avoir. Il est facile de démontrer qu'un être divisible composé de parties ne peut penser, ne peut juger d'aucun objet. Pour juger un objet, il faut l'apercevoir tout entier indivisiblement, il ne peut être reçu, aperçu indivisiblement dans un sujet divisible, sans un sujet composé de parties'.

[56] Voltaire is thinking of philosophers in the Aristotelian tradition of scholasti- cism, but he abbreviates their doctrine misleadingly here: the scholastic view was not that animals alone possessed substantial forms (so did men, and tables), but that living creatures could possess three types of soul, vegetative, sensitive, and rational; and that the third, which alone was immortal, was confined to man. It is to this distinction that Voltaire alludes in what follows, lines 98-113.

substantielles sont des chimères; mais ce chien est une machine comme un tourne-broche, et rien de plus.[57] Je demande encore aux inventeurs des formes substantielles ce qu'ils entendent par ce mot, et comme ils ne me répondent que du galimatias, je me retourne vers les inventeurs des tourne-broches, et je leur dis: Si ces bêtes sont de pures machines, vous n'êtes certainement auprès d'elles que ce qu'une montre à répétition est en comparaison du tourne-broche dont vous parlez; ou si vous avez l'honneur de posséder une âme spirituelle, les animaux en ont une aussi, car ils sont tout ce que vous êtes, ils ont les mêmes organes avec lesquels vous avez des sensations; et si ces organes ne leur servent pas pour la même fin, Dieu en leur donnant ces organes aura fait un ouvrage inutile; et Dieu, selon vous-mêmes, ne fait rien en vain.[58] Choisissez donc, ou d'attribuer une âme spirituelle à une puce, à un ver, à un ciron, ou d'être automate comme eux. Tout ce que ces messieurs peuvent me répondre, c'est qu'ils conjecturent que les ressorts des animaux, qui paraissent les organes de leurs sentiments, sont nécessaires à leur vie, et ne sont chez eux que les ressorts de la vie; mais cette réponse n'est qu'une supposition déraisonnable.

Il est certain que pour vivre on n'a besoin ni de nez, ni d'oreilles, ni d'yeux. Il y a des animaux qui n'ont point de ces sens et qui vivent; donc ces organes de sentiment ne sont donnés que pour le sentiment; donc les animaux sentent comme nous; donc ce ne peut être que par un excès de vanité ridicule que les hommes

85

90

95

100

105

92 K85, K12: sont tous

[57] This is the Cartesian theory.
[58] This argument is used in reverse in the *Lettres philosophiques*, XXV: what man has physically in common with the animals demonstrates that he belongs to the order of nature, and is not a being apart: 'L'homme paraît être à sa place dans la nature, supérieur aux animaux, auxquels il est semblable par les organes: inférieur à d'autres êtres, auxquels il ressemble probablement par la pensée' (ed. Lanson, ii.188). See also Voltaire to Tournemine, *c.* June 1735 (D877): 'Dieu ne fait rien en vain: il a donné aux bêtes les mêmes organes de sentiments qu'à moi: donc si les bêtes n'ont point de sentiment, dieu a fait ces organes en vain'.

s'attribuent une âme d'une espèce différente de celle qui anime les brutes. Il est donc clair jusqu'à présent que ni les philosophes, ni moi ne savons ce que c'est que cette âme: il m'est seulement prouvé que c'est quelque chose de commun entre l'animal appelé *homme* et celui qu'on nomme *bête*. Voyons si cette faculté commune à tous ces animaux est matière ou non.

Il est impossible, me dit-on, que la matière pense.[59] Je ne vois pas cette impossibilité. Si la pensée était un composé de la matière, comme ils me le disent, j'avouerais que la pensée devrait être étendue et divisible; mais si la pensée est un attribut de Dieu, donné à la matière, je ne vois pas qu'il soit nécessaire que cet attribut soit étendu et divisible; car je vois que Dieu a communiqué d'autres propriétés à la matière lesquelles n'ont ni étendue ni divisibilité; le mouvement, la gravitation, par exemple, qui agit sans corps intermédiaires, et qui agit en raison directe de la masse, et non des surfaces et en raison doublée inverse des distances, est une qualité réelle démontrée, et dont la cause est aussi cachée que celle de la pensée.[60]

En un mot, je ne puis juger que d'après ce que je vois et selon ce qui me paraît le plus probable; je vois que dans toute la nature

---

[59] Buffier, for instance, is at one with the Cartesians on this point, for all his Lockian sympathies. He includes among a list of incontrovertible 'premières vérités': 'ii. Il y a une telle différence entre ce j'appelle esprit ou âme, et ce que j'appelle corps ou matière, que je ne puis sérieusement confondre l'un avec l'autre, ni juger de bonne foi que les propriétés de l'un, qui sont la figure et le mouvement, puissent, en aucune sorte, convenir aux propriétés de l'autre, qui sont le sentiment et la pensée' (*Elémens de metaphisique*, p.120).

[60] See Newton, *Principia*, iii, Scholium generale: 'Hactenus phaenomena caelorum et maris nostri per vim gravitatis exposui, sed causam gravitatis nondum assignavi. Oritur utique haec vis a causa aliqua, quae penetrat ad usque centra solis et planetarum, sine virtutis diminutione; quaeque agit non pro quantitate *superficierum* particularum, in quas agit (ut solent causae mechanicae) sed pro quantitate materiae *solidae*; et cujus actio in immensas distantias undique extenditur, decrescendo semper in duplicata ratione distantiarum. [...] Rationem vero harum gravitatis proprietatum ex phaenomenis nondum potui deducere, et hypotheses non fingo' (3rd ed., 1726, p.530). Pemberton, *A view of Sir Isaac Newton's philosophy*, includes a translation of the 'Scholium generale' as an appendix, separately paginated; this passage is at p.10-11.

les mêmes effets supposent une même cause. Ainsi je juge que la même cause agit dans les bêtes et dans les hommes à proportion de leurs organes; et je crois que ce principe commun aux hommes et aux bêtes est un attribut donné par Dieu à la matière.[61] Car si ce qu'on appelle *âme* était un être à part, de quelque nature que fût cet être, je devrais croire que la pensée est son essence, ou bien je n'aurais aucune idée de cette substance. Aussi tous ceux qui ont admis une âme immatérielle, ont été obligés de dire que cette âme pense toujours; mais j'en appelle à la conscience de tous les hommes: pensent-ils sans cesse? pensent-ils quand ils dorment d'un sommeil plein et profond? les bêtes ont-elles à tous moments des idées? quelqu'un qui est évanoui a-t-il beaucoup d'idées dans cet état, qui est réellement une mort passagère? Si l'âme ne pense pas toujours, il est donc absurde de reconnaître en l'homme une substance dont l'essence est de penser. Que pourrions-nous en conclure, sinon que Dieu a organisé les corps pour penser comme pour manger et pour digérer. En m'informant de l'histoire du genre humain, j'apprends que les hommes ont eu longtemps la même opinion que moi sur cet article. Je lis le plus ancien livre qui soit au monde, conservé par un peuple qui se prétend le plus ancien peuple; ce livre me dit même que Dieu semble penser comme moi; il m'apprend que Dieu a autrefois donné aux Juifs les lois les plus détaillées que jamais nation ait reçues; il daigne leur prescrire jusqu'à la manière dont ils doivent aller à la garde-robe,[62] et il ne leur dit pas un mot de leur âme; il ne leur parle que des peines et des récompenses temporelles: cela

130

135

140

145

150

138-139   K12:   à tout moment

---

[61] Voltaire here commits himself to a positive assertion, where previously, in *Lettres philosophiques*, XIII, and in writing to Tournemine (D877), he had argued merely for the *possibility* of such an explanation. The argument from the uniformity of nature he had also advanced to Tournemine; that which follows, an attack on the Cartesian doctrine of the immateriality of the soul, is found in greater detail in Locke, *Essay*, II.i.§10-18.

[62] Deuteronomy xxiii.12-14.

prouve au moins que l'auteur de ce livre ne vivait pas dans une nation qui crût la spiritualité et l'immortalité de l'âme.[63]

On me dit bien que deux mille ans après, Dieu est venu apprendre aux hommes que leur âme est immortelle; mais moi qui suis d'une autre sphère, je ne puis m'empêcher d'être étonné de cette disparate que l'on met sur le compte de Dieu. Il semble étrange à ma raison que Dieu ait fait croire aux hommes le pour et le contre; mais si c'est un point de relation où ma raison ne voit goutte, je me tais et j'adore en silence. Ce n'est pas à moi d'examiner ce qui a été révélé; je remarque seulement que ces livres révélés ne disent point que l'âme soit spirituelle; ils nous disent seulement qu'elle est immortelle. Je n'ai aucune peine à le croire; car il paraît aussi possible à Dieu de l'avoir formée (de quelque nature qu'elle soit) pour la conserver que pour la détruire; ce Dieu qui peut comme il lui plaît conserver ou anéantir le mouvement d'un corps, peut assurément faire durer à jamais la faculté de penser dans une partie de ce corps; s'il nous a dit en effet que cette partie est immortelle, il faut en être persuadé.

Mais de quoi cette âme est-elle faite? c'est ce que l'être suprême n'a pas jugé à propos d'apprendre aux hommes. N'ayant donc pour me conduire dans ces recherches que mes propres lumières, l'envie de connaître quelque chose et la sincérité de mon cœur, je cherche avec sincérité ce que ma raison me peut découvrir par elle-même; j'essaie ses forces, non pour la croire capable de porter tous ces poids immenses, mais pour la fortifier par cet exercice, et pour m'apprendre jusqu'où va son pouvoir. Ainsi, toujours prêt à céder dès que la révélation me présentera ses barrières, je continue mes réflexions et mes conjectures uniquement comme philosophe, jusqu'à ce que ma raison ne puisse plus avancer.

155

160

165

170

175

18c

161   K84E, K85, K12:   de révélation

[63] Attention had been drawn to this aspect of Hebrew belief by Anthony Collins in *A discourse of free-thinking* (1713), p.152-53, a work which Voltaire may have known. He repeats the point frequently in later works, but then usually relies upon Warburton, *The Divine legation of Moses* (1738-1741).

CHAPITRE VI

Si ce qu'on appelle âme est immortelle

Ce n'est pas ici le lieu d'examiner si en effet Dieu a révélé l'immortalité de l'âme. Je me suppose toujours un philosophe d'un autre monde que celui-ci, et qui ne juge que par ma raison. Cette raison m'a appris que toutes les idées des hommes et des animaux leur viennent par les sens; et j'avoue que je ne peux 5 m'empêcher de rire lorsqu'on me dit que les hommes auront encore des idées quand ils n'auront plus de sens. Lorsqu'un homme a perdu son nez, ce nez perdu n'est non plus une partie de lui-même que l'étoile polaire.[64] Qu'il perde toutes ses parties et qu'il ne soit plus un homme, n'est-il pas un peu étrange alors 10 de dire qu'il lui reste le résultat de tout ce qui a péri: j'aimerais autant dire qu'il boit et mange après sa mort, que de dire qu'il lui reste des idées après sa mort; l'un n'est pas plus inconséquent que l'autre, et certainement il a fallu bien des siècles avant qu'on ait osé faire une si étonnante supposition. Je sais bien, encore une 15 fois, que Dieu ayant attaché à une partie du cerveau la faculté d'avoir des idées, il peut conserver cette petite partie du cerveau avec sa faculté; car de conserver cette faculté sans la partie, cela est aussi impossible que de conserver le rire d'un homme ou le chant d'un oiseau après la mort de l'oiseau et de l'homme. Dieu 20 peut aussi avoir donné aux hommes et aux animaux une âme simple, immatérielle, et la conserver indépendamment de leur corps. Cela lui est aussi possible que de créer un million de mondes de plus qu'il n'en a créé, de donner aux hommes deux nez et quatre mains, des ailes et des griffes: mais pour croire qu'il 25

---

[64] See Locke, *Essay*, ii.xxvii.§11: 'Thus the limbs of his body is to everyone a part of *himself*: he sympathizes and is concerned for them. Cut off an hand, and thereby separate it from that consciousness, we had of its heat, cold, and other affections; and it is then no longer a part of that which is *himself*, any more than the remotest part of matter' (ed. Nidditch, p.337).

a fait en effet toutes ces choses possibles, il me semble qu'il faut les voir.

Ne voyant donc point que l'entendement, la sensation de l'homme soit une chose immortelle, qui me prouvera qu'elle l'est? Quoi, moi qui ne sais point quelle est la nature de cette chose, 30 j'affirmerai qu'elle est éternelle? moi qui sais que l'homme n'était pas hier, j'affirmerai qu'il y a dans cet homme une partie éternelle par sa nature? et tandis que je refuserai l'immortalité à ce qui anime ce chien, ce perroquet, cette grive, je l'accorderai à l'homme par la raison que l'homme le désire? 35

Il serait bien doux en effet de survivre à soi-même, de conserver éternellement la plus excellente partie de son être dans la destruction de l'autre, de vivre à jamais avec ses amis etc. Cette chimère (à l'envisager en ce seul sens) serait consolante dans des misères réelles. Voilà peut-être pourquoi on inventa autrefois le système 40 de la métempsycose; mais ce système a-t-il plus de vraisemblance que les *Mille et une nuits?* et n'est-il pas un fruit de l'imagination vive et absurde de la plupart des philosophes orientaux? Mais je suppose, malgré toutes les vraisemblances, que Dieu conserve après la mort de l'homme ce qu'on appelle son *âme*, et qu'il 45 abandonne l'âme de la brute au train de la destruction ordinaire de toutes choses: je demande ce que l'homme y gagnera; je demande ce que l'esprit de Jacques a de commun avec Jacques quand il est mort?

Ce qui constitue la personne de Jacques, ce qui fait que Jacques 50 est soi-même, et le même qu'il était hier à ses propres yeux, c'est qu'il se ressouvient des idées qu'il avait hier, et que dans son entendement il unit son existence d'hier à celle d'aujourd'hui; car s'il avait entièrement perdu la mémoire, son existence passée lui serait aussi étrangère que celle d'un autre homme; il ne serait pas 55 plus le Jacques d'hier, la même personne, qu'il serait Socrate ou César. Or je suppose que Jacques dans sa dernière maladie a perdu absolument la mémoire, et meurt par conséquent sans être

56 κ85, κ12: qu'il ne serait

ce même Jacques qui a vécu: Dieu rendra-t-il à son âme cette
mémoire qu'il a perdue? créera-t-il de nouveau ces idées qui   60
n'existent plus? en ce cas ne sera-ce pas un homme tout nouveau,
aussi différent du premier qu'un Indien l'est d'un Européen?

Mais on peut dire aussi que Jacques ayant entièrement perdu
la mémoire avant de mourir, son âme pourra la recouvrer de
même qu'on la recouvre après l'évanouissement ou après un   65
transport au cerveau; car un homme qui a entièrement perdu la
mémoire dans une grande maladie, ne cesse pas d'être le même
homme lorsqu'il a recouvré la mémoire. Donc l'âme de Jacques,
s'il en a une, et qu'elle soit immortelle par la volonté du Créateur,
comme on le suppose, pourra recouvrer la mémoire après sa   70
mort, tout comme elle la recouvre après l'évanouissement pendant
la vie: donc Jacques sera le même homme.[65]

Ces difficultés valent bien la peine d'être proposées, et celui
qui trouvera une manière sûre de résoudre l'équation de cette
inconnue, sera je pense un habile homme.   75

Je n'avance pas davantage dans ces ténèbres, je m'arrête où la
lumière de mon flambeau me manque: c'est assez pour moi que
je voie jusqu'où je peux aller. Je n'assure point que j'aie des
démonstrations contre la spiritualité et l'immortalité de l'âme;
mais toutes les vraisemblances sont contre elles; et il est également   80
injuste et déraisonnable de vouloir une démonstration dans une
recherche qui n'est susceptible que de conjectures.

Seulement il faut prévenir l'esprit de ceux qui croiraient la
mortalité de l'âme contraire au bien de la société, et les faire
souvenir que les anciens Juifs, dont ils admirent les lois, croyaient   85
l'âme matérielle et mortelle, sans compter de grandes sectes de
philosophes qui valaient bien les Juifs et qui étaient de fort
honnêtes gens.[66]

[65] Voltaire is here largely adopting Locke's views on memory and personal
identity: see *Essay*, II. xxvii, 'Of identity and diversity'.
[66] See above, ch.5, l.148-155 and n.63. Bayle, *Pensées diverses sur la comète*,
ch.178, links Stoics and Epicureans with the Sadducees alone in this connection.

CHAPITRE VII

Si l'homme est libre

Peut-être n'y a-t-il pas de question plus simple que celle de la liberté; mais il n'y en a point que les hommes aient plus embrouillée. Les difficultés dont les philosophes ont hérissé cette matière, et la témérité qu'on a toujours eue de vouloir arracher de Dieu son secret et de concilier sa prescience avec le libre arbitre, sont cause que l'idée de la liberté s'est obscurcie à force de prétendre l'éclaircir. On s'est si bien accoutumé à ne plus prononcer ce mot *liberté*, sans se ressouvenir de toutes les difficultés qui marchent à sa suite, qu'on ne s'entend presque plus à présent quand on demande si l'homme est libre.

Ce n'est plus ici le lieu de feindre un être doué de raison, lequel n'est point homme, et qui examine avec indifférence ce que c'est que l'homme; c'est ici au contraire qu'il faut que chaque homme rentre dans soi-même, et qu'il se rende témoignage de son propre sentiment.

Dépouillons d'abord la question de toutes les chimères dont on a coutume de l'embarrasser, et définissons ce que nous entendons par ce mot *liberté*. La liberté est uniquement le pouvoir d'agir.[67] Si une pierre se mouvait par son choix, elle serait libre; les animaux et les hommes ont ce pouvoir; donc ils sont libres. Je puis à toute force contester cette faculté aux animaux; je puis me figurer, si je veux abuser de ma raison, que les bêtes, qui me ressemblent en tout le reste, diffèrent de moi en ce seul point. Je puis les concevoir comme des machines qui n'ont ni sensations,

---

[67] See Clarke, prop.9: 'Otez la liberté à un être, vous lui ôtez le pouvoir d'agir' (Ricotier, 2nd ed., i.115); and Clarke's *Remarks* in reply to Collins's *Philosophical enquiry concerning human liberty*: 'l'essence de la liberté consiste uniquement dans le pouvoir d'agir. *Action* et *liberté* ne sont qu'une même idée' (translated in Desmaizeaux, *Recueil*, i.369). Similarly, Locke, *Essay*, ii.xxi.§27: 'In this then consists freedom, *viz.* in our being able to act or not to act, according as we shall chuse or will' (ed. Nidditch, p.248).

ni désirs, ni volonté, quoiqu'elles en aient toutes les apparences. 25
Je forgerai des systèmes, c'est-à-dire des erreurs, pour expliquer
leur nature; mais enfin, quand il s'agira de m'interroger moi-
même, il faudra bien que j'avoue que j'ai une volonté, et que j'ai
en moi le pouvoir d'agir, de remuer mon corps, d'appliquer ma
pensée à telle ou telle considération etc. Si quelqu'un vient me 30
dire: Vous croyez avoir cette volonté, mais vous ne l'avez pas;
vous avez un sentiment qui vous trompe, comme vous croyez
voir le soleil large de deux pieds, quoiqu'il soit en grosseur, par
rapport à la terre, à peu près comme un million à l'unité.

Je répondrai à ce quelqu'un: Le cas est différent; Dieu ne m'a 35
point trompé en me faisant voir ce qui est éloigné de moi
d'une grosseur proportionnée à sa distance; telles sont les lois
mathématiques de l'optique, que je ne puis et ne dois apercevoir
les objets qu'en raison directe[68] de leur grosseur et de leur
éloignement; et telle est la nature de mes organes que si ma vue 40
pouvait apercevoir la grandeur réelle d'une étoile, je ne pourrais
voir aucun objet sur la terre. Il en est de même du sens de l'ouïe
et de celui de l'odorat. Je n'ai les sensations plus ou moins
fortes, toutes choses égales, que selon que les corps sonores et
odoriférants sont plus ou moins loin de moi. Il n'y a en cela 45
aucune erreur: mais si je n'avais point de volonté, croyant en
avoir une, Dieu m'aurait créé exprès pour me tromper; de même
que s'il me faisait croire qu'il y a des corps hors de moi, quoiqu'il
n'y en eût pas; et il ne résulterait rien de cette tromperie, sinon
une absurdité dans la manière d'agir d'un être suprême infiniment 50
sage.[69]

Et qu'on ne dise pas qu'il est indigne d'un philosophe de
recourir ici à Dieu. Car premièrement ce Dieu étant prouvé,[70] il

---

[68] 'inverse' is clearly meant.
[69] The argument from the veracity of God is a Cartesian one: see *Discours de
la méthode*, IV, and *Méditations métaphysiques*, VI, where the example of the apparent
size of the sun is also used (Descartes, *Œuvres philosophiques*, ed. F. Alquié, Paris
1963-1973, ii.491).
[70] See above, ch.2, l.358-361; and introduction, p.399-401.

est démontré que c'est lui qui est la cause de ma liberté en cas que je sois libre;[71] et qu'il est l'auteur absurde de mon erreur, si 55 m'ayant fait un être purement patient, sans volonté, il me fait accroire que je suis agent et que je suis libre.

Secondement s'il n'y avait point de Dieu, qui est-ce qui m'aurait jeté dans l'erreur? qui m'aurait donné ce sentiment de liberté en me mettant dans l'esclavage? serait-ce une matière qui d'elle- 60 même ne peut avoir l'intelligence? Je ne puis être instruit ni trompé par la matière, ni recevoir d'elle la faculté de vouloir, je ne puis avoir reçu de Dieu le sentiment de ma volonté sans en avoir une, donc j'ai réellement une volonté, donc je suis un agent.

Vouloir et agir c'est précisément la même chose qu'être libre. 65 Dieu lui-même ne peut être libre que dans ce sens. Il a voulu et il a agi selon sa volonté. Si on supposait sa volonté déterminée nécessairement, si on disait: Il a été nécessité à vouloir ce qu'il a fait; on tomberait dans une aussi grande absurdité que si on disait: Il y a un Dieu, et il n'y a point de Dieu. Car si Dieu était nécessité, 70 il ne serait plus agent, il serait patient, et il ne serait plus Dieu.[72]

Il ne faut jamais perdre de vue ces vérités fondamentales enchaînées les unes aux autres. Il y a quelque chose qui existe, donc quelque être est de toute éternité, donc cet être existe par lui-même d'une nécessité absolue, donc il est infini, donc tous les 75 autres êtres viennent de lui sans qu'on sache comment, donc il a pu leur communiquer la liberté comme il leur a communiqué le mouvement et la vie, donc il nous a donné cette liberté que nous sentons en nous, comme il nous a donné la vie que nous sentons en nous.[73] 80

La liberté dans Dieu est le pouvoir de penser toujours tout ce qu'il veut, et d'opérer toujours tout ce qu'il veut.

La liberté donnée de Dieu à l'homme est le pouvoir faible, limité et passager de s'appliquer à quelques pensées, et d'opérer

[71] This is Clarke's argument, in proposition 10.
[72] The paragraph summarises briefly part of Clarke's argument in proposition 8 (Ricotier, 2nd ed., i.115-16).
[73] See ch.2, l.59-80 and n.20.

certains mouvements. La liberté des enfants qui ne réfléchissent   85
point encore, et des espèces d'animaux qui ne réfléchissent jamais,
consiste à vouloir et à opérer des mouvements seulement. Sur
quel fondement a-t-on pu imaginer qu'il n'y a point de liberté?
Voici les causes de cette erreur: on a d'abord remarqué que nous
avons souvent des passions violentes qui nous entraînent malgré   90
nous. Un homme voudrait ne pas aimer une maîtresse infidèle,
et ses désirs plus forts que la raison le ramènent vers elle; on
s'emporte à des actions violentes dans des mouvements de colère
qu'on ne peut maîtriser; on souhaite de mener une vie tranquille,
et l'ambition nous rejette dans le tumulte des affaires.   95

Tant de chaînes visibles dont nous sommes accablés presque
toute notre vie, ont fait croire que nous sommes liés de même
dans tout le reste; et on a dit: L'homme est tantôt emporté avec
une rapidité et des secousses violentes dont il sent l'agitation;
tantôt il est mené par un mouvement paisible dont il n'est pas   100
plus le maître; c'est un esclave qui ne sent pas toujours le poids
et la flétrissure de ses fers, mais il est toujours esclave.[74]

Ce raisonnement, qui n'est que la logique de la faiblesse
humaine, est tout semblable à celui-ci: Les hommes sont malades
quelquefois, donc ils n'ont jamais de santé.   105

Or qui ne voit l'impertinence de cette conclusion; qui ne voit
au contraire que de sentir sa maladie est une preuve indubitable
qu'on a eu de la santé, et que sentir son esclavage et son
impuissance, prouve invinciblement qu'on a eu de la puissance
et de la liberté.   110

Lorsque vous aviez cette passion furieuse, votre volonté n'était
plus obéie par vos sens: alors vous n'étiez pas plus libre que
lorsqu'une paralysie vous empêche de mouvoir ce bras que vous

---

[74] Collins, *A philosophical enquiry concerning human liberty* (1717, translated in
Desmaizeaux, *Recueil*) quotes Bayle, *Dictionnaire historique*, 'Hélène', remarque
TΔ: 'Ceux qui ont étudié avec soin les ressorts et les circonstances de leurs
actions [...] doutent de leur franc arbitre; et viennent même jusqu'à se persuader
que leur Raison et leur Esprit sont des Esclaves, qui ne peuvent résister à la
force qui les entraîne où ils ne voudraient pas aller' (Desmaizeaux, i.267-68).

voulez remuer. Si un homme était toute sa vie dominé par des passions violentes, ou par des images qui occupassent sans cesse son cerveau, il lui manquerait cette partie de l'humanité qui consiste à pouvoir penser quelquefois ce qu'on veut; et c'est le cas où sont plusieurs fous qu'on renferme et même bien d'autres qu'on n'enferme pas. 115

Il est bien certain qu'il y a des hommes plus libres les uns que les autres, par la même raison que nous ne sommes pas tous également éclairés, également robustes etc. La liberté est la santé de l'âme;[75] peu de gens ont cette santé entière et inaltérable. Notre liberté est faible et bornée, comme toutes nos autres facultés. Nous la fortifions en nous accoutumant à faire des réflexions, et cet exercise de l'âme la rend un peu plus vigoureuse. Mais quelques efforts que nous fassions, nous ne pourrons jamais parvenir à rendre notre raison souveraine de tous nos désirs; il y aura toujours dans notre âme comme dans notre corps des mouvements involontaires. Nous ne sommes ni libres, ni sages, ni forts, ni sains, ni spirituels que dans un très petit degré. Si nous étions toujours libres, nous serions ce que Dieu est. Contentons-nous d'un partage convenable au rang que nous tenons dans la nature. Mais ne nous figurons pas que nous manquons des choses mêmes dont nous sentons la jouissance, et parce que nous n'avons pas ces attributs d'un Dieu, ne renonçons pas aux facultés d'un homme. 120 125 130 135

Au milieu d'un bal ou d'une conversation vive, ou dans les douleurs d'une maladie qui appesantira ma tête, j'aurai beau vouloir chercher combien fait la trente-cinquième partie de quatre-vingt-quinze tiers et demi multipliés par vingt-cinq dix-neuvièmes et trois quarts; je n'aurai pas la liberté de faire une combinaison pareille. Mais un peu de recueillement me rendra cette puissance 14(

[75] This becomes a line of verse in *Discours en vers sur l'homme*, II, 'De la liberté' (first published in 1738, but probably written in 1737): 'La liberté dans l'homme est la santé de l'âme' (l.102).

que j'avais perdu dans le tumulte.[76] Les ennemis les plus détermi-
nés de la liberté sont donc forcés d'avouer que nous avons une   145
volonté qui est obéie quelquefois par nos sens; 'Mais cette volonté,
disent-ils, est nécessairement déterminée comme une balance
toujours emportée par le plus grand poids;[77] l'homme ne veut
que ce qu'il juge le meilleur; son entendement n'est pas le maître
de ne pas juger bon ce qui lui paraît bon. L'entendement agit   150
nécessairement: la volonté est déterminée par l'entendement;
donc la volonté est déterminée par une volonté absolue; donc
l'homme n'est pas libre'.

Cet argument qui est très éblouissant, mais qui dans le fond
n'est qu'un sophisme, a séduit beaucoup de monde parce que les   155
hommes ne font presque jamais qu'entrevoir ce qu'ils examinent.

Voici en quoi consiste le défaut de ce raisonnement. L'homme
ne peut certainement vouloir que les choses dont l'idée lui est
présente. Il ne pourrait avoir envie d'aller à l'opéra, s'il n'avait
l'idée de l'opéra; et il ne souhaiterait point d'y aller et ne se   160
déterminerait point à y aller, si son entendement ne lui représentait
point ce spectacle comme une chose agréable. Or c'est en cela
même que consiste sa liberté; c'est dans le pouvoir de se déterminer soi-même à faire ce qui lui paraît bon: vouloir ce qui ne lui
ferait pas plaisir, est une contradiction formelle et une impossibi-   165

165-166   K85, K12:   impossibilité. L'homme

[76] See Pascal, *Pensées*: 'L'esprit du plus grand homme du monde n'est pas si
indépendant, qu'il ne soit sujet à être troublé par le moindre tintamarre qui se
fait autour de lui. Il ne faut pas le bruit d'un canon pour empêcher ses pensées:
il ne faut que le bruit d'une girouette ou d'une poulie. Ne vous étonnez pas s'il
ne raisonne pas bien à présent: une mouche bourdonne à ses oreilles: c'en est
assez pour le rendre incapable de bon conseil. Si vous voulez qu'il puisse trouver
la vérité, chassez cet animal qui tient sa raison en échec, et trouble cette puissante
intelligence qui gouverne les villes et les royaumes' (Port Royal edition, 1670,
p.192-93: Brunschvicg, no.366)

[77] In his *Philosophical inquiry* Collins quotes Cicero (*Academicae quaestiones* II)
in this sense as using this comparison: 'il est aussi nécessaire à l'esprit de se
soumettre à ce qui est clair, qu'à une balance de pencher du côté où il a le plus
de poids' (Desmaizeaux, i.273). Bayle, *Réponse aux questions d'un provincial*, ch.139,
quotes the same passage.

lité; l'homme se détermine à ce qui lui semble le meilleur, et cela est incontestable; mais le point de la question est de savoir s'il a en soi cette force mouvante, ce pouvoir primitif de se déterminer ou non. Ceux qui disent: *L'assentiment de l'esprit est nécessaire et détermine nécessairement la volonté*, supposent que l'esprit agit physiquement sur la volonté. Ils disent une absurdité visible; car ils supposent qu'une pensée est un petit être réel qui agit réellement sur un autre être nommé la volonté; et ils ne font pas réflexion que ces mots *la volonté, l'entendement* etc. ne sont que des idées abstraites, inventées pour mettre de la clarté et de l'ordre dans nos discours, et qui ne signifient autre chose sinon l'homme *pensant* et l'homme *voulant*. L'*entendement* et la *volonté* n'existent donc pas réellement comme des êtres différents, et il est impertinent de dire que l'un agit sur l'autre.[78]

S'ils ne supposent pas que l'esprit agisse physiquement sur la volonté, il faut qu'ils disent, ou que l'homme est libre, ou que Dieu agit pour l'homme, détermine l'homme, et est éternellement occupé à tromper l'homme; auquel cas ils avouent au moins que Dieu est libre. Si Dieu est libre, la liberté est donc possible, l'homme peut donc l'avoir. Ils n'ont donc aucune raison pour dire que l'homme ne l'est pas.

Ils ont beau dire, l'homme est déterminé par le plaisir; c'est confesser, sans qu'ils y pensent, la liberté; puisque faire ce qui fait plaisir c'est être libre.

Dieu, encore une fois, ne peut être libre de cette façon. Il ne peut opérer que selon son plaisir. Tous les sophismes contre la liberté de l'homme attaquent également la liberté de Dieu.

Le dernier refuge des ennemis de la liberté est cet argument-ci:

'Dieu sait certainement qu'une chose arrivera; il n'est donc pas au pouvoir de l'homme de ne la pas faire.'[79]

---

[78] See Locke, *Essay*, II.xxi.§6.
[79] Divine prescience is the fourth argument against a freedom of indifference propounded by Collins in his *Philosophical enquiry* (Desmaizeaux, i.317-22): it is rebutted by Clarke, *Demonstration*, prop.10, and specifically in his reply to Collins, the *Remarks upon* […] *a Philosophical enquiry* (Desmaizeaux, i.397-401).

Premièrement remarquez que cet argument attaquerait encore cette liberté qu'on est obligé de reconnaître dans Dieu. On peut dire: Dieu sait ce qui arrivera; il n'est pas en son pouvoir de ne pas faire ce qui arrivera. Que prouve donc ce raisonnement tant rebattu? rien autre chose sinon que nous ne savons et ne pouvons savoir ce que c'est que la prescience de Dieu, et que tous ses attributs sont pour nous des abîmes impénétrables. 200

Nous savons démonstrativement que si Dieu existe, Dieu est libre; nous savons en même temps qu'il sait tout, mais cette prescience et cette omniscience sont aussi incompréhensibles pour nous que son immensité, sa durée infinie déjà passée, sa durée infinie à venir, la création, la conservation de l'univers, et tant d'autres choses que nous ne pouvons ni nier, ni connaître. 205

Cette dispute sur la prescience de Dieu n'a causé tant de querelles que parce qu'on est ignorant et présomptueux. Que coûtait-il de dire: Je ne sais point ce que sont les attributs de Dieu, et je ne suis point fait pour embrasser son essence? mais c'est ce qu'un bachelier ou licencié se gardera bien d'avouer; c'est ce qui les a rendus les plus absurdes des hommes, et fait d'une science sacrée un misérable charlatanisme. 210 215

The agnostic view developed by Voltaire in what follows here owes nothing to either Clarke or Collins, however, and their arguments are not mentioned.

CHAPITRE VIII

De l'homme considéré comme un être sociable

Le grand dessein de l'auteur de la nature semble être de conserver chaque individu un certain temps et de perpétuer son espèce. Tout animal est toujours entraîné par un instinct invincible à tout ce qui peut tendre à sa conservation, et il y a des moments où il est emporté par un instinct presque aussi fort à l'accouplement 5 et à la propagation, sans que nous puissions jamais dire comment tout cela se fait.

Les animaux les plus sauvages et les plus solitaires sortent de leurs tanières quand l'amour les appelle, et se sentent liés pour quelques mois par des chaînes invisibles à des femelles et à des 10 petits qui en naissent; après quoi ils oublient cette famille passagère et retournent à la férocité de leur solitude jusqu'à ce que l'aiguillon de l'amour les force de nouveau à en sortir. D'autres espèces sont formées par la nature pour vivre toujours ensemble, les unes dans une société réellement policée, comme les abeilles, 15 les fourmis, les castors, et quelques espèces d'oiseaux; les autres sont seulement rassemblées par un instinct plus aveugle qui les unit sans objet et sans dessein apparent, comme les troupeaux sur la terre et les harengs dans la mer.

L'homme n'est pas certainement poussé par son instinct à 20 former une société policée telle que les fourmis et les abeilles; mais à considérer ses besoins, ses passions et sa raison, on voit bien qu'il n'a pas dû rester longtemps dans un état entièrement sauvage.

Il suffit pour que l'univers soit ce qu'il est aujourd'hui, qu'un 25 homme ait été amoureux d'une femme.[80] Le soin mutuel qu'ils

---

[80] H. T. Mason suggests as a source for this idea Bayle, *Dictionnaire historique et critique*, 'Eve', remarque F, where Bayle says that of all the passions 'l'amour est sans contredit la principale, et en quelque manière l'âme du monde' (*Pierre Bayle and Voltaire*, Oxford 1963, p.101, n.4). At all events, Voltaire here seems to be making a concession to the book of Genesis which contrasts sharply with what he said in chapter 1, lines 65-70.

auront eu l'un de l'autre, et leur amour naturel pour leurs enfants, aura bientôt éveillé leur industrie et donné naissance au commencement grossier des arts. Deux familles auront eu besoin l'une de l'autre sitôt qu'elles auront été formées, et de ces besoins seront   30
nées de nouvelles commodités.[81]

L'homme n'est pas comme les autres animaux qui n'ont que l'instinct de l'amour-propre et celui de l'accouplement; non seulement il a cet amour-propre nécessaire pour sa conservation, mais il a aussi pour son espèce une bienveillance naturelle qui ne se   35
remarque point dans les bêtes.

Qu'une chienne voie en passant un chien de la même mère déchiré en mille pièces et tout sanglant, elle en prendra un morceau sans concevoir la moindre pitié, et continuera son chemin; et cependant cette même chienne défendra son petit et mourra en   40
combattant plutôt que de souffrir qu'on le lui enlève.

Au contraire, que l'homme le plus sauvage voie un joli enfant prêt d'être dévoré par quelque animal, il sentira malgré lui une inquiétude, une anxiété que la pitié fait naître, et un désir d'aller à son secours.[82] Il est vrai que ce sentiment de pitié et de   45

---

43   K85, K12:   près d'être

---

[81] See Mme Du Châtelet's interpolated observation in her version of Mandeville's *Fable*, ch.1: 'L'amour paraît avoir dû être le commencement de toute société. L'homme comme tous les autres animaux a un penchant invincible à la propagation de son espèce. Un homme étant devenu amoureux d'une femme, en aura eu des enfants. Le soin de leur famille aura fait subsister leur union au-delà de leur goût. Deux familles auront eu besoin l'une de l'autre dès qu'elles auront été formées, et ces besoins mutuels auront donné naissance à la société' (Wade, *Studies on Voltaire*, p.142-43). See above, introduction, p.378-80 and n.39, 41 and 42. This passage constitutes no. 1 and 2 of Wade's sixteen passages.

[82] See Mme Du Châtelet: 'Ce mésaise involontaire que nous sentons quand nous voyons un de nos semblables dans un danger actuel, est un des traits que le créateur a lui-même imprimé à son ouvrage. L'homme paraît être le seul animal qui ait cette bienveillance pour son espèce. Les autres animaux ont reçu de l'être suprême l'amour de leur conservation, le désir de la propagation. Plusieurs connaissent l'orgueil et l'émulation, mais aucun ne marque cet amour pour son espèce, qui est imprimé dans le cœur de l'homme et qui paraît un des traits distinctifs qui séparent les différents êtres. Qu'un chien rencontre un chien

bienveillance est souvent étouffé par la fureur de l'amour-propre:[83] aussi la nature sage ne devait pas nous donner plus d'amour pour les autres que pour nous-mêmes; c'est déjà beaucoup que nous ayons cette bienveillance qui nous dispose à l'union avec les hommes.

50

Mais cette bienveillance serait encore un faible secours pour nous faire vivre en société: elle n'aurait jamais pu servir à fonder de grands empires et des villes florissantes, si nous n'avions pas eu de grandes passions.

Ces passions dont l'abus fait à la vérité tant de mal, sont en effet la principale cause de l'ordre que nous voyons aujourd'hui sur la terre. L'orgueil est surtout le principal instrument avec lequel on a bâti ce bel édifice de la société. A peine les besoins eurent rassemblé quelques hommes que les plus adroits d'entre eux s'aperçurent que tous ces hommes étaient nés avec un orgueil indomptable aussi bien qu'avec un penchant invincible pour le bien-être.

55

60

Il ne fut pas difficile de leur persuader que s'ils faisaient pour le bien commun de la société quelque chose qui leur coûtait un peu de leur bien-être, leur orgueil en serait amplement dédommagé.[84]

65

---

expirant, il lèchera son sang et continuera son chemin, mais si l'homme rencontre un autre homme son premier mouvement sera de le secourir, et il le secourra sûrement. Il n'a rien à craindre des marques de sa compassion. On étouffe ce *dictamen* de la nature. Les hommes, malgré cette bienveillance mutuelle, ne laissent pas de s'égorger en bataille rangée, et de s'assassiner mutuellement' (Wade, p.150). This passage includes Wade's passages 4, 3, 5, 6, 7.

[83] See Mme Du Châtelet: 'Il est vrai que sans le secours des lois et des châtiments qu'elles infligent à ceux qui nuisent aux autres, l'intérêt personnel l'emporterait souvent sur le *dictamen* de la nature, car l'amour-propre est avec raison plus fort que la bienveillance pour notre espèce' (Wade, p.145: his passage 8).

[84] See Mme Du Châtelet: 'Les besoins mutuels ayant rassemblé les hommes, les plus adroits d'entre eux s'aperçurent que l'homme était né avec un orgueil indomptable, et c'est de l'empire que cette passion a sur lui que les premiers législateurs ont tiré les plus grands secours pour parvenir à civiliser les hommes'. And she continues, now translating Mandeville, 'Il aurait été impossible de persuader aux hommes de sacrifier leur intérêt particulier au bien de la société, si on ne leur avait montré un équivalent pour la violence qu'on exigeait d'eux'

On distingua donc de bonne heure les hommes en deux classes; la première des hommes divins qui sacrifient leur amour-propre au bien public; la seconde des misérables qui n'aiment qu'eux-mêmes: tout le monde voulut et veut être encore de la première classe, quoique tout le monde soit dans le fond du cœur de la seconde;[85] et les hommes les plus lâches et les plus abandonnés à leurs propres désirs crièrent plus haut que les autres qu'il fallait tout immoler au bien public.[86] L'envie de commander qui est une des branches de l'orgueil, et qui se remarque aussi visiblement dans un pédant de collège et dans un bailli de village que dans un pape et dans un empereur, excita encore puissamment l'industrie humaine pour amener les hommes à obéir à d'autres hommes, il fallut leur faire connaître clairement qu'on en savait plus qu'eux, et qu'on leur serait utile.

Il fallut surtout se servir de leur avarice pour acheter leur obéissance. On ne pouvait leur donner beaucoup sans avoir beaucoup, et cette fureur d'acquérir les biens de la terre ajoutait tous les jours de nouveaux progrès à tous les arts.

Cette machine n'eût pas encore été loin sans le secours de l'envie, passion très naturelle que les hommes déguisent toujours sous le nom d'émulation. Cette envie réveilla la paresse et aiguisa

70

75

80

85

(Wade, p.143: passage 9). Mandeville's text reads 'it is not likely that anybody could have persuaded them to disapprove of their natural inclinations, or prefer the good of others to their own, if at the same time he had not showed them an equivalent to be enjoyed as a reward for the violence which by so doing they of necessity must commit upon themselves' (*The Fable of the bees*, ed. F. B. Kaye, i.42).

[85] See Mme Du Châtelet, summarising and adapting Mandeville: 'Ainsi tous voulurent et veulent encore être de la première classe, quoique dans le fond du cœur ils soient tous de la seconde' (Wade, p.144: passage 11). See *Fable*, i.43-45. Somewhat confusingly however, Mme Du Châtelet (and so also Voltaire) has inverted the order of Mandeville's two classes of men.

[86] See Mme Du Châtelet: 'Car ceux mêmes dont le cœur était le plus corrompu contraignaient leurs désirs, et criaient même plus haut que les autres qu'il fallait tout immoler au bien public' (Wade, p.144: passage 10). See *Fable*: 'those who [...] followed the sensual dictates of nature [...] would say as others did, and hiding their own imperfections as well as they could, cry up self-denial and public-spiritedness as much as any' (ed. Kaye, i.45).

le génie de quiconque vit son voisin puissant et heureux. Ainsi de proche en proche les passions seules réunirent les hommes et tirèrent du sein de la terre tous les arts et tous les plaisirs. C'est avec ce ressort que Dieu appelé par Platon, l'éternel géomètre,[87] et que j'appelle ici l'éternel machiniste, a animé et embelli la nature: les passions sont les roues qui font aller toutes ces machines.

Les raisonneurs de nos jours[88] qui veulent établir la chimère que l'homme était né sans passions, et qu'il n'en a eu que pour avoir désobéi à Dieu, auraient aussi bien fait de dire que l'homme était d'abord une belle statue que Dieu avait formée, et que cette statue fut depuis animée par le diable.

L'amour-propre et toutes ses branches sont aussi nécessaires à l'homme que le sang qui coule dans ses veines; et ceux qui veulent lui ôter ses passions parce qu'elles sont dangereuses, ressemblent à celui qui voudrait ôter à un homme tout son sang, parce qu'il peut tomber en apoplexie.

Que dirions-nous de celui qui prétendrait que les vents sont une invention du diable, parce qu'ils submergent quelques vaisseaux, et qui ne songerait pas que c'est un bienfait de Dieu par lequel le commerce réunit tous les endroits de la terre que des mers immenses divisent? Il est donc très clair que c'est à nos passions et à nos besoins que nous devons cet ordre et ces

90

95

100

105

87   K12:   heureux et puissant
94   K12:   jours, qui
104   K84:   dirons-nous [...] prétendait [perhaps misreadings, in view of 'songerait', l.106]

[87] See Plutarch, *Moralia*, Quaestiones conviviales, VIII.ii.1.
[88] Voltaire is presumably thinking of Jansenist moral theologians, but the 'chimère' he attributes to them is something of a caricature of the doctrine of concupiscence and the Fall in such writers as Augustine, Jansenius and Nicole.

inventions utiles dont nous avons enrichi l'univers;[89] et il est très   110
vraisemblable que Dieu ne nous a donné ces besoins, ces passions
qu'afin que notre industrie les tournât à notre avantage. Que si
beaucoup d'hommes en ont abusé, ce n'est pas à nous à nous
plaindre d'un bienfait dont on a fait un mauvais usage. Dieu a
daigné mettre sur la terre mille nourritures délicieuses pour   115
l'homme: la gourmandise de ceux qui ont tourné cette nourriture
en poison mortel pour eux, ne peut servir de reproche contre la
Providence.

[89] The comparison of the passions to the winds as a driving force is a
commonplace: cf., for example, La Mothe Le Vayer, *De la connoissance de soy-mesme*: 'Il est certain que ces passions, que les philosophes latins ont nommées
des perturbations, servent souvent à l'âme raisonnable, comme les vents au
pilote, qui ne peut avancer ni se bien conduire sur la mer, sans le secours des
vents', *Œuvres* (Paris 1669), xiii.458-59.

De la vertu et du vice

Pour qu'une société subsistât il fallait des lois, comme il faut des règles à chaque jeu.[90] La plupart de ces lois semblent arbitraires; elles dépendent des intérêts, des passions et des opinions de ceux qui les ont inventées, et de la nature du climat où les hommes se sont assemblés en société. Dans un pays chaud où le vin rendrait furieux, on a jugé à propos de faire un crime d'en boire; en d'autres climats plus froids il y a de l'honneur à s'enivrer. Ici un homme doit se contenter d'une femme, là il lui est permis d'en avoir autant qu'il peut en nourrir. Dans un autre pays les pères et les mères supplient les étrangers de vouloir bien coucher avec leurs filles; partout ailleurs une fille qui s'est livrée à un homme est déshonorée. A Sparte on encourageait l'adultère, à Athènes il était puni de mort. Chez les Romains les pères eurent droit de vie et de mort sur leurs enfants. En Normandie un père ne peut pas ôter seulement une obole de son bien au fils le plus désobéissant. Le nom de roi est sacré chez beaucoup de nations, et en abomination dans d'autres.

Mais tous ces peuples qui se conduisent si différemment, se réunissent tous/en ce point qu'ils appellent *vertueux* ce qui est conforme aux lois qu'ils ont établies, et *criminel* ce qui leur est contraire.[91] Ainsi un homme qui s'opposera en Hollande au pouvoir arbitraire, sera un homme très vertueux; et celui qui voudra établir en France un gouvernement républicain sera

---

1-2 K12: comme il fallut des règles

---

[90] See Mme Du Châtelet: 'aucune société n'a pu subsister sans avoir des lois, de même qu'on ne peut jouer, s'il n'y a des règles du jeu' (Wade, p.145: part of passage 14).

[91] See Mme Du Châtelet: 'Mais dans tous les pays on appelle vertu ce qui est conforme aux lois établies, et vice ce qui leur est opposé' (Wade, p.145, passage 12). This passage immediately precedes that quoted in note 90.

condamné au dernier supplice. Le même juif qui à Metz[92] serait
envoyé aux galères s'il avait deux femmes, en aura quatre à   25
Constantinople et en sera plus estimé des musulmans.

La plupart des lois se contrarient si visiblement qu'il importe
assez peu par quelles lois un Etat se gouverne; mais ce qui importe
beaucoup c'est que les lois une fois établies soient exécutées.
Ainsi il n'est d'aucune conséquence qu'il y ait telles ou telles   30
règles pour les jeux de dés et de cartes; mais on ne pourra jouer
un seul moment si l'on ne suit pas à la rigueur ces règles arbitraires
dont on sera convenu.[93]

La vertu et le vice, le bien et le mal moral est donc en tout pays ce qui
est utile ou nuisible à la société; et dans tous les lieux et dans tous   35
les temps celui qui sacrifie le plus au public est celui qu'on
appellera le plus vertueux. Il paraît donc que les bonnes actions
ne sont autre chose que les actions dont nous retirons de l'avantage, et les crimes les actions qui nous sont contraires. La vertu
est l'habitude de faire de ces choses qui plaisent aux hommes, et   40
le vice l'habitude de faire des choses qui leur déplaisent.

Quoique ce qu'on appelle vertu dans un climat soit précisément
ce qu'on appelle vice dans un autre; et que la plupart des règles
du bien et du mal diffèrent comme les langages et les habillements,

---

35   K84: *utile à la société*

[92] The bishopric of Metz, acquired, together with those of Toul and Verdun,
by the French crown in 1552, kept its ancient privileges and was not subject to
the law of France, where the edict of expulsion enacted against the Jews in 1394
remained in force. The Jewish community in Metz flourished in the late
seventeenth century, the value of their commercial activities being shrewdly
appreciated by Colbert, and in 1718 the Regent confirmed the Jews of Metz in
their special privileges by letters patent. See B. Blumenkranz *et al.*, *Histoire des*
Juifs en France (Paris 1972), p.79-86.
[93] See Mme Du Châtelet, the passage quoted in note 90, and its continuation:
'Mais de même que ce qui est une faute au piquet, n'en est pas une au reversi,
aussi ce qui est vice à Paris, est vertu à Constantinople. Mais tous les hommes
s'accordent à observer les lois établies chez eux, et à regarder les actions comme
bonnes ou mauvaises selon leur relation ou leur opposition à ces lois' (Wade,
p.145: part of passage 14).

cependant il me paraît certain qu'il y a des lois naturelles dont   45
les hommes sont obligés de convenir par tout l'univers malgré
qu'ils en aient.[94] Dieu n'a pas dit à la vérité aux hommes, Voici
des lois que je vous donne de ma bouche par lesquelles je veux
que vous vous gouverniez; mais il a fait dans l'homme ce qu'il a
fait dans beaucoup d'autres animaux. Il a donné aux abeilles un   50
instinct puissant par lequel elles travaillent et se nourrissent
ensemble, et il a donné à l'homme certains sentiments dont il ne
peut jamais se défaire, et qui sont les liens éternels et les premières
lois de la société dans laquelle il a prévu que les hommes vivraient.
La bienveillance pour notre espèce est née, par exemple, avec   55
nous et agit toujours en nous, à moins qu'elle ne soit combattue
par l'amour-propre qui doit toujours l'emporter sur elle. Ainsi un
homme est toujours porté à assister un autre homme quand il ne
lui en coûte rien.[95] Le sauvage le plus barbare revenant du carnage,
et dégouttant du sang des ennemis qu'il a mangés, s'attendrira à   60
la vue des souffrances de son camarade et lui donnera tous les
secours qui dépendront de lui.

L'adultère et l'amour des garçons seront permis chez beaucoup
de nations: mais vous n'en trouverez aucune dans laquelle il soit

---

[94] See Mme Du Châtelet: 'Il y a une loi universelle pour tous les hommes
que Dieu a lui-même gravée dans leur cœur'. The textual parallel however is
clearly less precise than elsewhere, and Voltaire does not introduce the formulation with which Mme Du Châtelet continues: 'Cette loi est, *ne fais pas à autrui
ce que tu ne voudrais pas qui te fût fait*' – no doubt because of its Christian
associations (Wade, p.145: passage 13).

[95] See Mme Du Châtelet, who says of the precept 'ne fais pas à autrui ce que
tu ne voudrais pas qui te fût fait' (see above, n.94): 'cette maxime est non
seulement indispensable dans toute société civilisée, mais tout homme l'a
imprimée dans son cœur. Elle est une suite nécessaire de la bienveillance
naturelle, que nous avons pour notre espèce: bienveillance que le créateur a mis
dans nous, et dont nous sentons les effets involontairement, comme la faim et
la soif. [...] Il est vrai que sans le secours des lois et des châtiments qu'elles
infligent à ceux qui nuisent aux autres, l'intérêt personnel l'emporterait souvent
sur le *dictamen* de la nature, car l'amour-propre est avec raison plus fort que la
bienveillance pour notre espèce; mais quand notre intérêt ne nous y porte pas,
il n'y a aucun homme à moins qu'il n'ait perdu le sens qui aille assassiner son
voisin pour son plaisir' (Wade, p.145-46). This parallel is not noted by Wade.

permis de manquer à sa parole;[96] parce que la société peut bien 65
subsister entre des adultères et des garçons qui s'aiment, mais
non pas entre des gens qui se feraient gloire de se tromper les
uns les autres.

Le larcin était en honneur en Sparte parce que tous les biens
étaient communs; mais dès que vous avez établi le *tien* et le *mien*, 70
il vous sera alors impossible de ne pas regarder le vol comme
contraire à la société, et par conséquent comme injuste.

Il est si vrai que le bien de la société est la seule mesure du
bien et du mal moral,[97] que nous sommes forcés de changer, selon
le besoin, toutes les idées que nous nous sommes formées du 75
juste et de l'injuste.

Nous avons de l'horreur pour un père qui couche avec sa fille,
et nous flétrissons aussi du nom d'incestueux le frère qui abuse
de sa sœur; mais dans une colonie naissante où il ne restera qu'un
père avec un fils et deux filles, nous regarderons comme une très 80
bonne action le soin que prendra cette famille de ne pas laisser
périr l'espèce.

Un frère qui tue son frère est un monstre; mais un frère qui
n'aurait eu d'autres moyens de sauver sa patrie que de sacrifier
son frère, serait un homme divin. 85

Nous aimons tous la vérité et nous en faisons une vertu, parce
qu'il est de notre intérêt de n'être pas trompés. Nous avons
attaché d'autant plus d'infamie au mensonge que de toutes les
mauvaises actions, c'est la plus facile à cacher et celle qui coûte
le moins à commettre; mais dans combien d'occasions le men- 90
songe ne devient-il pas une vertu héroïque? Quand il s'agit, par
exemple, de sauver un ami, celui qui en ce cas dirait la vérité

---

91   K85, K12: une action héroïque

[96] See Mme Du Châtelet: 'Il n'y a point de peuple, quelque barbare qu'il soit,
chez qui, dès qu'il y aura une apparence de société, il soit permis de manquer
à sa parole' (Wade, p.145: passage 15).
[97] See Mme Du Châtelet: 'Le bien de la société est à la vérité le seul *criterium*
du vice et de la vertu' (Wade, p.145: passage 16).

477

serait couvert d'opprobre: et nous ne mettons guère de différence entre un homme qui calomnierait un innocent, et un frère qui pouvant conserver la vie à son frère par un mensonge, aimerait   95
mieux l'abandonner en disant vrai. La mémoire de M. de Thou,[98] qui eut le cou coupé pour n'avoir pas révélé la conspiration de Cinq-Mars, est en bénédiction chez les Français; s'il n'avait point menti elle aurait été en horreur.

Mais, me dira-t-on, ce ne sera donc que par rapport à nous   100
qu'il y aura du crime et de la vertu, du bien et du mal moral; il n'y aura donc point de bien en soi et indépendant de l'homme? Je demanderai à ceux qui font cette question s'il y a du froid et du chaud, du doux et de l'amer, de la bonne et de la mauvaise odeur, autrement que par rapport à nous? N'est-il pas vrai qu'un   105
homme qui prétendrait que la chaleur existe toute seule, serait un raisonneur très ridicule? Pourquoi donc celui qui prétend que le bien moral existe indépendamment de nous, raisonnerait-il mieux? Notre bien et notre mal physique n'ont d'existence que par rapport à nous; pourquoi notre bien et notre mal moral seraient-ils dans   110
un autre cas?

Les vues du Créateur, qui voulait que l'homme vécût en société, ne sont-elles pas suffisamment remplies? S'il y avait quelque loi tombée du ciel, qui eût enseigné aux humains la volonté de Dieu bien clairement, alors le bien moral ne serait autre chose que la   115
conformité à cette loi. Quand Dieu aura dit aux hommes: 'Je veux qu'il y ait tant de royaumes sur la terre, et pas une république. Je veux que les cadets aient tout le bien des pères, et qu'on punisse de mort quiconque mangera des dindons ou du cochon'; alors ces lois deviendront certainement la règle immuable du bien et du   120

---

[98] François-Auguste de Thou (1607-1642). His father, Jacques-Auguste de Thou (1553-1617), was the author of a celebrated *History of his own time*, first published in Latin in 1604-1608, and issued in a new French translation by a London publisher in 1734, in 16 quarto volumes. This edition, in which Desfontaines and the abbé Prévost collaborated, attracted attention in France (e.g. *Journal des sçavans*, juillet 1734, p.431) and may well have come to Voltaire's notice. Volume 16 contains 'Mémoires et instructions pour servir à justifier l'innocence de F. A. de Thou, de P. Du Puy'.

mal. Mais comme Dieu n'a pas daigné, que je sache, se mêler ainsi de notre conduite, il faut nous en tenir aux présents qu'il nous a faits. Ces présents sont la raison, l'amour-propre, la bienveillance pour notre espèce, les besoins, les passions, tous moyens par lesquels nous avons établi la société. 125

Bien des gens sont prêts ici à me dire: Si je trouve mon bien-être à déranger votre société, à tuer, à voler, à calomnier, je ne serai donc retenu par rien, et je pourrai m'abandonner sans scrupule à toutes mes passions? Je n'ai autre chose à dire à ces gens-là, sinon que probablement ils seront pendus, ainsi que je 130 ferai tuer les loups qui voudront enlever mes moutons; c'est précisément pour eux que les lois sont faites, comme les tuiles ont été inventées contre la grêle et contre la pluie.

A l'égard des princes qui ont la force en main et qui en abusent pour désoler le monde, qui envoient à la mort une partie des 135 hommes et réduisent l'autre à la misère, c'est la faute des hommes s'ils souffrent ces ravages abominables, que souvent même ils honorent du nom de vertu; ils n'ont à s'en prendre qu'à eux mêmes, aux mauvaises lois qu'ils ont faites, ou au peu de courage qui les empêche de faire exécuter de bonnes lois. 140

Tous ces princes qui ont fait tant de mal aux hommes, sont les premiers à crier que Dieu a donné des règles du bien et du mal. Il n'y a aucun de ces fléaux de la terre qui ne fasse des actes solennels de religion; et je ne vois pas qu'on gagne beaucoup à avoir de pareilles règles. C'est un malheur attaché à l'humanité 145 que malgré toute l'envie que nous avons de nous conserver, nous nous détruisons mutuellement avec fureur et avec folie. Presque tous les animaux se mangent les uns les autres, et dans l'espèce humaine les mâles s'exterminent par la guerre. Il semble encore que Dieu ait prévu cette calamité en faisant naître parmi nous 150 plus de mâles que de femelles: en effet les peuples qui semblent avoir songé de plus près aux intérêts de l'humanité, et qui tiennent des registres exacts des naissances et des morts, se sont aperçus que, l'un portant l'autre, il naît tous les ans un douzième de mâles plus que de femelles. 155

De tout ceci il sera aisé de voir qu'il est très vraisemblable que

479

tous ces meurtres et ces brigandages sont funestes à la société
sans intéresser en rien la Divinité. Dieu a mis les hommes et les
animaux sur la terre, c'est à eux de s'y conduire de leur mieux.
Malheur aux mouches qui tombent dans les filets de l'araignée;
malheur au taureau qui sera attaqué par un lion, et aux moutons
qui seront rencontrés par les loups. Mais si un mouton allait dire
à un loup: Tu manques au bien moral, et Dieu te punira; le loup
lui répondrait: Je fais mon bien physique, et il y a apparence que
Dieu ne se soucie pas trop que je te mange ou non. Tout ce que
le mouton avait de mieux à faire, c'était de ne pas s'écarter du
berger et du chien qui pouvait le défendre.

Plût au ciel qu'en effet un être suprême nous eût donné des
lois, et nous eût proposé des peines et des récompenses! qu'il
nous eût dit: Ceci est vice en soi, ceci est vertu en soi. Mais nous
sommes si loin d'avoir des règles du bien et du mal, que de tous
ceux qui ont osé donner des lois aux hommes de la part de Dieu,
il n'y en a pas un qui ait donné la dix-millième partie des règles
dont nous avons besoin dans la conduite de la vie.

Si quelqu'un infère de tout ceci qu'il n'y a plus qu'à s'abandonner sans réserve à toutes les fureurs de ses désirs effrénés, et que
n'ayant en soi ni vertu ni vice, il peut tout faire impunément, il
faut d'abord que cet homme voie s'il a une armée de cent
mille soldats bien affectionnés à son service; encore risquera-t-il
beaucoup en se déclarant ainsi l'ennemi du genre humain. Mais
si cet homme n'est qu'un simple particulier, pour peu qu'il ait de
raison il verra qu'il a choisi un très mauvais parti, et qu'il sera
puni infailliblement, soit par les châtiments si sagement inventés
par les hommes contre les ennemis de la société, soit par la seule
crainte du châtiment, laquelle est un supplice assez cruel par elle-
même. Il verra que la vie de ceux qui bravent les lois est d'ordinaire
la plus misérable. Il est moralement impossible qu'un méchant
homme ne soit pas reconnu; et dès qu'il est seulement soupçonné,
il doit s'apercevoir qu'il est l'objet du mépris et de l'horreur. Or,
Dieu nous a sagement doués d'un orgueil qui ne peut jamais
souffrir que les autres hommes nous haïssent et nous méprisent;
être méprisé de ceux avec qui l'on vit est une chose que personne

480

n'a jamais pu et ne pourra jamais supporter. C'est peut-être le plus grand frein que la nature ait mis aux injustices des hommes; c'est par cette crainte mutuelle que Dieu a jugé à propos de les lier. Ainsi tout homme raisonnable conclura qu'il est visiblement de son intérêt d'être honnête homme. La connaissance qu'il aura du cœur humain et la persuasion où il sera qu'il n'y a en soi ni vertu ni vice, ne l'empêchera jamais d'être bon citoyen et de remplir tous les devoirs de la vie. Aussi remarque-t-on que les philosophes (qu'on baptise du nom d'incrédules et de libertins) ont été dans tous les temps les plus honnêtes gens du monde. Sans faire ici une liste de tous les grands hommes de l'antiquité, on sait que la Mothe le Vayer, précepteur du frère de Louis XIII, Bayle, Locke, Spinosa, milord Shaftesbury, Collins, etc. étaient des hommes d'une vertu rigide; et ce n'est pas seulement la crainte du mépris des hommes qui a fait leurs vertus, c'était le goût de la vertu même. Un esprit droit est honnête homme par la même raison que celui qui n'a point le goût dépravé préfère d'excellent vin de Nuitz à du vin de Brie, et des perdrix du Mans à de la chair de cheval. Une saine éducation perpétue ces sentiments chez tous les hommes, et de là est venu ce sentiment universel qu'on appelle *honneur*, dont les plus corrompus ne peuvent se défaire, et qui est le pivot de la société. Ceux qui auraient besoin du secours de la religion pour être honnêtes gens seraient bien à plaindre, et il faudrait que ce fussent des monstres de la société, s'ils ne trouvaient pas en eux-mêmes les sentiments nécessaires à cette société, et s'ils étaient obligés d'emprunter d'ailleurs ce qui doit se trouver dans notre nature.

195

200

205

210

215

209 K85, K12: n'a pas le

APPENDIX I

Sur la liberté

The document which follows is the 'extrait d'un chapitre sur la liberté' sent by Voltaire to Frederick of Prussia with his letter of c.15 October 1737 (D1376). The originals of both document and letter seem to have disappeared long since. Koser and Droysen, in their standard critical edition of Frederick's correspondence, based upon the Prussian state archives, reproduce them only from the text of the Kehl edition (*Briefwechsel Friedrichs des Grossen mit Voltaire*, ed. R. Koser and H. Droysen, Publikationen aus den k. preussischen Staatsarchiven 81-82, Leipzig 1908-1909, i.85-100). The source available to the Kehl editors is not precisely known; it seems likely, however, that for Voltaire's side of the correspondence with Frederick they used a collection of manuscript copies of the letters and documents sent to the Prussian king, which had been prepared in Voltaire's household. That such a collection was assembled is proved by the existence in the municipal library of Rheims of a copy made, it appears, by a member of the Champbonin family, who were in close touch with Mme Du Châtelet and Voltaire during the Cirey period. Whether the Kehl editors had access to the transcription made directly from the originals before despatch, or to some secondary copy such as the Rheims manuscript, we do not know: but the rarity and insignificance of the variants, recorded below, between the Rheims text (R) and Kehl suggests that both are very close to a common source. In the circumstances, it has therefore seemed preferable to adopt Kehl as the base text. Variants are also given from the Leningrad manuscript (L), discussed above (p.386-87, 406-10), which records earlier states of the text.

The sequence of extant versions of this text which make some approach to authenticity is therefore as follows:

L Saltykov-Shchedrin State Public Library, Leningrad: Voltaire library manuscripts, ix.126-32.

R Bibliothèque municipale, Reims: MS 2150, pp.104-19.

K *Œuvres complètes de Voltaire*, lxiv [lii in some sets].145-60.

Moland (xxxiv.324-34) follows Kehl in printing the document as an appendix to Voltaire's letter to Frederick: but this practice has rightly not been followed in either of the Besterman editions of Voltaire's correspondence.

* * *

SUR LA LIBERTÉ

La question de la liberté est la plus intéressante que nous puissions examiner, puisque l'on peut dire que de cette seule question dépend toute la morale. Un aussi grand intérêt mérite bien que je m'éloigne un peu de mon sujet pour entrer dans cette discussion, et pour mettre ici sous les yeux du lecteur, les principales objections que l'on fait contre la liberté, afin qu'il puisse juger lui-même de leur solidité.

Je sais que la liberté a d'illustres adversaires. Je sais que l'on fait contre elle des raisonnements qui peuvent d'abord séduire; 5

a L: Chapitre 5 / de la liberté
R: chapitre sur la liberté. par M. De Voltaire
1-3 L imposes this text interlinearly upon the latter part of the following deleted passage: ⟨liberté; et l'on voit aisément que les philosophes qui pretendent que la quantité de mouvement est invariable dans l'univers, nient à l'homme cette faculté soi-mouvante (note 1). [(note 1) je n'examine point ici si l'opinion ⟨qui veut que la⟩ de la conservation d'une égale quantité de force ⟨reste la même⟩ dans l'univers est aussi contraire à la liberté que celle d'une égale quantité de mouvement. Voyez sur cela ch. §]
§84. Il est certain que la question de notre liberté (si c'en est une) nous interesse infiniment plus que toutes celles que l'on peut faire sur la nature du mouvement, et sur sa conservation, puisque de cette seule question depend toute la morale.⟩ Un aussi grand intérêt
1 L: la plus ⟨importante⟩ interessante

484

mais ce sont ces raisons mêmes qui m'engagent à les rapporter   10
et à les réfuter.

On a tant obscurci cette matière, qu'il est absolument indispensable de commencer par définir ce qu'on entend par liberté, quand on veut en parler et se faire entendre.[1]

J'appelle liberté le pouvoir de penser à une chose ou de n'y   15
pas penser, de se mouvoir ou de ne se mouvoir pas, conformément au choix de son propre esprit. Toutes les objections de ceux qui nient la liberté se réduisent à quatre principales, que je vais examiner l'une après l'autre.

Leur première objection tend à infirmer le témoignage de notre   20
conscience, et du sentiment intérieur que nous avons de notre liberté. Ils prétendent que ce n'est que faute d'attention sur ce qui se passe en nous-mêmes, que nous croyons avoir ce sentiment intime de liberté;[2] et que lorsque nous faisons une attention réfléchie sur les causes de nos actions, nous trouvons, au contraire,   25
qu'elles sont toujours déterminées nécessairement.

De plus, nous ne pouvons douter qu'il n'y ait des mouvements dans notre corps qui ne dépendent point de notre volonté, comme la circulation du sang, le battement de cœur, etc. souvent aussi la

---

10   L: sont ⟨même⟩ ces
13   L: ce que l'on
15   L: §85. J'apelle
16   L: de ne ⟨pas se⟩ ↑se+ mouvoir ↑pas
17   L: esprit. ¶§86. Toutes
18-19   L: principales que ⟨j'examinerai⟩ ↑je vais examiner
20-21   L: objection ⟨porte sur le⟩ ↑tend à ⟨détruire⟩ ↑infirmer le témoignage de notre conscience et du+ sentiment
23   L: en nous ↑meme+ que
23-26   L: sentiment intime, et que lorsque nous faisons ⟨au contraire⟩ une attention [...] trouvons ↑au contraire+ qu'elles
27   L: ne pouvons ↑⟨disent-ils⟩ douter
29   L: battement du cœur

---

[1] See *Traité*, ch.7, l.3-7, 16-17.
[2] See *Traité*, ch.7, l.13-15.

colère, ou quelque autre passion violente nous emporte loin de   3
nous, et nous fait faire des actions que notre raison désapprouve.
Tant de chaînes visibles dont nous sommes accablés prouvent,
selon eux, que nous sommes liés de même dans tout le reste.

L'homme, disent-ils, est tantôt emporté avec une rapidité et
des secousses dont il sent l'agitation et la violence. Tantôt il est   3
mené par un mouvement paisible dont il ne s'aperçoit pas, mais
dont il n'est plus maître. C'est un esclave qui ne sent pas toujours
le poids et la flétrissure de ses fers, mais qui n'en est pas moins
esclave.

Ce raisonnement est tout semblable à celui-ci: les hommes sont   4
quelquefois malades, donc ils n'ont jamais de santé. Or qui ne
voit pas, au contraire, que sentir sa maladie et son esclavage, c'est
une preuve qu'on a été sain et libre.

Dans l'ivresse, dans l'emportement d'une passion violente,
dans un dérangement d'organes, etc. notre volonté n'est plus   4
obéie par nos sens; et nous ne sommes pas plus libres alors d'user
de notre liberté, que nous ne le serions de mouvoir un bras sur
lequel nous aurions une paralysie.[3]

La liberté, dans l'homme, est la santé de l'âme.[4] Peu de gens

---

30-31   L: quelque autre ⟨mouvement⟩ ↑passion⁺ [...] emporte ↑loin de
nous⁺ et nous

37   L: il n'est pas plus le maître.

    R: il n'est plus le maître.

37-38   L: qui ne ⟨s'aperçoit⟩ ↑sent⁺ pas toujours ⟨du⟩ ↑le⁺ poids et ⟨de
la⟩ la flétrissure

38-39   L: pas moins ⟨toujours⟩ esclave.

41-43   L: ne voit au contraire que de sentir [...] esclavage est une preuve
qu'⟨il⟩ ↑on

45   K: notre liberté n'est

47   L, R: nous le serions

49   L: liberté ⟨de⟩ ↑dans [...] l'âme [added in another hand to form a line
of verse]

---

[3] This passage reproduces *Traité*, ch.7, l.96-114, with only minor changes.

[4] This is line 102 of the second *Discours en vers sur l'homme*, 'De la liberté',
published in 1738; cf. also *Traité*, ch.7, l.122-123.

ont cette santé entière et inaltérable. Notre liberté est faible et 50
bornée comme toutes nos autres facultés: nous la fortifions en
nous accoutumant à faire des réflexions, et à maîtriser nos passions; et cet exercice de l'âme la rend un peu plus vigoureuse.
Mais quelques efforts que nous fassions, nous ne pourrons jamais
parvenir à rendre cette raison souveraine de tous nos désirs; et il 55
y aura toujours dans notre âme, comme dans notre corps, des
mouvements involontaires: car nous ne sommes ni sages, ni libres,
ni sains, que dans un très petit degré.[5]

Je sais que l'on peut, à toute force, abuser de sa raison pour
contester la liberté aux animaux,[6] et les concevoir comme des 60
machines, qui n'ont ni sensations, ni désirs, ni volontés, quoiqu'ils
en aient toutes les apparences. Je sais qu'on peut forger des
systèmes, c'est-à-dire, des erreurs pour expliquer leur nature.
Mais enfin, quand il faut s'interroger soi-même, il faut bien avouer,
si l'on est de bonne foi, que nous avons une volonté; que nous 65
avons le pouvoir d'agir, de remuer notre corps, d'appliquer notre
esprit à certaines pensées, de suspendre nos désirs, etc.[7]

Il faut donc que les ennemis de la liberté avouent que notre
sentiment intérieur nous assure que nous sommes libres; et je ne
crains point d'assurer qu'il n'y en a aucun qui doute de bonne foi 70
de sa propre liberté, et dont la conscience ne s'élève contre le

54-55   L, R: nous ne pouvons jamais
55   L: rendre notre raison
58   L: ny sains, ⁺etc.,⁺ que
      R: ny saints que
61   L, R: désir, ny volonté
      L: quoiqu'⟨elles⟩ ⁺ils
68-69   L: que ⟨nous avons le⟩ ⁺notre⁺ sentiment intérieur ⟨de notre li-
berté⟩ ⁺nous assure que nous sommes libres⁺; et

[5] This passage reproduces *Traité*, ch.7, l.123-131, adding the phrase 'et à
maîtriser nos passions' (l.52-53) and making one minor change.
[6] The elements of this passage appear in *Traité*, ch.7, l.21-25.
[7] This passage is a slightly modified version of *Traité*, ch.7, l.28-30.

sentiment artificiel par lequel ils veulent se persuader qu'ils sont nécessités dans toutes leurs actions. Aussi ne se contentent-ils pas de nier ce sentiment intime de la liberté; mais ils vont encore plus loin: Quand on vous accorderait, disent-ils, que vous avez 75
le sentiment intérieur, que vous êtes libre, cela ne prouverait rien encore. Car notre sentiment nous trompe sur notre liberté, de même que nos yeux nous trompent sur la grandeur du soleil, lorsqu'ils nous font juger que le disque de cet astre est environ large de deux pieds, quoique son diamètre soit réellement à celui 80
de la terre comme cent est à un.

Voici, je crois, ce qu'on peut répondre à cette objection. Les deux cas que vous comparez sont forts différents. Je ne puis et ne dois voir les objets qu'en raison directe de leur grosseur, et en raison renversée du carré de leur éloignement. Telles sont les lois 85
mathématiques de l'optique, et telle est la nature de nos organes, que si ma vue pouvait apercevoir la grandeur réelle du soleil, je ne pourrais voir aucun objet sur la terre; et cette vue, loin de m'être utile, me serait nuisible. Il en est de même des sens de l'ouïe et de l'odorat. Je n'ai et ne puis avoir ces sensations plus 90
ou moins fortes (toutes choses d'ailleurs égales) que suivant que les corps sonores ou odoriférants sont plus ou moins près de moi. Ainsi Dieu ne m'a point trompé, en me faisant voir ce qui est éloigné de moi d'une grandeur proportionnée à sa distance. Mais

---

72-73   L: persuader ⟨que nous sommes⟩ ↑qu'ils sont⁺ […] toutes ⟨nos⟩ ↑leurs
  74   L: ⟨le⟩ ↑ce⁺ sentiment intime ↑⟨que nous⟩ de liberté
  75   L, R: loin. ¶Quand
  76   L, R: vous estes libres, cela
77-79   L: sentiment ⟨intérieur⟩ nous […] lorsqu'ils vous font juger que ⟨son⟩ ↑le⁺ disque ↑de cet astre⁺ est
  81   L: terre environ comme
  82   L: Voici ⟨ce que⟩ je crois ↑ce⁺ qu'on […] objection. ¶Les
  85   K12:   de l'éloignement
  86   L: de mes organes
  88   R: ne pouvois voir
       L, R: objet sur terre

si je croyais être libre, et que je ne le fusse point, il faudrait que   95
Dieu m'eût créé exprès pour me tromper; car nos actions nous
paraissent libres, précisément de la même manière qu'elles nous
le paraîtraient si nous l'étions véritablement.[8]

Il ne reste donc à ceux qui soutiennent la négative qu'une
simple possibilité que nous soyons faits de manière, que nous   100
soyons toujours invinciblement trompés sur notre liberté; encore
cette possibilité n'est-elle fondée que sur une absurdité, puisqu'il
ne résulterait de cette illusion perpétuelle que Dieu nous ferait,
qu'une façon d'agir dans l'Etre suprême indigne de sa sagesse
infinie.   105

Qu'on ne dise pas qu'il est indigne d'un philosophe de recourir
ici à ce Dieu: car ce Dieu étant une fois prouvé, comme il l'est
invinciblement, il est certain qu'il est l'auteur de ma liberté si je
suis libre; et qu'il est l'auteur de mon erreur si, ayant fait de moi
un être purement passif, il m'a donné le sentiment irrésistible   110
d'une liberté qu'il m'a refusée.[9]

Ce sentiment intérieur que nous avons de notre liberté est si
fort, qu'il ne faudrait pas moins, pour nous en faire douter, qu'une
démonstration qui nous prouvât qu'il implique contradiction que
nous soyons libres. Or certainement il n'y a point de telles   115
démonstrations.

95   L: ne le fus point
96   R: Dieu m'ait créé
98   L: veritablement [with note:] (note 4) La reponse a cette seconde
objection est presque la meme que celle ⟨à la   du chapitre precedent⟩ ↑du
3ᵉ argument contre l'existence des corps,⁺ mais cela ne peut être autrement puis
que les personnes qui nient la liberté font contr'elle ⟨a peu pres les memes⟩
↑une partie des⁺ objections que ceux qui nient l'existance des corps font contre
cette existance. [no new ¶]
106   L: Et qu'on
107-108   L: prouvé, il est certain
115-116   L: telle⟨s⟩ demonstration⟨s⟩.

[8] This passage follows, with some expansion and modification, *Traité*, ch.7,
l.31-51.
[9] This passage follows closely *Traité*, ch.7, l.52-57.

Joignez à toutes ces raisons qui détruisent les objections des fatalistes, qu'ils sont obligés eux-mêmes de démentir à tout moment leur opinion par leur conduite: car on aura beau faire les raisonnements les plus spécieux contre notre liberté, nous nous conduirons toujours comme si nous étions libres, tant le sentiment intérieur de notre liberté est profondément gravé dans notre âme; et tant il a, malgré nos préjugés, d'influence sur nos actions. 120

Forcées dans ce retranchement, les personnes qui nient la liberté continuent et disent: Tout ce dont ce sentiment intérieur, dont vous faites tant de bruit, nous assure, c'est que les mouvements de notre corps et les pensées de notre esprit obéissent à notre volonté; mais cette volonté elle-même, est toujours déterminée nécessairement par les choses que notre entendement juge être le meilleur, de même qu'une balance est toujours emportée par le plus grand poids.[10] Voici la façon dont les chaînons de notre chaîne tiennent les uns aux autres. 125 130

Les idées, tant de sensation que de réflexion, se présentent à vous, soit que vous le vouliez ou que vous ne le vouliez pas; car vous ne formez pas vos idées vous-même. Or, quand deux idées se présentent à votre entendement, comme, par exemple, l'idée de vous coucher et l'idée de vous promener; il faut absolument que vous vouliez l'une de ces deux choses, ou que vous ne vouliez 135

117-118 L: raisons ⟨que les fatalistes sont⟩ ↑ qui détruisent les objections des fatalistes, qu'ils sont eux-mêmes+ obligés de
123 L: malgré ⟨nous⟩ ↑ nos préjugés
125-126 L: interieur ⟨vous assure⟩ dont [...] bruit ↑ vous assure+ c'est
127-128 L: de votre corps [...] de votre esprit [...] à votre volonté
130 L (→K12): ↑ les meilleures+
133 L: sensation⟨s⟩ que de reflexion⟨s⟩
135 L: vous-même, ⟨personne ne l'a jamais prétendu,⟩ Or
136-137 L: l'idée ⟨du repos et de la promenade⟩ ↑ de vous coucher et l'idée de vous promener
137-139 L: absolument ⟨ou⟩ que vous vouliez ⟨ou vous promener, ou rester en repos,⟩ ↑ l'une [...] l'autre+

[10] The simile appears in Traité, ch.7, l.146-148.

490

ni l'une ni l'autre. Vous n'êtes donc pas libre quant à l'acte même
de vouloir.   140

De plus, il est certain que si vous choisissez, vous vous
déciderez sûrement pour votre lit ou pour la promenade, selon
que votre entendement jugera que l'une ou l'autre de ces deux
choses vous est utile et convenable: or votre entendement ne peut
juger bon et convenable que ce qui lui paraît tel. Il y a toujours   145
des différences dans les choses, et ces différences déterminent
nécessairement votre jugement; car il vous serait impossible de
choisir entre deux choses indiscernables, s'il y en avait. Donc
toutes vos actions sont nécessaires, puisque, par votre aveu même,
vous agissez toujours conformément à votre volonté; et que je   150
viens de vous prouver, 1°. que votre volonté est nécessairement
déterminée par le jugement de votre entendement; 2°. que ce
jugement dépend de la nature de vos idées; et enfin 3°. que vos
idées ne dépendent point de vous.

Comme cet argument, dans lequel les ennemis de la liberté   155
mettent leur principale force, a plusieurs branches, il y a aussi
plusieurs réponses.

1°. Quand on dit que nous ne sommes pas libres quant à l'acte
même de vouloir, cela ne fait rien à notre liberté; car la liberté
consiste à agir ou ne pas agir, et non pas à vouloir et à ne vouloir   160
pas.

139   L, R: pas libres, quant
140-141   L: vouloir. ⟨de plus, il est certain que vous avés⟩ ↑⟨puisqu'il faut
absolument que vous choisisiés une de ces deux choses⟩ De plus
142   L: pour ⟨le repos⟩ ↑ votre lit⁺ ou pour ⟨le mouvement⟩ ↑ la promenade
144   L: utile ou convenable
       L: ne peut s'empêcher de juger
144-145   L: bon, ↑ et⁺ convenable ⟨etc.⟩ ce qui
146   R: et les differences
146-147   L: necessairement ⟨son⟩ ↑ votre
148   L: indiscernables ↑ s'il y en avait⁺. Donc
151   R: est ⟨toujours⟩ necessairement
154-155   L: vous. Comme
156   L: il ↑ y⁺ a
158   L: Premièrement, quand
160-161   L: vouloir ou à ne pas vouloir

2°. Notre entendement, dit-on, ne peut s'empêcher de juger bon ce qui lui paraît tel; l'entendement détermine la volonté, etc.[11] Ce raisonnement n'est fondé que sur ce qu'on fait, sans s'en apercevoir, autant de petits êtres de la volonté et de l'entendement, lesquels on suppose agir l'un sur l'autre, et déterminer ensuite nos actions. Mais c'est une méprise qui n'a besoin que d'être aperçue pour être rectifiée; car on sent aisément que vouloir, juger, etc. ne sont que différentes fonctions de notre entendement.[12] De plus, avoir des perceptions, et juger qu'une chose est vraie et raisonnable, lorsqu'on voit qu'elle l'est effectivement; ce n'est point une action, mais une simple passion: car ce n'est en effet que sentir ce que nous sentons, et voir ce que nous voyons; et il n'y a aucune liaison entre l'approbation et l'action, entre ce qui est passif et ce qui est actif.

3°. Les différences des choses déterminent, dit-on, notre entendement. Mais on ne considère pas que la liberté d'indifférence, avant le dictamen de l'entendement, est une véritable contradiction dans les choses qui ont des différences réelles entre elles: car, selon cette belle définition de la liberté, les idiots, les imbéciles, les animaux mêmes, seraient plus libres que nous; et nous le serions d'autant plus que nous aurions moins d'idées, que nous apercevrions moins les différences des choses; c'est-à-dire, à

---

162   L: ⟨Troisièmement⟩ ↑Secondement,+ notre
162-221   L has the text of the numbered paragraphs 2, 3, 4, originally in the order 4, 2, 3, with subsequent corrections of 'secondement' etc., and indications of the transposition to be made
163   L: determine ⟨donc⟩ la volonté
165   L: de l'entendement et de la volonté
172   L: action ⟨mais⟩ une simple passion, ⟨et⟩ ↑car
173-174   L: voyons; ⟨or⟩ ↑et+ il n'y a aucune ⟨raison⟩ ↑liaison
176-177   L: ⟨Quatrièmement⟩ ↑Troisiemement les différences [...] pas que+ la liberté d'indifference
181   L, R: les animaux même

---

[11] See *Traité*, ch.7, l.150-152.
[12] See *Traité*, ch.7, l.169-177.

proportion que nous serions plus imbéciles, ce qui est absurde.
Si c'est cette liberté qui nous manque, je ne vois pas que nous   185
ayons beaucoup à nous plaindre. La liberté d'indifférence, dans
les choses discernables, n'est donc pas réellement une liberté.

A l'égard du pouvoir de choisir entre des choses parfaitement
semblables, comme nous n'en connaissons point, il est difficile de
pouvoir dire ce qui nous arriverait alors. Je ne sais même si ce   190
pouvoir serait une perfection; mais ce qui est bien certain, c'est
que le pouvoir soi-mouvant, seule et véritable source de la liberté,
ne pourrait être détruit par l'indiscernabilité de deux objets: or,
tant que l'homme aura ce pouvoir soi-mouvant, l'homme sera
libre.   195

4°. Quant à ce que notre volonté est toujours déterminée par
ce que notre entendement juge le meilleur, je réponds: la volonté,
c'est-à-dire la dernière perception ou approbation de l'entendement, car c'est là le sens de ce mot dans l'objection dont il s'agit;
la volonté, dis-je, ne peut avoir aucune influence sur le pouvoir   200
soi-mouvant en quoi consiste la liberté. Ainsi la volonté n'est
jamais la cause de nos actions, quoiqu'elle en soit l'occasion; car
une notion abstraite ne peut avoir aucune influence physique sur
le pouvoir physique soi-mouvant qui réside dans l'homme; et ce
pouvoir est exactement le même, avant et après le dernier juge-   205
ment de l'entendement.

Il est vrai qu'il y aurait une contradiction dans les termes,
moralement parlant, qu'un être qu'on suppose sage fasse une

184-185   L: absurde. ¶Si c'est ↑là⁺ la liberté
188   L: ⟨Pour ce qui est⟩ ↑A l'égard
189-190   L: difficile que nous puissions dire
190-191   L: ce ↑pouvoir⁺ seroit
191   L: ce qui est de bien
194   L: ⟨il⟩ ↑l'homme⁺ sera
196   L: ⟨secondement⟩ ↑⟨troisiemement⟩ ↑Quatriemement
198-200   L: entendement (car […] s'agit); la
204   K12:   le pouvoir soi-mouvant
207   L: y ⟨a⟩ ↑auroit
208   L: moralement parlant, ↓à supposer⁺ qu'un être sage fasse

folie, et que par conséquent il préférera sûrement ce que son
entendement jugera être le meilleur; mais il n'y aurait à cela   210
aucune contradiction physique; car la nécessité physique et la
nécessité morale sont deux choses qu'il faut distinguer avec soin.
La première est toujours absolue; mais la seconde n'est jamais
que contingente; et cette nécessité morale est très compatible avec
la liberté naturelle et physique la plus parfaite.   215

Le pouvoir physique d'agir est donc ce qui fait de l'homme un
être libre,[13] quel que soit l'usage qu'il en fait, et la privation de
ce pouvoir suffirait seule pour le rendre un être purement passif,
malgré son intelligence; car une pierre que je jette n'en serait pas
moins un être passif, quoiqu'elle eût le sentiment intérieur du   220
mouvement que je lui donne et lui imprime.[14] Enfin, être déterminé
par ce qui nous paraît le meilleur, c'est une aussi grande perfection
que le pouvoir de faire ce que nous avons jugé tel.

Nous avons la faculté de suspendre nos désirs et d'examiner
ce qui nous semble le meilleur, afin de pouvoir le choisir: voilà une   225
partie de notre liberté. Le pouvoir d'agir ensuite conformément à
ce choix, voilà ce qui rend cette liberté pleine et entière; et c'est
en faisant un mauvais usage de ce pouvoir que nous avons de
suspendre nos désirs, et en se déterminant trop promptement,
que l'on fait tant de fautes.   230

Plus nos déterminations sont fondées sur de bonnes raisons,
plus nous approchons de la perfection; et c'est cette perfection,

---

210-211   L: n'y ⟨a⟩ ↑ auroit⁺ à cela nulle contradiction
213-214   L: n'est ↑ jamais⁺ que contingente, et elle est tres compatible
          R: incompatible
216   L: Le pouvoir ⟨d'agir⟩ physique d'agir
220-221   L: du mouvement que je lui imprime. ¶Enfin
222   L: c'est au moins une aussi grande
227   L: à notre choix
228-229   L: usage de ⟨cette partie de notre liberté⟩ ↑ ce pouvoir [...] désirs⁺
230-231   L: fautes. Plus

---

[13] See *Traité*, ch.7, l.18-19.
[14] See *Traité*, ch.7, l.19.

dans un degré plus éminent, qui caractérise la liberté des êtres plus parfaits que nous, et celle de Dieu même.

Car que l'on y prenne bien garde, Dieu ne peut être libre que de cette façon.[15] La nécessité morale de faire toujours le meilleur, est même d'autant plus grande dans Dieu, que son être infiniment parfait est au-dessus du nôtre. La véritable et la seule liberté est donc le pouvoir de faire ce que l'on choisit de faire; et toutes les objections que l'on fait contre cette espèce de liberté, détruisent également celle de Dieu et celle de l'homme; et par conséquent, s'il s'ensuivait que l'homme ne fût pas libre, parce que sa volonté est toujours déterminée par les choses que son entendement juge être les meilleures, il s'ensuivrait aussi que Dieu ne serait point libre, et que tout serait effet sans cause dans l'univers, ce qui est absurde.[16]

Les personnes, s'il y en a, qui osent douter de la liberté de Dieu, se fondent sur ces arguments: Dieu étant infiniment sage, est forcé, par une nécessité de nature, à vouloir toujours le meilleur; donc toutes ses actions sont nécessaires. Il y a trois réponses à cet argument. 1°. Il faudrait commencer par établir ce que c'est que le meilleur par rapport à Dieu, et antécédemment à sa volonté; ce qui peut-être ne serait pas aisé.

Cet argument se réduit donc à dire, que Dieu est nécessité à faire ce qui lui semble le meilleur, c'est-à-dire, à faire sa volonté: or je demande s'il y a une autre sorte de liberté; et si faire ce que

235

240

245

250

255

233-234   L: la liberté ⟨de Dieu et⟩ des êtres [...] nous ↑et celle de Dieu même.+

235   L: Dieu ⟨même⟩ ne peut

238-239   L: liberté, ↑est donc le pouvoir+ de faire

239   L: ce qu'on choisit

240   L: cette ⟨liberté⟩ espece

246-265   L: absurde. (§15 n.6) ¶L'homme est donc [The intervening passage in R and K presumably represents, in full or in summarised form, the context of this §15 and note 6 in an earlier part of the draft]

---

[15] Reproduces *Traité*, ch.7, l.190.
[16] See *Traité*, ch.7, l.65-71.

l'on veut et ce que l'on juge le plus avantageux, ce qui plaît enfin, n'est pas précisément être libre? 2°. Cette nécessité de faire toujours le meilleur, ne peut jamais être qu'une nécessité morale: or une nécessité morale n'est pas une nécessité absolue. 3°. Enfin, quoiqu'il soit impossible à Dieu, d'une impossibilité morale, de déroger à ses attributs moraux, la nécessité de faire toujours le meilleur, qui en est une suite nécessaire, ne détruit pas plus sa liberté que la nécessité d'être présent partout, éternel, immense, etc.

L'homme est donc, par sa qualité d'être intelligent, dans la nécessité de vouloir ce que son jugement lui présente être le meilleur.[17] S'il en était autrement, il faudrait qu'il fût soumis à la détermination de quelque autre que lui-même, et il ne serait plus libre; car vouloir ce qui ne ferait pas plaisir, est une véritable contradiction; et faire ce que l'on juge le meilleur, ce qui fait plaisir, c'est être libre.[18] A peine pourrions-nous concevoir un être plus libre, qu'en tant qu'il est capable de faire ce qui lui plaît; et tant que l'homme a cette liberté, il est aussi libre qu'il est possible à la liberté de le rendre libre, pour me servir des termes de M. Locke.[19] Enfin l'Achille des ennemis de la liberté est cet argument-ci: Dieu est omniscient; le présent, l'avenir, le passé sont également présents à ses yeux: or, si Dieu sait tout ce que

260

265

270

275

267-268 L: jugement lui represente comme ⟨etre⟩ le meilleur
271 L: ce qu'on juge
272 L: libre ⟨, et⟩ à peine
273-274 L: faire ce qu'il lui plait ↑ et⁺ tant
275-276 L: Mr. Lock. ¶Enfin
276-277 L, R: argument-ci. ¶Dieu
277 L: omniscient; le passé, le present et l'avenir sont

---

[17] See *Traité*, ch.7, l.166-167.
[18] This is paralleled by *Traité*, ch.7, l.187-189; see also l.162-167.
[19] Locke, *Essay*, II.xxi.§21: 'We can scarce tell how to imagine any *being* freer, than to be able to do what he *wills*. So that in respect of actions, within the reach of such a power in him, a man seems as free as 'tis possible for freedom to make him' (ed. Nidditch, p.244).

je dois faire, il faut absolument que je me détermine à agir de la façon dont il l'a prévu. Donc nos actions ne sont pas libres; 280 car si quelques-unes des choses futures étaient contingentes ou incertaines; si elles dépendaient de la liberté de l'homme; en un mot, si elles pouvaient arriver ou n'arriver pas, Dieu ne les pourrait pas prévoir. Il ne serait donc pas omniscient.

Il y a plusieurs réponses à cet argument qui paraît d'abord 285 invincible. 1°. La prescience de Dieu n'a aucune influence sur la manière de l'existence des choses. Cette prescience ne donne pas aux choses plus de certitude qu'elles n'en auraient, s'il n'y avait pas de prescience; et si l'on ne trouve pas d'autres raisons, la seule considération de la certitude de la prescience divine, ne 290 serait pas capable de détruire cette liberté; car la prescience de Dieu n'est pas la cause de l'existence des choses, mais elle est elle-même fondée sur leur existence. Tout ce qui existe aujourd'hui ne peut pas ne point exister pendant qu'il existe; et il était hier et de toute éternité, aussi certainement vrai que les choses qui existent 295 aujourd'hui devaient exister, qu'il est maintenant certain que ces choses existent.

2°. La simple prescience d'une action, avant qu'elle soit faite, ne diffère en rien de la connaissance qu'on en a après qu'elle est

---

281   L: futures ⟨ou⟩ ↑etoient⁺ contingentes ⟨etoient⟩ ↑ou⁺ incertaines
283   L: arriver ⟨et⟩ ↑ou
285   L, R: Il y a encor plusieurs
286   L, R: invincible. ¶1° ⟨cette⟩ La prescience
        L: n'a ↑⟨ne donne⟩ aucune influence
287   L: choses, ⟨elle⟩ cette ↑prescience⁺
289-290   L: et si l'on ne prouve pas ↑par⁺ d'autres raisons l'impossibilité de la liberté humaine, la seule consideration
        R: d'autres raisons, l'impossibilité de la raison humaine, la seule consideration
291-292   L: prescience ↑de Dieu⁺ n'est
292-293   L: est ↑elle⁺ même
        R: elle est elle ⟨fondée⟩ mesme fondée
293-294   L: aujourd'hui ⟨existe necessairement⟩ ↑ne peut ne point⁺ exister ↑pendant qu'il existe⁺
295-296   L: que ⟨ce⟩ ↑les choses⁺ qui ⟨existe⟩ existent […] ⟨devait⟩ ↑devaient

faite. Ainsi la prescience ne change rien à la certitude d'événement. 300
Car, supposé pour un moment que l'homme soit libre, et que ses
actions ne puissent être prévues, n'y aura-t-il pas, malgré cela, la
même certitude d'événement dans la nature des choses; et malgré
la liberté, n'y a-t-il pas eu hier et de toute éternité une aussi
grande certitude que je ferais une telle action aujourd'hui qu'il y 305
en a actuellement que je fais cette action? Ainsi, quelque difficulté
qu'il y ait à concevoir la manière dont la prescience de Dieu
s'accorde avec notre liberté, comme cette prescience ne renferme
qu'une certitude d'événement qui se trouverait toujours dans les
choses, quand même elles ne seraient pas prévues; il est évident 310
qu'elle ne renferme aucune nécessité, et qu'elle ne détruit point
la possibilité de la liberté.

La prescience de Dieu est précisément la même chose que sa
connaissance. Ainsi, de même que sa connaissance n'influe en
rien sur les choses qui sont actuellement, de même sa prescience 315
n'a aucune influence sur celles qui sont à venir; et si la liberté est
possible d'ailleurs, le pouvoir qu'a Dieu de juger infailliblement
des événements libres, ne peut les faire devenir nécessaires,
puisqu'il faudrait, pour cela, qu'une action pût être libre et nécessaire en même temps. 320

3°. Il ne nous est pas possible, à la vérité, de concevoir comment
Dieu peut prévoir les choses futures, à moins de supposer une

---

300-301   L: d'événement ⟨à la certitude d'evenement qui seroit toute aussi
grande, quand bien même il n'y auroit point de prescience. La prescience toute
seule n'a donc aucune influence sur l'existence des choses, et ne les rend point
du tout nécessaires,⟩ car suposés ↑ pour un moment⁺ que l'homme ⟨fut⟩ ↑ soit
302   L: ne ⟨pussent⟩ ↑ puissent […] n'y ⟨auroit-il⟩ ↑ aura-t-il
305-306   L: ⟨qu'⟩ ↑ que je ferois⁺ une telle action ⟨se feroit⟩ aujourd'hui,
qu'il y en a ⟨qu'elle est⟩ actuellement ⟨faite;⟩ ↑ que j'ai fait cette action⁺
307   L: qu'il y eut à
312   R: point ⟨l'im⟩ la possibilité
318-319   L: nécessaires, ⟨car il⟩ ↑ puisqu'il faudroit

chaîne de causes nécessaires: car de dire avec les scolastiques que
tout est présent à Dieu, non pas, à la vérité, dans sa propre
mesure, mais dans une autre mesure, *non in mensurâ propriâ, sed in*   325
mensurâ alienâ, ce serait mêler du comique à la question la plus
importante que les hommes puissent agiter. Il vaut beaucoup
mieux avouer que les difficultés que nous trouvons à concilier la
prescience de Dieu avec notre liberté viennent de notre ignorance
sur les attributs de Dieu, et non pas de l'impossibilité absolue   330
qu'il y a entre la prescience de Dieu et notre liberté;[20] car l'accord
de la prescience avec notre liberté n'est pas plus incompréhensible
pour nous que son ubiquité, sa durée infinie déjà écoulée, sa
durée infinie à venir, et tant de choses qu'il nous sera toujours
impossible de nier et de connaître.[21] Les attributs infinis de l'Etre   335
suprême sont des abîmes[22] où nos faibles lumières s'anéantissent.
Nous ne savons et nous ne pouvons savoir quel rapport il y a
entre la prescience du Créateur et la liberté de la créature; et,
comme dit le grand Newton: *Ut cœcus ideam non habet colorum, sic*
nos ideam non habemus modorum quibus Deus sapientissimus sensit et   340

323-332   L: nécessaires: ⟨mais cela prouve seulement que nous ne compre-
nons pas les attributs de Dieu et non pas que la prescience est incompatible
avec sa liberté. La prescience de Dieu⟩ [deleted passage replaced by text of lines
323-332]

323-326   L: que ⟨Dieu⟩ tout est present à Dieu non pas à la vérité *in*
mensurâ propriâ ⟨mais⟩ ↑ sed[+] *in mensurâ alienâ, non dans sa propre mesure mais*
dans une autre mesure, ce serait ⟨vouloir⟩ mêler

327   L: agiter. ⟨Mais cela⟩ il vaut

329   L: Dieu ⟨et⟩ ↑ avec[+] notre

329-330   L, R: de l'ignorance où nous sommes sur les attributs

330-332   L: et non pas de l'incompatibilité absolue ⟨qu'il peut y⟩ ↑ qu'il y
a[+] entre la prescience et la liberté. Car l'accord de la prescience de Dieu avec
notre liberté

334-335   L: choses ↑ qu'il nous ⟨est⟩ ↑ sera toujours[+] egalement impossible
de nier et de connaître[+] / que nous ne pouvons ny nier ny connoitre /. les
attributs [the words between / / perhaps left undeleted inadvertently]

[20] See *Traité*, ch.7, l.211-215.
[21] This passage closely follows *Traité*, ch.7, l.205-209.
[22] The metaphor appears in *Traité*, ch.7, l.203.

499

intelligit omnia; ce qui veut dire en français: 'De même que les aveugles n'ont aucune idée des couleurs, ainsi nous ne pouvons comprendre la façon dont l'Etre infiniment sage voit et connaît toutes choses'.[23]

4°. Je demanderais de plus à ceux qui, sur la considération de la prescience divine, nient la liberté de l'homme, si Dieu a pu créer des créatures libres? Il faut bien qu'ils répondent qu'il l'a pu; car Dieu peut tout, hors les contradictions; et il n'y a que les attributs auxquels l'idée de l'existence nécessaire de l'indépendance absolue est attachée, dont la communication implique contradiction. Or la liberté n'est certainement pas dans ce cas: car, si cela était, il serait impossible que nous nous crussions libres, comme il l'est que nous nous croyions infinis, tout-puissants, etc. Il faut donc avouer que Dieu a pu créer des choses libres, ou dire qu'il n'est pas tout-puissant, ce que, je crois, personne ne dira. Si donc Dieu a pu créer des êtres libres, on peut supposer qu'il l'a fait; et si créer des êtres libres et prévoir leurs déterminations était une contradiction, pourquoi Dieu, en créant des êtres libres, n'aurait-il pas pu ignorer l'usage qu'ils feraient de la liberté qu'il leur a donnée? Ce n'est pas limiter la puissance divine, que de la

345

350

355

360

341-344   L: *omnia* ↑ qui [...] choses+
345   L: 4°. Mais je demanderai de plus
348   L: contradict⟨ions⟩ ↑ oires
349-350   L: de l'existence nécessaire et de l'indépendance
353   L, K: croyons [which is not really compatible with the preceding 'impossible']
354   L: avouer ⟨ou⟩ que
        L: des êtres libres
355   L: ce que personne, je crois, ne dira. ⟨et⟩ Si
356-357   L: peut ⟨donc⟩ supposer qu'il l'a ⟨voulu⟩ ↑ fait

[23] Newton, *Principia*, III, 'Scholium generale' (3rd ed., 1726, p.529). Voltaire's translation follows the Latin rather less closely than that offered later by Mme Du Châtelet: 'Car de même qu'un aveugle n'a pas d'idée des couleurs, ainsi nous n'avons point d'idées de la manière dont l'Etre suprême sent et connaît toutes choses' (*Principes mathématiques de la philosophie naturelle*, Paris 1759, ii.177).

borner aux seules contradictions. Or, créer des créatures libres, et gêner de quelque façon que ce puisse être leurs déterminations, c'est une contradiction dans les termes; car c'est créer des créatures libres et non libres en même temps. Ainsi il s'ensuit nécessairement du pouvoir que Dieu a de créer des êtres libres, que, s'il a 365 créé de tels êtres, sa prescience ne détruit point leur liberté, ou bien qu'il ne prévoit pas leurs actions; et celui qui, sur cette supposition, nierait la prescience de Dieu ne nierait pas plus sa toute-science, que celui qui dirait que Dieu ne peut pas faire ce qui implique contradiction, ne nierait sa toute-puissance. 370

Mais nous ne sommes pas réduits à faire cette supposition; car il n'est pas nécessaire que je comprenne la façon dont la prescience divine et la liberté de l'homme s'accordent, pour admettre l'une et l'autre. Il me suffit d'être assuré que je suis libre, et que Dieu prévoit tout ce qui doit arriver; car alors je suis obligé de conclure 375 que son omniscience et sa prescience ne gênent point ma liberté, quoique je ne puisse point concevoir comme cela se fait; de même que lorsque je me suis prouvé un Dieu, je suis obligé d'admettre la création *ex nihilo*, quoiqu'il me soit impossible de la concevoir.

5°. Cet argument de la prescience de Dieu, s'il avait quelque 380 force contre la liberté de l'homme, détruirait encore également celle de Dieu; car si Dieu prévoit tout ce qui arrivera, il n'est donc pas en son pouvoir de ne pas faire ce qu'il a prévu qu'il ferait.[24] Or il a été démontré ci-dessus que Dieu est libre; la liberté est donc possible; Dieu a donc pu donner à ses créatures une 385 petite portion de liberté, de même qu'il leur a donné une petite

361   L: contradict⟨ions⟩ ↑ oires
361-364   L: 'Or, créer [...] en même temps' is a marginal insertion
366   L: êtres ↑ ⟨ou que⟩ que sa prescience
366-367   L: ou bien ⟨il⟩ qu'il ou ⟨qu'il⟩ ↑ bien qu'il
372-373   L: dont la prescience et la liberté s'accordent
374   L: suffit ⟨de m'être⟩ ↑ d'être
377   L, R: puisse pas concevoir
384   L: il ⟨est⟩ ↑ a été+ démontré que Dieu est libre. (§15 n.6°) La liberté

[24] This closely follows *Traité*, ch.7, l.197-200.

portion d'intelligence. La liberté dans Dieu est le pouvoir de penser toujours tout ce qui lui plaît, et de faire toujours tout ce qu'il veut. La liberté donnée de Dieu à l'homme, est le pouvoir faible et limité d'opérer certains mouvements, et de s'appliquer à quelques pensées. La liberté des enfants qui ne réfléchissent jamais, consiste seulement à vouloir et à opérer certains mouvements.[25] Si nous étions toujours libres, nous serions semblables à Dieu. Contentons-nous donc d'un partage convenable au rang que nous tenons dans la nature: mais parce que nous n'avons pas les attributs d'un Dieu, ne renonçons pas aux facultés d'un homme.[26]

390

395

387   L: d'intelligence. ¶§87. La liberté
      R: d'intelligence. ¶La liberté
388   L, R: tout ce qu'il lui
391-392   L: ne réfléchissent point encore, et celles des especes d'animaux qui ne réflechissent jamais, consiste

[25] This closely follows *Traité*, ch.7, l.81-87.
[26] This passage closely follows *Traité*, ch.7, l.132-138.

APPENDIX II

The dedication to Mme Du Châtelet

The Kehl editors print the following lines in their 'Avertissement' to the *Traité de métaphysique*, claiming that Voltaire addressed them to Mme Du Châtelet to accompany the *Traité*, which was written for her. They offer no evidence, however, in support of these statements, nor do they explain the provenance of the quatrain. The fact that they chose to present it in this way, rather than at the head of the text itself, perhaps implies that it did not figure in the manuscript provided by Longchamp, but reached them from some other source. As has been suggested above (p.383-86 and n.49), if the lines are indeed authentic (and they have a Voltairian ring), they may most appropriately be imagined as accompanying a copy of the first draft of the *Traité*, presented to Mme Du Châtelet at Cirey in the autumn of 1734.

* * *

L'auteur de la métaphysique
Que l'on apporte à vos genoux
Mérita d'être cuit dans la place publique,
Mais il ne brûla que pour vous.

Poésies
1734 - 1735

édition critique

par

Sylvain Menant

Textes établis par
Ulla Kölving

AUTOUR DU MARIAGE DU
DUC DE RICHELIEU

Sur le point de quitter Paris pour assister au mariage du duc de Richelieu, Voltaire annonce à Cideville: 'J'avois mis dans ma tête il y a longtemps de marier m^r le duc de Richelieu à mademoiselle de Guise. J'ay conduit cette affaire, comme une intrigue de comédie' ([31 mars 1734]; D715). Marie-Elisabeth-Sophie de Guise appartenait à l'illustre famille de Lorraine. Le duc de Richelieu, dont Voltaire était l'un des familiers depuis sa jeunesse, était veuf depuis 1716; brillant général, ambassadeur à Vienne en 1725, membre de l'Académie française depuis 1720, Richelieu était célèbre pour ses innombrables conquêtes féminines. La cérémonie, à laquelle Voltaire assistait en compagnie de Mme Du Châtelet, eut lieu le 7 avril 1734, au château de Montjeu près d'Autun. Richelieu était, paraît-il, amoureux de Mlle de Guise et lui resta fidèle six mois. La jeune femme devait mourir dès 1740 après avoir eu deux enfants.

A mademoiselle de Guise,
dans le temps qu'elle devait épouser
M. le duc de Richelieu[1]

Guise, des plus beaux dons assemblage céleste,
Vous dont la vertu simple et la gaîté modeste
Rend notre sexe amant et le vôtre jaloux,
Vous qui ferez le bonheur d'un époux
    Et les désirs de tout le reste;   5
    Quoi, dans un recoin de Monjeu,
    Vos doux appas auront la gloire

---

[1] Manuscrit: copie secondaire, Bh Rés. 2025, f.130r. Edition: κ, xiv.299. Texte de base: κ.

De finir l'amoureuse histoire
De ce volage Richelieu!
Ne vous aimez pas trop, c'est moi qui vous en prie;   10
C'est le plus sûr moyen de vous aimer toujours:
Il vaut mieux être amis tout le temps de sa vie,
Que d'être amants pour quelques jours.

A M. le duc de Richelieu, sur son mariage[2]

De l'amour j'ai vu le dieu,
Qui gémit et qui murmure:
Pour lui quelle funeste injure
Lorsque son duc de Richelieu
Hasarde un légitime nœud   5
Et met à fin sans son aveu
Cette sérieuse aventure!
Pour l'Hymen, ce dieu du devoir,
Il ne croit pas, je vous le jure,
Garder longtemps en son pouvoir   10
Cette volage créature:
Il connaît son duc, et lui dit:
Je suis sage, et j'ai de l'esprit;
Mais l'Hymen est un dieu trop fade
Pour vous donner beaucoup d'ardeur;   15
Les plaisirs fixent votre cœur,
Le devoir est votre passade.

---

[2] Manuscrit: copie secondaire, Bh Rés. 2025, f.131v-32r. Edition: *Pièces inédites* (Paris 1820), p.52 (PI). Texte de base: PI.

Ces vers datent évidemment des jours qui entourent le 7 avril 1734, date du mariage. Dans cette confrontation des figures allégoriques de l'Amour et de l'Hymen, Voltaire renverse le lieu commun du mariage qui fixe les volages. Notons toutefois que Richelieu épousait, paraît-il, Mlle de Guise par amour. Mais dans l'optique aristocratique et mondaine que Voltaire partage ici, l'amour est par nature éphémère.

Epithalame sur le mariage de
M. le duc de Richelieu avec Mlle de Guise[3]

Un prêtre, un oui, trois mots latins,[4]
A jamais changent vos destins;
Et le célébrant d'un village
Dans la chapelle de Montjeu[5]
Très chrétiennement vous engage   5
A coucher avec Richelieu,
Avec ce Richelieu volage,
Qui va jurer par le saint nœud

a-b   MS2:   Epithalame de M. le duc de Richelieu qui se mariait avec Mlle de
Guise
       K: *A Mlle de Guise sur son mariage avec M. le duc de Richelieu*
2   w56-K: fixent vos
5   PT: Fort chrétiennement
6   MS2:   De coucher
7   w56-K: Avec Richelieu, ce volage
8   w56-K: par ce saint

---

[3] Manuscrits: MS1, copie avec corrections autographes (Bn N24342, f.398v-
99; de la collection de lord Vernon, vendue par Maggs en 1933). MS2, copie par
Cideville (Cideville, Poésies de Voltaire, f.122r-23r); copie secondaire, Bn
N15590, f.45v-46r. Editions: w48R, v.399-401; w56, ii.287-88; w57G, ii.287-88;
w57P, vi.265-66; *Le Portefeuille trouvé* (Genève [Paris, Duchesne] 1757), i.291-92
(PT); so58, i.356-57; w64G, ii.307-308; w70G, ii.307-308; w70L, xxiii.197-98; w68
(1771), xviii.378-79; w72P, iii.301-302; w75G, xii.381-82; K, xiii.84-85. Texte de
base: MS1.
Dans sa lettre à Cideville du [31 mars 1734], à propos du mariage du duc de
Richelieu, Voltaire cite Mme de Murat: 'C'est le sort des amours et celuy des
auteurs / D'échouer à l'épithalame' (D715). Il s'est pourtant risqué à cet exercice
difficile, qu'il renouvelle par la hardiesse de ton. Lui-même appellera son poème
un 'antithalame' (D885). Dans sa lettre à Cideville, il annonce, 'probablement
je ne ferai point de vers'. Il serait donc revenu sur son intention dans les premiers
jours d'avril.
[4] Dans la liturgie du mariage, après l'acceptation des époux, le prêtre déclare:
'ego conjungo vos' (et moi je vous unis).
[5] La chapelle du château de Montjeu où le mariage avait lieu.

D'être à la fin fidèle et sage.
Nous nous en défions un peu.   10
Mais vos grands yeux noirs pleins de feu
Nous rassurent bien davantage
Que les serments qu'il fait à Dieu.
    Mais vous, madame la duchesse,
Quand vous reviendrez à Paris,   15
Songez-vous combien de maris
Viendront se plaindre à Votre Altesse?
Plus de cent cocus qu'il a faits
Voudront lui payer cette offense.
Ils diront voyant vos attraits: 20
Dieux! Quel plaisir que la vengeance.
Vous sentez bien qu'ils ont raison
Et qu'il faut punir un coupable.
L'heureuse loi du talion
Est des lois la plus équitable.   25

---

9   w56-k: D'être toujours fidèle et sage
10 w48r: Nous nous en méfions
11 ms2: Et vos grands yeux tous pleins de feu
    w48r: Mais vos yeux noirs, remplis de feu
    w56-k: Et vos grands
13 ms2, w48r: Que le serment qu'il
14 w48r: Mais belle et charmante duchesse
15 ms1: ⟨viendrez⟩ ᵛ↑ reviendrés
16 pt: Savez-vous combien de maris
18-19 w56-k:
        Ces nombreux cocus qu'il a faits
        Ont mis en vous leur espérance
19 w48r:
        En vous faisant la révérence
        Prétendront venger cette offense.
    pt: Voudront payer la redevance
20 ms1: Ils diront ⟨que⟩ ᵛ↑ voyant
    ms2, w48r: Et diront
21 ms2: Ah quel
    w48r: Dieu! quel
23 w48r, w56-k: punir le coupable
24 w48r: L'ancienne loi

Quoi! Votre cœur n'est point rendu
Et votre sagesse me gronde:
Ah, quelle espèce de vertu,
Qui fait enrager tout le monde!
Se peut-il que de vos appas   30
Richelieu soit l'unique maître?
Est-il dit qu'il ne sera pas,
Ce qu'il a tant mérité d'être?
Soyez donc sage, s'il le faut,
Puisque c'est là votre chimère: 35
Avec tous les talents de plaire,
Il faut bien avoir un défaut.
Dans le dessein noble et pénible
De garder toujours votre honneur,
Je vous souhaite un vrai bonheur;   40
Mais c'est une chose impossible,[6]
Etant de la Bouillon la sœur.

26 w48R: n'est pas rendu
27 w48R: sagesse gronde?
30 w56-K: Faut-il donc que de vos appas
35 w56-K: Que ce soit là votre chimère
36 w48R: talents pour plaire
38 w56-K: Dans cet emploi noble et pénible
39 w48R: De bien conserver votre honneur
    PT: De vouloir garder votre honneur
    w56-K: De garder ce qu'on nomme honneur
41 MS2: ⟨c'est une⟩ ↑voilà la
    w56-K: Mais voilà la chose impossible
42 MS2, w48R, PT, w56-K, omis

[6] Dans une lettre du 26 juin 1735 (D885), Voltaire corrige le dernier vers de la copie du poème qu'a vue Cideville (voir MS2). C'est probablement en supprimant la dernière ligne, présente seulement dans MS1, qu'il a fait cette correction. L'allusion à la vie conjugale de la sœur aînée de la nouvelle duchesse de Richelieu, Louise-Henriette-Françoise de Lorraine, épouse du duc de Bouillon, lui a sans doute paru indiscrète, dès lors que le poème sortait du cercle des familiers.

A madame la duchesse de Richelieu[7]

Plus mon œil étonné vous suit et vous observe,
Et plus vous ravissez mes esprits éperdus;
Avec les yeux noirs de Vénus[8]
Vous avez l'esprit de Minerve.
Mais Minerve et Vénus ont reçu des avis;   5
Il faut bien que je vous en donne:
Ne parlez désormais de vous qu'à vos amis,
Et de votre père à personne.[9]

A M. de Corlon,
qui était avec l'auteur à Monjeu,
chez M. le duc de Guise, alors malade[10]

Je sais ce que je dois et n'en fais jamais rien.
Au lieu d'aller tâter le pouls de Son Altesse,

a   MP: Vers de M. de Voltaire à Mme la duchesse de Richelieu. Présentés
en 1734

[7] Editions: *Mon petit portefeuille* (Londres 1774), i.127 (MP); K, xiv.304. Texte de base: K.
Ces vers peuvent avoir été écrits pendant le séjour que Voltaire fit à Montjeu après le mariage du duc de Richelieu, jusqu'à ce que les lettres de cachet lancées contre lui au début de mai 1734 à cause des *Lettres philosophiques* l'obligent à chercher refuge ailleurs.
[8] 'Elle avait les plus beaux yeux du monde; mais d'ailleurs elle était assez laide; ce qui fit dire à Mme la duchesse d'Aumont que ses yeux étaient comme les deux as noirs' (Hénault, *Mémoires*, éd. François Rousseau, Paris 1911, p.123).
[9] Beuchot explique ainsi les deux derniers vers: 'Mme de Richelieu ne parlait que d'elle-même: et son père, le duc de Guise, trichait au jeu'; cf. ce que dit le président Hénault au sujet des parents de Mlle de Guise: 'le mari et la femme étaient le scandale de Paris, dans un siècle où l'on n'y est pas fort difficile: et [...] ils n'avaient rien à se reprocher l'un à l'autre' (*Mémoires*, p.123).
[10] Edition: K, xiv.312. Texte de base: K.
Vers écrits entre le début d'avril et le début de mai 1734, pendant le séjour

J'abandonne son lit sans dormir dans le mien.
Je renonce aux dîners, au piquet, à la messe,
Très mauvais courtisan, bien plus mauvais chrétien,   5
Libertin dans l'esprit, et rempli de paresse.
Ah, monsieur de Corlon, que vous êtes heureux!
Plus libertin que moi sans être paresseux,
On vous trouve à toute heure, et vous savez tout faire.
De grâce enseignez-moi ce secret précieux   10
De vous lever matin, de dîner et de plaire.

A M. le duc de Guise
qui prêchait l'auteur à l'occasion des vers précédents[11]

Lorsque je vous entends, et que je vous contemple,
Je profite avec vous de toutes les façons;
   Vous m'instruisez par vos leçons,
   Et me gâtez par votre exemple.

---

au château de Montjeu. M. de Corlon avait-il reproché à Voltaire de se dérober aux rites de la vie de société autour du duc de Guise? Voltaire semble lui répondre avec ironie qu'il n'y a pas grand mérite à les respecter scrupuleusement, et suggérer que lui-même utilise mieux son temps. Mais le dernier mot rend hommage à un talent, celui de plaire, qui réconcilie les gens de bon ton.

[11] Edition: κ, xiv.312. Texte de base: κ.

Les circonstances de cet impromptu ne nous sont connues que par le titre de l'édition de Kehl, et une note de Beuchot, selon laquelle M. de Guise trichait au jeu – mauvais exemple pour le poète.

VERS ADRESSÉS À
MADAME DU CHÂTELET

Des nombreux poèmes, vers de circonstance et autres, adressés par Voltaire à Mme Du Châtelet de 1733 à 1749, quelque 45 nous sont connus aujourd'hui. Il y en eut sans doute d'autres. Pour la plupart inspirés par les petits événements de leur vie commune, ils sont souvent difficiles, voire impossibles, à dater. Nous publions dans ce volume les poèmes traditionnellement datés de 1734-1735, en y ajoutant un texte qui jusqu'ici n'a jamais figuré dans les œuvres complètes de l'auteur (*Ode*, voir ci-dessous, p.518-20). D'autres, plus difficiles à dater mais peut-être de la même époque, figureront dans le volume 83 de la présente édition, avec d'autres morceaux de datation incertaine.

La plupart des petits vers de circonstance adressés à Mme Du Châtelet ne furent pas publiés du vivant de Voltaire, mais circulaient dans divers recueils manuscrits.

De ces recueils, un seul nous est parvenu intact, celui qui fut envoyé à Cideville au début de 1735. Vers le début du mois de novembre 1734, Voltaire écrit de Cirey à son ami: 'Je rougis mon cher Cideville en vous parlant de vous envoyer mes ouvrages. Il y a si longtemps que je vous en promets une petite édition manuscritte que j'aurois eu depuis le temps de composer un infolio. [...] Mais je vous jure que je vais travailler à vous payer tout de bon. J'ay certain valet de chambre imbécille qui me sert de secrétaire, et qui écrit *le général foutretout* au lieu du général *Toutefetre, c'est donner un grand con*, pour une *grande leçon*, et *ils précipitoient leurs repas*, au lieu de *ils précipitoient leurs pas*. Ce secrétaire n'est pas trop digne d'écrire pour vous, mais je reveray ses bévues et les miennes' (*c.* 1 octobre 1734; D799). Quatre mois plus tard, Voltaire promet: 'Enfin vous les aurez ce mois cy; mal en ordre, mal transcrittes *nec Sosiorum pumice mundae*. Il y en a même quelques unes qui manquent. Je n'ay point par exemple, cette

espèce d'épitalame à m^e de Richelieu' ([6 février 1735]; D841).
Cideville a dû recevoir le recueil vers la fin du mois, car dans une
lettre du 2 mars (D847) il semble le remercier. Ce recueil se
trouve aujourd'hui parmi les papiers Cideville à Rouen.

Un autre recueil, dont on ignore le sort, a dû être constitué par
Formont qui, dans une lettre du 15 mars 1735, déclare avoir fait
copier le recueil envoyé par Voltaire à Cideville pendant qu'il
était entre les mains de Demoulin à Paris. Il ajoute: 'Il Restera
encor quelques Bagatelles que m^{de} Duchatelet devoit faire copier
mais elle ne Le fera pas' (D849).

Un troisième recueil, qui provenait des papiers de Thiriot,
appartenait à Jean Corneille Jacobsen qui en a tiré un certain
nombre de poésies pour un volume de *Pièces inédites*, publié par
ses soins en 1820.

Un quatrième recueil manuscrit corrigé en plusieurs endroits
'de main de maître' se trouvait entre les mains de J. Clogenson.
Ce recueil aurait été terminé au début de 1735 par Céran, probablement le copiste dont parle Voltaire dans sa lettre à Cideville
citée plus haut.

En 1761, Grimm qui publiera dans sa *Correspondance littéraire*
une série de ces poésies adressées à Mme Du Châtelet, déclare
être en possession d'un recueil manuscrit d'où il les a tirées.

Un autre document nous prouve l'existence d'encore un recueil,
peut-être le même dont s'est servi Grimm. Il s'agit de la liste de
Vauger, publiée par Th. Besterman en appendice à la correspondance de Voltaire (D.app.161), où sont cités plusieurs poèmes
publiés ici.

A madame la marquise Du Châtelet.
Elle faisait une collation sur une montagne appelée
Saint-Blaise, près de Monjeu[1]

Saint-Blaise a plus d'attraits encor
Que la montagne du Tabor;[2]
Vous valez le fils de Marie:
Mais lorsqu'il s'y transfigura,
Souvenez-vous qu'il y gagna,   5
Et vous y perdriez, Silvie.[3]

[1] Manuscrits: CL: G1 D, f.333*v*-34*r*; Sm 3, p.191; WeA, f.307*v*-308*r* (voir ICL 62:168; i.111). Editions: *Correspondance littéraire* (Paris 1813), iii.212; *Œuvres complètes* (Paris, Lefèvre et Déterville, 1817-1820), vii.627. Texte de base: CL.
Vers certainement écrits par Voltaire avant que, menacé d'arrestation, il ne quitte le château de Montjeu; donc entre début avril et début mai 1734. Il s'agit sans doute d'un des divertissements auxquels se livre la nombreuse société réunie pour le mariage du duc de Richelieu. Mais Voltaire n'a d'yeux que pour madame Du Châtelet, dont les lettres, quand Voltaire s'éloignera, révèleront la passion pour le poète.
Une note des éditeurs dans l'édition 1817-1820 précise: 'Les sept pièces qui suivent ne se trouvent dans aucune édition des Œuvres de M. de Voltaire. Elles sont extraites de la Correspondance de M. le baron de Grimm, en 1762' (p.625). Parmi les sept pièces figure aussi le poème adressé à Mme Du Châtelet lorsqu'elle apprenait l'algèbre (voir ci-dessous).
[2] Où la tradition place l'épisode de la transfiguration du Christ. La supériorité de Saint-Blaise tient au paysage vaste et verdoyant, ou plutôt à la présence de Mme Du Châtelet. Le site est à 5 km environ de Montjeu, au sud d'Autun, près du bois de Riveau (587 m).
[3] Nom poétique utilisé dans les bergeries; son usage souligne sans doute la galanterie du compliment: rien ne peut rendre plus belle Emilie.

A madame la marquise Du Châtelet,
lorsqu'elle apprenait l'algèbre[4]

Sans doute vous serez célèbre
Par les grands calculs de l'algèbre
Où votre esprit est absorbé.
J'oserais m'y livrer moi-même;
Mais, hélas! A + D – B   5
N'est pas = à je vous aime.

A madame la marquise Du Châtelet.
De Cirey où il était pendant son exil,
et où elle lui avait écrit de Paris[5]

On dit qu'autrefois Apollon,
Chassé de la voûte immortelle,[6]

[4] Manuscrits: CL: G1 D, f.333v; Sm 3, p.191; WeA, f.307v (voir ICL 62:167; i.111); copie secondaire, Bh Rés. 2026, f.87r. Editions: *Correspondance littéraire* (Paris 1813), iii.212; *Œuvres complètes* (Paris, Lefèvre et Déterville, 1817-1820), vii.627. Texte de base: CL.

D'après la correspondance, Emilie commence à reprendre sérieusement le projet d'apprendre les mathématiques en juillet 1734, et elle s'y plonge après la mort de son fils survenue en août. Ces vers pourraient être contemporains de D788 (6 septembre 1734), où elle écrit de Paris à Jacques de Sade, avant d'aller rejoindre Voltaire à Cirey: 'J'apprends la géométrie et l'algèbre par un maître que vous connaissez, et qui m'en écarte toutes les épines' - Maupertuis.

[5] Manuscrits: CL: G1 D, f.164r; Sm 2, p.302; Fi, f.26v (voir ICL 61:226; i.100); copie secondaire, Bh Rés. 2025, f.88r. Edition: J.- F. de La Harpe, *Œuvres* (Paris 1820), x.364. Texte de base: CL.

Ces vers datent sans doute de l'installation à Cirey, avant l'arrivée de Mme Du Châtelet, donc de septembre ou du début d'octobre 1734. Voltaire fait alors, au milieu de mille autres métiers, le 'maçon', en dirigeant des travaux d'aménagement (D787).

[6] Allusion aux exils d'Apollon. Chassé du ciel pour avoir pris part à un complot contre son père, il construisit un mur pour Laomédon, roi de Troie (*Iliade*, vii.452-453). Puni pour avoir tué les Cyclopes, il dut aller élever des chevaux pour Admète (*Iliade*, ii.763-767).

Devint berger et puis maçon,
Et laissa là son violon
Pour la houlette et la truelle.
Je suis cent fois plus malheureux;
Votre présence m'est ravie,
C'est moi qui suis chassé des cieux;
Je n'aperçois plus vos beaux yeux,
Je vous perds, charmante Emilie.
Pour vous dans ce triste séjour
Je m'adonne à l'architecture:
Les talents ne sont point enfants de la nature,
Ils sont tous enfants de l'amour.

Ode[7]

Tyran dont la main sépare
Deux amants qu'unit le sort,
Est-il un cœur plus barbare,
Un plus sacrilège effort?

8-10   LA HARPE:
      Je ne vois donc plus vos beaux yeux
      Je vous perds, charmante Emilie;
      C'est moi qui suis chassé des cieux
13   LA HARPE: ne sont pas
a   CL: *Couplets à madame la marquise du Châtelet, lors de son exil*

[7] Manuscrits: MS1, copie envoyée à Cideville par Voltaire, avec corrections autographes (Cideville, Poésies de Voltaire, f.88-91*v*); CL: G1 D, f.18; Sm 2, p.39-40 (voir ICL 61:030; i.90). Texte de base: MS1.
Ces vers peuvent avoir été écrits entre le départ précipité de Montjeu (début mai 1734) et les retrouvailles du poète avec Mme Du Châtelet à Cirey (octobre 1734), sans doute dans les premières semaines de la séparation. Si le 'tyran' du premier vers désigne le procureur général Joly de Fleury, qui refuse d'annuler la lettre de cachet du 8 mai malgré les démarches de la duchesse de Richelieu, l'ode daterait du début d'octobre 1734 et exprimerait la déception du poète (voir D790, D791: 7 et 8 octobre 1734).

Ton adroite tyrannie   5
Donne en nous laissant la vie
L'amertume de la mort.

O mort qui seule es cruelle
Seule terrible à mes yeux,
Chaque instant te renouvelle   10
Et rend tes traits plus affreux;
Soleil, fuis de ma paupière,
Que m'importe ta lumière
Loin de l'objet de mes vœux.

Par les zéphirs embellies   15
Fleurs, sechez-vous sous mes pas:
Vous ne serez point cueillies
Par ses mains pleines d'appas.
Pourquoi, chantres des bocages,
Redoublez-vous vos ramages?   20
Eglé ne vous entend pas.

Ah, quel fut ce jour d'alarmes
Qui de tes bras m'éloignait!
Quand de tes touchantes larmes
Ton tendre amour me baignait;   25
Quand mon âme déchirée
Allait languir séparée
De l'être qui l'animait.

Esprit, grâce enchanteresse
Qui régnez dans ses discours,   30
Doux baisers, flatteuse yvresse,
Me fuyez-vous pour toujours?
Dieux… s'il en est d'autres qu'elle,
Protecteurs d'un cœur fidèle,

8-14 CL, absent
22 CL: fut le jour
23-25 CL: de tes bras m'éloignait […] de tes touchantes […] Ton tendre
31 CL: fatale ivresse

Dieux, rendez-moi mes amours!   35

    Ciel! c'est Eglé qui s'avance,
Eglé qui me tend les bras;
Je vois la foi, la constance,
Le secret guider ses pas;
Et cent vertus immortelles   40
Avec des grâces nouvelles
Que Vénus ne connut pas.

    Souveraine de ma vie,
Divinité de mes sens,
Reçois mon âme attendrie   45
Dans tes chers embrassements;
Que nos deux êtres s'unissent,
Que les feux qui les remplissent
Durent au-delà des temps.

    Hélas, douce erreur d'un songe   50
Dont mon cœur était frappé,
Plaisir enfant du mensonge,
Pourquoi m'avoir échappé?
J'étais plein de mon délire;
L'amour avec un sourire   55
Me dit que je suis trompé.

    N'importe; mensonge aimable,
Fantôme de mon bonheur,
Toi qu'un amour véritable
Faisait naître dans mon cœur,   60
Viens, peins-moi ce que j'adore,
Reparais, redouble encore
Les charmes de ton erreur.

---

42 CL: Qu'amour ne connaissait pas
52 CL: Plaisirs enfants du
56 CL: M'apprend que
60 CL: A fait naître
63 CL: L'ivresse de mon erreur.

A madame la marquise Du Châtelet,
qui soupait avec beaucoup de prêtres[8]

Un certain dieu, dit-on, dans son enfance,
Ainsi que vous confondait les docteurs;[9]
Un autre point qui fait que je l'encense,
C'est que l'on dit qu'il est maître des cœurs.[10]
Bien mieux que lui vous y régnez, Thémire;[11]   5
Son règne au moins n'est pas de ce séjour;
Le vôtre en est, c'est celui de l'amour:
Souvenez-vous de moi dans votre empire.

A madame la marquise Du Châtelet[12]

Nymphe aimable, nymphe brillante,
Vous en qui j'ai vu tour à tour

4   PI: qu'on nous dit

---

[8] Manuscrits: CL: G1 D, f.342r, Sm 3, p.234, 231 (voir ICL 62:186; i.112). Editions: *Correspondance littéraire* (Paris 1813), iii.217-18; *Œuvres complètes* (Paris, Lefèvre et Déterville, 1817-1820), vii.626; *Pièces inédites* (Paris 1820), p.99 (PI). Texte de base: CL.
Rien ne permet d'identifier l'épisode auquel le titre fait allusion. On peut penser, d'après le dernier vers, qu'il se situe pendant une séparation des deux amants, peut-être avant le départ de Mme Du Châtelet pour Cirey, à l'automne 1734. Le rapprochement irrévérencieux d'Emilie et de Jésus rappelle les vers sur l'excursion à Saint-Blaise, mais une dispute avec des docteurs paraît peu probable à Montjeu.
[9] Allusion à l'épisode de Jésus enfant parmi les docteurs du temple de Jérusalem raconté dans Luc ii.46-47.
[10] Formule habituelle du discours chrétien, voir par exemple Massillon, *Sermon sur la Samaritaine*, début: 'O mon Dieu... partout vous agissez comme le maître des cœurs'.
[11] Nom de fantaisie qui semble forgé pour la rime.
[12] Manuscrits: CL: G1 D, f.333r, Sm 3, p.190; WeA, f.307v (voir ICL 62:165; i.111). Editions: *Correspondance littéraire* (Paris 1813), iii.211; *Œuvres complètes* (Paris, Lefèvre et Déterville, 1817-1820), vii.626; *Pièces inédites* (Paris 1820),

L'esprit de Pallas la savante
Et les grâces du tendre Amour,
De mon siècle les vains suffrages
N'enchanteront point mes esprits:
Je vous consacre mes ouvrages;
C'est de vous que j'attends leur prix.

A madame la marquise Du Châtelet [13]

Vous m'ordonnez de vous écrire,
Et l'Amour qui conduit ma main,
A mis tous ses feux dans mon sein,
Et m'ordonne de vous le dire.

A madame la marquise Du Châtelet [14]

Allez, ma muse, allez vers Emilie;
Elle le veut, qu'elle soit obéie.

a   PI: *Châtelet, en lui envoyant un volume de poésies* / Allez,

p.95. Texte de base: CL.

Comme les pièces auxquelles ces vers sont associés dans la *Correspondance littéraire* et dans l'édition Jacobsen de 1820, issue des papiers de Thiriot, ce huitain date sans doute de la fin de 1734, et reflète les dispositions d'esprit de Voltaire au début de la vie commune avec Mme Du Châtelet à Cirey.

[13] Manuscrits: CL: G1 D, f.333v; Sm 3, p.190; WeA, f.307v (voir ICL 62:166; i.111). Editions: *Correspondance littéraire* (Paris 1813), iii.211; *Œuvres complètes* (Paris, Lefèvre et Déterville, 1817-1820), vii.627; *Pièces inédites* (Paris 1820), p.97 (PI). Texte de base: CL.

Aucune indication ne permet de dater ce quatrain. On peut conjecturer que s'il est venu entre les mains de Grimm avec les deux pièces précédentes, il date de la même époque, l'automne 1734; mais l'indice est faible.

[14] Manuscrits: CL: G1 D, f.341r; Sm 3, p.234 (voir ICL 62:184; i.112). Editions: *Correspondance littéraire* (Paris 1813), iii.217; *Œuvres complètes* (Paris, Lefèvre et Déterville, 1817-1820), vii.625; *Pièces inédites* (Paris 1820), p.93 (PI). Texte de base: CL.

De son esprit admirez les clartés,
Ses sentiments, sa grâce naturelle,
Et désormais que toutes ses beautés   5
Soient de vos chants l'objet et le modèle.

A madame la marquise Du Châtelet, sur les anciens philosophes[15]

L'esprit sublime et la délicatesse,
L'oubli charmant de sa propre beauté,
L'amitié tendre et l'amour emporté
Sont les attraits de ma belle maîtresse.
Vieux rêvasseurs, vous qui ne sentez rien,   5
Vous qui cherchez dans la philosophie
L'Etre suprême et le souverain bien,
Ne cherchez plus, il est dans Emilie.

Vers à feue madame la marquise Du Châtelet, sur les poètes latins[16]

Je voulais de mon cœur éternisant l'hommage,
Emprunter la langue des dieux,

a-b   D: *Contre les philosophes, sur le souverain bien* / L'esprit
8   D: il est dans Uranie.

Texte impossible à dater. Faute de mieux, on peut le supposer de la même provenance, et donc de la même époque, que les vers insérés en même temps dans la *Correspondance littéraire*, soit la fin de 1734.

[15] Editions: *Pièces inédites* (Paris 1820), p.98 (PI); *Œuvres complètes* (Paris, Dalibon, 1824-1832), xviii.260-61 (D). Texte de base: PI.
Ce texte faisait partie, comme le suivant, du recueil Céran, d'après Clogenson; et daterait donc de la fin de 1734.

[16] Manuscrits: CL: G1 D, f.136; Sm 2, p.245-46 (voir ICL 61:186; i.98). Editions: édition partielle sous le titre, 'Sur Ovide, Catulle, Tibulle' (vers 30-38): *Opuscules poétiques* (Amsterdam et Paris [1773]), p.17 (OP); K, xiv.349; texte

POÉSIES

Et pour parler votre langage,
Je voulais dans mes vers peindre la vive image
De ce feu, de cette âme, et de ces dons des cieux   5
Qu'on sent dans vos discours et qu'on lit dans vos
                                              yeux.
Le projet était grand; mais faible est mon génie.
Aussitôt, j'invoquai le dieu de l'harmonie,
Les maîtres qui d'Auguste ont embelli la cour;
Ils devaient tous m'aider à chanter tour à tour;   10
Le cœur les fit parler, l'excuse est naturelle:
Vous les connaissez tous, ils sont vos favoris,
Des auteurs à jamais sont le parfait modèle,
        Excepté de nos beaux esprits,
        De Bernard et de Fontenelle.[17]   1
J'eus l'art de les toucher, car je parlais de vous.
A votre nom divin, je les vis tous paraître;
Virgile le premier, mon idole et mon maître,

3 PI: Et vous parler
6 PI: qu'on voit dans
9 PI: les dieux de
10 PI: Tous me devaient aider, et chanter à leur tour
11 PI: leur muse est naturelle
13 PI: l'heureux modèle
14 PI: de vos beaux
15 PI: Et de Bernard de Fontenelle

complet: *Pièces inédites* (Paris 1820), p.53-54 (PI); *Œuvres complètes* (Paris, Dalibon, 1824-1832), xvii.128-29 (D). Texte de base: CL.

D'après une note de Clogenson (xvii.129), cette épître faisait partie d'un recueil manuscrit de poésies de Voltaire terminé par Céran, son valet de chambre copiste, à Cirey au début de 1735, et corrigé en plusieurs endroits 'de main de maître'. On peut donc penser qu'elle a été écrite à la fin de 1734. Le projet qu'y commente Voltaire, louer Emilie dans une imitation des poètes latins, correspond à une des ambitions constantes de la poésie du dix-huitième siècle. L'originalité consiste ici à remplacer l'imitation par une sorte d'évocation des morts, et à procéder à l'éloge par prétérition.

[17] Aux Modernes est associé le poète Gentil-Bernard, symbole pour Voltaire de la galanterie à la mode.

Virgile s'avança d'un air égal et doux:
Les échos répondaient à sa muse champêtre;   20
L'air, la terre et les cieux en étaient embellis.
Tandis que ce pasteur assis au pied d'un hêtre,
Embrassait Corydon, et caressait Philis,[18]
On voyait près de lui, mais non pas sur sa trace,
Cet adroit courtisan, ce délicat Horace,   25
Mêlant au dieu du vin l'une et l'autre Vénus,
D'un ton plus libertin caresser avec grâce
    Et Glycère et Ligurinus.[19]
    Celui qui fut puni de sa coquetterie,
Ce maître en l'art d'aimer[20] qui rien ne nous apprit,   30
Prodiguait à Corinne[21] avec galanterie
    Beaucoup d'amour et trop d'esprit.
    Tibulle auprès de sa Délie[22]
Par des vers enchanteurs exaltait ses plaisirs,
Et Catulle vantait plus vif en ses désirs,   35
Dans son style emporté, les baisers de Lesbie.[23]
    Vous parûtes alors, adorable Emilie:
Je vis soudain sur vous tous les yeux se tourner.
Votre aspect enlaidit les gîtons et les belles,
    Et de leurs amants enchantés   40

33 PI: Tibulle, caressé dans les bras de Délie
35 PI: plus tendre en ses
36 OP: dans son style emprunté
     K: Dans ses vers libertins les
39 PI: enlaidit les belles

[18] Voir Virgile, *Bucoliques*, ii et iii.
[19] Sur Glycère, voir Horace, *Odes*, i.30 et 33. Ligurinus, nom de jeune homme, ne semble pas attesté chez Horace.
[20] Ovide, auteur de *l'Art d'aimer* et exilé par Auguste. Corinne est l'héroïne de ses amours.
[21] Ovide, *Tristia*, 4.
[22] Voir Tibulle, i.1.
[23] Voir Catulle, *Carmina*, 5, 7.

Vous fîtes autant d'infidèles.
Je pensais qu'à l'instant ils allaient m'inspirer;
Mais jaloux de vous plaire et de vous célébrer,
Ils ont bien rabaissé ma téméraire audace;
Je vois qu'il n'appartient qu'aux maîtres du Parnasse   45
De vous offrir des vers et de chanter pour vous:
C'est un honneur divin dont je serais jaloux
Si jamais j'étais à leur place.

A Uranie[24]

Je vous adore, ô ma chère Uranie;
Pourquoi si tard m'avez-vous enflammé?
Qu'ai-je donc fait des beaux jours de ma vie?
Ils sont perdus; je n'avais point aimé.
J'avais cherché, dans l'erreur du bel âge,   5
Ce dieu d'amour, ce dieu de mes désirs;
Je n'en trouvai qu'une trompeuse image;
Je n'embrassai que l'ombre des plaisirs.
Non, les baisers des plus tendres maîtresses,
Non, ces moments comptés par cent caresses,   10
Moments si doux et si voluptueux,
Ne valent pas un regard de tes yeux.
Je n'ai vécu que du jour où ton âme
M'a pénétré de ta divine flamme;
Que de ce jour, où, livré tout à toi,   15
Le monde entier a disparu pour moi.
Ah! quel bonheur de te voir, de t'entendre!
Que ton esprit a de force et d'appas!
Dieux! que ton cœur est adorable et tendre!

---

[24] Edition: *Œuvres complètes* (Paris, Dalibon, 1824-1832), xvii.126-27 (D).
Texte de base: D.

Ces vers faisaient partie du recueil Céran; ils dateraient alors de la fin de 1734 et reflèteraient le bonheur de la cohabitation à Cirey.

Et quels plaisirs je goûte entre tes bras!   20
Trop fortuné, j'aime ce que j'admire.
Du haut du ciel, du haut de ton empire,
Vers ton amant tu descends chaque jour,
Pour l'enivrer de bonheur et d'amour.
   Belle Uranie, autrefois la Sagesse   25
En son chemin rencontra le Plaisir;
Elle lui plut; il en osa jouir;
De leurs amours naquit une déesse
Qui de sa mère a le discernement,
Et de son père a le tendre enjouement.   30
   Cette déesse, ô ciel! qui peut-elle être?
Vous, Uranie, idole de mon cœur,
Vous, que les dieux pour leur gloire ont fait naître,
Vous qui vivez pour faire mon bonheur.

A Mme de ***[25]

Le plaisir inquiet des raccommodements
   N'est point fait pour les vrais amants;
Charmante égalité, sois toujours mon partage,
Préside à mon bonheur ainsi qu'à mon amour;
Ah! je n'ai pas besoin des horreurs d'un orage   5
   Pour savoir jouir d'un beau jour.

---

[25] Edition: *Pièces inédites* (Paris 1820), p.101 (PI). Texte de base: PI.
   On peut supposer ces vers adressés à Mme Du Châtelet, pendant le séjour à Cirey, par exemple en 1735, et y voir le reflet d'une brouille passagère.

Sur le portrait de Mme de ***[26]

Ce n'est ni Flore ni Vénus,
Ni des arts l'auguste déesse;[27]
Car Aspasie est au-dessus,
Et je le sens à ma tendresse.

A madame la marquise Du Châtelet, avec un envoi de bougies ou de cierges[28]

Reçois cette cire nouvelle;
On en brûle aux temples des dieux;
Mais leurs autels sont à mes yeux
Bien moins sacrés que ta chapelle.

A Uranie[29]

Qu'un autre vous enseigne, ô ma chère Uranie,
A mesurer la terre, à lire dans les cieux,

[26] Edition: *Pièces inédites* (Paris 1820), p.98 (PI). Texte de base: PI.
Publiée (tardivement) avec la précédente, cette pièce semble également avoir été adressée à Mme Du Châtelet, peut-être dans la même période.
[27] Minerve.
[28] Edition: *Pièces inédites* (Paris 1820), p.97 (PI). Texte de base: PI.
Date et occasion inconnues. Le mot 'chapelle' peut désigner soit celle de Cirey, soit l'appartement où réside Emilie divinisée.
[29] Manuscrit: copie secondaire, Bh Rés. 2025, f.44. Editions: *Opuscules poétiques* (Amsterdam et Paris, Desnos, [1773]), p.7-8 (OP); *Œuvres complètes* (Paris, Dalibon, 1824-1832), xvii.124-25; sous le nom de Saurin: *Les Amusements du cœur et de l'esprit* (Amsterdam, Henri du Sauzet, 1741), ii.288-89; *Elite de poésies fugitives* (Londres [Paris] 1770), iv.73-74. Texte de base: OP.
Un doute plane sur l'attribution de cette épître, longtemps prêtée à Saurin, avant d'être placée dans les œuvres de Voltaire dans les dernières années de sa vie par un éditeur sans autorité. L'existence de deux versions très différentes peut faire songer à une contamination entre deux textes d'inspiration voisine, l'un de Saurin, l'autre de Voltaire. Du point de vue de la vraisemblance,

Et soumettre à votre génie,
Ce que l'amour soumet au pouvoir de vos yeux.
Pour moi, sans disputer ni du plein ni du vide,   5
Ce que j'aime est mon univers;
Mon système est celui d'Ovide,
Et l'amour le sujet et l'âme de mes vers.
Ecoutez ses leçons, du pays des chimères,
Souffrez qu'il vous conduise au pays des désirs.   10
Je vous apprendrai ses mystères;
Heureux, si vous voulez m'apprendre ses plaisirs!
Des Grâces vous avez la figure légère,

4   SAURIN: Le séjour des mortels et l'empire des dieux.
5   SAURIN: sur le plein ou le vide,
12   SAURIN: si vous pouvez
13-23 SAURIN:
        Il n'est qu'un temps pour les zéphirs.
        N'attendez pas que de Borée
    Le souffle affreux succède à leurs tendres soupirs,
    Et que les doux attraits, dont vous êtes parée,
        Fassent place aux vrais repentirs.
    Des Grâces la figure et la taille légère,
    D'une muse l'esprit, le cœur d'une bergère,
    De Vénus le sourire, et du doigt de l'Amour
        Une fossette sur la joue,
    Où des enfants ailés, qui composent sa cour,
        La troupe folâtre se joue.
        Croyez-vous donc que tant d'appas
    Soient faits pour manier la règle et le compas?
        Ou pour, armés d'une lunette,
        Des astres épier le cours?

remarquons que s'il est bien voltairien de rejeter 'tous les systèmes' (v.28), ni la géométrie, ni l'astronomie, auxquelles s'adonne Uranie, ne sont habituellement frappées par cette condamnation, bien au contraire. Toutefois, en se plaçant sur un plan plus sentimental et moins intellectuel, on pourra voir dans cette épître le reflet badin d'une rivalité entre Voltaire et le savant Maupertuis, dont Mme Du Châtelet est l'écolière' pendant l'année 1734. Voltaire y durcirait l'opposition conventionnelle entre le poète et le géomètre, tout en renouvelant la métaphore des yeux-astres par des allusions à l'astronomie, qui devait passionner Mme Du Châtelet, traductrice de Newton.

D'une muse l'esprit, le cœur d'une bergère,
Un visage charmant, où sans être empruntés,   15
 On voit briller les dons de Flore,[30]
Que le doigt de l'Amour marque de tous côtés,[31]
Quand par un doux souris, il s'embellit encore;
 Mais que vous servent tant d'appas?
Quoi! de si belles mains pour toucher un compas,   20
 Ou pour pointer une lunette?
Quoi! des yeux si charmants pour observer le cours
 Ou les taches d'une planète?
 Non, la main de Vénus est faite
 Pour toucher le luth des Amours.   25
 Et deux beaux yeux doivent eux-mêmes
 Etre nos astres ici-bas.
 Laissez donc là tous les systèmes,
 Sources d'erreurs et de débats,
 Et choisissant l'Amour pour maître,   30
 Jouissez au lieu de connaître.

28 SAURIN: tous ces systèmes,
29 SAURIN: Source d'erreurs

[30] Le lys et les roses, teint idéal, sans recours au maquillage.
[31] Par des fossettes (voir la variante).

POÉSIES DIVERSES

A monsieur de Forcalquier[1]

Vous philosophe! ah, quel projet!
N'est-ce pas assez d'être aimable?
Aurez-vous bien l'air en effet
D'un vieux raisonneur vénérable?

D'inutiles réflexions   5
Composent la philosophie,
Ah! que deviendra votre vie,
Si vous n'avez des passions?

a   CL: Autres vers de M. de Voltaire à M. le comte de Forcalquier
     NM, w68, w75G: A M. de F...
7   NM, w68, w75G, K: Eh! que

[1] Manuscrits: CL, Sm 3, p.80 (voir ICL 62:069; i.106); copie secondaire, Bn
N24342, f.380r, copie de Rieu, probablement à partir des NM. Editions: NM
(1768), v.318-19; w68 (1771), xviii.482; w72P, iv.161; w75G, xiii.331; K, xiii.296.
Texte de base: CL.
Louis-Bufile de Brancas, dit le comte de Forcalquier, était un jeune homme
d'excellente famille, capitaine au régiment de Noailles. Mme Du Châtelet
entretenait avec lui des relations amicales espacées (voir D784, D953), auxquelles se mêlait épisodiquement Voltaire (voir D788, D954). Ces vers répondent
à une lettre ou à un propos qui ne nous est pas connu. Ils correspondent à ce
que nous savons du caractère de Louis-Bufile de Brancas: 'de l'esprit et des
grâces', lit-on dans une lettre que lui adresse Voltaire (D788); le président
Hénault: 'M. de Forcalquier avait beaucoup plus d'esprit qu'il n'en faut; Mlle
de Flarens disait qu'il éclairait une chambre, en y entrant' (*Mémoires*, p.191).
Datation incertaine: on peut supposer le poème (où se retrouvent les mêmes
termes) contemporain de D788 (23 septembre 1734). Grimm l'insère dans la
livraison du 15 mars 1762 de la *Correspondance littéraire* à la suite des vers 'à M.
de Forcalquier qui avait eu ses cheveux coupés par un boulet au siège de Kehl'
(octobre 1733), avec cette simple mention: 'Ils sont aussi anciens, mais n'ont
pas été imprimés'. Sur l'esprit parfois 'inintelligible' de Forcalquier, voir D943
([novembre 1735]).

C'est un pénible et vain ouvrage
Que de vouloir les modérer,   10
Les sentir et les inspirer
Est à jamais votre partage.

L'esprit, l'imagination,
Les grâces, la plaisanterie,
L'amour du vrai, le goût du bon,   15
Voilà votre philosophie.

Si quelque secte a le mérite
De fixer votre esprit divin,
C'est l'école de Démocrite
Qui se moquait du genre humain.   20

Vers à M. de Forcalquier
au nom de madame la marquise Du Châtelet,
qui lui avait envoyé une pagode chinoise[2]

Ce gros Chinois en tout diffère
Du Français qui me l'a donné;
Son ventre en tonne est façonné,
Et votre taille est bien légère.[3]

17-20   NM, W68, W75G, absent (donné comme variante dans K)
a-c   ADM: *Vers sous le nom de Mme du Ch… à M. de Forcalquier, qui lui avait*
envoyé une pagode tenant une hémisphère

[2] Editions: *Almanach des muses* (Paris 1780), p.28 (ADM); *Mémoires secrets*, ix.122;
K, xiii.297. Texte de base: K.
La publication tardive et l'absence d'allusions ailleurs à ce don ne permettent
pas de dater ces vers avec certitude. On peut songer à la fin de 1734, après
l'arrivée d'Emilie à Cirey. En effet, le nom de 'pagode' était donné à des figurines
grotesques importées d'Extrême-Orient, très à la mode surtout depuis la Ré-
gence: or un quatrain de Linant (D949) nous apprend qu'en novembre 1735
Mme Du Châtelet avait une pleine niche de magots. Forcalquier a pu offrir l'un
d'eux lors de l'installation à Cirey.
[3] Louis-Bufile de Brancas était jeune, mais de plus délicat, et faible de la
poitrine (D953).

Il a l'air de s'extasier   5
En admirant notre hémisphère;
Vous aimez à vous égayer
Pour le moins sur la race entière
Que Dieu s'avisa d'y créer.

Le cou penché, clignant les yeux,   10
Il rit aux anges d'un sot rire:
Vous avez de l'esprit comme eux,
Je le crois, et je l'entends dire.

Peut-être, en vous parlant ainsi,
C'est vous donner trop de louanges: 15
Mais il se pourrait bien aussi
Que je fais trop d'honneur aux anges.[4]

Au camp de Philisbourg
le 3 juillet 1734[5]

C'est ici que l'on dort sans lit
Et qu'on prend ses repas par terre,

a   w42-w75G: Au camp devant Philipsbourg
    K: A monsieur *** du camp

[4] Cette 'liberté' de ton n'est sans doute pas pour déplaire au destinaire, voir
D954.
[5] Manuscrits: MS1, copie, avec corrections autographes, envoyée par Voltaire
à Cideville (Cideville, Poésies de Voltaire, f.85); copie secondaire, Arsenal MS
6810, f.16v-17r. Editions: *Recueil de pièces fugitives en prose et en vers* ([Paris, Prault
fils], 1740 [1739]), p.225-26 (RP40); w42, v.247-48; w48D, iii.228-29; w52, iii.115-
16; w51, iii.190-91; w56, ii.147-48; w57P, vi.132-33; w57G, ii.147-48; OC61, p.135-
36; w64G, ii.164-65; w70G, ii.164-65; w70L, xxiii (1772).66-67; w68, xviii.124-25;
w72P, iii.299-300; w75G, xii.92-93; K, xiii.83-84. Texte de base: MS1.
A la fin de juin 1734, Voltaire, pourtant poursuivi pour les *Lettres philosophiques*,
rejoint le duc de Richelieu au siège de Philippsbourg. Les Français, commandés
par le maréchal de Berwick, devaient s'emparer de la ville, malgré l'intervention
de l'armée impériale, commandée par le prince Eugène. Dans une lettre du 1er

Je vois, j'entends tout l'atmosphère
Qui s'embrase et qui retentit
De cent décharges de tonnerre;   5
Et dans ces horreurs de la guerre
Le Français chante, boit et rit.
Bellone va réduire en cendre
Les courtines de Philisbourg,
Par cinquante mille Alexandre   10
Payés à quatre sols par jour:
Ils s'en vont prodiguant leur vie
Cherchant ces combats meurtriers,
Couverts de crasse et de lauriers,
Et pleins d'honneur et de folie.   15
Je vois briller au milieu d'eux
Ce fantôme nommé la Gloire,
A l'œil superbe, au front poudreux,
Portant au cou cravate noire,[6]
Ayant sa trompette en sa main,   20
Sonnant la charge et la victoire,
Et chantant quelques airs à boire,

3   RP40-K: Je vois et j'entends l'atmosphère
5   MS1: Des cent décharges ⟨et⟩ de
8   RP40-K: en cendres
10 RP40-K: Alexandres
11 W42-K: quatre sous
12 RP40-K: Je les vois, prodiguant
13 RP40-K: Chercher ces
14 RP40: Couverts de crotte et
    W42-K: Couverts de fange

juillet, Voltaire écrit que 'Les troupes marquent une grande ardeur [...] Voilà
[...] la folie humaine dans toute sa gloire et dans toute son horreur' (D766).
Voltaire avait quitté la Lorraine en entendant dire que Richelieu 'était blessé
dangereusement, d'autres disaient même mort' (Mme Du Châtelet, D769) à la
suite d'un duel: Jean-Henri de Lorraine, prince de Lixin, lui avait cherché
querelle au sujet de son mariage avec Mlle de Guise, cousine de Lixin.
   [6] La cravate noire était caractéristique de l'uniforme militaire.

Dont ils répètent le refrain.
Déjà le maréchal de Noailles[7]
Qui suit ce fantôme au grand trot,   25
Croyant qu'on va donner bataille
En paraît un peu moins dévot.
Tous les saints au diable il envoie
Et vient de donner pour le mot,
Vive l'honneur, vive la joie.[a]   30
Illustres fous, peuple charmant,
Que la gloire en son char enchaîne,
Il est beau d'affronter gaiement
Le trépas et le prince Eugène.[8]
Mais, hélas! quel sera le prix[9]   35
De vos héroïques prouesses,

[a] Pour le mot de ralliement.

24-30 RP40-K: O nation brillante et vaine!
31 MS1: ⟨Allez peuple fier et charmant⟩ [V↓]β
32 RP40-K: à son char
35-38 MS1:
        ⟨Mais j'aimerais mieux cependant
Dans les plaisirs et la mollesse
Vivre à Paris tout doucement
Entre les bras de ma maîtresse
Illustres guerriers, illustres fous
Les baisers d'une bouche aimable
Valent-ils pas mieux entre nous
Que la mort la plus honorable.⟩ [V]β
    OC61, omis

[7] Adrien-Maurice, duc de Noailles.
[8] Le prince Eugène, entouré du prestige d'une longue et glorieuse carrière, commandait l'armée qui tentait de libérer Philippsbourg.
[9] A partir du vers 35, Voltaire a, sur le manuscrit, remplacé une conclusion gauche et même incorrecte par une chute brillante et drôle.

POÉSIES

Vous serez cocus dans Paris
Par vos femmes, et vos maîtresses.

A monsieur le comte de Tressan[10]

Hélas que je me sens confondre
Par tes vers et par tes talents!
Pourrais-je encore à quarante ans
Les mériter, et leur répondre?
Le temps, la triste adversité   5
Détend les cordes de ma lyre.
Les jeux, les amours m'ont quitté;
C'est à toi qu'ils viennent sourire,
C'est toi qu'ils veulent inspirer,

38 w68, w75G: et par vos
a MS1: *Réponse à M. de Genonville*
   w72P: *Réponse* [à une *Epître de monsieur de Genonville à monsieur de Voltaire,
qui était sur le point de partir pour Londres*][11]
3 EP70, w72P: Pourrai-je

[10] Manuscrit: MS1, copie de Rieu (Leningrad, Annexes manuscrites 45, f.2*v*).
Editions: *Elite de poésies fugitives* (Londres [Paris] 1770), iv.123 (EP70); w72P
(1771), iv.148-49; Tressan, *Œuvres diverses* (Amsterdam et Paris, L. Cellot, 1776),
p.382; K, xiii.86; il figure aussi dans l'*Almanach des muses* (Paris 1770), p.99.
Texte de base: K.
Né en 1705, Louis-Elisabeth de La Vergne, comte de Tressan, comptait parmi
les amis de Formont et de Cideville. Voltaire lui avait déjà adressé en 1732 des
vers qui expriment la même admiration pour ses dons de poète (D508). Si
Voltaire a précisément 'quarante ans' quand il écrit ces vers, ils datent de 1734,
et les plaintes des vers 7, 14 et 16 font allusion à la séparation qui éloigne le
poète de Mme Du Châtelet de mai à octobre 1734.
[11] Comme l'a montré Bengesco (i.222-23), l'épître à laquelle répondent les
vers de Voltaire n'est pas de Genonville, mais du comte de Tressan. Elle figure
avec la *Réponse* dans ses *Œuvres diverses* (1776), p.380-82 (édition publiée du
vivant de Tressan).

536

Toi qui sais, dans ta double ivresse,   10
Chanter, adorer ta maîtresse,
En jouir, et la célébrer.
Adieu; quand mon bonheur s'envole,
Quand je n'ai plus que des désirs,
Ta félicité me console   15
De la perte de mes plaisirs.

Placet à la reine
pour l'abbé de La Marre,
qui sollicitait une grâce[12]

Modèle inimitable à la postérité
    Et des épouses et des reines,
Vous avez les vertus de la société,
    Et les talents des souveraines:
    Thémis vous donna l'équité,   5
Minerve son esprit, et Mars la fermeté;
Mais un dieu bienfaisant que j'implore en mes peines
    Vous a donné la libéralité,
Et c'est de lui que j'attends mes étrennes.

---

10   TRESSAN: ta douce ivresse

[12] Editions: *Pièces inédites* (Paris 1820), p.89 (PI). Texte de base: PI.

Dans une lettre du 3 novembre 1735, La Marre appelle Voltaire son 'cher protecteur' (D936). On peut supposer que cette supplique a été fournie au début de 1735 (ou au début de 1736?), si les étrennes dont il s'agit sont celles du jour de l'an. La Marre, plumitif besogneux, en quête de ressources, rendit quelques services à Voltaire à la fin de 1735 au sujet de *La Mort de César* (voir Voltaire 8, p.92 ss).

A madame la comtesse de La Neuville,
pour excuser un jeune homme,
qui s'était avisé de devenir amoureux d'elle[13]

Il est difficile de taire
Ce qu'on sent au fond de son cœur;
L'exprimer est une autre affaire.
Il ne faut point parler qu'on ne soit sûr de plaire;
Souvent on est un fat en montrant tant d'ardeur: 5
Mais soupirer tout bas serait-ce vous déplaire?
Punissez-vous, ainsi qu'un téméraire,
L'amant discret, soumis dans son malheur,
Qui sait cacher sa flamme et sa douleur?
Ah! trop de gens vous mettraient en colère.   10

Impromptu à M. Thiriot,
qui s'était fait peindre, la Henriade à la main[14]

Si je voyais ce monument,
Je dirais, rempli d'allégresse:

4 K: parler si l'on n'est sûr
5 K: montrant trop d'ardeur

---

[13] Editions: *Mercure de France*, octobre 1749, p.73 (MF); K, xv.71 (toute la lettre). Texte de base: MF.

Ces vers sont insérés dans une lettre (D894) adressée par Voltaire, qui habite Cirey, à une voisine de campagne avec qui lui-même et Mme Du Châtelet entretiennent un commerce régulier et amical depuis leur installation (voir D766, *et passim*). La lettre n'est pas datée, mais peut être placée dans l'été 1735. Comme le montre le contexte, Michel Linant, jeune secrétaire et protégé qui vivait alors à Cirey, avait dû adresser à Mme de La Neuville des vers un peu trop enflammés, dont elle s'était offusquée. C'est Linant qui a montré 'trop d'ardeur': la responsabilité en revient au charme de la comtesse, telle est l'excuse que développe galamment Voltaire.

[14] Edition: K, xiv.286. Texte de base: K.

Messieurs, c'est mon plus cher enfant
Que mon meilleur ami caresse.

A madame la duchesse de Brancas,
sur la mort de Mme la duchesse de Lauraguais,
sa belle-fille[15]

La beauté, la vertu, l'esprit fut son partage,
Son cœur était formé sur l'exemple du tien,
Son mérite était ton ouvrage,
Tes pleurs sont à la fois ton éloge et le sien.

A M. de Verrières[16]

Sais-tu que celui dont tu parles,
D'Apollon est le favori;

Ces quatre vers furent envoyés par Voltaire à Thiriot dans une lettre du 24 août 1735 (D902). Le portrait représentant Thiriot *La Henriade* à la main n'a pas été retrouvé.

[15] Edition: *Pièces inédites* (Paris 1820), p.83 (PI). Texte de base: PI.

Adelaïde-Geneviève-Félicité d'O, duchesse de Lauraguais, mourut le 26 août 1735, à l'âge de 19 ans. Sa belle-mère, Marie-Angélique de Fremyn de Moras, duchesse de Brancas, semble avoir été vivement affectée par sa mort; Mme Du Châtelet écrit au duc de Richelieu: 'cette pauvre petite Lauraguais; n'aurez vous pas trouvé bien touchant de voir cette fleur coupée aussitôt qu'éclose? J'ai reçu hier une lettre de madame de Brancas, qui m'a presque fait pleurer; elle attendrirait les rochers; [...] Je crois sa douleur sincère [...] En vérité! elle est fondée: c'était une aimable enfant' (D917).

[16] Editions: *Epître de M. de Verrière à M. de Voltaire du 10 février 1736* (Paris, Prault fils, 1736), p.9, note *a*; K, xiv.324 note. Texte de base: *Epître*.

Ces vers seraient la réponse impromptue de Voltaire à un portrait en prose qui circulait en 1735, et dont il était le modèle peu flatté. Verrières les cite en note à propos d'un éloge qu'il fait de Voltaire prosateur; il compare Charles XII à Alexandre, 'un autre Alexandre/ qu'un nouveau Curce évoque de la cendre' et justifie ce rapprochement entre Quinte-Curce et Voltaire par ces vers de Voltaire lui-même, 'réponse au portrait qu'on fit de lui en prose l'année dernière'. Voltaire commence à en parler le 12 juin 1735 (à Thiriot, D875), et déclare

Qu'il est le Quinte-Curce de Charles[17]
Et l'Homère du grand Henri?[18]

Sur M. de La Condamine,
qui était occupé de la mesure d'un degré du méridien au Pérou,
lorsque M. de Voltaire faisait Alzire[19]

Ma muse et son compas[20] sont tous deux au Pérou.
Il suit, il examine, et je peins la nature;
Je m'occupe à chanter les pays qu'il mesure.
Qui de nous deux est le plus fou?

---

formellement l'avoir vu le 4 août 1735 (à Berger, D896); un deuxième portrait
est d'ailleurs signalé le 15 août (D899). Voltaire se montre surtout affecté par
les 'calomnies' (D893) qu'il contient: avarice et insensibilité (D896). Ici, il
répondrait à des reproches d'ordre littéraire; s'il s'agit du portrait cité par J.-B.
Rousseau (D878), la réaction de Voltaire concernerait les formules du troisième
paragraphe: 'Né Poëte, les vers lui coûtent trop peu. Cette facilité lui nuit; il en
abuse, et ne donne presque rien d'achevé [...] Après la poësie, son métier seroit
l'Histoire, s'il faisoit moins de raisonnemens et jamais de parallèles' (voir R. A.
Leigh, 'An anonymous eighteenth-century character-sketch of Voltaire', *Studies*
2, 1956, p.243; R. Pomeau, *D'Arouet à Voltaire*, Oxford 1985, p.336; F. Deloffre,
'Piron auteur du portrait de Voltaire?', *Le Siècle de Voltaire*, Oxford 1987, p.349).
En réponse, Voltaire rappelle ses deux grandes œuvres bien achevées: un poème
épique et une histoire très documentée.

[17] Charles XII, dont l'*Histoire* a paru en 1731. Quinte-Curce est l'auteur d'une
grande *Histoire d'Alexandre*.

[18] Allusion à *La Henriade*.

[19] Edition: K, xiv.304. Texte de base: K.

Charles-Marie de La Condamine, né en 1701, adjoint-chimiste à l'Académie
des sciences, faisait partie de l'expédition scientifique qui partit en 1735 pour
mesurer à l'équateur la longueur de l'arc d'un degré du méridien. Le 15 octobre
1735 (D961) il écrit à Voltaire de Porto-Bello. *Alzire* est achevée vers le 15
décembre 1735 (D962, D960, D966). Ces vers datent donc sans doute de
l'automne 1735. La tragédie de Voltaire se déroule au Pérou et présente des
héros péruviens, ce qui parut fort original ('fou').

[20] Le compas de La Condamine, outil symbolique du géomètre.

A monsieur Algarotti[21]

Lorsque ce grand courrier de la philosophie,
Condamine l'observateur,

a   MS1:   ^{V↑}Lettre à m^r Argalotti
    OBS, AM42, W48R: Epître de M. de Voltaire à M. Algaroti [OBS, W48R: A
Cirey, près Vassi, le 15 octobre 1735]
    PT, TS61: Epître à M. Algaroti
    OC61, K: A M. le comte Algarotti
    OBS, AM42, W48R, K: Algarotti [avec note:] Messieurs Godin, Boughier,
et de La Condamine, sont [AM42, W48R, K: étaient] partis pour faire leurs
observations en Amérique dans des contrées voisines de l'équateur. MM. de
Maupertuis, Clerault et Le Monnier doivent [AM42, W48R, K: devaient], dans la
même vue, partir pour le nord, et M. Algaroti les accompagnera. Il s'agit [AM42,
W48R, K: Algaroti était du voyage. Il s'agissait] de décider si la terre est un
sphéroïde aplati ou allongé.
    2   MS1:   ⟨l'observateur⟩ ^V⟨le discoureur⟩ ^{V↑}l'observateur

[21] Manuscrits: MS1, copie avec corrections autographes, envoyée à une per-
sonne non identifiée, avec la note suivante: 'Je vous envoye ces petits versiculets
pour vous amuser' (Bn N24330, f.235-36); trois copies secondaires, 1) Bn
N15590, f.45; 2) Bn N15591, f.45-46; 3) Halle, Misc. 98. Editions: *Observations
sur les écrits modernes* (Paris, Chaubert, 1735-1743), iii.142-44: 19 novembre 1735
(OBS); *Amusements du cœur et de l'esprit* (1742), iii.232-34 (AM42); W48R, xii; *Le
Portefeuille trouvé* (Genève [Paris Duchesne] 1757), i.17-18 (PT); OC61, p.153-54;
TS61, p.369-70; K, xiii.87-88. Texte de base: MS1.
    Ces vers ont été écrits dans la première quinzaine d'octobre 1735. Le 1er
octobre, Mme Du Châtelet écrit à Francesco Algarotti (D920): 'Voltaire [...] se
prépare à chanter vos exploits polaires'; vers le 15, elle envoie au duc de
Richelieu (avec l'accord de Voltaire qui ajoute un postscriptum) une lettre qu'il
a écrite à un Vénétien nommé le marquis Algarotty (D930) une 'lettre en vers'
(D978). Invité à Cirey, Algarotti y est alors arrivé pour un séjour de six semaines
(D978; cf. D927, D935 et *Rhl*, 1968, p.572). Mme Du Châtelet, qui a essayé
d'y attirer également Maupertuis, lui fait fête ('je vous aurai toujours une
obligation extrême de m'être venue voir dans ma chartreuse'; D1065), et Voltaire
participe à cet aimable accueil. Desfontaines imprime le texte dans son périodique
dès le 15 novembre, en soulignant, par la date et les notes, le caractère de
primeur de cette publication. Averti par des échos d'abord imprécis (D946),
Voltaire proteste vigoureusement dès le 30 novembre contre cette divulgation
qui risque de porter atteinte à la réputation de Mme Du Châtelet et à l'honneur
de son mari en rendant publique la liaison du poète et d'Emilie. 'Ce qui est bon

De l'Afrique au Pérou guidé par Uranie,
Par la gloire, et par la manie,
S'en va griller sous l'équateur,   5
Maupertuis et Cleraut, dans leur docte fureur,
Vont geler au pôle du monde.[22]
Je le vois d'un degré mesurer la longueur
Pour ôter au peuple rimeur[a]

[a] Vous savez que la question est de savoir si la terre s'aplatit vers les pôles ou non.

3 MS1: ⟨conduit⟩ $^{V\uparrow}$ guidé
   OBS-K: conduit par
8 OBS-K: Je les vois
n.a OBS-K, note a manque

entre amis, devient très dangereux entre les mains du public'. Le nom de Mme Du Châtelet risque d'être 'livré indignement à la malignité d'un pamphletier' (D951). Voltaire va jusqu'à évoquer une possible plainte des Du Châtelet au garde des sceaux. Le 3 janvier 1736 encore sur la publication de l'épître par Desfontaines (qui a fait du bruit, voir D956: Formont à Cideville): 'Je ne sais comment il a fait pour l'avoir et nous en sommes tous fort fâchés' (D978). Selon Voltaire, 'ce corsaire' avait demandé une permission qui lui avait été refusée, et était passé outre (D951). Le ton monte (D957) et Desfontaines oublie son beau projet de réconcilier Voltaire et Jean-Baptiste Rousseau (D944).

Algarotti a alors vingt-trois ans. C'est un 'jeune homme qui sait les langues et les mœurs de tous les pays, qui fait des vers comme l'Arioste, et qui sait son Loke et son Newton' (D935); il écrit alors des dialogues 'sur des parties intéressantes de la philosophie' qu'il lit à ses hôtes et qu'il publiera bientôt sous le titre de *Il Neutonianismo per le dame, ovvero dialoghi sopra la luce* (Napoli [Milano] 1737). Ses goûts et ses activités sont donc tout à fait accordés à ceux des habitants de Cirey. Il doit participer, comme poète de l'expédition, au voyage au pôle avec Maupertuis et Clairaut, que Mme Du Châtelet essaie également d'attirer auprès d'elle. Finalement, il y renoncera dès la fin de 1735 (D978) et Mme Du Châtelet s'en réjouira (D1065).

[22] Le voyage de La Condamine, Louis Godin et Pierre Bouguer dura de 1735 à 1744; il avait pour objet de déterminer à l'équateur la longueur de l'arc d'un degré du méridien. Maupertuis fit les mesures complémentaires en Laponie en 1736-1737. La comparaison des résultats permit d'établir l'aplatissement de la terre aux pôles. Voltaire plaisante volontiers sur sa crainte du froid (cf. D921).

Ce beau nom de machine ronde,   10
Que nos flasques auteurs en chevillant leurs vers
Donnaient à l'aventure à ce plat univers.[b]

Les astres étonnés dans leur oblique course,
Le grand, le petit Chien, et le Cheval, et l'Ourse,[23]
Ils disent l'un à l'autre en langage des cieux: 15
Certes, ces gens sont fous ou ces gens sont des dieux.

Et vous Algaroti, vous cygne de Padoue,[24]
Elève harmonieux du cygne de Mantoue,
Vous allez donc aussi sous l'astre des frimas
Porter en grelottant la lyre et le compas,[26]   20
Et sur des monts glacés traçant des parallèles,
Faire entendre aux Lapons vos chansons immortelles?

Allez donc, et du pôle observé, mesuré,
Revenez aux Français rapporter des nouvelles.
Cependant je vous attendrai,   25

[b] M. Algaroti veut aller vers le pôle avec MM. Cleraut et Maupertuis.

n.*b* OBS-K, note *b* manque
15 OBS-K: Se disent
17 OBS, AM42: Algaroti [avec note:] M. Algaroti fait très bien des vers dans sa langue, et est [AM42: un] bon géomètre.[25]
K, avec note: M. Algaroti faisait très bien des vers en sa langue et avait quelques connaissances en mathématiques.
19 OBS-K: sous le ciel des
22 MS1: ⟨la pons⟩ V↑ lapons
24 K: apporter

[23] Constellations diverses qui n'ont en commun que leur nom animal.
[24] Surnom formé sur celui de Virgile, 'le cygne de Mantoue', et que Mme Du Châtelet utilise également (D959). Padoue est proche de Venise; Algarotti était originaire de la région.
[25] Les deux notes, publiées dans OBS, et reprises dans AM42 (voir ci-dessus, variante *a*), sont sans doute de Desfontaines.
[26] Algarotti, outre son rôle de poète, devait participer aux mesures, pour lesquelles il n'était pas sans compétences.

Tranquille admirateur de votre astronomie,
Sous mon méridien, dans les champs de Cirey,
N'observant désormais que l'astre d'Emilie.[27]
Echauffé par le feu de son puissant génie,
    Et par sa lumière éclairé,   30
    Sur ma lyre je chanterai
Son âme universelle autant qu'elle est unique.
Et j'atteste les cieux mesurés par vos mains
Que j'abandonnerais pour ses charmes divins
    L'équateur et le pôle arctique.   35

27 w48R: Sous ce méridien
28 oc61: Entre Newton et Polymnie
29-35 oc61, omis
31 AM42, PT, TS61: sur la lyre
33 OBS: j'atteste les lieux

[27] Expression formée sur le modèle: 'constellation de l'Ourse'.

LIST OF WORKS CITED

Algarotti, Francesco, *Il Neutonianismo per le dame, ovvero dialoghi sopra la luce e i colori* (Napoli 1737).

Allen, Marcus, 'Voltaire and the theater of involvement', *College language association journal* 10 (1967), p.319-32.

Almanach des muses (Paris 1765-1833).

Alvarez, Roman, and T. E. D. Braun, 'Two eighteenth-century Spanish translations of Voltaire's *Alzire*: the "connaturalización" of a text', *Studies* 242 (1986), p.127-44.

Amand, David, *Fatalisme et liberté dans l'antiquité grecque: recherches sur la survivance de l'argumentation morale antifataliste de Carnéade chez les philosophes grecs et les théologiens chrétiens des quatre premiers siècles* (Louvain 1945).

Les Amusements du cœur et de l'esprit (Amsterdam 1741).

Argenson, René-Louis de Voyer de Paulmy, marquis d', *Notices sur les œuvres de théâtre*, ed H. Lagrave, Studies 42 (1966).

Bachaumont, Louis Petit de, *Mémoires secrets pour servir à l'histoire de la république des lettres* (Londres 1777-1789).

Barber, William H., *Leibniz in France from Arnauld to Voltaire* (Oxford 1955).

– 'Mme Du Châtelet and Leibnizianism: the genesis of the *Institutions de physique*', *The Age of the Enlightenment: studies presented to Theodore Besterman*, ed. W. H. Barber et al. (Edinburgh, London 1967).

– 'Voltaire and Molière', *Molière, stage and study: essays in honour of W. G. Moore*, ed. W. D. Howarth and M. Thomas (Oxford 1973), p.210-17.

– 'Voltaire's astronauts', *French studies* 30 (1976), p.28-42.

Bayle, Pierre, *Dictionnaire historique et critique* (Rotterdam 1697).

Bengesco, Georges, *Voltaire: bibliographie de ses œuvres* (Paris 1882-1890).

Besterman, Theodore, 'A provisional bibliography of Italian editions and translations of Voltaire', *Studies* 18 (1961), p.263-310.

– 'A provisional bibliography of Scandinavian and Finnish editions and translations of Voltaire', *Studies* 47 (1966), p.53-92.

– 'Provisional bibliography of Portuguese editions of Voltaire', *Studies* 76 (1970), p.13-35.

– 'Some eighteenth-century Voltaire editions unknown to Bengesco', *Studies* 111 (1973).

– *Voltaire* (London 1976).

Bibliothèque de Voltaire: catalogue des livres (Moscow, Leningrad 1961).

Bibliothèque nationale, *Catalogue général des livres imprimés de la Bibliothèque nationale: auteurs*, tome 214, Voltaire (Paris 1978).

Blumenkranz, Bernard, et al., *Histoire des Juifs en France* (Paris 1972).

Boccalini, Trajano, *De' Ragguagli di Parnasso* (Milan 1612).

Bolingbroke, Henry St John, *Philosophical works*, ed. D. Mallet (1754-1798).

Bonnefon, Paul, 'Lettres inédites du

LIST OF WORKS CITED

père Brumoy à Jean-Baptiste Rousseau', *Rhl* 13 (1906), p.123-50.

Böttcher, Erich, *Der Englische Ursprung des Comte de Boursoufle* (Rostock 1906).

Bouhier, Jean, *Correspondance littéraire du président Bouhier*, ed. Henri Duranton (Saint-Etienne 1974-1988).

Bowen, Vincent E., 'Voltaire and tragedy: theory and practice', *L'Esprit créateur* 7 (1967), p.259-68.

Braun, Theodore E. D., 'A forgotten letter from Voltaire to Le Franc de Pompignan', *Studies* 51 (1966), p.231-34.

– '*Alzire* and *The Indian emperour*: Voltaire's debt to Dryden', *Studies* 205 (1982), p.57-63.

– 'La conscience de la présence des spectateurs dans la comédie larmoyante et dans le drame', *Studies* 192 (1980), p.1527-34.

– 'From Diderot to Marivaux: awareness of the audience in the *comédie*, the *comédie larmoyante* and the *drame*', *Diderot studies* 20 (1981), p.17-29.

– 'Subject, substance and structure in *Zaïre* and *Alzire*', *Studies* 137 (1972), p.181-96.

– *Un ennemi de Voltaire: Le Franc de Pompignan* (Paris 1972).

– 'Voltaire's *Alzire* and Le Franc de Pompignan's *Zoraïde*: the history of a mystification', *Papers on language and literature* 5 (1969), p.252-66.

– 'Voltaire's perception of truth in quarrels with his enemies', *Studies* 55 (1967), p.287-95.

– *see also* Alvarez, R.

Breitholz, Lennart, *Le Théâtre historique en France jusqu'à la Révolution* (Wiesbaden 1952).

Brenner, Clarence D., *The Théâtre Italien: its repertory, 1716-1793*, Univer-

sity of California publications in modern philology 63 (Berkeley 1961).

Brown, Andrew, 'Calendar of Voltaire manuscripts other than correspondence', *Studies* 77 (1970), p.13-101.

Buchanan, Michelle, 'Savages, noble and otherwise, and the French Enlightenment', *Studies on eighteenth-century culture* 15 (1986).

Buffier, Claude, *Elémens de métaphysique à la portée de tout le monde* (Paris 1725).

– *Traité des premières vérite* (Paris 1724).

Carr, Thomas M., Jr, 'Dramatic structure and philosophy in *Brutus, Alzire*, and *Mahomet*', *Studies* 143 (1975), p.7-48.

Cassini, Jean-Dominique, *Œuvres diverses* (Paris 1730).

Chasles, Philarète, 'Voltaire, Van Brugh et Sheridan', *Journal des débats* (23 février 1862).

Chinard, Gilbert, *L'Amérique et le rêve exotique dans la littérature française au XVIIe et au XVIIIe siècle* (Paris 1934).

Cibber, Colley, *The Careless husband* (London 1705).

– *Love's last shift, or the fool in fashion* (London 1697).

Clarke, Samuel, *A collection of papers which passed between the late learned Mr Leibniz and Dr Clarke in the years 1715 and 1716 relating to the principles of natural philosophy and religion* (London 1717).

– *De l'existence et des attributs de Dieu*, trans. Pierre Ricotier (Amsterdam 1717).

– *Demonstration of the being and attributes of God: more particularly in answer to MM. Hobbs, Spinoza and their followers* (London 1705).

– – 2nd ed. (Amsterdam 1727).

Clément, Jean-Marie-Bernard, *De la*

tragédie, pour servir de suite aux Lettres à Voltaire (Amsterdam 1784).

– and Joseph de La Porte, *Anecdotes dramatiques* (Paris 1775).

Collé, Charles, *Correspondance inédite*, ed. H. Bonhomme (Paris 1864).

Collier, Jeremy, *A short view of the immorality and profaneness of the English stage* (London 1698).

Collins, Anthony, *A discourse of free-thinking* (London 1713).

– *A philosophical enquiry concerning human liberty* (London 1717).

Congreve, William, *Love for love* (London 1695).

– *The Way of the world* (London 1700).

Conlon, Pierre M., *Voltaire's literary career from 1728 to 1750*, Studies 14 (1961).

Croisset, Françis de, *Le Paon* (Paris 1904).

Crowne, John, *Sir Courtly Nice, or it cannot be* (London 1685).

Davis, James Herbert, Jr, *Tragic theory and the eighteenth-century French critics* (Chapel Hill 1966).

Dellon, Charles, *Relation de l'Inquisition de Goa* (Amsterdam 1737).

Deloffre, Frédéric, 'Piron auteur du portrait de Voltaire?', *Le Siècle de Voltaire* (Oxford 1987), i.349-64.

Descartes, René, *Œuvres*, ed. Ch. Adam and P. Tannery (Paris 1897-1913).

– *Œuvres philosophiques*, ed. F. Alquié (Paris 1963-1973).

Desfontaines, Pierre-François Guyot, *Observations sur les écrits modernes* (Paris 1735-1743).

Dryden, John, *The Dramatic works*, ed. Montague Summers (London 1931).

– *The Indian emperour* (London 1667).

Dubos, Jean-Baptiste, *Réflexions critiques sur la poésie et sur la peinture* (Utrecht 1732-1736).

Du Châtelet, Gabrielle-Emilie Le Tonnelier de Breteuil, marquise, *Institutions de physique* (Paris 1740).

– *Principes mathématiques de la philosophie naturelle* (Paris 1759).

– Translation of Mandeville's *Fable of the bees*, in Wade, *Studies on Voltaire*, p.131-87.

Duckworth, Colin, 'The fortunes of Voltaire's Foppington', *Studies in the eighteenth century: papers presented at the David Nichol Smith memorial seminar, Canberra 1973* (Toronto [1976]), p.121-35.

Elite de poésies fugitives, ed. A.-M.-H. Blin de Sainmore et P.-J.-Fr. Luneau de Boisjermain (Londres 1769-1770).

Epictetus, *Manuel d'Epictète*, trans. J.-A. Naigeon (Paris 1874).

Etherege, George, *The Man of mode*, ed. J. Conaghan (Edinburgh 1973).

Evans, Hywel Berwyn, 'A provisional bibliography of English editions and translations of Voltaire', *Studies* 8 (1959), p.9-21.

Fenger, Henning, Voltaire et le théâtre anglais, *Orbis litterarum* 7 (1949), p.161-287.

Fontenelle, Bernard Le Bovier de, *Entretiens sur la pluralité des mondes; Digression sur les anciens et les modernes*, ed. R. Shackleton (Oxford 1955).

– *Œuvres diverses* (Paris 1724).

Francq, H., 'Voltaire et la tragédie', *Bulletin de l'association canadienne des humanités* 19 (1968), ii.29-36.

Frederick II, *Briefwechsel Friedrichs der Grossen mit Voltaire*, ed. R. Koser and H. Droysen (Leipzig 1908-1909).

Fréron, Elie-Catherine, *L'Année littéraire, ou suite des Lettres sur quelques écrits de ce temps* (Paris 1754-1776).

Fromm, Hans, *Bibliographie Deutscher Übersetzungen aus dem Französischen*

1700-1948 (Baden-Baden 1950-1953).

Garcilaso de La Vega, *Commentarios reales* (Lisbon 1609).

Graffigny, Françoise d'Issembourg d'Happoncourt de, *Correspondance*, ed. J. A. Dainard *et al.* (Oxford 1985-).

Grimm, Friedrich Melchior, *Correspondance littéraire* (Paris 1812-1813).

– – ed. M. Tourneux (Paris 1877-1882).

Gunny, Ahmad, *Voltaire and English literature: a study of English literary influences on Voltaire*, Studies 177 (1979).

Hazlitt, William, *Lectures on the English comic writers* (London 1910).

Hénault, Charles-Jean-François, *Mémoires*, ed. François Rousseau (Paris 1911).

Horn-Monval, M., *Répertoire bibliographique des traductions et adaptations françaises du théâtre étranger du 15e siècle à nos jours* (Paris 1958-1968).

Jacquart, Jean, *Un témoin de la vie littéraire et mondaine au XVIIIe siècle: l'abbé Trublet critique et moraliste* (Paris 1926).

Janin, J., 'Réclamation de l'Angleterre au nom de Mlle de la Cochonnière et du grand comique Van Brugh', *Journal des débats* (24 février 1862).

Jourdain, Eleanor F., *Dramatic theory and practice in France 1690-1808* (New York 1921).

Journal des savants (1665-1792).

Kölving, Ulla, and Jeanne Carriat, *Inventaire de la Correspondance littéraire de Grimm et Meister*, Studies 225-227 (1984).

Kunz, Harald, *Höfisches Theater in Wien zur Zeit Maria Theresias* (Vienna 1954).

La Chaussée, Pierre-Claude Nivelle de, *La Gouvernante* (Paris 1747).

Lafarga, Francisco, *Voltaire en Espagne (1734-1835)*, Studies 261 (1989).

La Harpe, Jean-François de, *Commentaire sur le théâtre de Voltaire* (Paris 1814).

– *Lycée ou cours de littérature ancienne et moderne* (Paris 1840).

– *Œuvres* (Paris 1820).

La Mothe Le Vayer, François de, *Œuvres* (Paris 1669).

– *Deux dialogues*, ed. E. Tisserand (Paris 1922).

Lancaster, Henry C., 'The Comédie-Française, 1701-1744', *Transactions of the American philosophical society* n.s. 41 (1951), p.593-849.

– *French tragedy in the time of Louis XV and Voltaire, 1715-1734* (Baltimore 1950).

– *Sunset: a history of Parisian drama in the last years of Louis XIV, 1701—1715* (Baltimore 1945).

– review of Trusten Wheeler Russell, *Voltaire, Dryden and heroic tragedy, Mln* 62 (1947), p.492-95.

Lanson, Gustave, *Voltaire* (Paris 1906).

Laplace, Pierre-Antoine de, *Le Théâtre anglais* (London 1746-1749).

Leibniz, Gottfried Wilhelm, *see* Clarke, Samuel, *A collection of papers*.

Leigh, Ralph A., 'An anonymous eighteenth-century character-sketch of Voltaire', *Studies* 2 (1956), p.241-72.

Lion, Henri, *Les Tragédies et les théories dramatiques de Voltaire* (Paris 1895).

Locke, John, *An essay concerning human understanding*, ed. Peter H. Nidditch (Oxford 1973).

– *Essai philosophique concernant l'entendement humain*, trans. Pierre Coste (Amsterdam 1700).

Longchamp, Sébastien G., and Jean-

Louis Wagnière, *Mémoires sur Voltaire et sur ses ouvrages* (Paris 1826).

Lovegrove, Gilbert Henry, *The Life, work and influence of Sir John Vanbrugh* (London 1902).

Maillet, Albert, 'Dryden et Voltaire', *Revue de littérature comparée* 18 (1938), p.272-86.

Malebranche, Nicholas, *De la recherche de la vérité*, ed. G. Lewis (Paris 1945).

Mandeville, Bernard de, *The Fable of the bees, or private vices publick benefits*, ed. F. B. Kaye (Oxford 1924).

Maslen, Keith I., 'Some early editions of Voltaire printed in London', *The Library*, 5th ser., 14 (1959), p.287-93.

Mason, Haydn T., *Pierre Bayle and Voltaire* (Oxford 1963).

Mémoires de Trévoux (1701-1767).

Mercure de France (1724-1794).

Miles, Dudley Howe, *The Influence of Molière on Restoration comedy* (New York 1910).

Mon petit portefeuille (Londres 1774).

Monod-Cassidy, Hélène, *Un voyageur philosophe au XVIIIe siècle: l'abbé Jean-Bernard Le Blanc* (Cambridge 1941).

Monty, Jeanne R., 'Le travail de composition d'*Alzire*', *French review* 35 (1962), p.383-89.

Muir, Kenneth, *The Comedy of manners* (London 1970).

Neue Sammlung von Schauspielen (1765).

Newton, Isaac, *Opticks, or a treatise of the reflexions, inflexions and colours of light* (3rd ed., London 1721).

– *Philosophia naturalis principia mathematica* (3rd ed., London 1726).

– *Traité d'optique*, trans. Pierre Coste (Paris 1722).

Les Nouveaux Si et Pourquoi, suivis d'un Dialogue en vers entre MM. Le Franc et de Voltaire (Montauban 1760).

Nouvelles de la cour et de la ville concernant le monde, les arts, les théâtres et les lettres, 1734-1738 (Paris 1879).

Otway, Thomas, *Venice preserv'd or the plot discovered* (London 1682).

Panard, Charles-François, Florimond-Claude Boissard de Pontau and Parmentier, *Alzirette*, ed. L. Van Roosbroeck (New York 1929).

Pemberton, Henry, *A view of Sir Isaac Newton's philosophy* (London 1728).

Perkins, Merle E., 'The documentation of Voltaire's *Alzire*', *Modern language quarterly* 4 (1943), p.433-36.

– 'Dryden's *The Indian emperour* and Voltaire's *Alzire*', *Comparative literature* 9 (1957), p.229-37.

Pike, Robert E., 'Fact and fiction in *Zaïre*', *PMla* 51 (1936), p.436-39.

Plato, *The Republic*, ed. Francis M. Cornford (1941).

Pomeau, René, *La Religion de Voltaire* (Paris 1969).

– *D'Arouet à Voltaire*, Voltaire en son temps 1 (Oxford 1985).

Pont de Veyle, Antoine Feriol, comte de, *Bibliothèque dramatique de Pont de Veyle* [...] *vente le lundi 10 janvier 1848* (Paris 1847).

– *Catalogue abrégé de la collection de théâtre de M. de Pont de Veyle dont la vente se fera* [...] *an VI* (Paris s.d.).

– *Catalogue des livres imprimés et manuscrits, de M. le comte de Pont-de-Vesle* (Paris 1774).

Pope, Alexander, *Essay on man*, ed. M. Mack (London 1950).

Le Portefeuille trouvé, ou tablettes d'un curieux, ed. P.-L. d'Aquin de Château-Lyon (Genève [Paris] 1757).

Poubeau de Bellechaume, Auguste, *Réponse à l'Apologie du nouvel Œdipe* (Paris 1719).

Prévost, Antoine-François, *Le Pour et contre* (1733-1740).

Recueil de diverses pièces sur la philosophie, la religion naturelle, l'histoire, les mathématiques, etc. par MM Leibniz, Clarke, Newton et autres auteurs célèbres, ed. Pierre Desmaizeaux (Amsterdam 1720).

La Revue britannique (février 1862).

Ramazzini, Bernardo, *De morbis artificum diatriba* (Modena 1701).

Ridgway, Ronald S., *La Propagande philosophique dans les tragédies de Voltaire*, Studies 15 (1961).

– *Voltaire and sensibility* (Montreal, London 1973).

– 'Voltaire as an actor', *Eighteenth-century studies* 1 (1967).

Roger, Jacques, *Les Sciences de la vie dans la pensée française du 18e siècle* (2nd ed., Paris 1971).

Romagnesi, Jean-Antoine, and A.-F. Riccoboni, *Les Sauvages* (Paris 1736).

Rowe, Nicholas, *Tamerlane* (London 1702).

Russell, Trusten Wheeler, *Voltaire, Dryden and heroic tragedy* (New York 1946).

Schérer, Jacques, *La Dramaturgie de Beaumarchais* (Paris 1954).

Servières, baron de, *Mémoires pour servir à l'histoire de M. de Voltaire* (Amsterdam 1785).

Servois, Gustave, 'Le dernier volume des œuvres de Voltaire', *La Correspondance littéraire* (25 février 1862), vi.103-109.

Sextus Empiricus, *Les Hipotiposes ou institutions pirroniennes*, trans. C. Huart (Amsterdam 1725).

Shaftesbury, Anthony Ashley Cooper, third Earl of, *A letter concerning enthusiasm* (London 1708).

Sheridan, Richard Brinsley, *Dramatic works*, ed. Cecil Price (Oxford 1973).

Shier, Donald, 'Aaron Hill's translation of Voltaire's *Alzire*', *Studies* 67 (1969), p.45-57.

Soleinne, de, *Bibliothèque dramatique de monsieur de Soleinne* (Paris 1843-1845).

Spence, Joseph, *Observations, anecdotes and characters of books and men*, ed. J. M. Osborn (Oxford 1966).

Spink, John S., *French free-thought from Gassendi to Voltaire* (London 1960).

Stough, Charlotte L., *Greek skepticism* (California 1969).

Thou, Jacques-Auguste de, *Histoire universelle* (London 1734).

Touchard, P.-A., *Dionysos* (Paris 1968).

Tressan, Louis-Elisabeth de La Vergne, comte de, *Œuvres diverses* (Amsterdam, Paris 1776).

Truffier, Jules, 'Le Comte de Boursoufle de Voltaire', *Conferencia: journal de l'Université des Annales* 21 (1927), p.587-93.

Vanbrugh, John, *Complete works*, ed. Bonamy Dobrée (London 1927).

– *Plays* (London 1719).

– *The Relapse*, ed. C. A. Zimansky (London 1970).

Van den Heuvel, Jacques, *Voltaire dans ses contes* (Paris 1967).

Vercruysse, Jeroom, 'Bibliographie provisoire des traductions néerlandaises et flamandes de Voltaire', *Studies* 116 (1973), p.19-64.

– 'Quelques éditions liégoises de Voltaire peu connues', *Livres et Lumières au pays de Liège (1730-1830)*, ed. Daniel Droixhe *et al.* (Liège 1980), p.173-88.

Verrière, de, *Epître de M. de Verrière à M. de Voltaire du 10 février 1736* (Paris 1736).

Villemain, Abel-François, *Cours de littérature française* (Paris 1838).

Villeneuve-Guibert, Gaston de, *Le*

Portefeuille de madame Dupin (Paris 1884).

Voltaire, François-Marie Arouet, de, *Adélaide Du Guesclin*, ed. Michael Cartwright, Voltaire 10 (1985).

– *Candide*, ed. René Pomeau, Voltaire 48 (1980).

– *Correspondence*, ed. Th. Besterman, Voltaire 85-135 (1968-1977).

– *L'Ecossaise*, ed. Colin Duckworth, Voltaire 50 (1986), p.221-469.

– *La Henriade*, ed. O. R. Taylor, Voltaire 2 (1970).

– *Letters concerning the English nation* (London 1733).

– *Lettres philosophiques*, ed. G. Lanson and A.-M. Rousseau (Paris 1964).

– *Notebooks*, ed. Th. Besterman, Voltaire 81-82 (1968).

– *Œuvres complètes* ([Kehl] 1784-1789).

– *Œuvres complètes* (Paris, Lefèvre et Déterville, 1817-1820).

– *Œuvres complètes* (Paris, Dalibon, 1824-1832).

– *Œuvres complètes*, ed L. Moland (Paris 1877-1885).

– *Œuvres complètes / Complete works* (Geneva, Banbury, Oxford 1968-).

– *Opuscules poétiques* (Amsterdam, Paris [1773]).

– *Pièces inédites* (Paris 1820).

– *Recueil de pièces fugitives en prose et en vers* ([Paris] 1740 [1739]).

– *Romans et contes*, ed. H. Bénac (Paris 1960).

– *Le Temple du Goût*, ed. E. Carcassonne (2nd ed., Geneva 1953).

– *Traité de métaphysique*, ed. Helen T. Patterson (2nd ed., Manchester 1957).

Vrooman, Jack R., *Voltaire's theatre: the cycle from Œdipe to Mérope*, Studies 75 (1970).

Wade, Ira O., *Studies on Voltaire with some unpublished papers of Mme Du Châtelet* (Princeton 1947).

– *Voltaire and Madame Du Châtelet* (Princeton 1947).

Warburton, William, *The Divine legation of Moses* (London 1738-1741).

Westminster magazine (January-May 1780).

Williams, David, *Voltaire, literary critic*, Studies 48 (1966).

Wirz, Charles, 'L'Institut et musée Voltaire en 1983', *Genava* n.s. 32 (1984).

Wuest, Anne, '"Je demeure immobile" – hémistiche emprunté à Corneille', *Philological quarterly* 26 (1947), p.87-89.

Wycherley, William, *The Country wife* (London 1675).

Zárate, Agustín de, *Historia del descubrimiento y conquista del Perú* (Antwerpen 1555).

Zimbardo, R. A., *Wycherley's drama: a link in the development of English satire* (New Haven 1965).

INDEX

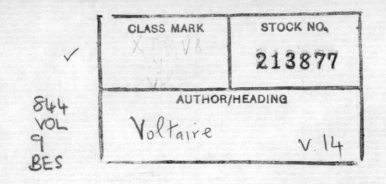